国家"985"创新基地项目"社会转型与中国大众传媒改革"研究成果

中国媒体发展研究报告

2011年·广告卷

本集刊为CSSCI收录刊源

武汉大学媒体发展研究中心
武汉大学新闻与传播学院　主办
武汉大学"社会转型与中国大众传媒改革"创新基地

WUHAN UNIVERSITY PRESS
武汉大学出版社

目 录

广告理论研究与社会发展

广告传播与消费文化

广告市场与广告实务

新媒体与广告教育

广告人才培养

Contents

Advertising Theory and Social Development

Advertising and Consumer Cultur

Advertising Market and Advertising Practice

New Media and Advertising Education

Advertising Talent Training

广告理论研究与社会发展

发达国家广告产业的发展及其对中国广告产业的启示

张金海 杨 雪

从1979年中国广告市场重开至今，中国广告业已经走过了30个年头。31年时间里，中国广告产业虽然起步较晚，但发展速度十分惊人。从1981年的11.8亿元①，发展到2009年的2 041亿元②，经营总额已经超过2 000亿元人民币。广告产业逐渐成为我国国民经济的一个重要组成部分。30多年来，我国广告业从零开始发展到如今全国广告经营总额已突破千亿元，中国广告市场在世界广告市场当中，实力在逐渐增强，已经进入到全球十大广告支出国的行列。然而，不得不说，对于一个产业的发展而言，30年依然是短暂的，这段时间并不足以让一个产业从容的扩大规模。这就意味着，要想迅速的发展壮大，必须要吸取发达国家崛起过程中的广告产业发展经验，中国广告产业才能在经济社会发展过程中找到正确的发展方向。

一、广告产业与国家经济发展的关系

中国广告产业与国家经济发展呈高度正相关性，中国广告产业的增长与中国国民经济增长呈正相关。如表1所示，根据1985—2009年中国广告经营额增长率与国内生产总值增长率的相关性分析表明，二者的相关系数为0.55——这就意味着二者高度正相关性，广告经营额随着国内生产总值的增加而增加，随国内生产总值的减少而减少。也就是说国民生产总值无论增加或减少，广告营业额都有55%的可能性增加或减少。通过对该表的进一步分析，我们发现1985年和1993年是改革开放30年中国经济增长的两个高峰点，年增长率分别高达25.01%、13.40%。而1985年与1993年，也恰好是中国广告产业30年发展的两个增长高峰点，年增长率分别为65.75%、97.57%，这也充分显示了中国广告产业增长与中国经济增长的同步性，进一步显示出二者的高度正相关性。

表1 **1985—2009年广告经营总额及其增长率、国内生产总值及其增长率**

年份	广告经营总额（万元）	广告经营总额增长率（%）	国内生产总值（亿元）	国内生产总值增长率（%）
1985	60 522.53	65.69	7 780	12.5
1986	84 477.74	39.58	9 380	7.8
1987	111 200.3	31.63	10 920	9.4
1988	160 211.9	44.08	13 853	11.2
1989	199 899.8	24.77	15 677	3.9

① 中国广告年鉴（1986年卷）［R］.

② 2009年中国广告业统计数据报告［J］. 现代广告，2010（4）：36.

续表

年份	广告经营总额（万元）	广告经营总额增长率（%）	国内生产总值（亿元）	国内生产总值增长率（%）
1990	250 172.6	25.15	17 400	5
1991	350 892.6	40.26	19 580	7
1992	678 675.4	93.41	23 938	12.8
1993	1 340 874	97.57	31 380	13.4
1994	2 002 623	49.35	43 800	11.8
1995	2 732 690	36.46	57 733	10.2
1996	3 666 371	34.17	67 795	9.7
1997	4 619 638	26	74 772	8.8
1998	5 378 327	16.42	79 553	7.8
1999	6 220 506	15.66	82 054	7.1
2000	7 126 632	14.57	89 404	8
2001	7 948 876	11.55	95 933	7.3
2002	9 031 464	13.62	102 398	8
2003	10 786 800	19.44	116 694	9.1
2004	12 646 000	17.20	136 515	9.5
2005	14 163 487	12	182 321	10.4
2006	15 730 000	11.10	209 407	11.6
2007	17 410 000	10.68	246 619	11.4
2008	18 895 600	8.53	300 670	9.0
2009	20 400 000	7.96	335 353	8.7

（数据来源：《中国广告年鉴1985—2009》，以及国家统计局相关数据）

消费是人类社会的基本活动之一，消费需求是拉动经济发展至为重要的力量。在一定意义上可以说，没有消费就没有经济发展，增强消费对经济增长的拉动作用是中国经济求得长远发展的根本所在。凯恩斯将消费放在第一位，他曾发问道，如果不消费，生产还有什么意义呢？由此推断，凯恩斯对经济危机的判断是有效需求不足。导致有效需求不足有两种情况：一是没钱消费，一是由于预期挣不到钱，即使有钱也不敢消费，而是把钱存起来以防不测。于是，凯恩斯主张通过扩张性的财政政策，发挥政府投资的乘数效应，解决就业和收入问题，振奋人们的信心，提高整个社会的消费倾向，最终遏制经济下滑，推动经济发展。在这里，扩张性的财政政策只是一种手段，最终还是要落在消费上①。由于我国国民收入再分配机制不合理，多年来我国国民收入再分配的重点是投资生产性项目，对教育、卫生、社会保障领域的投资不足。这种生产性财政模式多年来导致社会保障体系不健全，造成消费者不敢消费。有调查表明，中国超过六成半的居民爱储蓄，中国的储蓄率明显高于其他国家。根据近几年我国GDP的支出统计，中国居民储蓄率已超过消费在GDP中的比重。我国具有长

① 李义平．消费的重要性［EB/OL］．中国人民大学，http://blog.sina.com.cn/s/blog_5fc2cecf0100e0l0.html.

期居民储蓄的背景。同时，由于汽车房产等消费对于大部分人而言是不会多次发生的，这就意味着我国具有巨大的消费潜力。广告是促进消费增长的助推器，能够充分发挥引导消费、培育新的消费热点的重要作用，广告产业对社会经济发展的拉动主要表现为扩大内需和刺激消费。根据国家统计局数据表明我国社会消费品零售额与广告经营额的相关系数为0.966，这证明社会消费品零售额对于我国广告产业发展具有很高的影响力。我们可以解释为，中国经济与中国消费的增长拉动了中国广告产业的增长，反过来其相关性也说明，在拥有巨大消费潜量的背景下，中国广告产业的发展对中国消费增长与国民经济增长，能够显示巨大的促进作用。

二、发达国家广告产业发展的大国经验

（一）西方大国经济扩张伴随广告产业的发展而发展

英国是最早发生工业革命的国家，高度发达的制造业一方面带来了巨额财富，另一方面也引发了一系列问题。随着美国逐渐取代英国世界头号强国的位置，英国制造业出现了环境污染、竞争力衰退、出口份额萎缩等种种问题。为了扭转衰退局面，英国开始推行创意产业战略，实现从制造业到创意产业的战略转型。

创意产业概念首先发端于英国。1997年，托尼·布莱尔当选新首相后改组内阁，英国文化、媒体及体育部成立了“创意产业工作组”。根据这个特别工作组1998年在《创意经济路径文件》中对创意产业的定义，即“源自个人创意、技巧及才华，通过知识产权的开发和运用，具有创造财富和就业潜力的行业”，广告产业属于创意产业分类中的一个专门的门类。该小组力图推动英国文化创意产业，提倡和鼓励原创力在经济中的贡献。英国的创意产业是国民经济的第二大产业，而创意产业的就业人口位居第一。2008年英国创意产业市场总值约1 050亿英镑，在过去10年当中成长2倍，占英国GDP的7%。受英国“创意产业”政策的支持，广告业也作为创意产业推动发展。从1997年起，英国创意产业产值平均每年递增6%，而同期国内生产总值年增速仅为3%；其中广告产业增长速度最快。英国最大的广告集团WPP集团，旗下有奥美（Ogilvy&Mather，O&M）、智威汤逊（J. Walter Thompson，JWT）、电扬、传力媒体、尚扬媒介、博雅公关、伟达公关等知名公司。WPP集团广告经营额逐年稳步上升，2005年为10.03亿美元，2008年则上升到13.598亿美元，占整个欧洲同年广告经营额的41.2%。① 由此可见，广告业发展推动了英国经济扩张的态势。

“二战”结束后，为了保护国内工业发展，美国大力推行经济开放的多边贸易政策。从战后至60年代末，美国实行的对外开放政策对美国的经济转型产生了重要的影响：美国制造业的劳动生产率和产量上升，重工业比重超过了轻工业，美国产品出口和国民生产总值在世界经济中的比重迅速上升。这些都为美国实现向高新技术产业和第三产业转型提供了经济技术前提。20世纪90年代，美国在经历了20多年严峻的进口压力后，包括高新技术产业发展、传统产业高新技术改造、服务业高素质扩张等在内的新一轮产业转型逐渐完成。美国牢牢控制了技术和市场这两个核心要素，制造业向“哑铃型”结构发展，即研发和营销两头日趋庞大，而中间的制造部门日趋缩小，迁移至发展中国家。至此，美国完成了制造业的战略性转移。

早在“二战”前，美国就已初步形成文化产业的框架；随着制造业开始转移，经济开始发展复苏，在20世纪60年代，美国文化产业进入了快速发展时期；80年代开始凭借经济、技术和知识等方面的优势向世界其他国家，特别是发展中国家进行文化产品的倾销；进

---

① 资料来源：Advertising Age［R］. Annual Report.

入90年代后，美国政府于1993年建立“经济分类政策委员会”，负责建立新的文化产业分类系统；1994年7月，墨西哥与加拿大也参与这一工作而建立起北美产业分类系统（NAICS）以替代美国自1940年启用的标准工业分类系统。随着经济全球化的发展，各国文化产业壁垒不断打破，美国文化产业开始作为国家战略向全球化推行，出现一批跨国文化产业集团。

美国文化产业的发展，政府高度重视，一直是作为国家战略来推行。文化产品的输出不仅能获取商业利润，同时也可以通过文化产品来传承美国的生活方式和价值观念，美国政府一直通过制定法律法规，为文化产品的出口保驾护航，以实现其文化产业的全球化扩张目的。美国文化产业产值一般占GDP的20%左右，其版权产业自2003—2007年间占GDP比重一直在11%左右，这就意味着，文化产业在美国居于国家战略的核心位置。2005—2008年间，美国广告经营额占GDP比重也一直在2%以上，从这些数据中我们可以看出，作为文化产业的美国广告业在国家战略中的核心地位①。

由此，美国广告业获得进一步发展，世界广告中心的地位进一步牢固确立。

（二）先发达国家对后发达国家的进入以广告为先导

先发达国家一直采用全球经济扩张战略，该战略的进行首先支持文化产业全球化，即在国外进行文化资本输出和全球扩张。在这种状况下，广告业成为先发达国家进入的先导。当广告公司在本土有了足够的现金流量和发展实力时，就跟随客户的脚步到国外发展。日本电通在1986年决定正式在中国设立分公司。他们进入中国的理由很简单，就是因为他们的日本客户开始了在中国的业务；其他欧美国家的广告集团也是带着本国的品牌进入中国的，跨国企业都是与本国跨国广告公司共同开拓国际市场。例如，著名广告公司麦肯在20世纪20年代开始先后伴随美孚石油、可口可乐等巨头闯荡海外并成就了彼此的辉煌。事实上，中国改革开放之初，为欧美跨国公司来华打头阵的就是奥美、电通等广告巨人。我们注意到，奥姆尼康、IPG等跨国广告集团均在全球100多个国家和地区开展业务，奥姆尼康的近半数经营额都来自于海外市场。值得注意的是，跨国公司广告集团在当地提供的不仅仅是专业的广告服务和商品信息，也隐含着广告输出国的价值观念和意识形态，对当地受众的意识结构产生了深刻影响，最终有利于先发达国家的经济入侵和文化入侵。

随着广告公司的先行进入，先发达国家的各类资本也纷至沓来，不断地在后发达国家进行投资，技术上的领先优势，政策资金上拥有的保障，促使先发达国家获取高额利润，实现经济的全球化扩张。

（三）亚洲日韩广告业：媒介、企业、广告共生型的产业发展之路②

在日本和韩国，广告公司依托于媒体或企业，与媒体和企业形成一个稳固的产业共同体，从而有效抵制跨国广告公司的入侵，实现本国广告业的产业升级。

日本广告公司和媒体、企业均有着密切的联系，日本排名前十位的广告公司，三家是企业集团所属的广告公司，其他七家或是媒体集团所属的广告公司，或是有媒体或企业持股的广告公司。韩国广告公司主要依托大型的企业集团，如第一企业所属三星集团，金刚企划依托现代集团等。这种依托于企业或媒体的形态，使得广告公司拥有丰富的媒体资源和稳定的客户资源。

由于依托媒体，日本的广告公司可以对某一行业的多个企业进行广告业务受理，不同部门进行不同品牌的广告活动，具有极强的兼容性而彼此不受到行业竞争的约束，使得日本广

---

① 数据来源：Copyright Industries in the U. S. Economy 2003—2007 [R].

② 参见陈永，张金海，等. 中国广告产业将走向何方 [J]. 现代广告，2006 (7).

告公司能够拥有丰富客户资源，从而加速日本广告公司的规模化进程。韩国广告公司的发展主要是依托大型的企业集团，保证广告客户资源。开展多元化产业经营，在完成本集团广告业务之余承揽其他企业的广告业务，同时将业务范围扩展到新媒体、出版、市场营销咨询、节目制作等。在立足国内广告市场的同时，积极拓展海外市场。

日韩广告业的迅速发展主要是因为得到了国家政策与行业标准的双重保护。“二战”之后，日本为了迅速恢复本国经济，政府采取了一系列政策保护民族产业发展。1950年制定《外资法》，严格限制国外直接投资，规定引进外资必须直接或间接有助于国际收支的改善和重要产业或公益事业的发达，不能对经济复兴带来恶劣影响。日本允许外资进入的主要目的是为了学习西方的广告专业服务，实现自身的国际化发展。日本政府也制定了一系列与广告有关的法律法规来规范市场主体的行为，如《广告物品管理法》、《防止不正当竞争法》、《消费者保护基本法》等。

韩国推行广播电视广告销售制度，所有代理地面电波媒体的广告公司都必须在放送广告公社登记，也就是说，所有电视广播广告的销售都必须经过放送广告公社。放送社透明的广告费用计算和广告代理资格认证维护了广告公司和广告主双方的公平。这是国家制度对广告产业直接有效的保护。

三、对中国广告产业发展的借鉴

（一）经济发展方式转型背景下实现广告业发展

纵观英美等西方广告业大国的崛起历程，我们发现，无不是在经历产业转型的过程中促进了广告业发展，可以说是广告产业伴随着大国经济的发展而发展。美国在20世纪60年代将高能耗、高污染的制造业迅速向后发达国家和地区转移，而将文化产业作为重点发展的国家战略产业，美国文化产业进入快速发展时期。由此，美国广告业获得了进一步发展，巩固其世界中心的地位。英国作为最早发生工业革命的国家，高度发达的制造业虽然带来了巨额财富，同时也带来了环境污染、出口份额萎缩等问题。为了扭转衰退局面，英国从20世纪90年代开始推行创意产业战略，实现从制造业到创意产业的战略转型，广告产业也得到了相当程度的发展。

中国的产业结构长期保持着高投入、高排放、高污染的局面，低附加值和粗放性的产业模式仍随处可见。党的“十七大”提出转变经济发展方式以来，中央领导在各种场合都反复强调“调整结构”、“促进转变”的重要性和紧迫性。转变经济发展方式最基本的要求是调整产业结构。在新的国际竞争背景之下，中国的产业结构必须进行调整。一要大力推进传统产业结构升级。下决心淘汰落后产能，积极稳妥地推进企业联合重组，加快企业技术改造和技术创新，重点在增加品种、提高质量、节能减排上下工夫，不搞数量扩张。二要培育新的支柱产业。做大做强装备制造和石油化工产业，大力培育新能源、新材料、电子信息、生物医药等高新技术产业，推进产业聚集区建设，改变“一钢独大”的产业格局。三要大力发展现代服务业。通过发展现代物流、金融保险、信息服务等产业，形成服务业与制造业相互促进的发展格局。①

要实现我国产业结构的优化升级，目前的关键是以技术进步促进现代服务业的发展，重点发展科技含量高和劳动生产率高的现代服务业，使之成为促进经济增长和产业结构优化的主要推动力之一。国家工商行政管理总局、国家发展和改革委员会联合发布的《关于促进广告业发展的指导意见》中明确指出：知识密集、技术密集、人才密集的广告业是现代服

---

① 温家宝．要把转变经济发展方式调整产业结构摆到更突出位置［N］．河北日报，2010-03-11.

务业的重要组成部分。在这一背景下，作为现代服务业重要组成的广告业应抓住机遇，提高广告业在现代服务业中的比重和整体水平，促进产业结构调整优化，加速经济发展方式转型，进而提升广告业在整个社会经济发展中的影响力。

加快经济发展方式转变，根本出路在自主创新。我国经济发展一直呈现外向型经济的特征，由于外向型经济具有资本依赖性、市场依赖性、技术依赖性和资源依赖性，由外向型经济向自主型经济的转型是国家经济发展的必然趋势。自主型经济发展的核心是民族产业的市场主导，实现这一战略的关键是民族产业的自主创新，形成具有国际国内竞争力的自主产业、自主品牌和自主经济。2009 年 9 月，国务院常务会议审议通过《文化产业振兴规划》，其中加快经济发展方式转变重点工作八项中的第一项就是加快发展文化产业，规划中广告产业被列入了第一梯队的重点文化产业。由此可见，广告业的发展对于实现国家自主型经济发展具有重要的价值和意义。广告业自主创新不仅是自主型经济发展战略的重要构成，更是经济发展方式转型的重要助推器。反之，在众多利好的政策背景下，广告业也能得到促进发展。

（二）走日韩媒介、企业、广告共生型的产业发展之路

中国本土广告业，一直采用的是美国式的独立产业发展模式。在此种模式下，广告只是媒体与企业的代理中介，广告业并未作为一个独立产业而发展。中国本土广告业目前是高度分散、高度弱小的状况，这种状况，不仅不能抵御跨国广告集团的强大资本的收购、兼并，甚至绝大多数本土广告公司连被收购兼并的价值都不具有。因此，我们倡导中国本土大型媒介集团的大资本进入广告产业。或投资成立广告公司，或以资本收购、兼并、控股的方式进入广告产业，组建大型的媒介、企业、广告业资本联姻的广告集团。已兴办广告公司的媒介，应把广告作为一个独立的产业而发展，走日韩式媒介、企业、广告共生型的产业发展之路。

走日韩媒介、企业和广告业共生型发展之路，可以促使广告公司通过吸收媒体和企业股份，保障其获得稳定的媒体资源和客户资源，提高其在市场上的竞争力。进一步而言，由于广告公司依托于媒体或企业，和媒介、企业结成了更为紧密的关系，能够实现资源配置效益的最大化，从而有效抵御跨国广告公司的入侵，迅速实现我国本土广告产业的升级，在全面开放广告市场的背景下，有力地保护本国的广告产业。

【参考文献】

[1] 厉无畏，王振．转变经济增长方式研究［M］．上海：学林出版社，2006.

[2] 陈永，张金海，等．中国广告产业将走向何方［J］．现代广告，2006（7）．

[3] 武汉大学媒体发展研究中心课题组．中国广告产业现状与发展模式研究［M］//中国媒体发展研究报告（2005 年卷），武汉：武汉大学出版社，2006.

【作者简介】

张金海，武汉大学媒体发展研究中心主任，武汉大学新闻与传播学院教授、博士生导师，研究领域为广告学、媒介产业与媒介经济。

杨雪，武汉大学新闻与传播学院广告系、媒体发展研究中心 2008 级博士生。

广告学理论范式的演进①

胡维平　曾晓洋

范式的发展与学科的发展息息相关，范式是学科成熟的标志，每一门学科都有自己的范式。判断某个研究领域是否“科学的”标准，就在于能否在这个领域发现“范式”。库恩认为，只有当科学研究者经过长期的争论和实践的检验逐渐获得公认的理论和观点即范式时，一门科学才从前科学转变为科学。② 在库恩看来，科学发展是共同体活动的结果，它不是在相同的思维框架内连续地发展，而是表现为范式的不断发展与更新。他还提出，科学的发生和发展一般要经历这样几个阶段：前科学时期——范式的确立——常规科学时期——异常现象——科学危机时期——科学革命时期——新常规科学时期。

广告学是一门成熟的学科（学科是科学研究发展成熟的产物），拥有自身相对完整和成熟的范式。本文主要从理论范式的角度概括广告学理论范式的变迁。根据库恩的范式理论及其科学发展阶段论，可以将广告学理论范式的历史演变划分为以下几个阶段：广告学的前科学时期、广告学理论范式形成时期、广告学理论范式的变革时期、广告学理论的成熟与发展时期。随着经济的发展和科学技术的进步，广告学理论范式的发展即将迎来新的时期。下面分而论述。

一、广告学前科学时期的理论研究

（一）前学科时期的理论

所谓前科学时期，一般是指一门科学在正式形成之前积累素材、孕育和奠定思想基础的时期。就一门学科而言，当它还处于前科学时期的时候，其理论范式不成熟、不完整，没有能对该领域的基本问题进行概括的核心范畴和概念，没有形成该领域的占主导地位的学术共同体。广告学前科学时期的理论研究，主要涉及广告技法论与广告历史研究、广告的硬销售风格、广告的软销售风格等几个方面。

广告技法论可以追溯到18世纪。1710年9月14日，阿狄森在《塔特拉》报上发表如下看法：“撰写广告文案，最重要的技法是发现能够吸引读者的技术性方法。如果没有技法，优良商品也就变得默默无闻，只能成为不良同业者的代理者消亡而已。”③ 阿狄森的主张被认为是带有AIDA思想的广告技法论的最早起源。在广告技法论兴起的同时，也开始了对广告历史的研究。最早的关于广告史方面的书籍，是1866年拉伍德和霍屯撰写的《路牌广告的历史》。此后对广告技法及广告历史的探讨与研究延续不断。

广告的硬销售风格是指用简洁和通俗易懂的方式告诉购买者广告产品能为他/她带来的利益，注重广告产品本身，认为广告的内容比形式更重要。一般认为这种广告风格最早始于

---

① 本文为上海大学人文社会科学研究发展基金资助项目成果。

② T. S. 库恩．科学革命的结构［M］．金吾伦，胡新和，译．北京：北京大学出版社，2003：10.

③ Presbrey Frank. The *History and Development of Advertising*［M］. Garden City：Doubleday，1929：24.

19世纪90年代。事实上，约翰·E. 鲍尔斯早在1870年以前就开始使用这种风格了。广告的硬销售风格是“原因追究法”理论流派（硬推销派）直接的理论来源。

广告的软销售风格是指这样一种广告风格，即利用艺术、文学等方面的工具、手段和技巧，对广告正文与设计进行完美的配合，从而增强广告对消费者的感染力。广告的软销售风格是“情感氛围派”理论流派直接的理论来源，其代表人物主要是卡尔金斯及其追随者。

（二）前科学时期的理论特点

在广告学前科学时期，对广告技法及广告历史的研究已有较多的成果，出现了广告的硬销售风格及软销售风格，他们分别是广告“原因追究法派”及“情感氛围派”的直接理论来源。从广告理论与研究上来看，一些广告人如鲍尔斯、福勒、贝茨、卡尔金斯等的观点已经比较先进，具有一定的代表性，但没有形成体系，没有形成一个核心的学术共同体，如韦思、罗克威尔等本是卡尔金斯软销售风格的追随者，但当他们发现这些做法遭到厂商怀疑是否具有销售力时，就转向了硬销售风格。尽管如此，他们在实践上的探索和理论思考方面的努力为广告学范式的形成奠定了基础。

二、广告学理论范式的形成——产品推销范式

（一）产品推销范式理论

20世纪初期至20世纪50年代，是广告理论范式的形成时期。这一时期出现了三个有代表性的理论流派——“原因追究法派”、“情感氛围派”和“独特销售主张”（USP理论）。

“原因追究法派”，亦被称为理性推销派，以约翰·E. 肯尼迪、阿尔伯特·拉斯克尔、克劳德·霍普金斯、海林·莱索为代表。该理论主张广告要能够提供给消费者为什么值得花钱去购买广告所宣传的产品的一个切实的理由。

与“原因追究法派”同时代的还有“情感氛围派”。“情感氛围派”又称软推销派，以西奥多·麦克马纳斯、雷蒙·罗必凯为代表。该理论主张从情感和氛围的角度去打造广告，通过突出购买和拥有商品所带来的精神上的愉悦和心理的满足来感染、打动消费者。这种软销售风格的广告建立在心理暗示的基础上，针对购买者的无意识心理进行宣传。

20世纪40年代早期，达彼思广告公司创造了USP理论。罗瑟·瑞夫斯在《实效的广告》一书中详细而精准地论述了USP理论，该理论成为这一时期广告理论的代表。USP理论主张广告必须向消费者陈述一个明确的、竞争对手无法提供或没有提供的、对消费者有巨大吸引力的销售主张。

（二）产品推销范式理论的特点

从这一时期的三个理论流派来看，无论是提供一个值得购买的理由还是渲染产品给购买者带来的精神满足，不论是从理性的角度还是从感性的角度，以理还是以情打动消费者，它们都有着共同点：都主张从产品本身能够给购买者带来的利益为诉求内容，以逻辑或情感手段赢得消费者，但是其出发点是生产者，是生产什么就推销什么，主要围绕产品做文章。因此可以将这一时期广告学理论范式概括为产品推销范式。

三、广告学理论范式的变革期——创意革命时期

1. 创意革命时期的理论

在20世纪60年代，消费群体发生了很大变化，广告代理公司认识到他们有必要做出改

变，需要寻找新的方式来迎合一个年轻的、更为挑剔的消费市场。为了满足客户的要求，广告公司把更多的侧重点放到了广告创意上，结果戏剧性地带动了广告业整体的重大变化。

这一时期，广告中的艺术、灵感和创意获得了极大推崇，这次创意革命是由三位创意天才所推动的：主张广告是科学而不是艺术的科学创意理论的代表大卫·奥格威；认为广告不是科学而是说服的艺术创意理论的代表伯恩巴克；强调广告艺术的自然风格，认为"表达什么"与"如何表达"同样重要的芝加哥创意理论的代表李奥·贝纳。

2. 创意革命时期的理论特点

一般来说，社会科学并不存在一个明显的范式变革期，广告学在这个时期存在一个范式的变革期只是一种特定历史状态下才发生的情况。中外学者都认为这个时期是一个变革期，而我们还在归纳他们的理论，这是否矛盾呢？这并不矛盾。一方面是因为这是一个盛产理论的时代，以前的理论还在继续，新的理论不断孕育并产生，太多理论的主张反而表明这是不存在明确而统一的理论范式；另一方面，仔细分析这三大创意理论，它们相互之间也存在矛盾，三大创意旗手各自的理论与实践也出现了"串货"现象，出现"说一套做一套"的现象。所以这个时期成为广告史上的一个公认的变革期。

四、广告学理论范式的发展——品牌传播范式

1. 品牌传播范式理论

20 世纪 70 年代至 20 世纪末，是广告学理论范式的成熟与发展时期。这一时期的理论主要包括：品牌理论、定位理论、整合营销传播理论等。国内外学者对这些理论论述较多，笔者因为篇幅所限，以下仅就与众多学者观点不同之处发表看法：

人们普遍认为品牌形象理论是由大卫·奥格威于 1961 年提出的。这一说法有欠精准。笔者发现伯利·加德勒和西德尼·列维于 1955 年 3—4 月的《哈佛商业评论》上发表文章，明确提出"品牌形象"的概念及相关理论思想。该理论在 20 世纪 70 年代得到了丰富发展和广泛流行。不可否认，大卫·奥格威是品牌形象理论的主要代表人物之一，并发展了品牌形象理论。

另一个较为普遍的观点是：20 世纪 90 年代进入整合营销传播时代。众多学者对整合营销传播进行了研究与探讨。笔者认为在这些理论研究成果中，最有价值的是一种战略思维，企业发展的导向，以及组织运作的考虑。广告除了从消费者出发，要考虑各方面的协同以外，重要的还是要考虑如何使广告所宣传的对象在消费者的容量有限的大脑中占据有利的位置。

2. 品牌传播范式的理论特点

品牌传播范式呈现出许多鲜明的特点，其主要表现在以下几个方面：

（1）从消费者出发，把研究、适应和影响消费者心理摆在突出的地位。无论是品牌形象、品牌个性、品牌认同和 CIS，还是定位和整合营销传播，都很重视对消费者心理进行研究，探索广告和营销如何适应和影响消费者心理，尤其是如何通过与消费者进行"心灵沟通"，从而在消费者心中建起一座"不可磨灭的丰碑"，而各种沟通手段及其成功运用所达到的结果都应当具有"不可模仿性"。

（2）以品牌为中心，用战略眼光看待品牌。这一时期，市场营销学将消费者放在最重要的位置，但广告传播只是做到了从消费者的欲望、需求、行为模式的分析出发，并未真正做到以消费者为中心，其中心是品牌；品牌形象理论以树立品牌形象为中心，事实上定位理

论、整合营销传播理论的中心也是品牌；定位是为了占据数一数二的品牌位置，整合营销传播是为了品牌传播达到整体大于部分之和的功效。

虽然这时期的理论各自有其独特观点，但它们都认为品牌的建立离不开对品牌传播的“长期投资”，离不开对独特风格的始终如一地坚持。因此可以看出，这些理论都把品牌建设当做一个战略问题来看待。在策略上，广告传播策略既要与其他营销策略相匹配，又要达到内部各个要素之间的协同。在资源配置上，必须根据经营战略和策略的总体目标，对各种资源进行统筹配置、整体优化、相互协调。

五、形成中的新的广告学理论范式——营销沟通范式

1. 营销沟通范式理论

进入21世纪，随着社会经济的发展、新的传播技术的应用与普及，新的广告形式、新的广告理念、新的广告媒体都已出现——尽管我们还不能完全概括形成中的新的广告理论流派。互动广告、绿色广告等新的广告形式、广告理念都已出现在我们的生活中，其在广告实践中的应用方兴未艾，新的广告学理论范式正在形成之中。

互动广告（或称交互广告）是确定的发起人利用受众可即时参与和修改的、可以包括执行交易和支付功能的数字互动媒介，通过与消费者的双向交流，在满足消费者信息需求的同时，对广告提供物进行介绍和宣传，以利达成交换的双向循环广告形式。按传播渠道划分，互动广告主要包括：网络广告、互动电视广告、移动电话广告等。互动广告的主要特性有：①互动即时性；②主动选择性；③循环性等。互动广告的优势主要表现在：①互动沟通；②个性化；③及时了解消费者信息；④精确定位，高效节约等。互动广告的精确定位的广告效果以及按效果付费的广告收费使得广告主的投资回报率大大提高。同时互动广告可以帮助企业实现更大范围内的品牌推广及业务扩张。随着网上销售及配套系统的完善，人们会更多地通过互动广告寻找商品及商品供应商，从而达成即时的交换。

绿色广告是指采用环境诉求或绿色诉求的广告。所谓环境诉求或绿色诉求，是指卖方对其品牌产品的一种或多种属性对自然环境的影响或者对代表企业形象的促进环境改善的活动所做的陈述。绿色广告的研究始于20世纪70年代。各国学者对绿色广告的研究主要围绕以下三个方面进行：其一，绿色广告的概念与分类研究；其二，对绿色广告规制的研究；其三，绿色广告的经验与战略研究。

大多数学者对绿色广告的研究，以环境的保护问题为焦点。但笔者认为，绿色广告绝不能忽视信息载体、信息表达方式、信息传播方式的“绿色”，绝不能在高呼保护环境的同时抛弃以人为本，因为人也是环境中的一员，人的精神环境更需要保护。

2. 营销沟通范式的理论特点

形成中的新广告理论范式是从利益关联人出发、以消费者为中心的营销沟通范式。

以数字化技术的迅速发展为推动力的多元化媒体的融合趋势使消费者在获取产品信息方面具有更多的选择性和自主权；同时人类关注的生态环境问题，必然引起广告人的关注。在这种新的广告传播环境下，广告理论开始出现一些新的特点，主要表现在以下几个方面：

（1）关注多方的利益和反应。广告的出发点是利益关联者。利益关联方包括很多，只要与该广告有关的各方都是利益关联方。其中主要是广告主、受众、中间商、竞争对手、广告代理公司、媒介、公众等。在一个呼吁生态平衡的时代，忽略任何一方的做法都是不利的，也都是有碍广告发展的。

（2）探索“以消费者为中心”的实现路径。尽管学者们早在20世纪50年代就提倡企

业应以营销观念为指导，而营销观念的重点是消费者的需求，但从以往的广告理论与实践来看均没有真正把消费者的整体需求作为重点和中心；营销观念指导下的企业兼顾消费者导向与竞争导向，而广告所表现的更多的是竞争导向；即使广告人愿意将消费者的整体利益作为中心（特别是消费者是否乐意接受广告信息本身），由于技术的限制也无法做到。

在互联网普及和电子化互动沟通手段日益进步的今天，让消费者主动融入广告已经不再是困难的事情，新的营销沟通范式主张借助观念、技术和管理的转变与升级把“以消费者为中心”的理念变为广告传播的现实。

（3）推崇“互动性”和以人为本。新的理论范式的突出特征是“互动性”，互动是未来广告的发展方向。以人为本也是以消费者为中心的体现，是绿色广告的精髓，它要求广告在保护环境的同时考虑广告信息载体、信息表达方式、信息传播方式等对消费者精神的保护。利用技术的、心理的和经济的手段，追求广告传播的受众主动性、人性化、精准化、高效化（在合适的时候对合适的人进行合适的广告）。

当然，新的理论范式也传承了品牌传播范式时代的某些突出特点，主要表现为形成中的广告理论继续强调广告传播的整合性和战略性。

综上所述，广告学作为一门成熟的学科经历了五个阶段：前学科时期、理论范式的确立期（从生产者出发以产品为中心的产品推销范式）、理论范式的变革期（创意革命时期）、理论范式的发展期（从消费者出发以品牌为中心的品牌传播范式）以及正在形成中的新的广告学理论范式（从利益关联方出发以消费者为中心的营销沟通范式）。

【参考文献】

[1] T. S. 库恩．科学革命的结构［M］．金吾伦，胡新和，译．北京：北京大学出版社，2003.

[2]［美］霍普金斯（Hopkins，C. C.）．我的广告生涯·科学的广告［M］．邱凯生，译．北京：新华出版社，1998.

[3]［美］瑞夫斯，R.，Reeves，R.．实效的广告［M］．张冰梅，译．呼和浩特：内蒙古人民出版社 1999：80.

[4] 胡维平，曾晓洋．绿色广告研究述评［J］．外国经济与管理，2008（10）.

[5] 唐·舒尔茨，海蒂·舒尔茨著．整合营销传播：创造企业价值的五大关键步骤［M］．何西军，黄鹂，等译．北京：中国财政经济出版社，2005.

[6] 胡维平，曾晓洋．西方广告理论发展与“占位”思想的演变［J］．外国经济与管理，2007（12）.

【作者简介】

胡维平，女，上海大学影视艺术技术学院广告系副教授。

曾晓洋，男，上海财经大学国际工商管理学院副教授。

传播类博士学位论文选题研究（2000—2009 年）

郑　欢　张小卫　李垒垒

一、问题的提出

科学学奠基人贝尔纳曾精辟地概述了科研选题的重要性：“课题的形成和选择无论作为外部的经济技术要求，抑或作为科学本身的要求，都是研究工作中最复杂的一个阶段，一般来说，提出课题比解决课题更困难，所以，评价和选择课题便成为研究战略的起点。”①

1982 年第一次全国传播学研讨会召开至今，中国传播学研究经历了从对西方传播学进行研究②到逐步建立具有中国特色的社会主义传播学体系③到倡导在全球化背景下对东西方传播理论融会贯通，鼓励传播学与其他相关学科的兼收并蓄与交叉融合，推进新世纪中国传播学理论的本土化创新④；再到围绕“从历史到未来：传播、对话、共享”的主题，提倡研究在传播新技术挑战下中国传播学发展的现实问题，并提出要在世界传播中国自己的声音⑤的递进。

历次传播学大会的主题和议程，反映出我国传播学研究的几个趋势：①强调本土化理论的构建；②对传播实践和现状的关怀；③与时俱进，吸纳与创新相结合。而历次大会的研究成果，也推动了中国传播学理论构建与传播学教育的发展。

但是，我们也应清醒地认识到，我国的传播学研究尚未达到世界文明进程的整体语境水平。复杂的当代社会文化现象、需要深化理解和阐释的现代西方传播学理论、亟须建构的本土现代传播体系、亟待解决的传播实践问题等仍困扰着当下的中国传播研究。“我们的研究视野时有难以理喻之惑和力不从心之感。”⑥

基于对传播学研究现状和发展趋势的关注，我们确定以博士论文选题研究为切入点，力求通过量化分析，直观反映中国当下传播研究的关注点、创新点、问题点和发展点，把脉中国传播研究的成就与不足，勾勒中国传播研究的未来走势。

二、研究方法与过程

（一）样本选取说明

近年来，由于传播问题得到多学科关注，对传播主题的研究远超越传统意义的传播学学科研究领域，多学科研究倾向明显，造成研究的归类困难；由于传播学本身的学科包容性极

① ［英］贝尔纳著．科学的社会功能［M］．陈体芳，译．南宁：广西师范大学出版社，2003：3.
② 参考第一届中国传播学大会的研究主题［R］.
③ 参考第三届中国传播学大会的研究主题［R］.
④ 参考第八届中国传播学大会的研究主题［R］.
⑤ 参考第十届中国传播学大会的研究主题［R］.
⑥ 宋建武．再谈问题化［J］．新闻与传播（人大复印资料），2009（6）：1.

强，很多传播学下属学科如广告学等专业导师又在其他学科名下指导博士研究生①，致使我们以学科门类搜索论文选题时，发现选题主题相当庞杂，有些研究主题基本上不属于传播学研究范畴；虽然新闻学与传播学具有密切的内在关联，但是狭义的新闻学只是局限于新闻业务的研究，不具有泛传播意义。

针对以上问题，我们力求样本只反映传播学的研究现状②。在搜索关键词的确定上，采取分层设置关键词，并参考了陈力丹教授的《传播学关键词》③、上海师范大学广告专业杨婷的硕士毕业论文《1981—2005，中国广告关键词解析》等资料，确保样本搜索的完整性。

本文以中国知网（http：//www. edu. cnki. net/）博士论文全文数据库为样本搜索源。

（二）分类体系的建立

我们以拉斯韦尔对传播过程的5W分类为基础，对传播学博士论文选题做出研究方向的基本归类（见图1）。

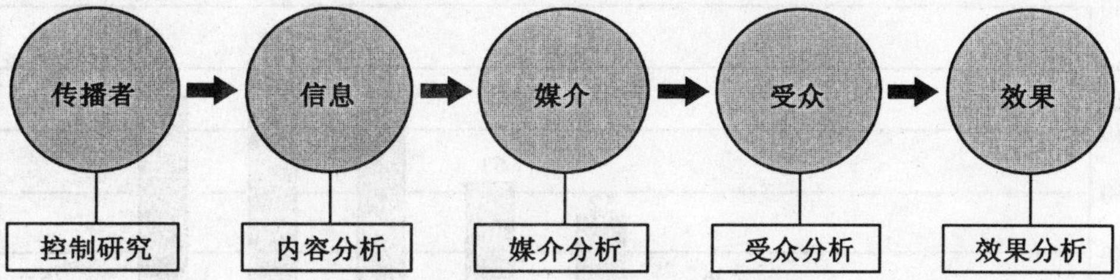

图1 5W模型归类

但是，对于传播现象的关注和研究，不仅局限于传播学科内部，几乎所有学科门类都对大众传播及本学科研究对象所关涉的传播现象给予一定的关注，形成各自的研究主题，我们将这类样本纳入多学科研究类别。

此外，尚有一些研究主题篇数较少，无法进行统一归类命名，暂列为“其他”分类项（见图2）。

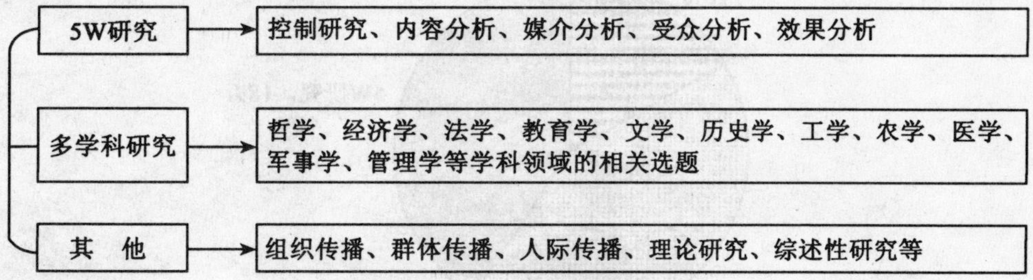

图2 分类体系图

① 比如浙江大学的邵培仁教授在中国现当代文学专业下带博士研究传播学问题；厦门大学的陈培爱教授在专门史专业下指导博士进入传播学研究领域等。

② 此部分可以参考复旦大学传播学郑西帆．社会转型期的中国传播学发展轨迹（博士论文）[D]．上海：复旦大学，2004；齐爱军．新闻学与传播学学科特质比较［J］．国际新闻界，2006（7）：55.

③ 陈力丹，易正林．传播学关键词［M］．北京：北京师范大学出版社，2009.

（三）研究方法与过程

本文采用统计分析方法，首先按照分类体系对论文选题进行归类，用百分率、频数分布等对博士论文选题做出详尽呈现，并对统计结果做出相应的分析说明。

三、研究结果与分析

1. 总体描述

（1）传播现象广受关注，5W 研究与多学科研究成为选题主导。

自 2000 年开始，我国各专业博士学位论文选题对传播现象的关注总体呈上升的态势，5W 研究与多学科研究成为选题的重点（见图 3，图 4）。

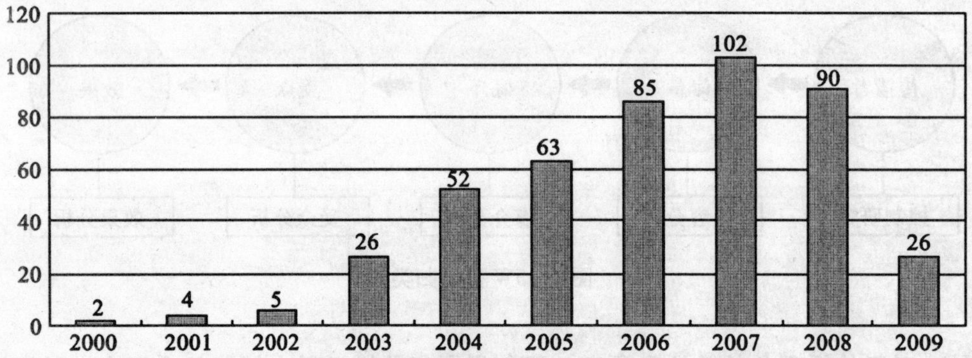

图 3　博士学位论文年度数量变化

注：2009 年的数据统计截至为 9 月份，以知网收录数量为准。

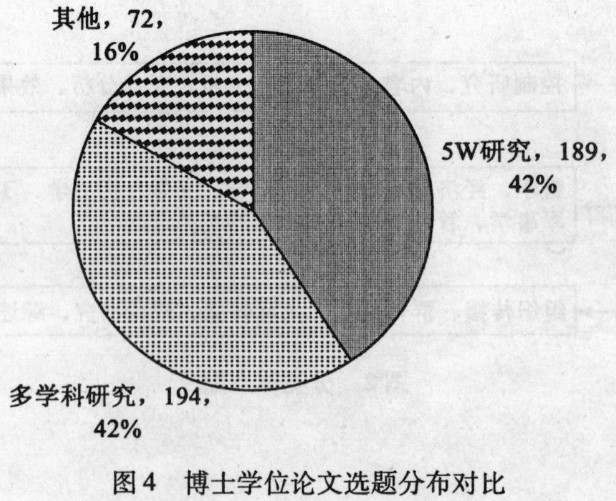

图 4　博士学位论文选题分布对比

究其原因，第一，处于社会转型期的中国出现的大量传播现象，吸引了学者的研究视野；第二，我国从西方引进传播学概念已有几十年，传播学学科体系从无到有，逐步发展壮大，本科、硕士、博士点的设置数量逐年增多，自然带来学术成果的增量。

（2）控制研究、内容分析、媒介分析构成5W研究的三强主题①

在455篇有效样本中，5W领域的研究样本共计189篇，其中50篇来自传播学专业，139篇来自其他专业，5W模型的学术影响力深远（见图5）。

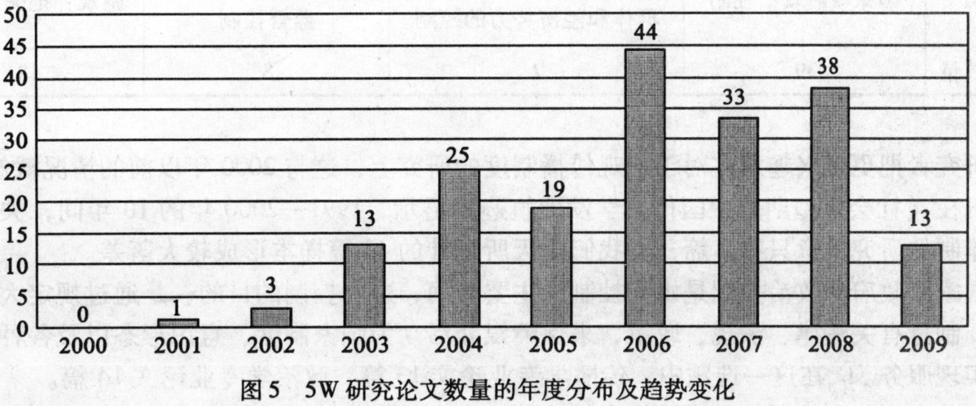

图5　5W研究论文数量的年度分布及趋势变化

在5W研究内部，选题分布尚不平衡。控制研究、内容分析和媒介分析领域取得的成果较多，而对受众分析和效果分析则相对不足（见图6）。

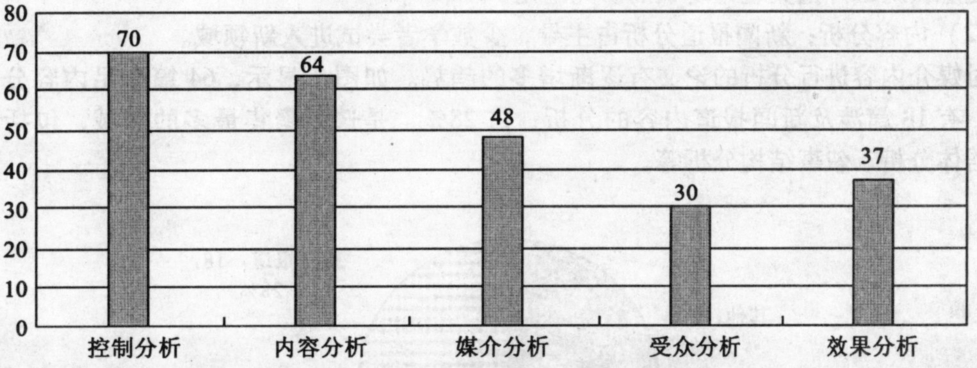

图6　5W内部分支领域研究论文数量对比

值得注意的是，对于控制研究的关注，大部分来自政治学专业，他们以政治传播的视角切入媒介背后的内容生产控制领域，和谐社会、意识形态、国家形象、政府政治控制等主题均有涉及。而随着媒介技术的发展，从媒介分析角度研究传统媒介和新媒体，也取得了较多研究成果。

2. 5W研究的关注重点分析

（1）控制研究：宏观大于微观，政治控制研究多于经济控制和社会监督研究。

在控制研究中，从宏观层面考察外部制度对传媒机构及其活动的控制和影响，包含以下几个主题："①国家和政府的政治控制。②利益群体和经济势力的控制。③广大受众的社会监督控制。"② 从微观层面考察传媒机构内部制度对信息的生产、加工和传播活动的制约，

① 注：编码时，我们发现有的论文选题涉及多个领域，为了使研究更客观、全面，我们采取重复赋值的方法，如中国传媒大学传播学专业2008届博士江宇的《家庭社会化视角下媒介素养影响因素研究》在受众分析和效果分析两个领域赋值。

② 段鹏．传播学基础——历史、框架与外延［M］．北京：中国传媒大学出版社，2006：131，133.

也即把关人研究，其分布如表1所示。

表1　　控制研究具体内容分类及论文数量

分类	国家政府政治控制	宏观：传播制度研究利益群体和经济势力的控制	广大受众的社会监督控制	微观：把关人研究
论文数量	39	7	8	18

研究者把更多兴趣放在对于宏观传播制度的研究上，这与2000年以前的情况截然不同。郑西帆在《社会转型期的中国传播学发展轨迹》显示，1991—2000年的10年间，关于国内传播体制的研究文章只有2篇，与我们今天所统计的45篇样本形成较大落差。

国家和政府的政治控制是媒介控制的主要方面，这种控制的目的，是通过规定大众传播体制，制订有关法律、法规、政策，来保障媒介活动为国家制度、意识形态以及各种国家目标的实现服务。① 在这一选题中，传播学专业论文13篇，政治学专业论文14篇。

相比之下，利益群体和经济势力的控制、广大受众的社会监督这类选题研究较少，只有15篇，从中可见多数学者倾向于从政府管理者的角度研究问题。②

在微观的把关人研究层面，研究领域涉及新闻自律、新闻职业精神、媒体伦理道德、新闻生产、个案研究等问题。该选题多集中于新闻传播领域，且论述流于陈述性，理论的高度尚无提炼，对国外把关理论现状的研究不足。

（2）内容分析：新闻报道分析占主导，少数学者尝试进入新领域。

对媒介内容进行分析的论文有逐渐增多的趋势。如图7显示，64篇涉足内容分析的文章中，有18篇涉及新闻报道内容的分析，占28%，是选题聚集最多的领域，包括话语分析、语体分析、叙事结构分析等。

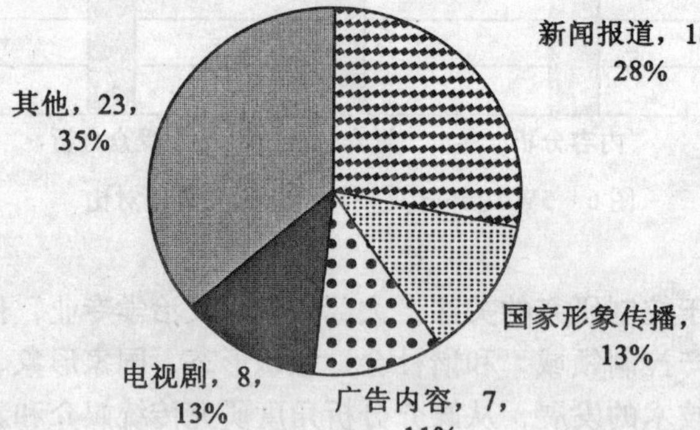

图7　内容分析论文数量及选题分类

值得关注的是，少数学者尝试进入新的内容分析领域。随着2001年我国入世以及申奥的成功，中国国家形象传播问题越来越受到学者重视，有8篇文章探讨了媒介内容中的国家

① 段鹏．传播学基础——历史、框架与外延［M］．北京：中国传媒大学出版社，2006：131.

② 从某种程度上，这与作者本人的职业经历关联密切，从多篇文章的后记中，我们可以发现，大部分博士可以被称作“官员学者”，他们都有政府相关部门从业背景，对于监管领域的研究可以说也是他们工作的一部分，由于有亲身体会，因此对控制领域的研究更加擅长。同时，资料的搜集和取得也比较便利。从这个角度讲，博士本身的职业出身很大程度上决定了其论文的选题范畴。由于涉及个人隐私，本文不便列举详例。

形象传播问题，如周文萍的《当今美国电影里的中国资源与中国形象》，首次探讨了功夫形象的话语内涵，首次系统探讨了中国的“定型化形象”，同时深入探讨中国“自我东方化”等问题。

(3) 媒介分析：传统媒介研究较成熟，新媒介研究主要聚焦互联网（见图8）。

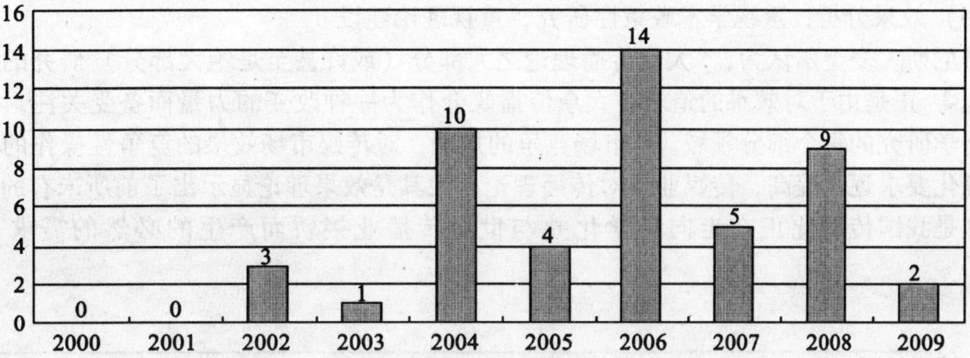

图8 媒介分析论文数量年度变化

信息传播新技术革命的浪潮席卷全球的社会现实，使媒介分析的现实意义清晰凸显。① 总体来看，博士论文选题对传统媒介的研究比新媒介稍多一些（23篇），但从单一媒介来看，对互联网的研究数量最多（12篇），可以说，互联网的出现以及巨大影响为传播学在中国的进一步发展提供了机遇。孟威的《网络互动：意义诠释与规则探讨》和吕坤良的《网络言论传播引论》，探讨了网络传播的相关问题，充分体现出博士论文选题对传播前沿问题的敏感。

此外，对于手机电视、博客、播客、数字电视这些发展尚不成熟、盈利模式尚不清晰、前景尚不明朗的新媒介，一些选题也进行了积极大胆的研究尝试，虽然篇数不多，但笔者仍为这些新鲜的学术果实拍手叫好。

(4) 受众分析：起步较晚，数量较少，以受众态度研究为主。

我国受众分析的实际调查工作开始于20世纪80年代的“北京调查”。该调查被视为我国受众调研的里程碑，同时也标志着科学的、系统的受众研究在我国的兴起。但由于业界发展侧重点的局限，学界的研究直到2003年，在媒介市场化进程的带动下，才开始陆续有文章进入该选题领域（见图9）。

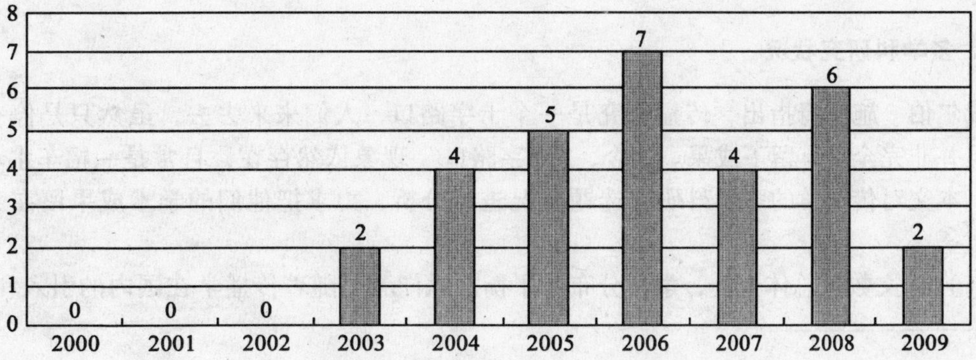

图9 受众分析论文数量年度变化

① 张咏华．中国大陆的媒介分析之概况及特点［J］．新闻记者，2001（12）：33-37.

图9显示，受众分析只有30篇样本，而在深入分析后，我们感叹，传播领域的受众研究，不可能脱离研究主体所处的社会关系而独立、机械地研究样本的各种表征。随着媒介传播的发展，媒介伴生下的受众开始逐渐成熟，对受众的研究也一定要转向与信息传播互动后的反应机制、作用机制等反馈机制的研究。这些研究中既有直面受众态度、行为的批判性思考，也有呼吁受众提高媒介素养的伦理考量。

（5）效果分析：重视学术政策性研究，重视理论建设。

丹尼斯·麦奎尔认为，"大众传播理论之大部分（或许甚至是绝大部分）研究的是效果问题"。① 正是由于对效果的追求，大众传播媒介作为一种改变的力量而备受关注，并渗透到传播学研究的每个细分领域。② 市场竞争的加剧，对传媒市场效果的竞争性操作的科学性和规范化要求逐步提高，传媒业界对传播理论，尤其是效果理论显示出了前所未有的极大渴望，这是我国传播业正在走向科学化并与世界传播业接轨而产生的必然的需求（见图10）。③

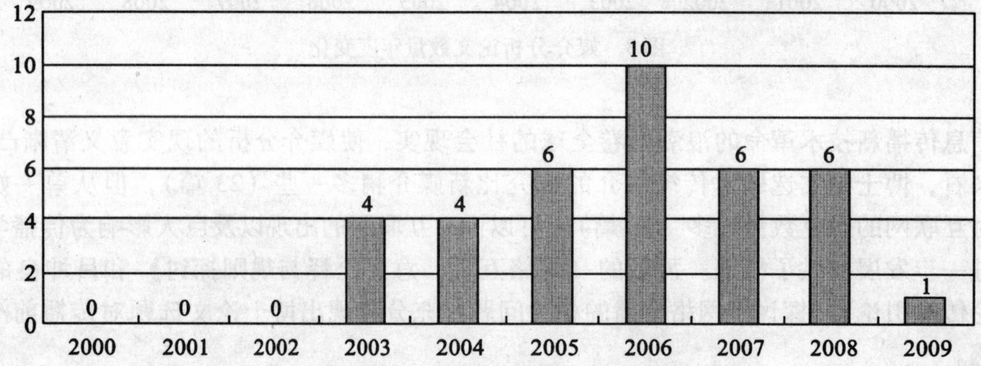

图10　效果分析论文数量年度变化

同受众分析一样，效果分析的论文也面临数量偏少的尴尬局面，原因同样是碍于研究方法和研究成本的限制。但在仅有的37篇样本中，基本涵盖了目前效果分析的主要类型：一是基于商业性目的的研究，服务于传媒的市场竞争；二是偏向于学术性和政策性的研究，服务于政府决策优化，减少传播政策失误的目的。数据显示，博士论文选题已将重心放在了学术与政策导向的研究上，这对于学科的理论建设是有积极意义的。当然，效果研究要取得理论上的创新，应该在吸收国外最新研究成果的同时，结合中国的实际情况，提出符合中国国情的效果研究理论，为这个领域的研究开拓出一片广阔天地。

3. 多学科研究状况

威尔伯·施拉姆指出，传播研究是一个十字路口，人们来来去去，虽然只是停一下就走，但并非完全没有留下成果。如今，"十字路口"现象依然存在，且常是一幅车水马龙的景象。本文对传播学的多学科研究选题情况进行分析，力求把他们的学术成果留在"十字路口"。④

（1）论文数量总体上升，学科分布不平衡。纵向看，随着传播学在国内的引入和发展，

① 胡正荣．传播学总论［M］．北京：北京广播学院出版社，1998：295.

② 喻国明．影响力经济——传媒产业本质的一种诠释［J］．现代传播，2003（1）.

③ 黄旦．80年代以来我国大众传媒的基本走向［J］．杭州大学学报（哲学社科版），1995（9）.

④ 注：多学科研究不仅存在于其他学科，也同样存在于传播学学科论文中，如对传播史、传播教育的研究，本文皆归人多学科研究领域。

多学科研究呈现上升态势，这鞭策着传播学学科的发展（见图11）。

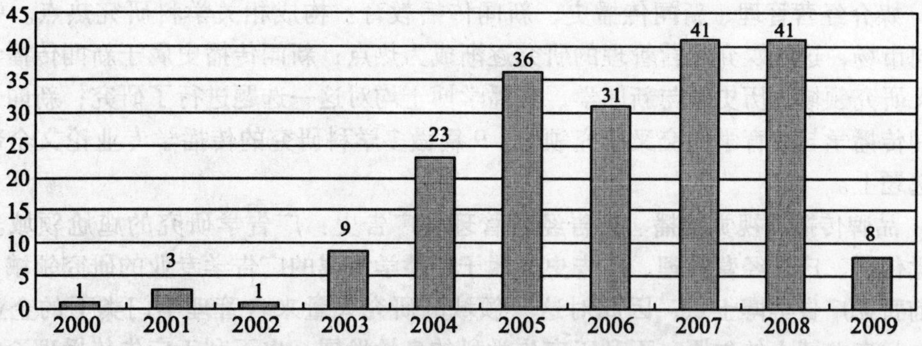

图11 多学科研究论文数量年度变化

横向看，多学科研究涵盖了哲学、经济学、法学、教育学、文学、工学、农学、医学、历史学、军事学、管理学11大学科门类博士点的博士学位论文，可谓百“科”齐放，同时，研究领域分布又极不平衡，对于文学领域、媒介经营管理、新闻传播史、品牌传播、政治传播的研究较多，其他较少（见表2）。

表2 多学科研究选题范畴分类数量分布

多学科选题范畴（按数量排序）	篇数
文学领域研究	61
媒介经营管理	33
新闻传播史	22
品牌传播	21
政治传播	17
艺术传播	11
宗教传播	8
营销管理传播	6
科技传播	5
军事传播	3
新闻传播学教育	3
广告经营管理	3
视觉传播	2
媒介哲学	2
广告史	1
体育传播	1

（2）文学领域：秉承传统，侧重传播现象分析。在教育部学术委员会学科门类设置中，中国语言文学、外国语言文学与新闻传播学同属于文学门类下的一级学科，在多学科研究中，这两个“近邻”受传播学理论影响较大，对于本领域传播现象的研究成果也最为丰富，包括文化传播（14篇）、跨文化传播（9篇）、文学作品传播（6篇）、文艺传播（22篇）、文学传播（100篇）的研究。有代表性的如蔡连卫的《“杨家将”小说传播研究》，该文运

用传播学的理论与方法来研究杨家将小说的传播问题。略显遗憾的是，传播学专业博士几乎没有涉足文学研究领域，学术空白有待填补。

（3）媒介经营管理、新闻传播史、新闻传播教育：构成相关学科研究热点。中国媒介逐步走向市场，这使媒介经营管理的研究逐渐成为热点；新闻传播史属于新闻传播学与历史学的交叉研究领域，历史学与新闻学、传播学博士均对这一选题进行了研究；新闻传播教育属于新闻传播学与教育学的交叉研究领域。9 篇做多学科研究的传播学专业论文全部集中在这三大选题上。

（4）品牌传播、视觉传播、广告经营管理、广告史：广告学研究的尴尬领域。品牌传播、视觉传播、广告经营管理、广告史本属于传播学下属的广告学专业的研究领域，但由于我国目前暂无广告学博士点，因此对这一领域的研究大量来自管理学门类下的企业管理专业，广告学专业博士的失语，不利于广告学科的良性发展，也不利于广告传播理论的深化和创新。

4. 其他类选题论文研究状况

其他类论文选题较难进行统一归类，包括对组织传播、群体传播、人际传播、文化创意产业等领域的探讨，以及传播学科的理论研究、综述性研究等，这些研究领域虽被列入“其他”选项，且篇幅较少，但依然具有一定的选题代表性（见表 3）。

表 3　　其他选题范畴分类数量分布

其他选题范畴（按数量排序）	篇数
传播理论研究	30
文化创意产业	9
人际传播	7
危机传播	6
体育营销	5
体验营销	5
组织传播	4
城市营销	4
群体传播	2

四、结论与反思

虽然本文的样本选择不仅局限于传播学科，但本研究的目的还是要反映传播学术研究现状，推动学科建设与发展。因此，通过对 10 年来“十字路口”自身以及周围“车来车往”的剖析，我们提出如下的思考。

1. 八股有余，创新不足

中国政法大学新闻与传播学院院长、人大报刊复印资料《新闻与传播》主编宋建武教授曾指出，传播学学位论文的基本症结还是“没有问题”。① 宋教授的评析，我们在阅读大

① 宋建武．再谈问题化［J］．新闻与传播（人大复印资料），2009（6）：1.

量的样本时也颇有同感。我们的总体结论是：八股有余，创新不足。

2. 选题角度集中、单一，描述性重复严重

5W 作为比较成熟的理论体系，其在解释多学科、多领域传播现象中如何实现创新性应用，5W 理论如何实现符合中国国情的发展，应该是传播学博士论文选题所着重关注的。因此建议学者之间加强交流，扩展学术思维，避免由于选题集中而出现低水平重复现象。

3. 与时俱进，领跑力不足

通过与 2001 年之后的几届传播学大会议题做对比，我们可以看到博士论文选题与之具有相当的同步性。我们尚未见到领跑传播学年度研究主题的选题倾向，这说明博士论文选题在前沿性方面还有待开拓。

4. 理论的意义在于指导实践

实务研究样本的缺乏是必须引起注意的现象，它必将导致理论研究走上空中楼阁。毕竟，传播是一种泛社会现象，传播实践的丰富与复杂，为理论研究提出了亟待解决的问题，也为理论研究奠定了创新的根基。博士论文选题忽略了传播实践，其理论发展的深入与延展也必然会陷入困境。

5. 解读抑或深化传播学理？

其他学科走进传播学的多，传播学科走出去的少；用传播学概念解读多学科传播现象的多，以现有传播理论框架对传播现象做学理探讨的少。中国国务院学位委员会规定的全部学科门类几乎都有探讨传播现象的文章，但却缺少基于多学科传播现象，发展传播学理论的研究。为此，我们建议将传播学基础理论课程设置为研究生平台课程，构建多学科研究的通识教育基础，同时建议传播学科关注并总结多学科问题，深化并发展传播学理。

6. 定量研究的科学化之路还很漫长

研究方法不够成熟。其一，在数据处理上，简单的数字罗列为多，深度分析、构建模型者少，导致研究结果不够深入，更无法提出新理论、新方法。其二，对数据的解释过于随意，使数据成为证明自己既定观点的工具，这违背实证研究的客观原则。

7. 对西方学术新成果的关注度不够

目前研究西方最新传播理论的论文较少，如 1983 年由 W. 戴维森教授提出的大众传播“第三人效果理论”，国内研究只有 1 篇①，这不利于我国传播学与国际的接轨。

（感谢包雷晶同学对本研究所做的数据整理工作）

【参考文献】

[1] [英] 贝尔纳著．科学的社会功能 [M]．陈体芳，译．桂林：广西师范大学出版社，2003.

[2] 陈力丹．近年中国新闻传播学研究概述 [J]．沈阳师范大学学报（社会科学版），2004（4）．

① “第三人效果”研究在国内还没有展开量化研究，复旦大学传播学专业 2007 届博士禹卫华的《中国大众媒介信息流程中的“第三人效果”研究》是收录的唯一一篇比较全面、系统的本土化量化研究。

[3] 宋建武．再谈问题化［J］．新闻与传播（人大复印资料），2009（6）．
[4] 蔡翔．硕士论文选题应注意的几个问题［J］．高等工程教育研究，2004（3）．
[5] 郭建斌，吴飞．中外传播学名著导读［M］．杭州：浙江大学出版社，2005.
[6]［美］威尔伯·施拉姆．传播学概论［M］．北京：新华出版社，1984.
[7] 段鹏．传播学基础——历史、框架与外延［M］．北京：中国传媒大学出版社，2006.
[8] 张咏华．中国大陆的媒介分析之概况及特点［J］．新闻记者，2001（12）．
[9] 胡正荣．传播学总论［M］．北京：北京广播学院出版社，1998.
[10] 喻国明．影响力经济—传媒产业本质的一种诠释［J］．现代传播，2003（1）．
[11] 黄旦．80 年代以来我国大众传媒的基本走向［J］．杭州：杭州大学学报（哲学社科版），1995（9）．
[12] 郑西帆．社会转型期的中国传播学发展轨迹［D］．上海：复旦大学传播学博士学位论文．
[13] 陈力丹，易正林．传播学关键词［M］．北京：北京师范大学出版社，2009.
[14] 杨婷．1981—2005，中国广告关键词解析［D］．上海：上海师范大学广告学硕士学位论文．

【作者简介】

郑欢，上海师范大学人文与传播学院副教授，广告专业负责人，硕士生导师，主要研究方向：广告与创意产业、广告传播教育。

张小卫、李垒垒，上海师范大学传播学在读硕士，2008。

社会性别视角与广告传播研究①

唐佳希

自从女性主义（Feminist，也译作“女权主义”）作为一种研究视角和批评方法进入传播学研究视野以来，广告中女性形象的陈规定型一直是广告研究的议题。但现有的研究成果较多停留在对广告传播中的女性形象进行表层描述和分析，而对这种现象的形成机制和社会影响缺乏更深层的阐释。主要原因在于缺乏相应的理论视角，导致研究难以深入，更难以从研究层面向广告传播干预方面发展。甚至由于研究视角的偏差，造成一些学者对传播与性别的相关研究的误解。因为信奉客观性、价值中立或自由，学术界常常将男性特殊的经验表现为普遍有效的经验，而忽略了女性的特殊经验，在研究主题、理论和方法论上带有男性偏见，常常漠视性别问题。因此，在广告研究中引入社会性别视角是非常重要的。

一、一个研究的视角：社会性别视角

“社会性别”（gender）被视为女性主义研究的核心概念。社会性别与性别不同，性别（sex）被理解为生理的性和性欲，是指生来具有的男性和女性之间生物属性的差别；而社会性别（gender）则被解释为性别的社会构成，是后天习得性的规范和行为。②

gender 在英语中不是一个新词，女性主义的代表人物波伏娃在《第二性》中早已指出“一个女人之为女人，与其说是‘天生’的，不如说是后天形成的”。女性主义对 gender 一词的创新使用，表明社会差异是由于男女的生理差异而形成的对男女两性不同的期望、要求和限制，社会性别特指在社会文化适应中形成的男女角色、性格、地位、行为特征等方面的差异。③

社会性别将研究视角从对自然差异的关注转入社会文化批评的层面，从本质上改变了早期新启蒙主义话语引导下的男女性别差异的指向，引起了研究者普泛化的关注。新启蒙主义从“人性”的角度来谈性别差异，会将女性的心理、生理的差异视为文化差异的自然转换，且强调突出女性差异是为了完善“人性”的丰富性，而绝不是对男权文化的一种批判。社会性别理论则恰恰与此相反，它承认男女在自然性征上的差异，但是，并不认为这是性别差异的起源和本质，有关性别差异的描述是“后天”赋予的。社会性别理论直接指向了对父权中心主义的批判，社会性别概念所探讨和思考的问题比男女平等的概念更加广泛，更加具有批判性。

社会性别视角是指非中心的或民主化的，鼓励对话和争论的；尊重妇女独立价值的，将妇女作为传播主体的以及注意反映妇女心声；反映更符合各种妇女群体（如不仅是城市白领）生活现实的；反对性别刻板印象的，并能树立均衡的、多元化的妇女形象的；肯定妇

① 本文为广州市政府与公民网际政治沟通策略研究项目编号 10Q23 阶段性成果。

② 李小江．从 Gender 在译介中的歧义性谈起［M］//李小江．文化、教育与性别．南京：江苏人民出版社，2002：4.

③ 卜卫．媒介与性别［M］．南京：江苏人民出版社，2001：298.

女智慧、经验和贡献并激发妇女创造力的，等等。社会性别视角被看做是一个定义宽泛的术语，没有统一的限定，但有一点是应该被认同的，即反对男权文化的鲜明立场。①

自 20 世纪 80 年代以来，社会性别概念在联合国和世界许多地方被发展成为一个分析范畴和研究领域，影响着联合国以及部分国家和地区的政策制定、发展项目的实施和评估等。② 社会性别视角以社会性别观点来观察社会，发现哪些女性对男性的依附性事实或歧视女性的事实被视为当然合理，导致了对女性发展、人格、利益和权利的损害。从某种意义上说，社会性别视角就意味着发现、批评和改造社会或文化中的性别歧视。提升广告传播研究中的社会性别意识，根本目的在于提高学者的性别敏感，营造性别平等的传播环境，促进性别平等发展。

二、广告传播中的性别不平等

学者卜卫指出，大众传播没有平等地对待男女两性。一般而言，大众媒介更重视男性的政治、经济权利，重视他们的社会地位，对女性则更关注其生物性别方面的特征。③ 在涉及社会性别的问题上，歧视妇女、漠视妇女权利、污蔑女性的传播仍然大量存在，处于治理无序的状况。④

最明显的表现是广告中两性形象的刻板印象。社会性别差异及其性别的刻板印象，并不是生理方面的必然结果，而是被社会文化所赋予、培养的结果。性别的刻板印象主要包括对男女两性的性格、形象、智力、社会分工、家庭角色等方面的定型化。比如就性格而言，理性、勇于探索、进取、勇敢、坚强、喜欢高技术等总被归为男性的特征，而柔弱、温和、感性和被动总被归为女性的特征。大多数性别刻板印象强调女性在性格、智力、能力、创造性等方面天生就不如男性，所以不适合承担重要的社会角色；而在承担家庭责任方面优于男性，所以适合承担家务劳动，由此推论出女性的重要职责是辅助男性。性别成见最根本的问题是将男女两性的生理差异无限扩大到社会领域，将性别等同于社会性别，结果得出了女性必定不如男性，因此要被男性支配的结论。这种结论使男性优势和女性附属男性的地位合理化，否定女性独立人格和自由发展的权利，强化不平等的性别权力结构。⑤ 广告中普遍存在的对女性的陈规定型不仅影响到严肃的主流传媒中女性形象，而且影响了广大民众对女性的认识，不利于女性自身的认知和发展。

长期以来，“男性优势”的基本观念已经成为我们文化中的一个组成部分，男性女性无意中受到了不同程度的影响，更习惯从男性中心文化的角度来审视或评价女性形象，因此，我们需要对传播中的不平等保持一种性别敏感。如果缺少性别敏感的话，广告传播中性别不平等现象并不容易被察觉，更无法被分析和批判。新中国成立以来，中国妇女自然获得了工作、婚姻等自主权利，没有经历过西方女性为权利斗争的艰苦卓绝历程，所以，社会大众、女性本身、传播业者、和学者在一定程度上缺少性别敏感。很多性别歧视、成见常常出于传播者对性别问题的无意识。因此，在审视广告传播时，需要用社会性别的批评视角，对所有被视为自然的东西进行反省。社会性别概念的本质是要打破歧视女性的合理性。广告批评不是要抹杀性别差异，而是要在社会性别分析的基础上，解构性别等级制。其根本目的是减少

---

① 卜卫．媒介与性别［M］．南京：江苏人民出版社，2001：76.

② 卜卫．媒介与性别［M］．南京：江苏人民出版社，2001：3.

③ 卜卫．媒介与性别［M］．南京：江苏人民出版社，2001：302.

④ 尚晓援．冲击与变革——对外开放中的中国公民社会组织［M］．北京：中国社会科学出版社，2007：271.

⑤ 卜卫．媒介与性别［M］．南京：江苏人民出版社，2001：301.

大众传播对传统性别成见的建构与影响，提高公众的性别敏感，以促进社会的性别平等。①

2003年，纳爱斯集团向市场推出了天然皂粉，宣称该产品以纯天然植物原料为主要成分，强调纯天然，超低泡，强去污，更适合洗贴身内衣，并由此推出了“你泡了吗？泡了。你漂了吗？漂了”的广告。‘泡了”漂了’，在日常生活中传达的是什么信息，大家都心知肚明。类似这样的广告还有：‘我要清嘴’（一种类似糖果能清洁口腔的产品）、‘泡的就是你’（一种方便面）、“你有二房吗？”（房屋租赁），等等。对此，《中国妇女报》发表了一篇题为《给……广告提个醒》的文章，后来这个栏目的编辑把它贴在新浪和新华网上，反响很大，媒体很快撤销了这条广告，厂家也出面解释。这说明对广告中的性别歧视问题，社会公正的监督非常重要，传播者明确意识到自身的性别歧视的行为后也是愿意做出改变的。当然这需要研究者监测大众传播中的性别歧视现象，并借助社会性别视角对此进行分析，促进全社会的社会性别意识的整体提升。

三、社会性别视角与传播学研究

社会性别视角进入传播学研究视野最早是在1977年，美国《新闻与大众传播季刊》(*Journalism and Mass Communication Quarterly*)在该刊当年的年度索引中开始有了“少数群体”这一分类，女性与黑人、亚裔等都归入该类别。1978年，美国传播学女学者盖尔·塔奇曼与人合编出版了《炉床与家庭：媒介中的女性形象》论文集，标志着女性主义媒介研究正式成为传播学研究的一个分支。②该论文集对“女性在媒介中如何被描绘”的议题给予了很大的重视，这就是早期的媒介中的女性形象研究。它发展至今，成为女性主义最为通用的一种研究视角，广泛应用于新闻传播学研究的内容分析之中。

在中国，在1995年世界妇女大会之前，几乎没有关于女性与传播的专门研究，尤其是很少有从社会性别角度考察女性与传播关系的研究，有性别视角的广告学研究更是没有开展。最早进入这个研究领域的是社会科学院新闻研究所。1994年，新闻研究所刊物《新闻与传播研究》发表了《香港居民对广告中女性形象的评价》的研究报告。这是第一份出现在中国大陆传播学学术刊物上的，具有社会性别研究视角的关于媒介与妇女的研究报告，由香港浸会大学的马力安、崔绮云两位研究者完成。由于大陆研究者对社会性别研究比较陌生，这篇论文没有引起太大的注意。1995年第四次世界妇女大会之前，《新闻与传播研究》杂志社组织了9篇关于媒介与妇女的论文、研究报告，发表于当年刊物的第2期，形成了传播学界关注的一个焦点。这些论文和研究报告主要包括：由新闻所和全国记协共同完成的《中国女新闻工作者现状与发展的调查报告》、宋小卫的《谈谈我国各众媒介接触与使用中的性别差异》、印度Vijayalakshmi Balakrishnan的《亚洲媒介与妇女》、南非Brigalia Bam的《妇女、传媒与社会文化的认同：寻求共识》以及《曼谷增进妇女权利传播大会宣言》。1994—1997年，全国妇联妇女研究所承担了国家一项重要课题“媒介中的女性形象”，主要内容包括电视广告、《女友》杂志、主流报纸、京剧、电视剧、中小学课本、非主流小报、杂志封面、电影等媒体中的女性形象分析。1997年第1期，《新闻与传播研究》发表了由全国妇联刘伯红、新闻研究所卜卫共同完成的《我国电视广告中的女性形象的研究报告》，使媒介与性别议题出现在主流学术杂志上。

时至今日，尽管大众传播中的女性形象研究仍是大众传播研究的重要内容，但是社会性别视角却已应用到传播研究的广泛领域之中，与传播学中的政治经济学批判、媒介消费现象分析、传者与受众研究等思想与方法相互激荡。

---

① 卜卫．媒介与性别［M］．南京：江苏人民出版社，2001：314.

② 陈阳．性别与传播［M］//范红．媒介素养读本．北京：清华大学出版社，2008：73-80.

四、社会性别视角中的广告学研究

社会性别视角的“视角”一词本身就对原有的既定结构具有一定的颠覆作用，并且能够拓展广告研究的领域。当我们用“社会性别视角”来看广告学时，其研究传统、研究对象、研究方法以及研究意义都有了或多或少的变化。

第一，传者研究。广告传播的传播者包括广告主、广告公司和广告发布媒介。这类研究主要包括传者的性别比例以及获得决策权的女性比例，传者的性别敏感和社会性别意识等。一般认为，增加女性比例，尤其是增加女性在决策层的比例就可以提高女性的地位，地位高就可以发挥更大的作用，即改善传播，利用广告传播促进性别平等。但是，广告传播中的性别平等不仅取决于女性比例，也取决于作为传播者的女性是否具有性别意识。社会性别意识决定他们对女性问题的关注及敏感性，进而决定她们如何传播女性形象，是作为社会的动力和积极力量还是作为社会装饰品及性感动物来表现。同时，广告传播的性别平等还取决于广告活动的运行机制。如广告不重视性别问题与广告迎合所谓的主流人群有关；又如将女性看做“卖点”，与广告片面强调商业性忽视社会文化影响有关；一些明显违反公序良俗的广告则与广告的监管和审查不力相关，等等。在这种机制下工作的女广告人或女性决策者，其表达多元声音的空间是有限的。所以，针对传者的性别研究关注传者的女性比例，还要关注传播者的性别意识和广告活动的机制与管理政策等问题。

第二，广告内容研究。广告中的性别刻板印象。目前在广告与性别研究中，大部分是媒介中的性别模式研究或对女性刻板印象的研究。这既反映社会性别视角在这类研究中的作用，也说明社会性别视角在广告研究中的运用主要局限于内容研究的范围。

第三，受众研究。女性如何使用广告以及对广告的需求是什么。跟传者研究一样，这个领域的专门研究也是非常少的。很多广告都是针对女性受众的，但是对女性如何看待这些广告，如何看待广告中对女性形象的描述，对广告传播寄予哪些期望这些问题，研究者并未充分讨论过。

第四，效果研究。广告传播中的性别模式对受众，尤其是对女性和青少年的影响。包括：受众的社会化是否受刻板印象的影响，是否因此产生了性别偏见，并由此进一步强化社会的刻板印象。效果研究是传播学研究中最重要的内容。在这个领域，国外已出现一些有关性别模式影响的研究文献。国内研究者很重视这一领域的研究，但相关研究仍然非常少。

通过社会性别观察视角，我们可以重新思考广告学研究传统、研究内容和方法是否忽略了性别问题和女性的经验。这种思考及其研究实践不仅能贡献于社会性别理论的建设，也能使广告研究的结果逐渐发展为更完善的知识。因为广告研究本身是开放的或多元的，它不会拒绝另一种视角，视角的多样化只能使这一领域的研究更为完善和丰富。学者不仅要关注广告中的刻板印象，也要关注广告策研究、传播效果研究、广告价值研究、广告生产和发布机制研究以及广告的政治经济学研究等，使社会性别观念进入所有研究领域，成为一种必须借助的观察视角之一。

【作者简介】

唐佳希，华南师范大学教育信息技术学院讲师。

广告与经济社会发展的三维功能关系

许正林

广告与经济社会发展的关系问题，并不是一个新问题，是早已经解决认识的原理性问题。早在新时期广告兴起之初，就有不少学者对之有不同侧面的论述，讨论广告在社会生产中的独特功能，并以此呼吁人们在认识广告的功能和特性的基础上对其正确地加以利用，使其真正服务于中国的社会主义建设事业。如张一舟、钱慧德认为广告是改善企业经营管理的有效手段之一。① 黄代发认为广告是提高产品知名度的途径。② 杨万铭、吴忠君分析了广告行业作为社会的一个系统，它所起到的社会调节的功能。③ 张志对经济广告在发展市场经济中的地位作用及运用广告开拓市场的对策进行分析，认为经济广告是企业促销的重要策略，也是企业竞争的一个策略。④ 颜承法肯定了商业广告在企业的营销活动中具有催化剂的作用，而且认为怎样摆正广告和营销的关系是一个很值得研究的问题。⑤ 这些观点对改革开放之初的稚嫩的广告业无疑打开了视野，促使人们对广告有了理性认识，为广告业的持续发展提供了观念保证。

改革开放三十年来，我国广告业在市场经济的推动下快速发展，平均每年以两位数的增长率前行，远远超过宏观经济的增长速度，特别是进入21世纪以来，中国广告业正以前所未有的速度和规模跨入"黄金发展期"，成为我国增长最快的行业之一，其发展轨迹可参见表1。

表1　**1979—2009年广告业发展统计表**

年度（年）	广告年营业额（单位：亿元）	占国内生产总值的比例（%）	广告经营单位（单位：万户）	广告从业人员（单位：万人）
1979	0.1	—	0.0013	0.1
1981	1.18	0.02	0.16	1.6
1983	23.41	0.04	0.23	3.49
1992	67.87	0.26	1.67	18.54
2004	1 264.60	0.93	11.3508	91.38
2007	1 740.96	0.71	17.26	111.25
2009	2 041	0.60	20	133

到2009年，我国广告业营业额达到2 041亿元，广告经营单位20万户，广告从业人员

① 张一舟，钱慧德．广告是改善企业经营管理的有效手段之一［J］．上海企业，1982（2）．
② 黄代发．广告是提高产品知名度的途径［J］．武汉金融，1986（2）．
③ 杨万铭，吴忠君．论我国广告系统的功能及其调控方式［J］．财经科学，1990（6）．
④ 张志．经济广告在市场经济中的作用［J］．理论探讨，1993（6）．
⑤ 颜承法．浅谈商业广告在企业营销活动中的功能和作用［J］．江苏商论，1993（8）．

133万人，分别是1992年的30.07倍，11.98倍，7.17倍。如按照2009年广告年营业额2 041亿元征收5%的营业税计算，就为国家贡献税收为102.05亿元，占全国总税收的0.16%。

2011年央视广告招标以126.687亿元的总额创17年新高，比2010年的招标总额109亿元增加了17.0225亿元，增长15.52%。央视招标素有“中国经济晴雨表”之称。据分析人士统计，央视招标增长实际上表现出了GDP增长的高度相关性，参见图1。①

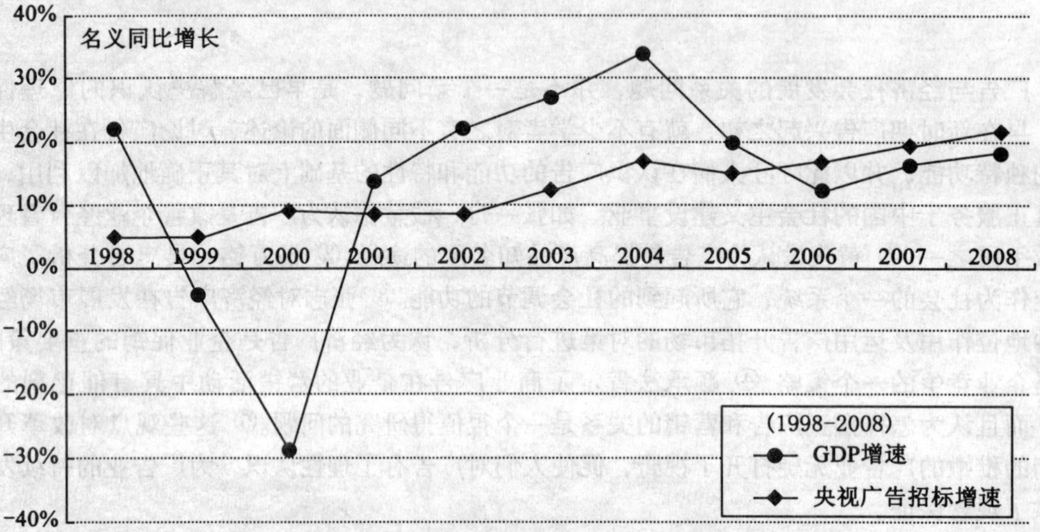

图1　央视广告招标增速与GDP增速的相关性

（资料来源：中国国际金融有限公司分析数据）

在国家关于加快发展服务业的政策出台以后，作为服务生产、引导消费、推动经济增长和社会文化发展的广告在社会角色与功能认识上的重要性值得我们以更深远的眼光去关注。

一、广告的市场动力功能

广告顺应了商业社会的市场逻辑。在商品经济的语境下，经济价值来自资源的稀缺，亦即所谓“物以稀为贵”。因此，人们的需求越大，那么满足需求的特定对象就越具有稀缺性，从而就越具有兑现价值。稀有并不只是在生产上的物理限制，更是消费上的社会限制，“这种限制被强加在满足程度上，这里所谓的满足并不在于商品和设施本身，而是整个与使用有关的环境气氛。”② 于是，商业社会就不得不拼命地诱发并强化人的欲望，制造种种需求。从某种意义上说，制造需求也就是制造资源的稀缺性。

广告的首要目标就在于开辟越来越大的潜在市场。这是商品经济所固有的市场逻辑的必然要求。如果要使多生产出来的商品转化为利润，就必须创造更多的欲望来消化这些多余的产品。因此，马尔库塞说，广告承担了资本主义开辟越来越大的潜在市场的重大责任。“社会用各种方式（主要是通过文化工业）引诱人们消费产品，于是，在大众传播媒介的诱导

① 田丛．央视广告招标入账126亿　承诺春晚无植入式广告［N/OL］．［2011-11-09］新京报，http：//news. sohu. com/20101109/n277445992. shtml.

② 苏特·杰哈利．广告符码：消费社会中的政治经济学和拜物现象［M］．马姗姗，译．北京：中国人民大学出版社，2004：20.

下，人们在消费过程中，不断得到一种虚假的满足。”①

广告成为市场增长战略目标的重要动力。马尔库塞在《单面人——发达工业社会意识形态研究》中认为，广告“已经不再是非生产性的企业一般管理费用，而成了基本生产成本的要素”。这是因为当时的资本主义工业已经有了很大的发展，企业自身对广告的态度也发生了很大的转变。传统上，企业决定广告预算的方法大致有以下几种：①用销售额的一个固定比率作为广告预算，这又分成两种情况：基于上年度实际销售额，或基于当年度的预期销售额；②根据主要竞争产品的广告投放额与销售额的比率决定自己的广告预算；③将本产品在同类产品中的广告投放份额与本产品的预期市场份额相匹配，从而决定自己的广告预算。但在实际经济活动中，一些大型跨国公司的广告行为具有相当长远的眼光，特别强调积累效应。也就是说广告促销不是在一段时间内钱多就多做，钱少就少做，没钱就不做，而是在正确战略思想的指导下，用统一的色调、统一的广告口号、统一的构成成分，通过有计划地多频次播放，并与产品特点、渠道与定价因素相协同，来达到发展自身的目的。这方面日本到中国的广告提供了强有力的比较效果。多年来，日本产品广告费占我国外来广告费总额的70%以上，而相应的营销效果是日本的彩电占全国进口的87.8%，冰箱占进口的68.4%。汽车占进口的63%。② 目前，民族品牌越来越认识到广告的市场战略功能，从2011年央视招标动态来看，汽车企业的投放总量同比上升50%，上汽、一汽、广汽、东风、奥迪、奇瑞等品牌集群式爆发，成为2011年央视招标增长最快行业。

霍克海默与阿多诺在《启蒙辩证法》中认为，在资本主义发展的最初阶段，即竞争比较充分的时候，广告确实起到了积极的作用，“在竞争社会里，广告扮演的社会角色是向购买者通报市场情况；它不仅使选择商品变得更容易了；而且还可以帮助那些不知名但有效率的供应商卖出商品。它不但没有浪费时间，反而节约了时间。”③

广告成为消费者得到商品信息的最重要途径。随着商品总量和种类的不断增加，买卖双方中存在的信息不对称的情况越来越严重，广告成为消费者得到商品信息的最重要途径。阿多诺认为，“今天，广告是一种否定性原则，一种能够起到阻碍作用的机构：一切没有贴上广告标签的东西都会在经济上受到人们的怀疑。”④ 尼尔森曾有一项对非信息性广告的研究就表明：消费者实际上是根据厂商对商品广告的支出来判断该产品的质量。与此同时，广告也借助于大众传播媒体，有助于消费者迅速认识并接受新产品和新观念，改变消费者的消费习惯和生活方式。

二、广告的社会发展功能

广告已经成为资本主义社会保持不断发展的必需要素。马尔库塞认为，广告等宣传手段是资本主义使现有秩序得到维持的重要手段。从初级层面上说，广告等宣传手段能够起到促进过剩的商品不断被大众消费的作用，资本主义的利润因此得到维持。对此，马尔库赛阐述道：“日益提高的劳动生产率创造出了日益增多的剩余产品，这些剩余产品无论是个人还是集体利用和分配，都允许增长消费——尽管有生产率的转向”⑤，可以看出，整个资本主义

---

① 许正林．欧洲传播思想史［M］．上海：上海三联书店，2005：291-292.

② 中外广告差异分析［EB/OL］．国务院发展研究中心信息网．

③ 赫伯特·马尔库塞．单面人——发达工业社会意识形态研究［M］．长沙：湖南人民出版社，1988：181.

④ 赫伯特·马尔库塞．单面人——发达工业社会意识形态研究［M］．长沙：湖南人民出版社，1988：181.

⑤ 赫伯特·马尔库塞．单面人——发达工业社会意识形态研究［M］．长沙：湖南人民出版社，1988：43.

现有的经济秩序，非常依赖一个行业，这个行业的主要工作就是保证生产和消费之间的连接能够持续不断，广告因为能够创造新需求，不断地将产品和消费信息传达给大众，促进大众的购买行为而担此重任。

广告还是人们在思想上认同和适应现代资本主义的社会秩序重要因素。所有的广告都向大众描绘了一幅高尚的生活画面，这种生活与其说是大众希望的，不如说是得利益者所希望的，在这样的“现有秩序”中，大众处于“受控制”的一种状态，在精神上认可资本主义所创造的一切，包括他们自己的生活。广告所描绘的生活都是衣食无忧的，它掩盖了现实中的许多匮乏状况，使人们认为自己生活在一个美好的世界中，虽然实际上，人们的物质生活确实得到了很大的改善，然而在马尔库塞看来，科学技术的进步虽然改善了人们的物质生存环境，使人类摆脱了残酷的苦力劳动，但是却促使形成了另外一种控制——人们失去了独立思考和“尝试另一种生活”的欲望与能力，因为“在生活标准日益提高的条件下，对该制度本身的不满显得对社会无益，而这种不满产生了可感触到的经济政治损失，并威胁到这个整体的顺利运转时，情形更是这样”。① 的确，从历史上看人类从来没有享受到像现在这样的安逸生活，当有人开始思考其他可能的历史替代的时候，这种舒适安逸的生活无疑就成了他们无法忽略的“机会成本”，选择另一种社会秩序或者生活方式就意味着要放弃和失去现在安逸的生活。如果受管制的生活是舒适甚至“善的”生活，就没有任何理由坚持自决。②所以，这个社会可以公正地要求（人们）接受它的原则和制度，并把对立削弱为在现状以内对不同政策的讨论和促进。③ 显然，广告就是众多使人们认可现状，并为之努力的相当有效的手段之一，它能够在最深的层次上将人们限制在现有的秩序范围当中。

广告也有助于阻止经济衰退，提高生产力和促进就业，并促进经济扩张，社会成员也可以过上更高水平的生活。具体来讲，广告的社会经济功能作用至少体现在以下八个方面：

其一，广告会对国内生产总值产生影响。由于广告能有助于销售，条件是产品对路、价格对路、流通对路，广告便和国内生产总值形成了不可分割的关系，这是因为，如果广告在推介新产品时（诸如录像机、微电脑、网络或替代性能源）发挥了重要作用，广告就有助于提高消费者的整体需求水平。随着对这些新产品需求量的上升，消费者付出的金钱便会加速零售销售，提高住房建筑开工数，加大企业在成品商品和资本设备上的投资，因此，新产品种类的销售会对国内生产总值产生影响。④

其二，广告通过倡导产品质量使用旧产品得以改善，新产品得以开发。这个过程创造了一系列的产品改良，从而使消费者受益；有效的广告会为公司提供有利益的交流，公司会利用它接近潜在顾客，并利用这些信息协助消费者做出有益的采购决定。

其三，广告通过提供最新产品和产品改良信息帮助消费者做出产品的知情购买，大规模的广告和促销是唯一可行的途径，能使消费者随时了解活跃的经济生活中的各种产品，研究表明，针对某一产品持续做广告有助于培养消费者的观念，即这是个优质品牌，它物有所值，它有众多的优点。

其四，通过创造规模经济，广告实际上降低了消费者的产品费用。由于广告而产生的规模经济，消费者实际上享受到了更便宜的产品。巨大的需求刺激降低了单位生产和管理成

---

① 赫伯特·马尔库塞．单面人——发达工业社会意识形态研究［M］．长沙：湖南人民出版社，1988：2.

② 赫伯特·马尔库塞．单面人——发达工业社会意识形态研究［M］．长沙：湖南人民出版社，1988：43.

③ 赫伯特·马尔库塞．单面人——发达工业社会意识形态研究［M］．长沙：湖南人民出版社，1988：2.

④ 托马斯·C. 奥吉恩，等．广告学（第2版）［M］．程坪，张树庭，译．北京：机械工业出版社，2002：28.

本，因此，生产商便可以将较低的价格转让给消费者。① 虽然广告费用对生产商和流通商来说是笔不小的支出，但通过促进大规模市场的形成，消费者可以获得较低的价格。②

其五，广告是企业营销活动的一个必要而且重要的组成部分，没有广告就等于错过程序中的重要一环，这个程序始于品牌意识，并经一系列复杂的步骤实现销售的增长、市场份额的扩大和利润的改善。

其六，广告的数量与其在市场上的成功有着直接的关系。单做产品广告还不够，更重要的是广告数量。比起其他竞争者来说，商家做广告越多，效果就越好。标志性计划会有标志性结果。

其七，广告能改进市场上人们对产品的观念。从很大程度上来说，产品的质量和价值名誉实际上取决于该产品做广告的程度，销售活动中质量是唯一最重要因素。

其八，有效的广告有助于推进消费者树立心目中产品的形象，从而使消费者更能购买该产品。广告对产品的推进往往带来高额的利润，远高于在消费者心目中分量低的产品的利润。③

三、广告的文化释放功能

宏观经济理论认为，广告的目的在于使经济主体获取更大的利润、更大的市场份额、更高的生产效益。在资本主义环境下，产品分布往往会不均衡，服务也有好有坏，消费者的产品购买既有情感因素也有理性动机。

在广告功能的呈现上，总是表现为经济功能与社会功能的双重性，而最终在文化上交接在一起。一个社会体制的功能之一，是通过提供信息和范式来使人们行为规范，构建社会生活模式，体现社会的理念。在这一点上，呼应了法兰克福学派的观点。

广告所具有的重要社会功能使广告主对广告受众亦即消费者承担了比大多数交流者更多的社会责任。通过广告可以引起公众对环境问题、更好的教育和社会其他相关问题的关注。托马斯·拉塞尔与罗纳德·莱恩认为，消费者对媒体和广告的态度是复杂的，他们要求更现实和更公正地描述社会，强调这个问题是努力解决一个非常复杂问题的第一步。在谈到广告中对有色人种模式化问题时，牧师杰西·杰克逊（Jesse Jackson）指出："多文化营销对做生意来说是件好事。这体现了对日益提高的少数民族地位的尊重。为保持并扩大市场竞争份额，各个公司必须在有色人种社区中赢得顾客对品牌的忠诚。"④

广告制造了流行和时尚。流行是指"以某种目的开始的社会活动，使社会集团的一部分在一定期间中能够一起行动的心理强制。"它代表了某种生活方式，是众多人相互影响、迅速普及的结果，它会引起众多人的注意、兴趣和模仿，影响到社会的各种人，使人们相互之间发生连锁的感染。在日常生活中，流行突出表现在装饰、礼仪、生活行为三个方面⑤，广告能够形成流行和时尚主要有两方面的原因。文化工业理论公开宣称，广告可以形成最理

① 托马斯·C. 奥吉恩，等. 广告学（第2版）［M］. 程坪，张树庭，译. 北京：机械工业出版社，2002：101.

② J. 托马斯·拉塞尔，W. 罗纳德·莱恩. 克莱普纳广告教程（第15版）［M］. 王宇田，王颖，钟莉，译. 北京：中国人民大学出版社，2006：716-717.

③ J. 托马斯·拉塞尔，W. 罗纳德·莱恩. 克莱普纳广告教程（第15版）［M］. 王宇田，王颖，钟莉，译. 北京：中国人民大学出版社，2006：719-721.

④ J. 托马斯·拉塞尔，W. 罗纳德·莱恩. 克莱普纳广告教程（第15版）［M］. 王宇田，王颖，钟莉，译. 北京：中国人民大学出版社，2006：722.

⑤ 孙文清. 谈广告与消费流行［J］. 商业时代，2004（24）.

想的流行品位，美也是在商品中形成的。① 霍克海默和阿多诺这样举例：“今天，在美国最有影响的杂志《生活》和《财富》中，假如你匆匆瞥上一眼，很难分清哪一张是广告，哪一张是社论性的图片和文字。社论既可以勾画出一位充满热情、有天生资质的伟人形象，也可以描述他的生活细节和讲究情节的习惯，所有这些都会给他带来新的崇拜者，而广告页则运用了许多实事照片和细节，再现出最理想的信息是什么，而这正是社论想要达到的目标。”②

广告是将人们的交流限制在既定论域的重要手段，即马尔库塞认为的所谓既定论域。其实是指一个相对固定和封闭的思想观念的世界，也就是说它认为广告通过影响人们的交流，进而限制了人们的观念对现有秩序的超越。广告影响人们的日常交流，并从对个人交流的影响扩展到对整个观念的世界。

我们并不能因为以上这些对广告的正面肯定就能完全消除对广告的否定与批评，因为，广告提供的信息不够全面，造成了一些不必要的外部性而受到批评，这恐怕就是广告的宿命。

【作者简介】

许正林，博士，上海大学影视学院副院长、教授、博士生导师，广告学系主任。

① 赫伯特·马尔库塞．单面人——发达工业社会意识形态研究［M］．长沙：湖南人民出版社，1988：174.

② 马克斯·霍克海默，西奥多·阿道尔诺．启蒙辩证法［M］．渠敬东，曹卫东，译．上海：上海人民出版社，2003：182.

广告效果研究的几个基本问题

黎 明

一、传播效果是广告效果的本质

在实际广告传播操作中，当今为广告研究者和实践者广泛认同的主流观点是将广告效果划分为三个相对独立的部分：销售效果、传播效果和社会效果。这一分类在实际操作中被广泛应用，主要是因为在广告传播的过程中，作为相关利益者广告主和广告代理以及社会从各自的利益立场出发，对广告效果的评价角度和立场有所差异：广告主当然最看重广告对销售的促进，广告代理则把广告的传播效果作为评价自身工作的标准，而对处在这一过程外部的社会各界而言，广告传播所带来文化道德影响才是关注的焦点所在。

由此可见，这一分类更多地着眼于在广告传播活动的现实博弈中这三种广告效果分别代表不同角色参与者的立场和利益。从学术的视角看，这一分类并非出自对广告效果本质的考量，而只是对广告效果外层表现形态的粗浅划分。

效果是指某种行为所产生的有效的结果。就其狭义而言，它是指行为者通过实施行动实现其主观意图的程度；在广义上，则是指这一行为所引发的一切客观结果，而不论这种结果是否是行为者的主观预期。因此，传播效果也具有双重含义。狭义上，传播效果是指带有说服动机的传播行为在受传者身上引起的合乎传播者意图或目的的心理、态度和行为的变化程度。广义上，传播效果是指传播活动尤其是大众传播活动所引起的一切客观结果。换句话说，报刊、广播、电视等大众传播媒介的活动对受传者和社会所产生一切影响和后果都属于传播效果的范畴。不管这些影响是有意的还是无意的、直接的还是间接的、显在的还是潜在的。

从传播学的视角看，广告传播是一种重要的具体传播形态。传播效果之于广告效果，正如传播之于广告，是一般与个别、共性与个性的关系。因此，我们可以说广告传播的效果，或者说广告效果，本质上是由广告信息传播所引发的具有自身特殊规定性的传播效果。另一方面，从效果发生的角度看，不论最后表现为广告商品销售量的增加还是对社会文化的影响，广告活动任何效果的实现都有赖于广告信息的传播对受众施加直接的或间接的影响并使其在心理、态度和行为上产生相应的变化。也就是说，广告效果是由广告信息这种特定类型的信息的传播所引发的结果。

因此，广告效果本质上是一种传播效果：在广告信息的作用下，由浅到深的依次展现为受众认知、态度和行为的变化。在最宽泛的意义上，这些变化是广告传播活动所引起的一切直接或间接的变化的总和。而上述分类中的“销售效果”和“社会效果”只是这些变化“侧面像”般的片断呈现：当广告受众最后的外在行为由于商品信息的影响表现为广告主期望中的购买行为时，从企业的角度而言，这种广告效果最终呈现为销售量或销售额的增加，也就是销售效果；当广告受众由于广告信息中具有意识形态性因素的影响而引发超出纯粹商业目的的心理或行为变化时，从社会的角度来看，这种广告效果最终呈现为社会文化的变化，也就是社会效果。

因此，我们说上述分类既具有现实利益博弈层面的意义，三类效果的划分之间既不完备，又有相互重合处。实际上，就其发生过程和本质动因而言，广告效果是一种传播效果，从传播者的目的和意图出发，它包含有意和无意两个层面。

首先，广告效果是指具体的广告传播活动在广告受众身上引起的合乎广告主营销意图的认知、态度和行为的变化，这些变化不仅包括由广告受众购买行为而呈现为销售量或销售额的增加，也就是销售效果，也包括广告受众在做出购买行为之前由广告传播引起的一系列与购买决策相关的心理变化。其次，广告效果还包含广告受众由于广告信息中具有意识形态性因素的影响而引发超出纯粹商业目的的心理或行为变化。从社会层面看，这类变化呈现为广告在社会道德、文化教育等方面的影响和作用，也就是社会效果。广告在实现其营销目的的过程中，不仅传播单纯的商业信息，而且必然以文化的各种内容物作为自己的沟通手段，因而具有意识形态的因子。① 因此，广告传播虽为营销而起，但传播过程一旦发生，它不仅指向广告传播活动所预设的目标受众，停留在单纯的营销范畴，而且必然与其所处的社会环境发生关联，并自觉不自觉会对广告受众，乃至社会整体的消费观念、文化观念、道德风尚及生活方式产生超出广告传播过程的市场参与主体的主观意愿之外的影响。

必须说明的是，广告传播具有强烈的功利指向，对广告传播方而言——不论是广告主、广告代理公司，还是广告媒体——广告的社会效果在某种意义上是一种外部性的效果，无论好坏，对他们都不构成太大影响。因此，在广告实务操作中，社会效果总是被有意无意地忽略。另一方面，广告的社会效果本身具有一种宏观性。它更多是指在一个较长的时间段内，作为整体的所有广告传播活动的综合效果。这其中当然包含具体广告传播活动的短期社会效果，但却远不止于此，而同时要考虑广告与复杂多变的社会环境中诸多因素的互动。因此，通常在广告效果的研究和具体广告传播活动的测评中，所谓的“广告效果”，并不将其社会影响纳入考量，而仅指与广告主利润有关的受众心理和行为的变化——这些变化可能是长期的或者即期的；也可能是正面的或者负面的。②

二、广告传播的效果止于心理层级

广告效果是广告信息这种特定类型的信息，通过广告媒体的传播，加诸予广告受众的身上，所引起的受众心理和行为的变化。研究者普遍认为，从首次接触广告到最终的品牌购买，消费者有一系列的层级状态要经过，或者说广告信息输入所引起的效果存在一条连续反应的链条，其中，某一变量的反应会引起另一个相关变量的反应，这种连续反应链也就是广告的效果层级。对于这些效果层级的区分，研究者们提出了不同的模型进行描述（见表1）。

表1　　广告效果的层级③

理论家姓名	层级影响中的术语		
	学习（认知）	感受（情感）	行动（意动）
作者不详	注意	兴趣、欲望	行动
L&S（1961）	知名、了解	喜欢、偏好	信服、购买
科利（Colley，1961）	知名、了解	信服	行动

① 张金海．20世纪广告传播理论研究［M］．武汉：武汉大学出版社，2002：156.

② 雷莉，黄合水．广告效果研究回顾［M］//黄合水．品牌与广告的实证研究．北京：北京大学出版社，2006：60.

③ ［美］丹·E．舒尔茨著．广告运动策略新论（上）［M］．刘毅志，编译．北京：中国友谊出版公司，1991：57-58.

续表

理论家姓名	层级影响中的术语		
	学习（认知）	感受（情感）	行动（意动）
罗杰（Roger，1962）	知名	兴趣、评价	试用、采用
门德尔松（Mendelsohn，1962）	初步反应（忆起）	情绪反应（爱好）	行动反应
沃尔夫（Wolfe，1962）	知名、接受	偏好、兴趣	销售
阿斯平沃尔（Aspinwall，1964）	接受	偏好	坚持
A. R. F.（未具日期）	暴露、认知、传播（了解）	传播（态度）	行动
M. S. I.（1968）	知名、了解	喜欢、偏好	信服、购买
斯瓦茨（Schwartz，1969）	暴露、注意、记忆	态度改变	购买
霍华德与谢思（Howard & Sheth，1969）	注意、了解	态度	意向、购买
谢思（Sheth，1969）	事实—暴露 事实—译码	态度	意向、购买
默夫（Murphy，1971）	态度、了解	重要、差异	催化作用
泰勒与彼得森（Taylor & Peterson，1972）	注意	兴趣、欲望	信服、行动
杨（Young，1972）	注意、传播	信服	
霍尔布鲁克（Holbrook，1975）	注意、认知、记忆	态度	意向

可以看出，所有效果层级模式对效果层级的不同表述实际上都可以聚类为心理层级效果和行为层级效果两个方面。①

有研究者（Vakratsas & Ambler，1999）也将广告的心理层级效果称为“中间效果”（intermediate effects）。② 它表明广告在影响消费者行为之前，对人心智的一些影响。按照舒尔茨的观点，不管上述那些属于心理的效果层级被研究者各自给予怎样的命名，从整体上，任何心理层级的效果可划归为认知（学习）、情感或态度以及意向三个方面。③ 认知环节是外界广告信息进入受众内心的通道，它包含由浅到深的两层。首先是接触，也称为注意，是指受众对于周遭世界中可获得的广告信息的选择性接触或注意。在广告效果产生的一般过程中，注意环节是广告受众与特定广告信息输入的主客观交互界面，受众对广告信息的主观注意同时意味着广告信息对广告受众的到达。然后是了解，也就是接触广告信息的基础上，广告受众对于广告信息内容和形式的感知，并借助已有的知识经验，对广告作品所包含的信息进行选择、组织和解释，形成对广告乃至广告商品的信念，最后纳入到记忆系统中。广告受众在对广告信息的接触和认知时，不仅产生对产品属性或特色的信念，而且产生类似如尊敬、同情、喜欢的情绪体验。其中最重要的一个概念是态度。态度是指消费者潜伏在行动之下的一种观念看法。在较狭窄的意义上，研究者将它用做情感的测量指标。而在宽泛的意义上，态度是一个承上启下的混合概念，它既包括对广告的知觉、信念或知识等认知因素，也包括感觉或喜好的情感因素，有些研究者甚至将行为意向包含在这一概念中。这一阶段的效果首先表现为对广告本身的态度，进而由此延伸为对广告的产品或品牌的态度。行为是由特定购买意向所导致的结果，而态度在很大程度上决定了行为意向。意向是广告受众对广告商

① 张金海．广告经营学［M］．武汉：武汉大学出版社，1996：131.

② 雷莉，黄合水．广告效果研究回顾［M］//黄合水．品牌与广告的实证研究．北京：北京大学出版社，2006：60.

③ ［美］丹·E. 舒尔茨著．广告运动策略新论（上）［M］．刘毅志，编译．北京：中国友谊出版公司，1991：57.

品所持有的内在反应倾向，它是广告受众做出购买行为之前的一种准备状态。意向包括接近行为的变量，如信服和购买意图。在某些研究者的概念表述中，有时意向也包括行动本身。

行为层级效果是指由广告所引起的广告主希望的受众/消费者购买行为的改变。购买行为是指消费者购买商品或响应广告诉求所采取的有关行为，其中当然也包括在广告信息的激发下，向广告主索取产品及销售资讯，或直接到经销商处查验、咨询有关情况等这类反应行为，但无论如何，行为层级效果最重要的部分一定是指产生销售的实际购买行为。因此，行为层级效果主要指这一部分。广告对消费者个体在行为层级的效果的总和反映了所有消费者选择的集合，从企业的角度看，它体现为广告的销售效果，是指广告传播活动促进产品或者劳务的销售，增加企业利润的程度。

广告效果是诸多因素综合作用的结果。从宏观层面看，包括广告传播活动在内的人类的任何活动都身处于一定的社会环境中，必然受到这一社会特定宏观环境——主要包括政治、经济、文化、技术等的诸多因素——的制约，比如经济发展水平、社会文化习俗和消费习惯等。当然，这些因素只是作为广告传播活动的远背景而间接地影响广告传播的效果，真正直接与广告效果相关的宏观环境因素是广告传播活动的传播环境和营销环境。作为直接背景，传播环境和营销环境的改变——传媒的冗余化和零细化、整体上产能过剩、产品甚至品牌之间结构趋同，以及由此而来的渠道崛起——深刻影响和制约着广告传播活动以及效果。尽管如此，对于具体的广告传播活动而言，这些宏观因素是相对稳定的，且对广告传播方而言，是不可控的客观外在，它们仅是作为所有广告活动的共同背景存在。因此，它们更多的是用于从宏观和长期的角度来考察作为整体的广告传播效果的历史变迁，而在大多数的广告效果研究和广告传播实践中，这些宏观环境因素被处理为常量。

对具体的广告传播活动而言，在消费者的外部，真正影响广告效果的因素有两个方面：

广告的输入包括广告信息的媒介载体、广告信息的最终形态即广告作品、广告投放强度三个方面。广告效果是广告输入在消费者身上引起的反应。没有广告的输入，谈何广告的效果。因此，广告输入对于广告效果而言，是真正意义上的自变量，具有直接的关联。

在心理层级效果向行为层级效果转化的市场输出端，广告效果最为重要的影响因素是除广告以外的营销要素。就企业而言，这是影响消费者购买行为的诸多因素中企业自身可控的要素。营销要素通常分为产品、价格、分销和营销推广。营销推广是营销要素的组成部分之一，与其他营销要素相比，营销推广要素相对独立，主要处理的是营销“信息流”，并且广告传播本身也属于营销推广的一部分。因此，在广告传播中，通常将营销推广要素独列出来考虑。营销推广要素主要由人员推销、广告、促销、公关、宣传报道等因素组成（见图1）。

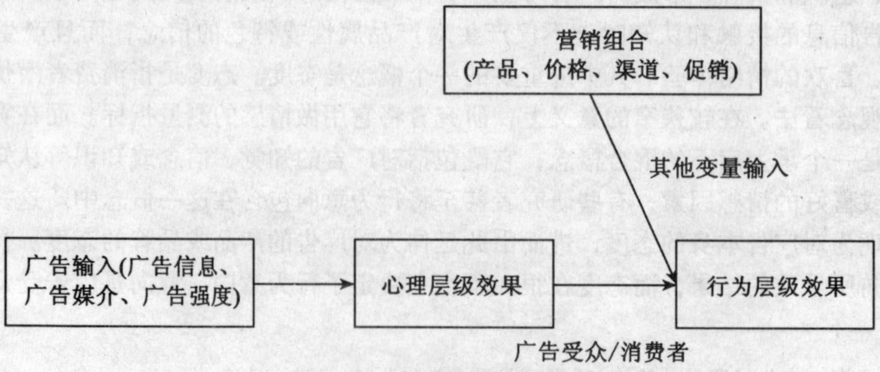

图1　广告效果的营销因素

不难看出，广告效果一般意义上是包括心理和行为的两个层级，但行为层级效果，或者说消费者的最终购买行为，严格地说，是广告传播与营销要素以及其他营销推广要素整合作用的叠加，是诸多因素形成的一个合力。这就意味着仅就广告单一因素而言，其效果止于心理层级。或者说，心理层级的效果可以看做纯粹由广告传播所引发的，行为层级的效果则是产品、价格、品牌、促销，以及包括广告在内的多个变量影响的结果。

另一方面，虽然行为层级的效果并不是广告单方面影响的结果，但广告确实是促进购买行为和影响销售效果的重要因素之一。因此，销售效果并不能完全被排除在广告效果之外。从企业运营的角度看，广告主之所以发起广告活动，运用各种传播媒体把产品、劳务以及观念等信息向目标消费者传达，最终目的是为了促进销售，增加利润。换句话说，对于作为广告主的企业而言，广告的销售效果才是衡量广告传播活动成功与否最重要、最直接的标准。此外，对某些特定的广告活动来说，如某些直销广告，在营销系统诸项变量均保持不变的情况下，只以广告为唯一的营销推广手段，这一类广告活动，是很容易也可能以销售效果来作为衡量广告效果的重要标准的。

三、广告效果层级的顺序并非遵循某一固定的流程

由于受众的信息处理和心理层级变化无法直接观测，为此研究者们以模式研究法作为理论研究方法，对广告受众复杂的信息处理过程抽象化和简明化，并由此建构各种广告效果发生的理论模型，试图解释在一定的广告信息输入的条件下广告受众心理的反应结构。从最早的 AIDA 模式开始，大部分广告效果产生的理论模式都属于层级效果模式，通过层级效果来简明扼要的描摹和界定广告受众的心理过程，从而为广告效果的测量和评估提供了操作依据。但上述那些层级模式，无论是 AIDA 还是 DAGMAR 模式，还是其他，他们多数实际上属于同一种顺序结构：消费者在展开购买行动前，似乎总是必须经历千篇一律的从认知到情感再到意向的固定过程。

然而在实际生活中，从消费者接触广告那一刻起到他们对广告做出反应的最终行为的过程中，消费者并不遵循某一个刻板的流程，众多效果层级因为产品、消费者或消费情景的不同而呈现出不同的顺序结构。如果我们广义的理解认知、情感和意向的概念，那么，消费者的心理层级效果的发生顺序基本上可区分为三种结构类型：学习结构、反向/归因结构、低介入结构。

学习结构描述了消费者只有经过学习过程后才会购买产品。上述大多数层级模式属于学习结构这个类型。“认知→情感→意向”的发生顺序基于人们会主动的参与学习的假设。学习结构视消费者为目标导向的理性经济人，而把整个信息传播过程都看做是消费者主动探索和学习的行动过程，学习结构关注的是消费者如何主动学习探索复杂的广告信息，以购得最好的产品满足其需要。学习结构的一个广受欢迎的典型是 L&S 效果层级模式：

知晓→了解→喜欢→偏好→信服→购买

这类顺序结构适用于消费者认为重要而且谨慎购买的决策。比如，购买住房、汽车或者高科技产品等。

基于学习理论的效果层级模式会遇到一个难题：一般而言，认知学习是一种精力高度集中和投入的行为，但实际情况是消费者在接触广告时通常很少全神贯注、主动去理解和记忆，而是在非常放松和漫不经心的状态下接触广告。克罗格曼（Herbert Krugman）由此提出消费者低度介入理论。① 低介入结构的层级效果模式便是建立这一理论的基础之上。

在这一理论看来，并不是一切的产品和广告，都能吸引那些高度介入购买决策的潜在顾

① ［美］丹·E. 舒尔茨著．广告运动策略新论（上）［M］．刘毅志，编译．北京：中国友谊出版公司，1991：49-56.

客。而事实上，大众传播媒介上刊播的大部分广告，消费者在视听的时候都是心不在焉。但消费者在低介入的情况下，同样会被广告，尤其是电视广告等不需要太高介入度的广告信息影响，但是其过程却与 DAGMAR 等经典的学习结构的效果层级模式不同，不必严格地经过从认知到情感再到行动这一过程。在很多情况下，消费者也许仅仅在一个广告展露之后，还未对广告产品发展出一种态度之前就立刻购买。也就是说，在低介入的状态下，消费者从消极的接受广告信息后造成对某一品牌的认知发生结构性变化，产生亲切和熟悉的感觉，在下次对这一品牌有需要时，也许就会购买这一品牌以代替其他品牌。而只有在购买行动之后，消费者才会参与式地去真正理解商品，多次行为才会导致态度的改变。低介入结构的典型效果层级模式是：

注意→知晓→购买→态度

低介入结构适用于较不重要的购买情况，在低介入结构中影响购买决策的变量远远要比适用于复杂决策的学习结构要少得多。因此在低介入的情景下，广告是一个更有影响力的推广工具。

以上两类结构顺序的层级模式占了大部分广告主所面对的主要情况。然而，广告与消费者购买形态的互动是动态的。一旦消费者购买一件产品，事件发生的次序并不会就此停止。购买之后所发生的事件次序层级是"失调/归因结构"。

之所以称为失调/归因是因为它既能被失调理论所解释，又能被归因理论所解释。失调理论认为消费者会调整他们的思想和情感以保持与行为的一致性；归因理论认为，消费者会为他们已经做出的行为反向的寻找支持理论。在这一结构中，消费者在购买某一产品之后的使用过程中可能体验到该产品的缺点，同时认为其他竞争产品的优点，这就是所谓的"失调"。消费者讨厌这些失调的感受，因而会寻找支持其已经发生的购买行为的产品资讯以减轻所受的压力，即使这些资讯或广告在其先前的购买中可能不曾起到作用。在广告及其他营销推广中为已购买的消费者提供加强的理由，帮助消费者减轻失调感，能加强购买行为，并大大提高重复购买的可能性。典型的失调/归因结构的效果层级模式是：

购买→喜欢→解释→品牌再购买

由于消费行为的复杂性，对于所有的产品类别和所有的消费者细分市场，很难有一个普遍适用的效果层级模式。因此，首先必须确认这一模式是否适用于这类产品以及是否适用于这类消费者，在此基础上，确定描述消费者对广告反应的特定变量，才能有效地运用效果层级模式。

【参考文献】

[1]［美］丹·E. 舒尔茨著. 广告运动策略新论（上）［M］. 刘毅志，编译. 北京：中国友谊出版公司，1991.

[2]［美］杰拉德·J. 泰利斯著. 广告效果评估［M］. 李洋，译. 北京：中国劳动社会保障出版社，2005.

[3] 张金海. 20 世纪广告传播理论研究［M］. 武汉：武汉大学出版社，2002.

[4] 张金海. 广告经营学［M］. 武汉：武汉大学出版社，2004.

[5] 黄合水. 品牌与广告的实证研究［M］. 北京：北京大学出版社，2006.

[6] 黄合水. 广告心理学［M］. 厦门：厦门大学出版社，2010.

【作者简介】

黎明，武汉大学媒体发展研究中心、新闻与传播学院 2009 级博士生。

方法与建立：广告批评的标准

汪开庆

广告批评要有一个正确的观念、批评队伍、批评标准。批评阵地是构成广告环境必不可少的要素，其中核心是广告批评的标准。广告批评有感性的批评和理性的批评。感性批评只停留在广告运作具体实践和经营经验层次的批评。理性的批评指基于广告及相关的科学理论、方法所作的批评。成功案例的经验，常常是新的广告理论的先导，感性的评价是必要的。但如停留在感性阶段，“就案论案”，不做理性的提升，就无法总结出规律，指导普遍的广告实践，所以我们更要提倡理性的批评，但这两种批评都需要一种衡量的尺度，即大家统一认可的，哪怕是原则性的基本的批评标准。可以说正确的批评标准是建立完善的批评机制的关键。

一、批评的层次性特征

广告批评的标准是有层次性的，不同层次构成广告批评的标准系统。

1. 合法的标准

合法，是最起码的批评标准。失实、虚假、违法广告是首先要否定的。2000 年第七届中国广告优秀广告评选中，就有一些创意欠妥当的广告，或因出现国旗图案，或因单独使用外国语言文字，违反了《广告法》，首先被淘汰。合法标准的依据是广告法规。各国的广告法都不相同，总趋势是由粗疏向细致、由具体而全面、日趋完善严格。只要法规观念明确，合法的标准应该是能把握的。

2. 成功的标准

广告除了要求对更要求好，还要有一个成功的广告标准。创意表现好但没有市场效果（公益广告为社会效果）的广告不是成功的广告；创意表现平平但有市场促销效果的广告应予肯定；创意表现上层，市场促销效果又好的广告是成功的广告。世界著名的大师奥格威说得好：“我们的目的是营销，否则便不是做广告。”① 可见、广告的艺术表现是为商品促销服务的手段。“高露洁牙膏”以老虎结实的牙齿创意的一条广告，就遭到广告的诉求对象小朋友们的质问：老虎刷牙吗？老虎和高露洁有什么关系？（见图 1）创意脱离了生活，广告自然没有了市场效果。因此，衡量广告是否成功的基本标准是市场促销和艺术表现魅力的融合统一。

图 1　高露洁牙膏广告

① 奥格威．杜佛盛宴报告［M］//奥美的观点．北京：企业管理出版社，2007：17.

3. 优秀的标准

“成功”与“优秀”并不在一个层次上。我们所以提出优秀广告的标准，是新时代的市场经济特征和广告运动趋势决定的。20 世纪末，世界的市场经济已逐渐进入一种非物质的时代，买方市场的完全成熟，商品同质化、优质化的普遍形成，已使人们从物质的需求逐渐转向精神的满足和自我价值的实现等高级心理的需求，所以经济在非物质化领域，如销售技术、设计和计划、法律、财政金融、高科技开发、服务业的比重越来越大，这些智力附加值在商品价格中的比重也越来越大，文化产业超过传统的实物产业成了一种趋势，难怪中外经济学家都在阐述分析“文化经济时代”的特征与规律。① 广告是市场经济的先导产业，它自然也不会停留在 20 世纪奥格威的促销的时代。21 世纪的广告必定将广告研究的重心从传统的广告本身移到文化产业信息的传播及社会消费者身上，以文化为切入点的有形商品和无形商品的形象的塑造。作为“人”的消费者的接受美学的研究，社会对广告倡导的消费文化和对人们精神生活影响的反映批评，必将成为广告运作的中心。新时代的广告只有更注重文化的研究、人的研究、社会的研究，才能实践它的商业行为，完成它的经济使命。因此，我们是否可以这样提出：既能用上乘的创意取得市场促销效果，又能以正确的人文精神引领、倡导消费文化，关注社会整体利益的广告是优秀的广告。优秀的广告应是成功的商业行为和先进的人文精神的交汇与融合。

如此看来，评价一个广告的好坏，却有不同层次的标准，在合法的基础上，我们要看广告创意与促销结合的程度，在成功促销的基础上，我们还要看广告在文化倡导、精神引领上受社会欢迎的程度。只有全面地把握了这个标准系统。才能正确地展开广告批评。

二、成功广告的首要标准是促销

我们认为，成功的广告必须是促销效果和创意表现统一的广告，这中间，市场效果是第一位的，创意表现是为促销的策略与手段。成功广告的首要目的是促销。

广告的本质特征决定了这个衡量标准。就商业广告而言，它是经济范畴的投资行为，投入产出是它的根本属性，它沟通产销，加速流通，可以创造市场，创造消费价值和生产价值，有形价值和无形价值，不管广告一时的表现形式如何，其目的都是在或近或远的将来引起销售。它是一种以牟利（产出）为依归的商业行为。即使到了文化经济的时代，注重文化信息的传播和人文精神的引领，但其终极目的也还是为了文化产业的销售。因此，创意平平的知性广告虽无大的震撼力和诱惑力，但如它真实、客观、清晰地告知了商业信息，促成了销售，我们还是应予接受。可创意表现虽好但不能促销，没有市场效果的广告是绝对要不得的广告。

确实，广告“姓商不姓艺”，广告与艺术在目标对象、表达内容、创作过程、接受方式等方面都是不一样的，广告以目标受众的心理行为为出发点，表现企业或商品的个性特征，塑造的是企业形象或品牌形象；而艺术则以艺术家个人感受为出发点，表现艺术家自己的个性风格，塑造的是人物形象或艺术形象，现代广告运作已是一项集体协同作战的系统工程，而真正的艺术品都是个人创作的结晶。受众对广告的接受往往是被动的，而人们对艺术的欣赏常常是主动的。所以广告归根结底是商业家族的成员，不能用艺术创作的规律去替代广告创作的规律，一味着眼艺术表现的唯美，追求纯艺术价值的广告，是不可取的，商业价值是广告的价值的根本所在。许多成功与失败的案例证明了这个标准的正确。

真正成功的广告总是以独特的创意去表现准确的定位，达到促销的目的。浙江信联轧钢

① 文化经济时代的到来［N］. 中华读书报，2001- 01-23.

厂的电视广告用借代之法，将中国传统饮食中柔中带刚的兰州拉面引入轧钢工艺的形象表达中，钢锭与面团，钢筋与面条巧妙融合，产生了妙趣横生的视听效果。蕴含地道中国本土文化特色的创意，准确形象地表现了该厂轧钢犹如拉面一样得心应手的诉求主题。这一则成功的广告，因此荣获了1998年蒙特勒国际广告节金奖。

由广告的批评标准引出的另一个话题是广告的评奖话题。得奖广告是否好？这就要具体分析，首届亚太国际广告节的几位华人评委的体会是："好广告不一定获奖，获奖的一定是好广告。"① 对正规的严肃的广告大赛来说，这话很有道理。因为正直的评委总也是从创意表现和市场效果两方面去衡量一件作品的优劣。大家一定熟悉1999年戛纳节平面广告大奖作品——索尼游戏机广告《乳头》，透过紧身衣的青年男女盯着镜头，男的做着鬼脸，女的无力地靠着他，画面似无索尼的信息。但透过紧身衣显露的形状奇特的乳头却一下子抓住了受众的视线。四只乳头分别是三角形、圆形、X形，而这四个恰好就是人们熟悉的Play Station索尼游戏机手柄上的四个标记。原毫无关系的旧元素作了如此巧妙的新组合，创意十分奇特。这个游戏机广告有强烈的西方文化背景，诉求对象为英国青少年，Play Station的中文大意为"好玩的地方"（如图2）。我们可以想象这个广告画面会在西方年轻人中产生多大的冲击力量。所以评委会主席瑞荷得说，该广告能获大奖是因为广告完整而智慧地传递出产品信息并极好地与目标受众进行了沟通，可见，创意表现和市场效果有机统一融合，确是成功广告的标准。

图2 索尼游戏机广告《乳头》

三、批评文化新视点

广告批评的文化新视点：文化标准的提出与把握，前面我们提出了优秀广告的标准，这实际上是从商业销售领域和精神文化领域上提出的，这里要对广告批评的新观点——文化标准提出的必要性，再做些阐述分析。

我们认为21世纪经济结构的变化，文化产生比重的逐步上升，必然会使广告诉求的重心从有形商品信息的传播转到无形商品形象的塑造和文化信息传播上。据材料报道，不仅发达国家的经济的主要方面转到了文化产业，而且发展中国家也已经实现了这种转折，服务业比重在总体上超过了50%。② 可见，"文化"作为新时代广告诉求的热点，已势在必行。广告批评自然要以此为新视点。另外，自现代广告成熟以来，"文化"一直是广告创意中最具活力的表现因素，在买方市场成熟的同质化、优质化时代，商品的"卖点"已不是质量而

① 获奖的一定是好广告［J］. 现代广告，1998.

② 新经济不是虚幻［N］. 环球日报. 1998.

是形象和文化，世界级品牌万宝路、麦当劳、可口可乐、耐克、摩托罗拉等诉求点都是文化。随着经济时代的发展，“文化”这个新“卖点”将会越来越活跃并表现出强大的生命力。广告是不能不关注这个表现因素的。我们再从社会对广告的批评来看，广告主和广告人关心的是销售和创意，消费者和社会更关心的却是广告带来的真实性和社会影响。20世纪是广告发展、成熟、繁荣的时代，是促销的时代，由于广告培养的价值观念太注重物质实利，而引起了人们对广告的种种贬斥与批评，连奥格威也认为广告“必须经过改造”。① “文化”，已经成了人们对广告的褒贬的“聚焦点”。现在，人们已不否认广告的经济作用，人们希望的是广告能成为有责任的文化传播，在社会的精神生活中发挥积极的作用。所以，评价广告的优劣，必须非常重视文化的标准。

法国《星期四事件》2000年发表过对世界发展最快、最富有的比尔·盖茨等14位企业家调查文章，结论是在网络时代，谁买下了文化，谁就控制了世界。我们是否也可大胆地说，在21世纪，谁把握了文化，谁就控制了广告，我们应该明确地提出广告批评的文化标准：优秀的广告是既能成功促销，又能以先进的人文精神、引领、倡导正确的消费文化，关注社会整体利益的广告。②

其实，真正优秀的广告都是有深厚的文化底蕴并能给人以精神上的审美享受。只不过以前没有今天的时代要求迫切罢了。让我们以法国广告为例作个简单的说明。法国有极为丰富的世界文化遗产，巴黎是世界的时装之都、香水之都、葡萄酒之都。法国不少广告人鄙视美国广告，认为其低俗，没文化。法国的时装广告主要是提升品牌的文化和精神价值；法国的香水广告着重渲染浪漫的艺术氛围；法国的葡萄酒广告则在饮酒人的身份、素养、个性、饮酒方式上下工夫，把酒文化内涵宣扬的足足的。这些商品的文化品位价值远远大于实际使用价值。历史文化名胜、世界艺术珍品、神话故事传说、民间格言俗语都成了广告创意的素材，人们在考虑物质利益的同时，也得到了知识的教育和美的熏陶。法国最普遍的广告招贴已经超越了传递商品信息的功能，成为城市文化形象的标志。它在创造人文观念，赋予人类新的思想和美感方面，起着不可忽视的作用。

法国成功的广告理念与实践说明了把握广告文化标准的重要。这中间的关键是探讨商业促销和文化精神融合统一的途径。首先，我们认为在广告观念上应“以人为本”。这和广告的促销目的并不矛盾。现在，“设计以人为本”。这和广告的销售目的并不矛盾。20世纪促销时代的广告是以商品、企业为中心的“由内而外”的广告，随着市场经济的发展，营销观念的变革，传播媒体的发展。21世纪新时代广告必然是以消费者为核心的“由外而内”的广告。广告运作研究的首要课题是“人需要什么”，人有自然物质的需求，更有文化精神的需求。马斯洛的人性需求研究中的自我实现论、高峰体验论、内在价值论等更应是广告人把握消费者接受心理的依据，现在营销非常强调“顾客满意”，顾客满意要求复杂多样，但只有在物质和精神两方面的需求都得到满足后，才能真正满意。尤其是高层次的精神需求的满足，它既能促成物质销售的成功，又能使顾客感到人性最终的满足，特别应予关注。可口可乐的3A（买得到、买得起、买得了）及以后进一步发展3P（无处不在、物有所值、心中首选）经营哲学取得的成功，是非常值得我们借鉴的，所以，新时代的广告就要研究人的需求，人的喜好，社会需要什么，社会欢迎什么，以先进的人文精神去引导消费者的需求，倡导社会欢迎的消费文化。

当然，先进的人文精神的标准，消费文化的规范各国并不一样。但是。崇仰人生的意义、价值、理想，追求和演绎人性的真、善、美，应该是普遍的，大家都可以认同的标准，“万宝路世界”渲染的率直、勇敢、开拓进取的奋斗精神；百事可乐追求的年轻活力；飞利

---

① 奥格威．一个广告人的自白［J］．现代广告，1998（5）．

② 对世界新主人的一项调查［N］．参考消息，2000-12-04.

浦电器“让我们做得更好”的服务意识；耐克“勾”形标志创造的健身加娱乐的体育文化；摩托罗拉“为追求美好生活而希望拥有”的广告策略；都使它们诉求的商品成为世界著名的品牌。拿我国来说，引领社会主义的精神文明也应该是遵循的标准，要倡导积极向上，文明健康，符合民族美德的消费文化。南方某城市的形象广告以女人肚脐的裸露程度，来预示城市开放的程度。这些都是应该批评否定的广告。可能现在社会确还有不少有此类低俗心理需求的人，但广告能纵容和满足这种落后庸俗的需求滋长吗？太太口服液最初的广告演绎了女性柔弱、无奈、依附男性的形象，这不合时代的潮流，广告也就无促销效果。现在的广告树立了现代女性美丽自信、自立自强的形象，广告受到欢迎，商品自然也受到太太们的青睐了。精神的引领在商品的促销中，常会有奇妙的举足轻重的作用。

商业和文化的融合，还应从广告创意的表现因素中去探求。广告的目的是销售，它的表现手段却是语言、艺术，是文化，文化因素有极强的形象塑造能力；有利用消费者潜意识中文化心理的趋同，触发购买欲望，征服受众的能力；有以审美的魅力，激发受众情趣，增强记忆，使广告保持长期效应的能力。文化，实在是广告最具实质性，最有生命力的表现因素。以多向思维创意著名的绝对牌伏特加酒广告，多数就是以著名的电影、明星、导演、书籍、城市传说、圣诞夜歌、语言字母、文化广场、旅游名胜等文化上的“绝对典范”来预示商品绝对上乘的品质，这些广告也成了酒广告中“绝对的经典”而被人称道和记忆。

这里，我们特别要强调民族文化对广告表现的作用。符合一个民族的道德规范、生活习俗、审美情趣的广告才会被这个民族的受众接受。第七届中国广告节中“油条骨头”所以能得全场大奖就是中国饮食文化的功劳。几乎天天要吃油条的亿万中国人，不能不从形、神两方面联想到缺钙的可怕。这个广告对老外大概不会有冲击力。在戛纳广告节恐怕也不会得奖，因为评委可能多数不知油条为何物（如图3所示）。但这个面向中国受众诉求，能使中国消费者震动的广告，就是优秀的广告，在名人广告中，消费者为什么喜欢周润发“百年润发”广告，而讨厌某些明星说着“要像我一样漂亮吗？请用×××”之类广告语的，直露招摇、忸怩作态的化妆品广告？因为前者展现了洋溢着浓郁的东方文化意蕴的生活，出现的是东方女性理想的可信可亲、朴实憨厚的男子汉形象，它符合中华民族含蓄、端庄、内蕴的审美习惯，一句话，是民族文化征服了消费者。

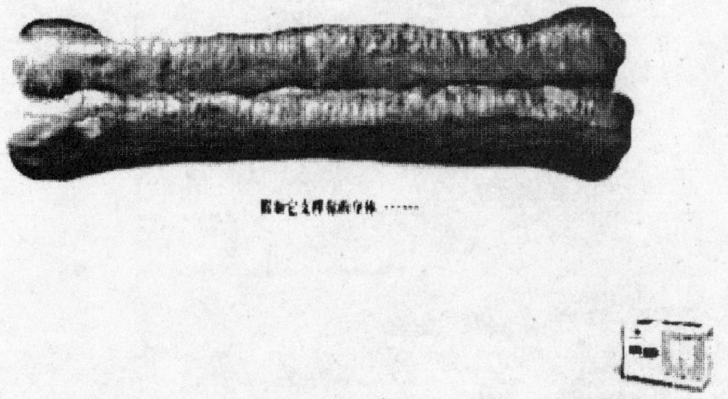

图3　油条骨头

我们这里还要指出来的是，广告的民族文化表现，并不妨碍广告的国际接轨，每个国家的广告，都有一个民族化表现问题。就国际广告而言，研究诉求国家、地区的民族文化特征十分重要。国际大品牌（如可口可乐、索尼等）在统一形象的前提下，总是在不同国家策划不同文化意蕴的广告，并取得成功就是证明，人类共通的一些文化情感，人性真、善、美的追求，都有鲜明的民族表现。每则广告的创意表现，也总是具体的。如果我们既能迎合并满足消费者的民族心理需求，又能准确清晰地传递商品信息，那就是商业和文化有机融合的优秀广告。

至此，我们已系统地阐述了广告批评的标准，并对成功的广告和优秀的广告作了进一步的分析。正常的广告批评的开展，特别是批评标准的把握，是正确的广告运作的指导、监督和保证。社会时代在发展，经济结构在变化，人们需求在提升，广告单一的商业功能已不能完成时代经济赋予它的使命。我们应在继续重视探索广告促销规律的同时，更加关注广告文化对人文精神的引领和倡导，使广告真正成为市场经济文化创意的先导产业。

【参考文献】

[1] 汪涛．广告管理［M］．武汉：武汉大学出版社，2003.

[2] 欧阳友权．文学理论［M］．北京：北京大学出版社，2006.

[3]［美］特里巴雷特．影响艺术批评［M］．上海：上海人民出版社，2006.

[4] 段炼．跨文化美术批评［M］．重庆：西南师范大学出版社，2004.

【作者简介】

汪开庆，男，安徽马鞍山人，广西师范大学美术学院副教授，硕士生导师，武汉大学在读博士。研究方向：广告学、影视学、艺术设计。

重新认识广告功能

佘世红

一、广告功能研究的意义

《辞海》对功能的定义是“事物或方法所发挥的有利的作用，也指效能”。这是功能的最普通也最易理解的一种定义。日本社会学家富永健一从系统的角度给功能做出了如下定义：“所谓功能，是将系统的要素和多个作为要素集合体的子系统，或者说整个系统所担负的活动、作用、职能（当担负者是个体行动者时，活动、作用、职能等在事实上与行动概念一致）解释为与系统实现目标和系统适应环境所必须满足的必要性条件相关时，对这些活动、作用等所赋予的意义”；也就是说“功能是对现象的一种意义赋予，这种意义赋予是与目的论的解释相关联的。”① 目前，基本上没有统一的关于广告功能的定义。张金海教授认为“对广告的功能赋予即为对广告为实现目标和适应环境所需担负的职责和扮演的角色所做的规定”②。陈培爱教授认为“广告功能是广告运动为达成广告目标所表现出的作用和效率。”③

广告功能的研究是广告理论研究重要组成部分。张金海教授主张功能与效果是20世纪广告传播理论的两大核心视点，同时他认为“无论未来的营销与传播发生多大的改变，围绕广告功能与效果研究的广告理论主题却将是永恒的，没有了广告的功能和广告的效果，广告也就消亡了”。④ 总的来说，研究广告功能存在以下几个必要性：

（1）由于功能影响效果，“广告效果实际上也就是广告功能的有效实现”⑤，而广告功能和效果是广告生存和发展的前提，关于广告功能的研究也会影响广告效果研究。

（2）不同的功能观决定着广告不同的发展形态。研究广告功能，明确广告的本质功能及其他功能，有助于理解不同时期的广告发展形态。同时，正确的广告功能观会催生符合特定市场环境的广告发展形态。

（3）由于广告功能的形成与广告系统实现的目标和系统适应的环境有较强的联系。因而，广告功能并不是一成不变的，它是动态发展的。

二、关于广告功能研究的相关文献述评

关于广告到底存在哪些功能？学界的观点不尽相同。张金海、姚曦认为“广告的营销功能，应视为广告与生俱来的本质功能”，“广告属社会经济的范畴，它经由营销对社会的

---

① ［日］富永健一著．社会学原理［M］．严立贤，译．北京：社会科学文献出版社，1992：162-163.

② 张金海．20世纪广告传播理论研究［M］．武汉：武汉大学出版社，2002：88.

③ 陈培爱，主编．广告学概论［M］．北京：高等教育出版社，2004：61.

④ 张金海．20世纪广告传播理论研究［M］．武汉：武汉大学出版社，2002：6.

⑤ 张金海．20世纪广告传播理论研究［M］．武汉：武汉大学出版社，2002：89.

影响和作用，首先发生在社会经济层面"。① 陈培爱认为"广告功能是广告运动为达成广告目标所表现出的作用和效率。作为一种独具特质的信息传播活动，广告的基本功能就是传播信息"。② 罗子明、高丽华、丛珩认为，对于广告主而言，广告的功能是传播商品信息，树立品牌形象；对于消费者而言，广告的功能是传播消费信息，引导消费互动；对于媒介而言，广告的功能是促进媒体行业的发展；对社会而言，广告的功能是与社会文化相互影响。③

国外学者对广告功能也进行了相关的研究。Emamalizadeh Hossein 认为广告具有信息传播的功能和劝服消费的功能。④ 威廉·F. 阿伦斯、大卫·H. 谢弗重点论述了广告在自由经济中的功能和作用。⑤ 仁科贞文、田中洋、丸冈吉人认为广告的重要作用之一就是"传达"，广告的另外一个作用就是"劝服"，他们把广告的作用等同于广告的功能。⑥

总的来说，广告的营销功能和传播功能目前已得到了学界一致的认可。但是关于广告的本质功能还没有形成统一的观点。在我国广告学界关于广告的本质功能主要有两种论点，一种论点是以张金海教授为代表的，主张广告的营销功能是其最本质功能；另一种观点是以陈培爱教授为代表的，主张广告的信息传播功能为其主要的功能。

三、广告的本质功能与延伸功能

在关于广告功能的研究方面，有很多学者习惯于把广告对社会及对企业产生的功能混合在一起。笔者认为，为了更加清晰、明确的认识广告的功能，应该从两个角度来研究：一是作用于企业的广告功能，二是作用于社会的广告功能。

1. 广告作用于企业的本质功能和延伸功能

企业是人类社会的最主要的经济主体。广告作用于企业的本质功能和延伸功能是什么呢？笔者认为同样应该从两个维度来拷问广告对企业产生的本质功能：第一个维度是什么是广告，广告的本质属性是什么？威廉·F. 阿伦斯、大卫·H. 谢弗认为广告是市场沟通的一个重要工具，并通过告知和劝服消费者来达到为企业进行市场沟通的目的。⑦ 陈培爱对现代广告的定义是："指一种由广告主付出某种代价的，通过传播媒介将经过科学提炼和艺术加工的特定信息传达给目标受众，以达到改变或强化人们观念和行为的目的、公开的、非面对面的信息传播活动"。⑧ 张金海、姚曦认为广告是一种整体运动形式，是一种营销传播。⑨ 从以上的学者对广告的定义中，不难得出广告的本质属性是营销传播，营销是广告存在的目的，传播是广告存在的形式。因而，从这个维度上来说，笔者认为，营销是广告的最本质的功能，信息传播是广告的一个基本功能。

---

① 张金海，姚曦主编．广告学教程［M］．上海：上海人民大学出版社，2003：14-16.

② 陈培爱主编．广告学概论［M］．北京：高等教育出版社，2004：61.

③ 罗子明，高丽华，丛珩编著．现代广告概论［M］．北京：清华大学出版社，2005：36-38.

④ Emamalizadeh Hossein. The Informative and Persuasive Functions of Advertising：A Moral Appraisal——A Comment［J］. *Journal of Business Ethics*，Apr 1985，Vol. 4，Iss. 2：151.

⑤ ［美］威廉·F. 阿伦斯，大卫·H. 谢弗著．当代广告学精要［M］．大连：东北财经大学出版社，2008：8.

⑥ ［日］仁科贞文，田中洋，丸冈吉人．广告心理［M］．北京：外语教学与研究出版社，2008：31.

⑦ ［美］威廉·F. 阿伦斯，大卫·H. 谢弗著．当代广告学精要［M］．大连：东北财经大学出版社，2008：4.

⑧ 陈培爱主编．广告学概论［M］．北京：高等教育出版社，2004：6.

⑨ 张金海，姚曦主编．广告学教程［M］．上海：上海人民大学出版社，2003：6.

第二个维度要拷问的是：真正现代意义上的广告是何时出现，又是因何而发展的？目前得到公认的现代意义上的第一则付费广告是1704年刊载在《波士顿新闻信札》上的一则“房地产广告”，这则广告是为了促进销售而诞生的，我们可以得出现代广告产生的最原始功能是促进销售；现代广告也正是因为促进了企业的销售，推动了商业的发展，从而自身也获得了大规模的发展。因而，从这个维度来说，现代广告对于企业的最本质的功能也是促进销售，即营销功能是其本质功能。

作为市场沟通的工具，广告作用于企业的功能表现为多样化特点。也就是广告对于企业还具有很多延伸功能。由于广告具有信息传播的属性，传播产品和品牌的信息是广告承担的一个重要功能，也是广告的基本功能之一。同时，广告可以通过差异化品牌形象的塑造来建立品牌认知，以区别于市场中不同的竞争对手，因而建立品牌认知也是广告的主要功能之一。广告通过符号、形象以及价值传播，形成品牌独特个性，与目标消费者进行深度的沟通，从而建立相对稳固的品牌关系。因而，沟通品牌关系也是广告作用于企业的一个重要功能。广告是品牌传播的最重要的手段，企业通过广告整合一致的品牌形象、传播一致的品牌声音，传播引起消费者共鸣的品牌价值，培养强烈的品牌认同感。因此，形成品牌认同也是广告作用于企业的一个重要的功能。

通过以上论证分析，笔者认为，广告作用于企业的本质功能是营销功能，其他重要功能有：传播产品/品牌信息、建立品牌认知、沟通品牌关系和形成品牌认同（见图1）。

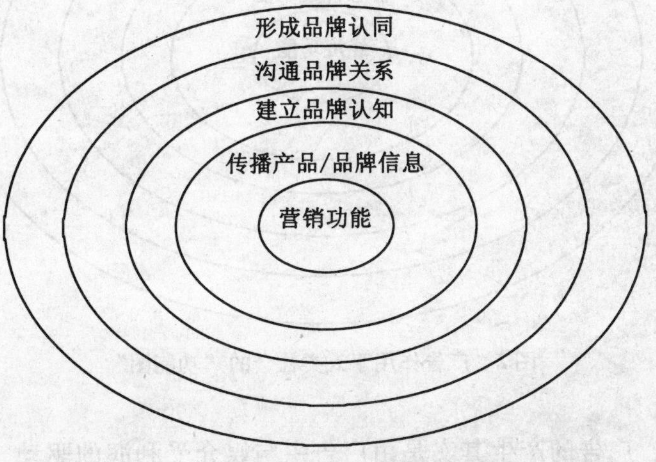

图1 广告作用于企业的“功能图”

2. 广告作用于人类社会的本质功能和延伸功能

威廉·F. 阿伦斯、大卫·H. 谢弗认为广告在自由经济中具有重要功能，并承担着重要作用。① 事实上，现代广告的产生是由于商业发展的需要，现代广告促进了市场经济的发展，市场经济的发展同时也促进了广告的快速发展。目前，广告产业已经是经济的一个重要组成部分，并且在很多国家广告被认为是经济发展的“晴雨表”。因而，对于人类社会来说，广告的本质功能应该是经济功能。

同样，广告作用于人类社会的功能也呈现出多样化的特点。由于广告具有信息传播的属性，信息传播功能也是广告作用于人类社会的基本功能。另外，广告不仅是一种经济现象，

① ［美］威廉·F. 阿伦斯，大卫·H. 谢弗著．当代广告学精要［M］．大连：东北财经大学出版社，2008：8-18.

也是一种文化现象，广告传播所呈现的符号、形象等都属于社会文化的一部分。因而，文化功能也是一个重要功能。威廉·伯恩巴克认为广告是一种说服的艺术。广告作品中塑造了很多令人难忘，甚至经典的艺术形象，如万宝路香烟的“牛仔”的艺术形象深深地吸引了当时美国的消费者。因而，艺术功能也是广告的重要功能之一。广告为了说服消费者，会尽情地讨好消费者，取悦消费者，让消费者在娱乐中记住产品，喜爱上所传播的产品和品牌。因而，娱乐功能也是广告作用于人类社会的一个重要功能。另外，广告在西方社会的政治选举中也起到了重要的作用。如美国的总统候选人在选举过程中都会策划广告主题活动，利用各种媒介来传播自身良好的形象，宣传各自的施政方针。因而，政治功能也是广告的一项重要的功能。在这里，笔者构建了广告作用于人类社会的功能图（见图2）。另外，有些学者认为广告还具有审美功能、教化功能，笔者认为广告的审美功能是与艺术功能联系在一起的，广告的教化功能是与其文化功能和政治功能联系在一起的。因此，在构建广告作用于人类社会的功能图时没有单独把这两项功能列出来。

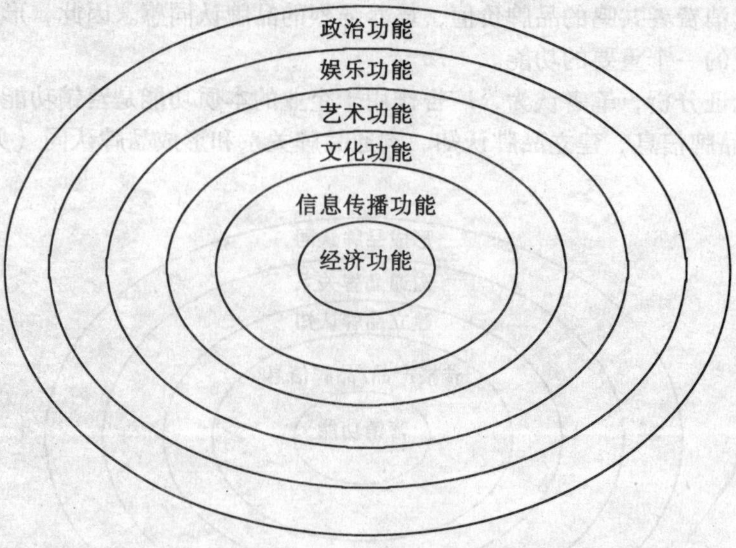

图2　广告作用于人类社会的“功能图”

值得一提的是，广告的产生其实是由广告主与媒介受利润的驱动“合谋”而产生的。在市场经济条件下，媒介组织也和企业组织一样，盈利是其主要目标，因而广告对于媒介的本质功能也是营销功能。消费者尽管是广告运动的三大主体之一，但是消费者是被媒介和广告主利益的“合谋”而卷入的。事实上，对消费者而言，广告本质功能是消费信息的传播。

四、广告本质功能的功能形式的演变①

富永健一认为结构没有时间性，而功能则是在时间的历程中进行，是与过程性和纵断面相联系的，在这个意义上，功能也可以说是一个过程。② 因而，广告功能也是动态发展的，从18世纪诞生的第一个现代意义上的广告至今，世界广告已经走过了300多年的历程，广告本质功能的形式也在发生着不断的演变。

---

① 广告的营销本质功能在不同的历史阶段呈现出的不同的形式。张金海教授称为“功能观”，功能观影响功能形式，功能形式是在实践中所表现的客观形式。

② ［日］富永健一著．社会学原理［M］．严立贤，译．北京：社会科学文献出版社，1992：162.

综合来说，广告的本质功能的功能形式的演变大致经历了五个阶段。

（1）告知功能：20世纪之前，西方社会对广告公认的定义是“广告是有关商品或服务的新闻”。在这一阶段主要的广告媒介是报纸，少数企业开始利用报纸刊登产品信息来促进销售。因而，这一时期广告的本质功能表现为告知功能。

（2）劝服功能：20世纪20年代，现代广告史上出现了三位优秀的广告人：约翰·肯尼迪、阿尔伯特·拉斯克尔和克劳德·霍普金斯。约翰·肯尼迪提出了广告是“纸上的推销术”。阿尔伯特·拉斯克尔和克劳德·霍普金斯也认为广告的目标是促成销售，也就是“即时卖出商品”的观点。这被称为是“硬推销时代”，当时的媒介环境依然比较单纯，主要还是报纸媒介，广告的劝服功能占主导地位。

（3）诱导功能：20世纪60年代，大卫·奥格威提出了品牌形象理论，他主张建立吸引消费者的品牌形象，用形象来诱导消费者。广告通过情感和形象进行诱惑，以建立品牌，达到促进销售的目标。当时的媒介环境是以大众媒介为主，报纸、杂志媒介发展趋于成熟，电视和广播媒体取得了较大的发展。

（4）沟通功能：20世纪70年代初，阿尔·里斯和杰克·特劳特提出了“定位”理论。他们认为只有占领消费者的心智才能取得成功，广告只有定位于目标消费者才能与其产生深度沟通，才能实现促进销售的目标。90年代，大众媒介数量众多，媒介竞争加剧，广告的诱导功能的效果逐渐弱化，整合营销传播理论兴起，广告更加注重沟通的策略，要求统一的形象与一致的声音与消费者进行沟通。

（5）体验、互动功能：进入21世纪，约瑟夫·派恩和詹姆斯·H. 吉尔摩提出了“体验经济”，他们认为“很多人都喜欢向别人展示自己的体验，并且讲述自己的体验，一种体验越是充满感觉就越值得记忆和回忆”。① 近些年，以网络媒体为代表的数字媒体取得快速的发展，引起广告传播形态发生了较大的改变，广告的体验性和互动性增强，体验广告、互动广告、植入式广告成为一种趋势。张金海、廖秉宜认为，在网络与数字传播时代，广告接近完全商品信息的告知成为一种可能，广告必须回归其告知功能，真正实现消费者主位。②从广告功能观上，笔者赞同广告告知功能的回归，而在实践中广告的功能形式却不可能完全或者快速地实现广告功能的回归。笔者认为，在数字媒体背景下，广告本质功能主要表现为体验和互动的功能，广告不仅可以向消费者传播产品和品牌的信息，更重要的是消费者可以参与广告的互动，在广告中体验产品和品牌的独特性。

综上所述，广告本质功能的形式演变经历了告知功能、劝服功能、诱导功能、沟通功能和体验、互动功能的五个阶段（见表1）。同时，广告本质功能的形式演变与当时的营销观念与媒体环境有密切的关系。随着数字技术的发展，我们已经进入多媒体时代，广告本质功能尽管表现为体验性和互动性的形式，但呈现出多元性的特征，广告的告知功能、劝服功能、诱导功能、沟通功能、体验功能并存。

广告功能是动态发展的，随着时间的改变会不断发展。但是广告的本质功能在任何环境下都不会改变，否则广告就失去了其存在的意义。广告作用于企业的本质功能—营销功能不会改变，广告作用于人类社会的本质功能——经济功能也不会发生改变。

---

① ［美］B·约瑟夫·派恩，詹姆斯·H. 吉尔摩著. 体验经济［M］. 北京：机械工业出版社，2002：62-64.

② 张金海，廖秉宜. 网络与数字传播时代广告告知功能的回归［J］. 广告大观（综合版），2006：7.

表1 广告本质功能的功能形式的演进①

时间	与之相适应的营销观念	与之相适应的媒介	广告功能的形式
20世纪之前	产品信息的告知	报纸	告知功能（传递商品信息，促进销售）
20世纪初至20世纪20年代	硬推销（广告是纸上的“推销术”）	报纸	劝服功能（选择性传递商品信息，并解释其与消费者之间的联系，促进销售）
20世纪20年代—70年代	软推销（“情感氛围派”主张以情感来打动消费者，品牌形象论主张用形象来诱导消费者）	报纸、电视、广播、杂志	诱导功能（用情感和形象进行诱惑，以建立品牌，促进销售）
20世纪70年代—90年代末	定位理论的提出、品牌理论的发展及整合营销传播理论的流行	以电视为代表的传统的大众媒介处于发展巅峰	沟通功能（通过深度沟通，建立品牌忠诚，促进销售）
21世纪至今	植入式广告、体验式广告、互动广告	以网络媒体为代表的新媒体的发展	体验、互动功能（通过建立独特的产品/品牌体验，形成品牌认同，促进销售）

【参考文献】

[1] 张金海著．20世纪广告传播理论研究［M］．武汉：武汉大学出版社，2002.
[2] 陈培爱主编．广告学概论［M］．北京：高等教育出版社，2004.
[3] 张金海，姚曦主编．广告学教程［M］．上海：上海人民大学出版社，2003.
[4]［日］富永健一著．社会学原理［M］．严立贤，译．北京：社会科学文献出版社，1992.
[5]［日］仁科贞文，田中洋，丸冈吉人．广告心理［M］．北京：外语教学与研究出版社，2008.
[6] 舒咏平，陈少华，鲍立泉．新媒体与广告互动传播［M］．武汉：华中科技大学出版社，2006.
[7] 罗子明，高丽华．丛珩编著．现代广告概论［M］．北京：清华大学出版社，2005.
[8] 张金海，廖秉宜．网络与数字传播时代广告告知功能的回归［J］．广告大观，2006（7）．
[9]［美］威廉·F. 阿伦斯，大卫·H. 谢弗著．当代广告学精要［M］．大连：东北财经大学出版社，2008.
[10] Emamalizadeh Hossein. The Informative and Persuasive Functions of Advertising：A Moral Appraisal——A Comment［J］. *Journal of Business Ethics*, Apr 1985. Vol. 4, Iss. 2：151.
[11]［美］唐·舒尔茨，斯坦利·田纳本，罗伯特·劳特朋．整合营销传播［M］．吴怡国，译．呼和浩特：内蒙古出版社，1998.
[12]［美］B·约瑟夫·派恩，詹姆斯·H. 吉尔摩著．体验经济［M］．北京：机械工业出版社，2002.

【作者简介】

佘世红，华南理工大学新闻与传播学院讲师，武汉大学新闻与传播学院在读博士。

① 本表的形成参考了张金海教授的部分观点，见：张金海著．20世纪广告传播理论研究［M］．武汉：武汉大学出版社，2002：89-96.

论长尾理论视域下的广告传播策略

戴海波

1906年意大利经济学家帕累托提出了著名的“二八定律”，即国家财富的80%集中在20%的人手中。随后，这一定律也被延伸到商业领域，比如“20%的客户带来80%的业务收入”、“20%的人消费80%的产品”。基于此，商业广告在选择传播策略时往往会有三种倾向，一是把那些20%的消费者作为广告诉求的重点，基于他们的兴趣爱好制定相应的传播策略；二是选择主流权威媒体作为传播平台；三是以“点”作为传播时机，比如对“黄金时段”尤其看重。这些倾向表现出一个共同的特点就是“顾大家”、“捡西瓜”。由此，“做大”、“做强”、“做成品牌”的观念在广告业界尤为盛行。而“品牌观念的流行，使企业一窝蜂地挤上广告的独木桥，马太效应使大家几乎拥着相同的媒介向消费者灌输着自我感觉与卖点、实际上都是脸熟的广告。在近乎洪水般的信息面前，消费者根本辨不清哪种更有利，或者说根本没有辨认广告信息的念头。”① 广告传播效果日渐势衰。同样，在“卖方密度越来越大，产品差异性越来越小，市场几近饱和”的今天，“大家”和“西瓜”越来越少，要求越来越高，广告通过抓住20%的消费者而创造80%的利益的时代已经渐渐远去。这样的广告环境需要我们重新审视以往的广告传播策略。

一、“长尾理论”：广告传播策略的新视角

“长尾理论”是由美国《连线》杂志主编克里斯·安德森在2004年提出来的，他认为，由于成本和效率的因素，过去人们只能关注重要的人或重要的事，如果用正态分布曲线来描绘这些人或事，人们只是关注曲线的“头部”，而将处于曲线“尾部”，需要更多的精力和成本才能关注到的大多数人或事忽略了。而进入网络时代以后，关注的成本大大降低，这就为以较低的成本关注正态分布曲线的“尾部”提供了条件和可能。所以，只要存储和流通的渠道足够大，需求不旺或销量不佳的产品（尾部）所共同占据的市场份额可以和那些少数热销产品（头部）所占据的市场份额相匹敌，甚至有过之而无不及。② 可见，长尾理论关注的是“小家”和“芝麻”的价值，只要认真、耐心、有技巧地去捡散落地上的芝麻，所得到的回报丝毫不会比西瓜少，甚至要更多。这也给广告的传播策略提供了新的视角：广告最终的结果并不仅仅是催生某个品牌的产生，而是在催生品牌的过程中根据“长尾”的特点，细分市场，选择传播媒介，进行规模化定制和个性化生产。

二、“长尾理论”视域下的广告传播策略

广告是一种与消费者进行沟通的传播手段，广告传播策略是指为实现与消费者更好的沟通而采取的谋划运作，是广告的手段、对策和谋略等的组合。长尾理论视域下的广告传播策

① 冷作兴．炒作？没事件找事件的事件营销［M］．北京：企业管理出版社，2004：4.

② 杨彤．长尾理论［J］．中国科学术语，2008（5）．

略具体可分为产品、市场、媒体、受众四个方面。

1. 颠覆"大品牌策略"，建构个性化的消费语境

所谓"大品牌"策略是指从大规划、大投入的品牌打造入手，集中精力生产某一产品，采用极有挑战性的手法走一步到位的品牌推广模式。像可口可乐、耐克、麦当劳等国际品牌以及联想、海尔、王老吉等国内知名品牌最初实行的都是"大品牌"策略。但是随着大众传播进入分众时代，小众文化适应受众的个性化需求产生了。"长尾理论"揭示，除了拳头产品可以主打市场，小众的和个性化的产品同样可以创造巨大的市场价值。从这个角度上讲，"长尾理论"则是对"大品牌"策略的彻底颠覆，它要求企业深谙消费者各种各样的个性化、定制化的需求特点，通过小众文化弥补现代广告一统化缺陷，为广告传播构建出更具风格化的消费语境，从而吸引足够多的客户以形成"规模经济"。

著名广告大师罗瑟·瑞夫斯提出的"USP"理论认为，每一个广告都应该告诉消费者一个独特的销售说辞，所谓"独特"其实也就是区别于其他产品的个性化特点。产品个性如同人的个性一样，必须通过广告传播赋予特定品牌使用者的个性特征，从而实现目标受众行为模式的差异和价值取向的外显。Google 可谓是一个最典型的"长尾"公司。在 Google 推出广告业务之前，数以百万计的小企业和个人从未播过或从未大规模播过广告，因为他们小得让广告商不屑，甚至连他们自己都不曾想过可以播广告。看到这么一个浩瀚的蓝海市场无人关注，Google 于是双管齐下：一是在进行广告宣传时，根据中小企业客户的需要，制作了众多个性化、定制化的广告，第一时间吸引了他们的兴趣；二是采用"每次点击费用定价模式"的"Google Adwords"（Google 关键词广告）使得无数中小企业"竞折腰"，纷纷上钩。① 再比如，台湾意识形态广告公司在构建个性化的消费语境方面，做得非常成功。意识形态广告指内容上完全脱离产品物理属性，形式上具有强烈美学特征，以传递消费观念为主旨的商业广告。② 它通过表象同构与颠覆、零散化、断裂感、恶搞等后现代主义手法，提倡自我的意识消费，挖掘受众内容，从而构建出一种独特的消费语境。这样一种个性甚至偏执的广告，成就了台湾意识形态广告公司，使其创造了人均承揽营业额最高的广告公司记录，也多次登上了龙玺广告大奖、时报华文广告奖、亚太广告节奖、戛纳广告节金奖等诸多广告奖项的领奖台。它的成功再次印证了"长尾理论"的有效性。

2. 研究农民消费需求，积极拓展农村市场

2009 年国家统计局公布的《2008 年国民经济和社会发展统计公报》显示，2008 年农村居民人均纯收入 4 761 元，扣除价格上涨因素，比 2007 年实际增长 8.0%。③ 随着收入水平的提高，农村居民消费结构也在不断升级，恩格尔系数从 1978 年的 67.7% 下降到 2007 年的 43.1%，下降了 24.6 个百分点，从而使农村居民在改善生活质量方面的投入和需求上有了增长的空间。同样，有数据显示，2008 年，我国 7.4 亿农村人口在全国消费品市场所占份额仅为 33%，而占全国人口 43.9% 的城镇人口却占全国 67% 的市场份额。④ 由此可见，虽然农村市场潜力巨大，但是农民对广告所宣传产品的消费需求却并不旺盛，这就导致广告商多不看好农民的消费需求，农村市场这一"长尾"往往被忽视了。基于此，企业如果能够

---

① 李健．"长尾"溪流颠覆"二八法则"，小众产品创造巨大价值［EB/OL］．［2007-02-10］．http://news.iresearch.cn/0200/20070209/60354.shtml.

② 张萍．台湾意识形态广告研究［J］．广告学报，2009（5）：104.

③ 中华人民共和国国家统计局．中华人民共和国 2008 年国民经济和社会发展统计公报［EB/OL］．［2009-02-26］．http://www.stats.gov.cn/tjgb/ndtjgb/qgndtjgb/t20090226_402540710.htm.

④ 刘晓梅，雷祺．基于长尾理论的中国农村市场开拓策略［J］．经济理论与经济管理，2009（6）：67.

提供丰富性产品，做好供求匹配，降低消费成本，不仅可以在宏观意义上化解城乡市场二元结构的矛盾，而且可以扩大产品的销售范围，获取更高的市场回报。

由于受购买力水平和文化水平的限制，农村消费者主要处于产品的功能性需要阶段，因此，物美价廉、功能简单、使用方便、经久耐用的产品更适合在农村市场推广。这就要求企业应充分考虑农村居民的消费条件和心理诉求，提供品种丰富的产品。四川长虹集团针对农村电压不稳、信号较弱的特点，开发出了适用于110伏到270伏电压之间的宽电源电视机，并使用军事雷达技术提高其接收灵敏度，同时将保护雷达的涂层技术应用在电视机上，以增强其抗灰尘潮湿和腐蚀的能力。长虹集团还将产品中对农村居民没有使用价值的功能尽量剔除，同时增加了受农村居民欢迎的其他功能（如电子日历），使产品的性价比更趋合理，从而创造了大量的需求，市场进一步扩大。除了提供丰富产品，企业在分销网络、促销、服务等方面也应该积极拓展农村市场。比如，在农村开设连锁店、超市，形成"商业企业——农村连锁店或超市——农户"的渠道格局，从而减少产品销售过程的中间环节，建立起适合农村市场特点的分销网络。采用灵活的促销策略，可以以实物为媒体进行宣传促销、采用以物易货方式，直接送货上门、对农村意见领袖进行重点宣传，用口碑营销的方式，以点带面地扩大产品影响。在售后服务方面，企业应拓宽服务渠道，增加服务项目，改善服务态度，加强基础服务设施建设，注重对农村维修人员的培训，把技术服务网络延伸到农村广大地区，解除农村居民购买的后顾之忧。① 2009年2月1日，财政部、商务部提出的"财政补贴促进家电下乡"政策在全国推广，农民在购买"彩电、冰箱、手机、洗衣机、摩托车、电脑、热水器和空调"等产品时可以享受国家13%的补贴，这项举措不但有利于拉动农村消费、改善民生，而且有利于完善农村生产和流通服务体系，引导更多的企业关注农村市场，不断建立和完善面向农村的生产、流通和售后服务网络，改变长期形成的以单一供给结构面向差别很大的城乡二元结构的状况，实现协调可持续发展。

3. 重构媒介价值，实现异质化传播

广告利用传统媒体进行信息传播，所追求的往往是以最小的成本实现特定信息的最大化传播即"点对面"传播。这种传播结构通常是以相对集中的大众媒介机构作为"点式"传播者，无差异地面向最大规模的社会公众进行"面式"信息传播②，从而实现"在第一时间将特定信息传达给世界各地"的媒介价值。及时性和共时性便成为衡量广告传播效果的核心标志，广告的同质化传播现象越来越严重。首先是广告内容的同质化，即特定广告信息无差异地在不同时空重复传播。其次，广告受众的同质化，即受众在缺乏互动交流的传播结构中，被迫取消了意见的表达权，进而淡漠了参与意识，同化为一个被动的受众整体。

"长尾理论"倡导一种新经济法则，认为可以通过"小块渠道"对"小块供应"的小额交易满足消费者个性化需求。③ 这种"小块渠道"实质是一种基于不同消费者独特心理建立起来的信息传播平台。这就要求广告传播应该建立起一种新的"人际传播"结构，即由分散化的意见个体发布信息，然后进行有选择的定向传播，以差异化目标受众的主动接收和意见反馈来实现异质化的信息传播，从而实现广告受众的自主性地位。④ 这种信息传播方式的两头都是个性化的独立个体，基本的传播结构是从一个独立的信息原点，到另一个独立的信息原点。当很多人关注到同一个事件时，这些独立的点，将自主地汇集成一个巨大的信息面。例如，优乐美奶茶上海公司成立了一个优乐美的虚拟学院，建立了一个大的社区，会

---

① 刘晓梅，雷祺. 基于长尾理论的中国农村市场开拓策略［J］. 经济理论与经济管理，2009（6）：68

② 周笑. 重构中的媒介价值［M］. 上海：复旦大学出版社，2008：219.

③ 唐海军，李非. 长尾理论研究现状综述及展望［M］. 现代管理科学，2009（3）：40.

④ 郭庆光. 传播学教程［M］. 北京：中国人民大学出版社，1999：198.

员可以通过灌水、做游戏、购买虚拟物品等方式了解优乐美。3 个月以后，每天有 15 万年轻朋友到虚拟学院参观，每天页面的浏览总量高达 65 万次。在三个月的推广期间，优乐美的学院页面总流量达到 3 700 万次。优乐美还建立了一个互动平台，在这个网站注册的会员已经达到 49 万人。而优乐美公司则利用会员注册信息进行精准营销，甚至以他们为测试平台进行新产品的开发。

随着互联网技术的不断发展，短信、博客、手机电视、IPTV（交互式网络电视）等新兴媒体形式改变了大众对信息消费的行为模式，由传统的 AIDMA 模式（Attention 注意，Interest 兴趣，Desire 欲望，Memory 记忆，Action 行动）逐渐向含有网络特质的 AISAS（Attention 注意，Interest 兴趣，Search 搜索，Action 行动，Share 分享）模式转变。在 AISAS 模式中，受众在引起注意、产生兴趣之后，接着执行的就是广告信息的搜索和分享。而在这个过程中，受众的主动性不断增强，参与意识也逐渐提高，这为广告的异质化传播提供了重要平台。比如，喝一杯免费的咖啡，听一次广场音乐会，或者试用一下相关产品。诸如此类的亲身体验，很容易形成一般广告信息传播难以构建的个性化情感记忆，从而产生出较高的信息接收度和可信度。这正是同质化竞争日益激励的市场上，最让人期待，又十分难得的传播效果。优乐美的“虚拟学院”、欧莱雅的“校园设计大赛”、东方卫视的《创智赢家》，都是借助真实的个性化体验，有效提升传播效果的范例。

4. 重视 N 级传播，打造情感意见领袖

传播学者罗杰斯把大众传播过程分为两个方面，一是作为信息传递过程的“信息流”，二是作为效果或影响的产生和波及过程的“影响流”。“信息流”可以是“一级”的，即信息可以由传媒直接“流”向一般受众(“早期采用者”、“早期追随者”、“后期追随者”、“滞后者”)；而“影响流”则是多级的，要经过人际传播中许多环节的过滤，一层一层地传递下去，即传播“影响”的流动是经过 N 级传播并筛选的过程，如图 1 所示。

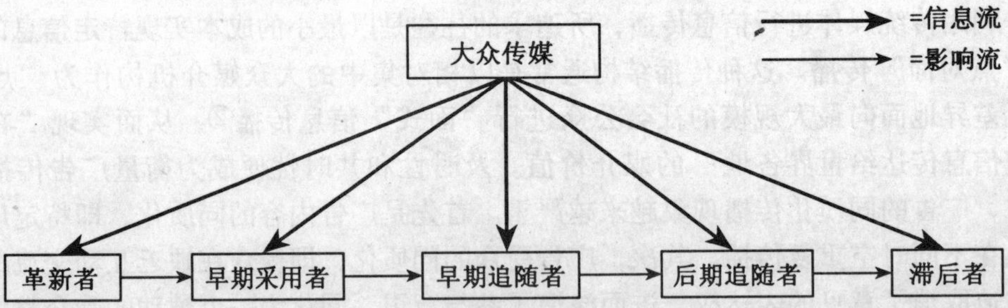

图 1　N 级传播过程

对于广告的信息传播来说，“信息流”即广告主与目标受众之间的买卖关系，可以通过媒体平台对受众进行一级传播，而“影响流”即对目标受众购买动机的激起则需要经过 N 级传播，在传播的过程中，由于经历众多环节，信息的影响也会逐渐式微。在“N 级传播”中，意见领袖起着关键的桥梁作用。意见领袖既能促成一个媒体广告活动的扩张和延伸，也能阻碍广告活动的成功。因为意见领袖不仅传达广告中的信息，还会按自己的喜好解释这些信息，并把这种喜好和厌恶传递给身边的人进而促成或阻止购买行为的发生。金融危机、新媒体的发展、频繁曝光的产品质量问题使消费者行为发生巨大变化，如消费越来越理性、注重性价比、不愿意购买不熟悉的产品、相信朋友和亲人的口碑传播、热衷网购和团购，等等，这也导致 N 级传播的范围越来越广泛。广告是一门攻心的艺术，在人的心理活动中，情感是影响人对客观事物的态度和行为的重要心理因素之一。当情感因素占主导地位时，就会对人的态度和行为产生迅速作用和强烈影响。因此，要实现广告最终促进销售的目的，就必须重视“影响流”的传递过程，在深刻洞悉“长尾”消费行为和需要的基础之上，通过打造情感意见领袖实现广告主与目标受众更好的沟通与交流。

著名奶粉品牌“贝因美”的成功就在于“专业+情感”。贝因美在发现了中国家长普遍缺乏育儿知识的机遇后，独辟蹊径地创立了成功生养教理论，先后出版了《育婴指南》、《婴幼儿营养与科学喂养》等共19部著作，在受众心目中首先确立了育婴专家的意见领袖地位。接下来，通过一系列的“情感”活动，如向全国三胞胎以上家庭免费提供营养米粉，开通全国首条育婴咨询热线，设立多胞胎基金，成立育婴咨询服务公司，开展“育婴”、“爱婴”、“亲母”三大工程等，不断加深与各地妇幼组织的联手合作，不仅让充满爱心的企业公益善举进一步得到整个社会正面认可和信赖，也让贝因美产品比外资品牌更广泛而深入地覆盖母婴需求链。

三、结　　语

过去由广告引领受众消费趋势的方式正在被逐渐淘汰，多元化的消费文化使得受众需求呈现出异质化的特点，个性化消费已逐渐成为主流。“不再有大规模生产，不再有大众消费，不再有大众娱乐，取而代之的是个性化的生产、创造和消费”已经成为现代消费社会的真实写照。正如克里斯·安德森所认为的那样，商业和文化的未来不在热门产品，不在传统需求的头部，而在于过去被视为“失败者的那些产品”——也就是需求曲线中那条无限长的尾巴。研究“尾巴”已经成为进行广告传播的重要前提。

【作者简介】

戴海波，传播学硕士，江苏省淮阴师范学院传媒学院讲师，主要从事广告理论与传播理论研究。

全球化时代的电视与国家发展

章 俊

一、全球化时代的电视传播

曾有专家指出：20世纪60年代的国际传播媒体是通讯社，70—80年代是短波广播，90年代是卫星电视。全球传播的时代，是电视的时代。而最具备“世界公民”特征的互联网更是为电视跨文化传播带来了新契机。仅以美国为例，网络已经使美国的电视业成为传统媒介竞争中的佼佼者。美国三大广播公司都已在互联网上开发了网址。有线电视新闻网（CNN）在很多人还没有听说“网络浏览器”之前就已经在互联网中了。全国广播公司（NBC）与微软合办的微软全国广播公司电视台（MSNBC）既有一个有线电视频道，又有一个网址进行24小时在线服务。网上的在线服务每月有500万受众，相当于美国第5大报纸的读者数。①

总之，卫星技术、网络技术、数字技术为电视传播迈向全球化修筑了“更上一层楼”的技术平台，再加上电视传媒本身声形并茂的特点，这就使它在与现代信息技术的互相融合中具备了“近水楼台先得月”的优势，电视、电脑、电信三网合一的趋势在新时期越来越明显。可以想象，在现在和将来很长一段时间里，国际信息高速公路上高速奔驰着的绝大部分内容必定是电视信息产品，极端一点说，所谓的跨文化传播，我们甚至在某种程度上可以把它等同于电视传播的全球化。

二、电视跨文化传播与国家发展

20世纪80年代中期以来，跨国电视工业兴起。通过全球电视新闻、电视专题节目、电视连续剧、电视教育和电视服务，使世界各地和各个文化范畴中的人们进入到共享的视听情境中。这不但直接刺激了全球电视生产、节目生产、卫星发射和节目市场，而且为跨国公司的“世界品牌”广告商培植出亿万受众——消费者。电视从单纯的大众娱乐教育工具转而成为资本主义全球市场和生产体系的关键环节。全球电视深刻地改变了人们对于世界进程、文化认同及日常生活方式的态度，并对资本主义生产周期的运转发挥了积极作用。②

对发展中国家而言，今日的发展中国家人们可以与发达国家的民众同步获取信息，缩小因信息来源和传递速度造成的差距，电视跨国传播在其中起到了决定性的作用。这就在客观上促进了发展中国家经济文化的繁荣、科技进步并推动政治民主化进程，缩小与发达国家的差距。如通信卫星技术的发展就为诸如印尼这样的千岛之国克服广播电视覆盖上的困难起到了很大的作用。

但是，传播全球化并不是只为发展中国家而生，甚至主要的不是为发展中国家而生。尤

① 胡正荣．产业整合与跨世纪变革——美国广播电视业的发展前景［J］．国际新闻界，1999（4）．
② 吴予敏．全球化时代的传播与国家发展［J］．新闻大学，2000（冬）．

其是在其中占据着重头戏的电视跨国传播又有着重装备、高技术、高消耗、高投入的特点，物质资源的消耗在电视业经营成本中占有相当大的比重，经济因素的制约使实力弱小的发展中国家在这场信息交流中身不由己地处于一种被动和弱势的地位。理论意义上的信息双向流通变成为了单极传播，其中又以美国为首。

更为深远和隐蔽的发展后果是，发达国家所传送的电视信息产品在蚕食其他国家本土电视文化工业的同时，并且因其电视文化输出所传播的意识形态、价值观念乃至时尚、风格深刻地影响着这些国家的社会文化传统和文化认同。武汉一家报纸曾经报道一个家境贫困的小学生非要父母带自己去麦当劳就餐，原因仅在于班上的其他同学都去过麦当劳，如果只有自己从没去过会被其他同学取笑。从这个角度出发，我们也可以认为被众多学者所讨论的"经济帝国主义"、"媒介帝国主义"，其最深远的实质是"文化帝国主义"，它是渗透到意识形态领域的后殖民主义，它所带来的一个民族社会文化身份认同危机是最为无形却又是最为可怕的。

当然，换一种思考维度，我们也可以这样认为：在现代性和全球化背景下的电视传播并不只是意识形态或特定文化价值观的载体，它更是现代社会、国家作为知识经济运行的关键环节，作为现代社会和个人反思性的实践工具，作为社会公平参与和合法监督的公共空间，作为跨文化沟通的桥梁，作为国际合作与生存发展的领域，事实上已使各国受惠。如欧洲视觉新闻交换组织（ENE）等已在几十个国家执行了提供新闻片断的协定。即时新闻报道现已成为全球新闻业的追求目标，全球化新闻在全球性生态问题、金融危机、区域冲突、跨国犯罪等方面的报道显示了预警作用，也积极传播了国际和平、环境保护、科技进步的观念。① 总之，它正在为各个国家实现可持续发展而努力。这是值得欣慰的，但就整体而言又是远远不够的。要在世界范围内建立起一个多极化、公正竞争、平等沟通、合理发展的信息传播新秩序还有待时日。

三、电视全球化洪流中，中国电视业及国家发展现状

中国经过近几年的大发展，已形成包括13个卫星转发器，近20套卫星节目，40多种语言广播节目和由7.33万座卫星地面接收站的全国广播电视卫星传播网，广播电视覆盖率现已提高到90%左右，中央电视台在海外已基本覆盖到全球，并已有效打入欧美日等国的无线电视台和有线电视系统，一些新闻节目以内容针对性强、时效性强、手法新颖、信息量大而具有很强的竞争力。② 但是我们也应该看到，中国加入WTO后信息技术、电信业和电影业的进一步开放，对中国电视传播业发展的影响和冲击将会越来越大。中国电视拥有广阔的市场和巨大的发展潜力，自然成为各国传媒跨国公司奋力争夺的重点区域之一。

这种发展现状，一方面在客观上对中国的改革开放事业起到了积极的促进作用，比如社会的竞争与开放社会的形成、现代企业制度的建立、人民民主意识的培养、参政议政能力的增强、文化素养的提高等。另一方面，它也为让世界全方位地了解中国提供了契机。西方国家这才知道中国男人已不再拖着长辫，女人也已不再裹着三寸金莲，甚至中国农民已开始通过网络兜售农产品和获取农业信息，现代化的中国已初具雏形，中国与发达国家的差距正在逐步缩小。但和其他发展中国家一样，中国同样也面临着国家发展的瓶颈和文化冲突引起的意识危机。

在由电视跨国传播所带来的本土文化与外来文化的冲突中，本土文化对外来文化的抵抗能力在很大程度上取决于"文化距离"，即文化之间的不可协调性，以及本土电视产业的强

① 吴予敏．全球化时代的传播与国家发展［J］．新闻大学，2000（冬）．
② 刘翎．传播全球化对发展中国家的影响及对策［J］．南京政治学院学报．2000，16（2）．

弱。就文化距离而言，中国的民族文化源远流长，五千年的文明发展史，造就了中国深厚又独具特色的传统文化。因此，对 WTO 后我国本土文化前景过分恐慌是不必要的。试想，欧盟无论是在经济体制、政治体制，还是在社会主导沟通语言、地理距离抑或本身的文化传统等方面，与中国相比，都与美国的霸权文化有着更多地文本亲近性。而学者杨保军认为：创制亲近性文本是跨文化有效沟通传播的重要基础。换个角度理解，这样的地区在国家的经济和文化发展中有着更多地被同化的潜在可能。但是，当我们回头一一审视欧盟从 20 世纪 80 年代初以来就一直致力于利用电视跨文化传播培育欧洲文化认同，进而政治上整合欧洲的历程，我们可以发现：虽然欧盟确信电视具有强大的社会凝聚力，寄希望以此培养欧共体公民在政治、经济、文化不同层次的集体认同感，发展壮大欧盟的期望多少有些“海市蜃楼”的意味。但不可否认，相关数据调查表明欧洲电视跨文化传播在抵御美国电视商业文化渗透，保持欧洲多元文化等方面确实取得了一些成效。欧盟尚且如此，何况中国？反过来看，有分析家认为：欧盟借助电视传播培育欧盟单一市场和“欧洲认同”，以及泛欧观众市场，虽已卓有成效，但离欧盟所希望的文化同一和政治上的统一目标还有很大差距，这主要因为欧盟音像政策忽略了至关重要的分割欧洲观众的文化距离。正是基于此，我们可以大胆推测：在这场电视的跨国文化融合中，中国传统文化与西方文化存在着不可逾越的“文化距离”，同化很难。

但是就此以为我们可以高枕无忧那又太过掉以轻心了。正如前文所分析的，相当实力的电视传播业在突破“发展瓶颈”，维持相对独立的、可持续而全面的国家发展方面同样不容小觑。从文化距离来看，日、韩两国介于欧盟、加拿大与中国之间，它们的国家发展成绩世界有目共睹。日本经济实力仅次于美国，韩国被列为“亚洲四小龙”之一。虽然这两个国家的经济、政治体制、主流沟通语言与西方发达国家，尤其是美国有着很亲密的血缘关系，但它们不仅未被同化，甚至开始向其邻近国家和地区辐射，如中国大陆、台湾地区。君不见在当今青少年中，“哈日”、“哈韩”潮流一浪接一浪，就像歌里所唱“一波还未平息，一波又来侵袭”。这种经济及文化发展成就的取得，固然部分得益于文化距离这道天然屏障，但具有其本国特色且又日渐强壮的电视产业实在功不可没，如日本、韩国的青春偶像剧，及与漫画紧密相连的卡通剧、电视剧等的兴盛及跨国流通。

中国的经济及电视传媒业这些年来虽然取得了长足进展，但就国际竞争而言，形势依然不容乐观。

四、面对时代挑战，中国何去何从

一个国家电视产业实力的强弱意味着它在全球化传播平台中话语权的大小，这是被历史和现实反复证明的铁的事实。我国目前的媒介政策导向产业结构整合，将造就强大的国内和跨国媒体，来支撑本土文化传播和向外拓展。问题是：在传媒发展策略上，媒介发展走集团化、产业化的道路，适应市场经济及竞争的需要，这个思路本身是一个了不起的突破。但我们似乎正在从一个极端走向另一个极端。在大家纷纷思考媒介如何走产业化、集团化的道路以做大做强时，似乎不知不觉中正在淡忘媒介尤其是电视台作为民众社会公器意义的存在仍是一个国家社会发展的基本前提。我们是不是在某些时刻在市场化的道路上走得太过了？例如，近年来，越来越多的受众对传媒表示不满。关于电视，他们抱怨娱乐内容太多，且很多节目雷同，如《快乐大本营》和《欢乐总动员》；随意插播广告行为极度泛滥引起强烈不满，甚至屡屡被受众告上法庭……电视的社会公器功能被削弱，不仅制约着我们与西方媒体在新闻传播上的竞争，而且更严重的结果是：发达国家的文化意识通过电视传播侵入也就顺理成章、水到渠成了，甚至最终还会影响到我国现代化进程。未来社会的国家政治稳定、经济和文化繁荣还需要通过公民的参与和监督取得执政的合法性，需要各种利益实体的对话、谈判、妥协以求取各方的合作。在中国这样一个泱泱大国，人民文化素质高低不齐，文盲、半文盲、知识性文盲大量存在，电视传播打造的公共空间的对话圆桌就显得尤为需要和具有现实意义。

同时更深刻的思考应该是：电视跨文化传播所引起的民族文化身份认同危机使国家文化安全问题浮出水面，它刺激国家采取相应措施以强化民族文化身份认同。这相应的措施仅从媒介着眼、仅停留于传媒发展策略的层面是否足够？韩国的做法可以给我们有益的启示。学者赵振宇认为"我们的近邻韩国与中国的历史有很多相似之处，都是具有儒教政治文化传统的国家。在朝鲜战争之后的短短30年里，韩国却走过了西方国家300年的发展历程，成为世界现代化史上的奇迹。其中一个根本原因就是，韩国将本国的民族文化传统与现代文明精神相结合，东方文化与西方文化相结合，融合了中、日、美、韩四种文化的因子，创造了韩国现代化中的超强优势，赢得了'亚洲四小龙'的桂冠。"① 这种文化发展策略即是以"我"为中心，立足本国传统的拿来主义。凡事有利必有弊，反过来看，危机（也可视为风险）总是和机遇并存，所以，文化差异带来的文化冲突在正确的文化发展策略的引导下也可以是文化变革的动力。立足中国特色，以我为主，大胆拿来，扬长避短，为我所用，对那些先进的经营管理经验及文化意识，如现代企业制度、公平与自由竞争意识、社会契约概念等应该积极主动地大胆拿来，直接引进，为我所用；而对西方的有些文化传统，我们就不能简单的只是拿来，必须结合我国实际进行相应改造之后再吸收。如中国的传统文化强调群体意识，但在长期的发展过程中却也逐渐形成了过度抹杀个人合理利益的倾向。而西方的个人英雄主义，它看重个人利益，鼓励为追求个人成功而努力，这种观念的引进可以在一定程度上扭转我们在集体主义意识上的畸形发展取向。但是我们也应该看到西方过分看重个体感受而对群体的漠视，家庭、亲情伦理意识的相应淡化。因此，在这种类型的拿来过程中，我们就应该注意到它与本土文化的相互融合、弥补及改造的过程。至于那些糟粕，如金钱至上、唯物质享受主义等就应该毫不犹豫地、尽可能地将其拒之门外。

如果说电视跨文化传播正在改写和重构民族国家的文化边界，那它实际关涉是民族社会每一成员分子的意识形态领域。捍卫民族文化认同、弘扬国家传统文化不仅在于制定正确的社会文化发展策略，而更应在文化政策与社会公众之间建立起一种主体间性的有机链接，否则也不过是无效的空中楼阁而已，这即要依靠社会公众媒介素养教育将文化政策的宏观指导踏踏实实地落到实处。我国在媒介教育领域起步较晚，公众媒介素养概念也是近几年才有。因此，无论是出于国内现实的需要还是出于国际竞争的压力，加强我国公众媒介素养教育都刻不容缓。更进一步，面对电视传播全球化随之而来的文化"殖民"趋势，被侵入国公众应当具备什么样的媒介素养结构？英国电影与电视教育协会的做法值得借鉴。他们尝试将文化研究的成果与方法引入到媒介素养教育中来，具体说就是将符号学、结构主义、心理分析理论、后结构主义和马克思意识形态理论等作为重点讲授内容，着重关注语言、意识形态和再现问题。通过对这些元素的深入分析，找出文本背后所隐含的意识形态企图，使受众保持清醒的头脑。这正是全球化时代传媒素养教育的意义所在。②

正如前文所指出的，电视传播全球化是经济全球化的一个重要表现，因此对中国而言，要抵御外来文化的渗透，保护本国政治、经济、文化、科技的相对独立发展，关键在于加快本国的经济建设，提高综合国力。只有如此，构建足以与西方跨国媒介集团对抗的电视传媒产业，国家才有最实在的经济后盾和最牢固的根基，否则，片面孤立地发展电视传媒也许可能会造就一时的强大，但那是"虚弱的强大"，根本不够支撑本土文化传播和向外拓展，足以引起国际社会倾听和重视的话语权又如何建构？所以说"发展是硬道理"，这绝对是人人

---

① 赵振宇．和而不同：全球化时代的中西方文化传播［J］．现代传播，2004（2）．
② 陈龙．媒介全球化与公众媒介素养结构的调整［J］．现代传播，2004（4）．

都认可的道理，但如何发展却不是人人都清楚的命题。2009 年年初，温家宝总理在省部级主要干部“树立和落实科学发展观”专题研究班结业式上的讲话可以给我们解决问题的有益启发，即用科学的世界观和方法论来看待并解决为什么发展、为谁发展和怎样发展的问题。在科学发展观的指导下，提高综合国力，缩小与发达国家的差距并不是我们的最终目的，实现国家和社会中的每一个人的全面、可持续发展才是最根本的终极目的，是一个经济、政治、文化、生态和人的全面发展的系统集成的目标体系。

行文至此，我们可以发现，从哲学的角度看，“科学发展观”的核心是和谐发展。无论是电视传媒自身，还是一个国家的主导文化，抑或是一个社会，当它们作为一个整体，一个有机体的意义而存在，谈到它们的发展，就不能只在哪个或哪些方面片面地发展，而应当是有机体的各个组成部分协调发展。否则，片面发展的成果可能会被其负面效应所抵消，结果使原先的发展化为虚无。因为片面发展必定会产生恶果。生物体中的恶性肿瘤的快速增长便是最明显的例证，它在一定意义上也是发展，但它不是整个有机体的和谐发展，结果导致生肿瘤的生物体迅速走向死亡。正是在这个意义上，我们也可以说，经济发展策略上的科学发展观与上文所倡导的电视传媒发展策略、文化发展策略背后所蕴含的思想精髓其实是殊途同归，其实质都是强调以电视传媒业的全面发展，来促进人的全面进步，进而实现国家及社会的可持续发展，三者是一脉相承的。

【作者简介】

章俊，湖北大学文学院讲师。

国际广告产业竞争力分析与评价

代婷婷

一、全球广告产业发展概况

（一）全球广告市场发展的基本状况

DATA MONITOR①将全球广告市场划分为北美、南美、西欧、东欧、亚太四大块，北美包括加拿大、墨西哥、美国；南美包括阿根廷、巴西、智利、哥伦比亚、委内瑞拉；西欧包括比利时、丹麦、法国、德国、意大利、荷兰、挪威、西班牙、瑞典、英国；东欧包括捷克共和国、匈牙利、波兰、罗马尼亚、俄罗斯、乌克兰；亚太包括澳大利亚、中国、印度、日本、新加坡、韩国。根据 DATA MONITOR 的数据可以看到全球广告市场发展呈现如下趋势：

1. 全球广告产业增速放缓

从近几年数据来看，广告产业在经历了2007年的强劲增长后，到2008年有轻微的下跌，再到2009年全球广告市场下跌了6%，反映出全球广告产业受到美国次贷危机引发的全球性金融危机的负面影响，有增速放缓的趋势（见表1）。

表1　　2005—2009年全球广告产业总值（十亿美元）②

年份	美元（十亿）	增长率（%）
2005	97.1	
2006	99.0	2.0
2007	105.0	6.1
2008	104.3	-0.7
2009	98	-0.6
复合年均增长率（CAGR）		0.2

2. 亚太广告产业保持了较好的增长势头

2005—2009年，全球广告产业产值为980亿美元，复合年均增长率是0.2%，其中欧洲

① DATA MONITOR 是一家国际知名的信息服务公司，为全球5 000多家一流公司提供市场分析及商务信息，跨越汽车业、金融业、医药业、消费品市场、传媒业、能源业以及科技界等不同领域。

② 数据来源于2010年7月 DATA MONITOR 的调查报告 *Industry Profile: Global Advertising*，广告产业价值指的是广告代理机构提供服务的净手续费和佣金收入，不等于该国家或地区的广告支出总和。

广告产业实现了245亿美元的总创收，复合年均增长率为-0.7%，亚太广告产业产值为185亿美元，复合年均增长率为2%。即使在全球金融危机的冲击下，亚太广告产业也保持了较好的增长势头。

亚太广告市场中最值得关注的是中国和印度。中国2005—2009年复合年增长率为9.5%，并在2009年实现了70亿美元的收入，占亚太37.8%的市场份额，超过了日本成为亚太广告市场第一大国。而印度的广告产业，在2005—2009年以13.6%的高速增长，在2009年实现了24亿美元的广告收入，预计在下一个五年仍会保持两位数的高速增长。

3. 美国广告产业仍然一家独大

就2009年的统计数据来看，美洲仍然是最大的广告市场，占据了市场份额的56.2%，欧洲占据了25.0%的市场份额，亚太占据了18.8%的市场份额（见图1）。

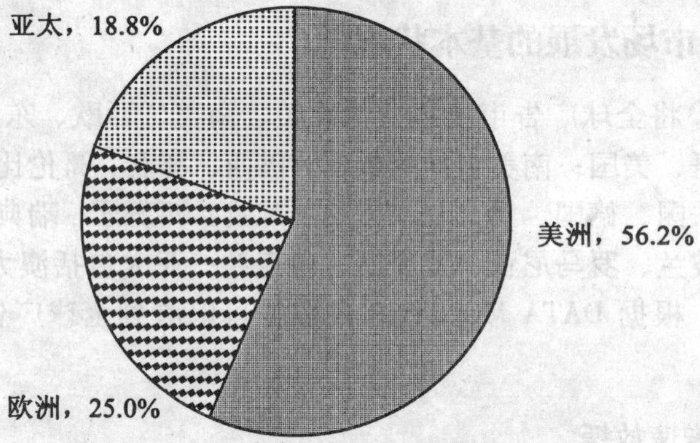

图1　2009年全球广告产业地理构成①

美国在2009年以337亿美元的总产值继续维持着美洲乃至全球的独大地位，在全球广告市场中占据了34.5%的份额，在美洲广告市场占据了61.39%的份额。受美国次贷危机引发的金融危机的影响，美国广告产业的总产值在2008年下降了3.0%，在2009年下降了9.9%，导致2005—2009年的复合年均增长率只有1.6%。但是随着经济的好转，美国广告产业将会强劲复苏，预计在2014年达到462亿美元的总产值，实现2009年以来37%的增长。

4. 食品、饮料和个人保健广告是全球广告产业的最大组成部分

2009年，食品、饮料和个人保健广告是全球广告产业的最大组成部分，总收入达230亿美元，占产业总产值的23.5%，零售业广告总收入为130亿美元，占广告产业总价值的13.3%（见图2）。

但在不同的区域和不同的国家，广告产业的行业构成也有些许不同。如在美国，食品饮料和个人保健、零售业、媒体通信业是广告产业行业构成的排名前三位。在欧洲，虽然广告产业的行业构成主体和美国相同，但媒体通信业跃居零售业之前，排名第二。具体到德国，媒体通信业在广告产业行业构成中排名第一，超过了食品业、汽车业和零售业；在英国，汽车业则成为食品饮料和个人保健之后，零售业之前的第二排名，媒体通信业反而只占7.9%的比例排名第五。在亚太广告市场，食品饮料和个人保健以远远高于其他行业的27%的比

① 数据来源于2010年7月DATAM ONITOR的调查报告 *Industry Profile*：*Global Advertising*.

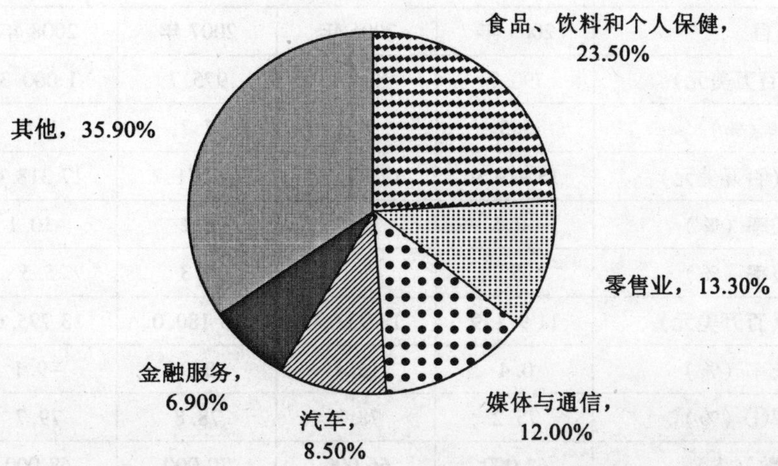

图2 2009年全球广告产业行业构成①

例，成为广告市场组成的重点，媒体通信业和零售业的占比都不足10%。具体到日本广告市场，食品饮料和个人保健的占比高达31.4%，其次是媒体通信业和零售业；在中国，金融服务业位列食品、饮料和个人保健之后，成为第二顺位的重要广告市场构成，零售业位列第三，媒体通信业只占3.8%的比例排名第五。

（二）全球四大广告集团产业发展解析

大多数国家的广告市场被“四大”广告集团所占领，这四大广告集团分别是奥姆尼康（Omnicom）集团、WPP集团、IPG（Interpublic）集团和阳狮（Publicis）集团。这四大集团大约占据了全球广告市场40%的份额。

1. Omnicom 奥姆尼康集团

位于美国纽约麦迪逊大街437号的奥姆尼康集团（纽约证交所+代码：OMC）是一家全球性的广告、营销和组织传播的机构，集团拥有遍布美洲、欧洲、中东、非洲、亚洲和澳洲的全球网络和下属的众多子公司。整个集团由美国纽约的报告总部来组织和运作，下辖的各代理公司为全球主要市场提供多种服务，主要可以分为四大基本类别：传统媒体广告、顾客关系管理（CRM）、公共关系和专业传播。

奥姆尼康旗下的全球性广告公司包括BBDO、DDB和TBWA，BBDO为全球79个国家提供广告和营销服务；奥姆尼康集团的顾客关系管理、公共关系和专业传播等业务都是通过DAS公司来运作的。其客户关系管理包括体育营销、事件营销、品牌策划、直销、促销、区域营销、非盈利营销和娱乐营销等（见表2）。

表2 **2009年奥姆尼康集团财务状况**

项目	2005年	2006年	2007年	2008年	2009年
收入（百万美元）	10 481.1	11 376.9	12 694.0	13 359.9	11 720.7
收入增长率（%）	7.5	8.5	11.6	5.2	−12.3

① 数据来源于2010年7月DATA MONITOR的调查报告 *Industry Profile*: *Global Advertising*.

续表

项目	2005 年	2006 年	2007 年	2008 年	2009 年
净收入（百万美元）	790.7	864.0	975.7	1 000.3	871.4
利润率（%）	7.5	7.6	7.7	7.5	7.4
资产总额（百万美元）	15 919.9	17 804.7	19 271.7	17 318.4	17 920.7
资产增长率（%）	-0.5	11.8	8.2	-10.1	3.5
资产回报率（%）	5	5.1	5.3	5.5	4.9
负债总额（百万美元）	11 971.9	13 933.4	15 180.0	13 795.6	13 467.9
负债增长率（%）	0.4	16.4	8.9	-9.1	-2.4
债务比率①（%）	75.2	78.3	78.8	79.7	75.2
雇员总数（人）	62 000	66 000	70 000	68 000	63 000
雇员人均创收（美元）	169 050	172 377	181 343	196 469	186 043
雇员人均利润（美元）	12 753	13 091	13 939	14 710	13 832

2. WPP 集团

WPP 集团（纳斯达克 NASDAQ 证交所+代码：WPPGY）是世界上最大的传播集团之一，其总部位于爱尔兰都柏林，目前在北美洲、南美洲、欧洲、中东、非洲、亚太的 107 个国家拥有 2 400 多个分支机构，雇员超过 14 万人，旗下包括智威汤逊 JWT、奥美 Ogilvy & Mather、精信 Grey、扬特 The Brand Union、扬·罗毕凯广告、扬雅 Young & Rubicam、传立媒体 MindShare、迈势媒体 Maxus、竞力媒体 MediaCom、群邑媒介集团 GroupM、伟达公关 Hill & Knowlton、凯维公关 Cohn & Wolfe、朗涛策略设计 Landor Associates、博雅公关、明略行 Millward Brown、CommonHealth、GCI Health、Ghg、Sudler&Hennessey、United Network 等。WPP 集团的业务主要可分为四大板块。第一个板块是广告与媒体投资管理；第二个板块是品牌、健康与其他专业传播；第三个板块是信息、调查和咨询；第四个板块是公共关系与公共事务。每一个板块都下辖数家公司，这些公司彼此独立运作（见表 3）。

表 3　**2009 年 WPP 集团财务状况**

项目	2005 年	2006 年	2007 年	2008 年	2009 年
收入（百万美元）	8 375.6	9 208.1	9 641.5	11 653.7	13 535.1
收入增长率（%）	25.0	9.9	4.7	20.9	16.1
净收入（百万美元）	620.3	752.2	726.2	684.4	682.2
利润率（%）	7.4	8.2	7.5	5.9	5.0
资产总额（百万美元）	22 427.3	22 905.4	26 889.4	38 129.2	34 837.7
资产增长率（%）	34.6	2.1	17.4	41.8	-8.6
资产回报率（%）	3.2	3.3	2.9	2.1	1.9
负债总额（百万美元）	11 580.6	12 599.9	20 694.8	29 148.1	25 938.7

① 债务比率=负债总额/资产总额。

续表

项目	2005年	2006年	2007年	2008年	2009年
负债增长率（%）	43.8	8.8	64.2	40.8	-11.0
债务比率①（%）	51.6	55.0	77.0	76.4	74.5
雇员总数（人）	70 936	77 686	90 182	112 262	138 000
雇员人均创收（美元）	118 073	118 529	106 912	103 808	98 081
雇员人均利润（美元）	8 745	9 682	8 052	6 096	4 944

3. IPG（Interpublic）集团

IPG集团（纽约证交所+代码：IPG）的总部位于美国纽约第六大道1114号，是一家国际性广告和营销服务集团，为世界上诸多企业提供包括订制广告、直销、移动和搜索引擎营销等营销解决方案。集团的业务遍布美国、英国、欧洲大陆、亚太和拉丁美洲。

集团分为两个部门进行运营：整合代理网络（IAN）和顾客管理集团（CMG）。

IPG集团的IAN部门包括博达大桥Draftfcb、睿狮Lowe、麦肯McCann、盟博Mediabrands和一些国内代理公司，这个部门提供全球传播和营销服务。IPG集团的CMG部门提供专业的营销服务、公关和传播服务。CMG部门包括万博宣伟Weber Shandwick、高诚公关GolinHarris、MWW Group、DeVries、Jack Morton、Octagon Worldwide和FutureBrand品牌咨询。这些公司提供包括公关、会议和时间营销、体育和娱乐营销、企业和品牌标识和营销战略咨询等多元化服务（见表4）。

表4 **2009年IPG集团财务状况**

项目	2005年	2006年	2007年	2008年	2009年
收入（百万美元）	6 274.3	6 190.8	6 554.2	6 962.7	6 027.6
收入增长率（%）	-1.8	-1.35	5.9	6.2	-13.4
净收入（百万美元）	-262.9	-31.7	167.6	265.2	93.6
利润率（%）	-4.2	-0.5	2.6	3.8	1.6
资产总额（百万美元）	11 945.2	11 864.1	12 458.1	12 125.2	12 263.1
资产增长率（%）	-2.5	-0.7	5.0	-2.7	1.1
资产回报率（%）	-2.2	-0.3	1.4	2.2	0.8
负债总额（百万美元）	9 999.9	9 923.5	10 125.9	9 649.6	9 449.0
负债增长率（%）	-5.1	-0.8	2	-4.7	-2.1
债务比率②（%）	83.7	83.6	81.3	79.6	77.1
雇员总数（人）	42 600	42 000	43 000	45 000	40 000
雇员人均创收（美元）	147 284	147 400	152 423	154 727	150 690
雇员人均利润（美元）	-6 171	-755	3 898	5 893	2 340

① 债务比率=负债总额/资产总额。
② 债务比率=负债总额/资产总额。

4. 阳狮（Publicis）集团

阳狮集团（纽约证交所+巴黎证交所+代码：PUB）的总部位于法国巴黎香榭丽舍大街133号，是一个全球性的传播集团。该集团在全球传播集团中排名第四，也是全球第二大媒介咨询和购买集团。阳狮集团为北美洲、拉丁美洲、欧洲、亚太、中东和非洲的超过104个国家提供广告、媒介咨询和购买、专业代理和营销服务（SAMS）。

集团的广告和传播服务分为三类：广告服务、专业代理和营销服务（SAMS）、媒介服务。广告服务部门由阳狮Publicis、盛世长城Saatchi&Saatchi、李奥贝纳Leo Burnett提供传统的广告服务。专业代理和营销服务（SAMS）部门提供一系列诸如公关、企业和金融传播、健康传播（旨在满足医药行业的特殊需求）、直销、促销、顾客关系管理（CRM）、事件传播、体育营销和跨文化传播。SAMS部门通过狄杰斯Digitas提供直销、顾客关系管理、促销、互动传播服务。阳狮集团的媒介服务部门提供媒介计划和咨询、媒介广告时段和版面购买服务。阳狮集团通过两个全球网络来提供媒介服务：星传媒体（SMG）和实力传播ZenithOptimedia。星传媒体在73个国家都设立有分支机构，包括Starcom、MediaVest、Spark Communications和Pixel。实力传播在72个国家设立了分支机构，包括Newcast、尼娜咨询Ninah、Equinox、Zed Digital和Moxie Interactive（见表5）。

表5　　**2009年阳狮集团财务状况**

项目	2005年	2006年	2007年	2008年	2009年
收入（百万美元）	5 738.6	6 098.8	6 495.1	6 549.3	6 290.7
收入增长率（%）	7.7	6.3	6.5	0.8	-3.9
净收入（百万美元）	536.7	616.0	628.5	621.6	560.4
利润率（%）	9.4	10.1	9.7	9.5	8.9
资产总额（百万美元）	16 349.6	16 167.5	17 025.4	16 491.5	17 701.2
资产增长率（%）	19.2	-1.1	5.3	-3.1	7.3
资产回报率（%）	3.6	3.8	3.8	3.7	3.3
负债总额（百万美元）	13 490.7	13 275.2	13 931.5	13 265.5	13 754.9
负债增长率（%）	17.8	-1.6	4.9	-4.8	3.7
债务比率①（%）	82.5	82.1	81.8	80.4	77.7
雇员总数（人）	38 610	39 939	43 808	44 727	45 000
雇员人均创收（美元）	148 631	152 702	148 262	146 429	139 793
雇员人均利润（美元）	13 902	15 423	14 347	13 897	12 453

二、美、德、日、中、英五国广告产业竞争力分析与评价

美洲的美国，欧洲的德国和英国，亚洲的日本和中国，是全球广告产业总值最高的五个国家，全球最著名的广告集团也大多集中在这几个国家。因此，选择美国、德国、英国、日本、中国这五个国家进行广告产业发展现状的评价和对比，深具代表性。

① 债务比率=负债总额/资产总额。

（一）美、德、日、中、英五国广告产业竞争力综合评价

运用广告产业竞争力评价指标体系，对美国、日本、德国、英国、中国这5个主要国家的广告产业竞争力进行了量化评价，其各国广告产业竞争力指数测评结果见表6、表7。

表6　　5个国家的广告产业竞争力指数及位次排名（模块）

国家	中国	日本	美国	英国	德国	5国平均
总竞争力指数	0.39	0.52	0.79	0.58	0.53	0.562
位次（名）	5	4	1	2	3	—
环境竞争力指数	0.45	0.52	0.62	0.61	0.59	0.558
位次（名）	5	4	1	2	3	—
基础竞争力指数	0.38	0.62	0.88	0.64	0.60	0.624
位次（名）	5	3	1	2	4	—
核心竞争力指数	0.39	0.44	0.75	0.52	0.47	0.514
位次（名）	5	4	1	2	3	—

表7　　5个国家的广告产业竞争力指数及位次排名（要素）

国家	中国	日本	美国	英国	德国	5国平均
总竞争力指数	0.39	0.52	0.79	0.58	0.53	0.562
位次（名）	5	4	1	2	3	—
宏观环境竞争力指数	0.45	0.52	0.62	0.61	0.59	0.558
位次（名）	5	4	1	2	3	—
资源要素竞争力指数	0.37	0.57	0.81	0.77	0.67	0.638
位次（名）	5	4	1	2	3	—
相关产业发展竞争力指数	0.36	0.52	0.91	0.41	0.37	0.514
位次（名）	5	2	1	3	4	—
需求状况竞争力指数	0.44	0.84	0.94	0.78	0.82	0.764
位次（名）	5	2	1	4	3	—
竞争实力竞争力指数	0.39	0.44	0.75	0.52	0.47	0.514
位次（名）	5	4	1	2	3	—

1. 美、德、日、中、英五国广告产业竞争力指数分析

广告产业竞争力指数是广告产业竞争力的3个模块、5个竞争力要素、73个竞争力指标的综合，从整体上反映了各国广告产业竞争力状况，其数值的高低标志着其竞争力的强弱。从五个国家广告产业竞争力指数得分情况看（如图3所示），各国的广告产业竞争力指数数值差异显著：排名情况分别是美国（0.79）、英国（0.58）、德国（0.53）、日本（0.52）和中国（0.39），这五个国家的广告产业国际竞争力指数的平均数值为0.56，标准差为0.1455，变异系数为0.2589，数据表明，美、德、日、中、英五国广告产业竞争力存在着明显的差距。

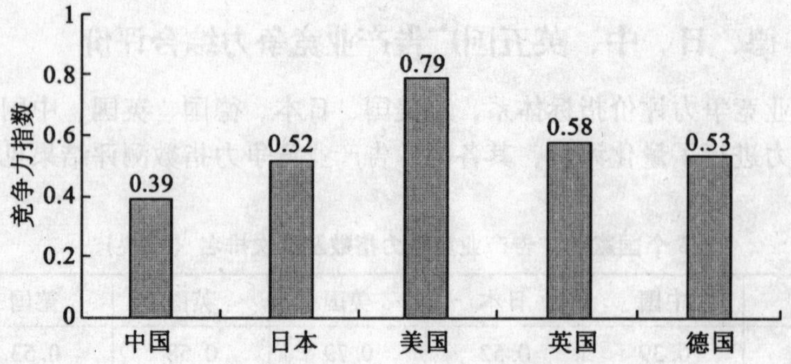

图3　5个国家广告产业竞争力指数

2. 美、德、日、中、英五国广告产业竞争力强弱判断

以竞争力指数值C来判断各国竞争力的强弱，其标准为：C≥0.7，表明具有较强的竞争力（强优势），0.7>C≥0.5，表明具有一定的优势（弱优势），C<0.5，表明竞争力较弱（劣势）。按照这一判别标准可以看出（如表8所示），美国的广告产业竞争力指数为0.79，位居5个测评国家之首，其指数高于0.7，表明具有很强的国际竞争优势，属第一集团。英国、日本、德国这三个国家的广告产业竞争力指数为0.5～0.7，广告产业竞争力具有弱优势，分属第二集团。中国的广告产业竞争力指数小于0.5，属于竞争力劣势的第三集团。

表8　　　　**5个国家广告产业竞争力**

第一集团			第二集团			第三集团		
国家	竞争力指数	位次	国家	竞争力指数	位次	国家	竞争力指数	位次
美国	0.79	1	英国	0.58	2	中国	0.39	5
			德国	0.53	3			
			日本	0.52	4			

3. 美、德、日、中、英五国广告产业竞争力结构分析

（1）整体竞争力与结构竞争力的相关性分析。通过计算五国产业整体竞争力指数与三大模块和五大要素竞争力指数之间的相关关系，来判断五国广告产业整体竞争力与结构竞争力之间的相关程度。

整体竞争力与模块竞争力的相关性分析：

计算结果显示，整体竞争力与基础竞争力的相关系数是0.9835，与核心竞争力的相关系数是0.9781，与环境竞争力的相关系数是0.8177，表明五国广告产业的整体竞争力与三大模块的竞争力均具有较强的相关度（如图4所示）。

整体竞争力与要素竞争力的相关性分析：

计算结果显示，整体竞争力与宏观环境要素竞争力的相关系数是0.8177，整体竞争力与资源要素竞争力的相关系数是0.8719，与相关产业发展竞争力的相关系数是0.8898，与需求状况竞争力的相关系数是0.8223，与竞争实力竞争力的相关系数是0.9781，表明五国广告产业的整体竞争力与五大要素的竞争力也均具有较强的相关度（如图5所示）。

（2）整体竞争力与结构竞争力的协调情况分析。根据五国广告产业竞争力指数位次排列情况，来判断五国广告产业整体竞争力与结构竞争力是否协调发展。判定结果如下：

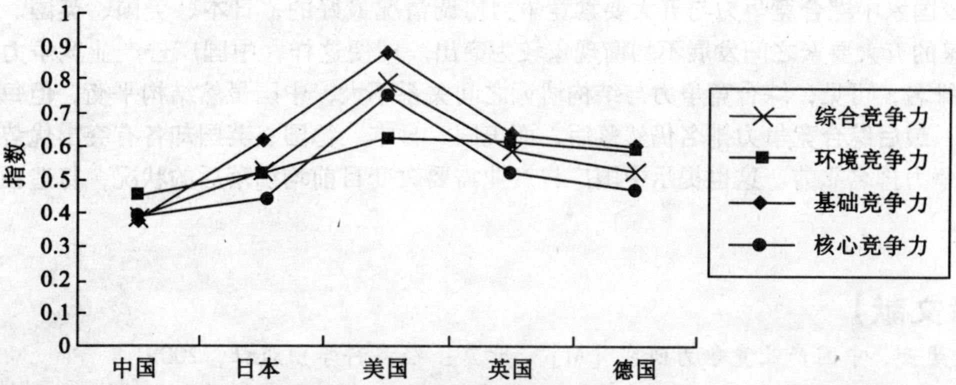

图4 5个国家广告竞争力模块关系

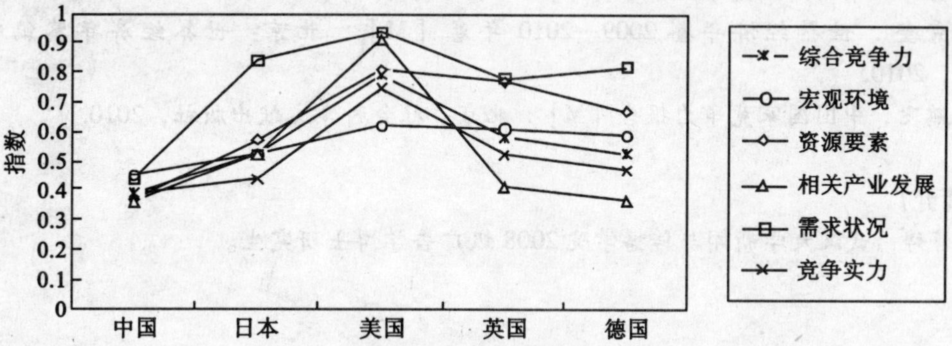

图5 5个国家广告产业竞争力要素关系

整体竞争力与三大模块竞争力协调一致的国家是中国，整体竞争力指数和三大模块竞争力指数均位居第五名；整体竞争力与三大模块竞争力排名基本协调的国家是英国和德国；环境竞争力高于整体竞争力的国家是中国和德国，环境竞争力与整体竞争力接近的国家是日本和英国，美国的环境竞争力低于整体竞争力；除了中国，其他四个国家的基础竞争力均高于整体竞争力；日本和中国的核心竞争力与整体竞争力一致，而英国、美国、德国的核心竞争力要弱于整体竞争力。

整体竞争力与五大要素竞争力协调一致的国家是中国，但五大要素竞争力排名和总竞争力排名均居第五名；由于日本、美国、英国、德国的要素之间发展不均衡，五大要素与总竞争力之间不协调；日本、美国、英国、德国的需求状况要素均高于整体竞争力，尤以日本最为突出；除了中国，其他四个国家的资源要素均高于整体竞争力，英国尤为突出；美国的宏观环境要素低于整体竞争力，其他几个国家宏观环境要素均高于整体竞争力；日本的相关产业发展要素与整体竞争力一致，中国、英国、德国的相关产业发展要素都低于整体竞争力，美国相关产业发展要素要高于整体竞争力；除了中国竞争实力要素与整体竞争力趋同外，其他四个国家的竞争实力要素均略低于整体竞争力。

（二）美、德、日、中、英五国广告产业竞争力比较的结论和启示

在对整体竞争力和模块竞争力、要素竞争力的相关性分析中，可以看出五国广告产业的整体竞争力与三大模块的竞争力均具有较强的相关度，五国广告产业的整体竞争力与五大要素的竞争力也均具有较强的相关度，这个结果验证了该评价指标体系是科学、合理的。

在对整体竞争力与结构协调情况的分析中，可以看到中国是5个比较国家中综合竞争力与三大模块竞争力协调性最好的，其次是英国和德国，日本和美国的协调性较差，中国也是

5个比较国家中综合竞争力与五大要素竞争力协调情况最好的，日本、美国、英国、德国这4个国家的五大要素之间发展不均衡现象较为突出。即便这样，中国广告产业竞争力仍然处于第五排名，可见，综合竞争力与结构协调之间关系不大，中国虽然结构平衡，但每项均处于落后，最后综合竞争力排名仍然落后，而美国、日本、德国、英国却各有突出优势，故而综合竞争力排名靠前。这也提示中国广告产业需要改变目前均衡落后的状况，打造独特的竞争优势。

【参考文献】

[1] 赵彦云．中国产业竞争力研究［M］．北京：经济科学出版社，2009.

[2] 祁述裕．中国文化产业国际竞争力报告［M］．北京：社会科学文献出版社，2004.

[3] 花建．文化产业竞争力［M］．广州：广东人民出版社，2005.

[4] 张其仔．中国产业竞争力报告［M］．北京：社会科学文献出版社，2010.

[5] 王秀奎．世界经济年鉴2009—2010年卷［M］．北京：世界经济年鉴编辑委员会，2010.

[6] 倪鹏飞．中国国家竞争力报告［M］．北京：社会科学文献出版社，2010.

【作者简介】

代婷婷，武汉大学新闻与传播学院2008级广告学博士研究生。

2008—2010 年我国广告效果研究综述

王 锐

广告效果是指广告作品通过广告媒体传播之后所产生的作用，或者说，是在广告活动中通过消耗和占用社会劳动而得到的有用效果（汪涛，2004）。随着数字化技术的不断发展和更新，以及带来媒介格局的变化，广告对广告主产生新的销售效果和品牌树立效果、对消费者产生新的认知效果、对社会产生新的“潜在效果”。本文立足于检视近 3 年（2008—2010）具有代表意义的广告效果研究，在以新闻传播类核心期刊为主要考察对象的同时，兼顾其他学术学报和期刊。笔者据此将近三年广告效果研究整体状况归结为广告受众研究、广告传播效果、广告效果测定、广告技术发展四大方面，试图对学科研究的收获、缺失及新发展新趋向进行评析。

一、广告受众研究

作为整个广告活动的终点，也是广告全过程的重要评价者，广告受众是广告作为一种特殊“商品”质量评价的重要指标。广告受众的市场参与、广告受众对广告活动的对应态度，直接影响着广告市场的发展，直接影响广告活动的成败、广告效果的好坏优劣①。吴小苹认为，广告要取得良好的效果，应顺应消费者的心理特点，满足消费者的需求。要从广告过程中消费者的注意、记忆、情感等几个重要的心理环节来具体分析应怎样根据消费的心理规律和特点进行广告策划和设计，达到加强广告的传播效果②。文艳霞、孙丰国指出从众是受别人的影响，而在自己的知觉、判断、认识上表现出符合于公众舆论或多数人的行为方式，从众现象是一种较普遍的心理现象。在从众心理理论下，广告创作可以从优化“众”的质量、强化“众”的规模、强调“众”的切合度、描绘“众”的集合性四个方面考虑，强化广告对消费者的引导力度，从而实现广告效果的最优化③。

有学者采用定量的调查方法，就广告传播效果的某些方面做了广告受众研究。例如舒咏平、饶立安从受众的角度，基于 6 个城镇的 1 736 份问卷调查，对广告的社会效果及其影响因素做了比较全面的考察。在对基于受众评价的广告可信度考察中，发现广告传播存在严重的信任危机。并在讨论中，推导出广告信任的评价与研究，乃是平衡广告商业效益与社会效益的中间值④。巢乃鹏、杜骏飞、陈霓等学者做了网络广告的效果评估研究。在北京、南京、香港三地大学生中测量了其对网络广告的态度，并对网络广告的效果进行了评估；在此基础上对三地大学生在网络广告引起的态度、认知、行为等方面进行了比较研究⑤。张红霞、张益根据代言人匹配假说，通过实验设计，验证了代言人国别属性与产品国别色彩的一

---

① 张金海．广告学教程［M］．上海：上海人民出版社，2003：51.

② 吴小苹．浅析广告过程中的心理规律与广告效果［J］．消费导刊，2009（3）：233.

③ 文艳霞，孙丰国．从众心理理论下提高广告创意效果的路径［J］．中国广告，2009（3）：137.

④ 舒咏平，饶立安．基于受众评价的广告社会效果研究［J］．新闻大学，2009（1）：110.

⑤ 巢乃鹏，杜骏飞，陈霓．大学生网络广告效果认知比较研究——以北京、南京、香港三地为例［J］．广播电视大学学报（哲学社会科学版），2009（4）：52.

致性对广告效果也具有重要的影响①。

二、广告传播效果

1. 主题传播

张淑燕、王波伟针对引起人们高度关注的名人广告，尝试引入社会学的"拟剧理论"，构建了一个由前台形象、后台形象和公众形象组成的分析名人广告效果的三维框架。在此框架下，揭示出引发名人广告角色失调的多重矛盾，由此形成了解析名人广告效果的新模式。② 王菲对北京2008年奥运合作伙伴/赞助商的广告效果进行了调查，通过数据分析发现奥运合作伙伴/赞助商的广告效果并不强烈，表现为受众/消费者对合作伙伴/赞助商的总体识别率并不高、总体印象变化不大、购买意愿变化不大等。③ 恐惧诉求是广告中最常见的诉求方式之一。李兴蓉主要运用非参数检验和多元回归分析方法从广告媒体因素分析其对房地产公司销售额的影响。通过定性和定量分析，本研究认为二三线城市的房地产公司在广告投放时可以重点选择报纸和户外广告等媒体，从而提高房地产公司投放广告的针对性和有效性④。周象贤、肖兵艳重点探讨了恐惧诉求的作用机制、恐惧诉求所能达到的传播效果及影响其传播效果的相关因素。这些研究对实践者创意广告均有启示⑤。曹金焰探讨了广告中如何运用名人增强广告效果的策略：选择与目标消费群特质相近的名人，通过广告，将名人的特性转移至产品中，再由产品转移至消费者身上，促成购买⑥。吴家舵、华晓慧采用实验法，对电视观众的体育赛事背景广告识记率与暴露时间的关系进行研究。结果显示：广告的暴露时间是影响广告记忆的重要因素，在2～25小时内，背景广告的记忆与暴露时间成正比，背景广告的单次暴露时间达25小时时记忆基本达到饱和；背景广告的记忆效果无性别差异⑦。

2. 地域传播

覃胜南、段送爽采用定性研究，分析广告传播效果对建设"和谐广西"的影响。广告信息对人们的思想和言行有着一定的影响，因此对构建"和谐广西"有着直接或间接的影响。从传播效果看，公益广告的作用更直接，但要注重传播艺术；商业广告对和谐理念的传播同样有效，而且表现得更为艺术，因此应该重视运用这两种广告形式促进"和谐广西"的建设⑧。赵璟燮、王晓华研究比较跨国公司在不同国家广告效果的差异，深入分析影响广告效果的因素，为跨国公司制定广告战略提供一定的参考价值。他们运用实验研究的方法，从观众对跨国公司在不同国家广告及品牌的态度、购买意图等角度比较分析跨国公司在不同

---

① 张红霞，张益．国别属性重要吗？代言人与广告效果关系研究的新视角［J］．心理学报，2010（2）：304.

② 张淑燕，王波伟．名人广告效果的"拟剧理论"解读［J］．广告大观（理论版），2008（6）：40.

③ 王菲．北京2008年奥运合作伙伴/赞助商广告效果调查研究［J］．广告大观（理论版），2008（6）：17.

④ 李兴蓉．基于广告媒体视角的房地产广告效果分析与评估［J］．时代经贸，2008（11）：6.

⑤ 周象贤，肖兵艳．恐惧诉求广告传播效果研究及其应用启示［J］．新闻界，2009（6）：157.

⑥ 曹金焰．善打"名人"牌，强化广告效果［J］．新闻界，2009（6）：167.

⑦ 吴家舵，华晓慧．体育赛事背景广告暴露时间与记忆效果的实验研究［J］．上海体育学院学报，2009（9）：24.

⑧ 覃胜南，段送爽．从传播效果看广告对建设"和谐广西"的影响［J］．今日南国，2009（11）：114.

国家广告效果的差异。研究发现：跨国公司通过本土化的战略并没有显著地提高广告效果，真正影响广告效果的因素是广告表现、创意及代言人等因素。因此，跨国公司在本土化的同时，如何发掘可以引起消费者心理共鸣的广告创意是影响广告效果的最核心因素①。

3. 个案传播

传播效果与营销目标是商家营运的关注点，但达到传播目的和实现营销效果之间还有不小的距离。倪维然以恒源祥十二生肖广告为例，试图从传播和营销两个角度去分析这则广告的成败，客观分析其对品牌维护的影响，从而进一步探讨广告应如何真正实现有效、准确传播，以配合好营销，实现利益的增长和品牌长期形象的树立②。作为一种新兴的营销方式，植入式广告因其隐秘性、主动性备受业界关注。金若沙以电影《疯狂的石头》中的植入式广告为实验对象，从记忆、情感、意动三个层面，对电影植入式广告的效果进行研究。同时，还分析了不同性别的受众对植入信息的回忆度、好感度、购买意向的差异③。赵璟燮、王晓华研究发现，体育明星的负面新闻会显著地降低公众对广告代言人的信任度，也会降低公众对其所代言广告的信任度，说明广告代言人的负面新闻会影响广告的效果④。

4. 传播理论

夏吉英从“五 W 模式”入手分析了影响广告语言传播效果的主要因素，提出要达到良好的广告效果，要注重广告主、媒体、广告代言人、风俗文化等传播者的可信度等因素⑤。张晓静认为，态度劝服理论由于其本身的特点，特别适用于广告活动中的运用，如果能够充分运用这一理论，采用合适的传播方式来指导广告，将会促进广告效果的到达⑥。当今社会媒介高度发达，信息数量已大大超过人们可接受的限度，大众传播中广告传播效果变得越来越微弱，人际传播的优势正好可以弥补其缺点。张翔通过对人际传播的特点和优势分析，探讨了员工效应、事件营销、意见领袖、群体影响、顾客体验、口碑营销、人肉搜索等七种在广告传播过程中运用人际传播的方法，以提高广告的到达效果⑦。贴片广告和隐性广告是广告在电影中运用的两种主要方式，孙宜山围绕贴片广告和隐性广告在中国的产生和发展史，解释了这两种广告在传播学上的概念，并剖析了它们的传播效果之优劣，以期探讨两者如何扬长避短、发挥各自的优势⑧。杜骏飞基于“中国网络广告效果评估”的实证调查，分析了“点击率”与“转化率”等网络广告效果评估与分析的常用指标的利弊，论述了网络广告效果评估重回 AIDMA 分析框架的可能性与必要性，并就网络广告效果的分析段评估方法与内容指标等议题给出了系统的讨论⑨。

---

① 赵璟燮，王晓华．跨国公司的中韩广告效果比较研究［J］．广告大观（理论版），2009（1）：28.

② 倪维然．试论传播效果与营销目标的距离——以恒源祥十二生肖广告为例［J］．中国商界，2009（1）：155.

③ 金若沙．电影植入式广告的传播效果研究——以《疯狂的石头》为例［J］．新闻爱好者，2010（1）：60.

④ 赵璟燮，王晓华．体育明星的负面新闻对所代言广告效果的影响研究［J］．广告大观（理论版），2010（1）：35.

⑤ 夏吉英．从“五 W 模式”看影响广告语言传播效果的因素［J］．消费导刊，2008（6）：56.

⑥ 张晓静．态度劝服理论的传播方式和广告效果［J］．新闻窗，2009（4）：90.

⑦ 张翔．人际传播在广告传播效果中的应用［J］．新闻世界，2009（11）：180.

⑧ 孙宜山．贴片广告与隐性广告之效果比较［J］．现代视听，2009（12）：42.

⑨ 杜骏飞．如何评估网络广告效果？——以 AIDMA 为框架的实证分析［R］．中国媒体发展研究报告．2009 年广告卷，2010：163.

5. 传播策略

针对目前植入式广告中存在形式单一、表现直白、脱离剧情、干扰观众视听等问题，王德胜认为，植入式广告要发挥良好效果，就需要广告商和制片方密切配合，精心策划，以使传播效果最大化①。张刚刚指出，现代的商业发展，企业与广告互为依存，但是企业不能盲目依靠广告，必须在了解企业、市场、媒体的基础上，采取长短结合的广告策略，才能将花出去的钱以倍数赚取回来②。当前网络广告市场规模迅速增长，越来越多的企业选择投放网络广告，而其记忆率差是网络广告的劣势之一，如何提高网络广告的传播效果就成为备受关注的焦点。刘玉明、于黎龙认为互动性是网络广告与传统媒体广告之间的本质区别，网络广告具有双向、互动传播的特点。广告互动性越强，消费者的记忆程度越高。从网络传播过程看，信息内容的真实性与有效性是影响其信任度的最基本因素，改善网络广告的传播效果，应该提升网络广告的信任度③。郭颖则认为，网络广告品牌形象传播效果的路径：①识别网络口碑传播的路径；②识别意见领袖和利益相关者；③建立评估效果和沟通机制④。

三、广告效果测定

在广告效果的科学测定方面，不同的学者设计和选用了国内外不同的理论模型来支撑。邵小坦设计了广告效果“星级评估模型”，从广告基本要素、广告传播效果、广告效果指数、广告效果计量指标和广告综合效果评估五个方面给出了科学的评估方法和合理的评估策略⑤。相对于以往采用媒介收视率、收听率、发行量等测评指标的广告效果研究报告，《广告大观》记者首次使用 ACI（Advertising Consumption Index，广告消费指数）的测评指标，从受众广告接触行为的角度，勾勒出城市受众广告接触情况的概况，为广告主做出营销传播决策提供了更为精准明确的数据支持，以期实现广告 ROI 的最大化⑥。曹锷、贾莺、徐玮建立了不同于传统广告测评方法的广告效果测评方法，并以某房产广告为实证研究对象，论述了进行广告效果测量的变量和分析内容，并结合广告效果测量的实证结果提出了当前广告投放工作中应注意的问题⑦。尹隆指出，在纳-阿模型和巴斯的新产品扩散模型的基础上，构建媒体广告产出模型和媒体广告投入产出比指数，来解决媒体广告产出大小的确认问题和媒体广告价值高低的比较问题。这不仅有利于厂商的媒体选择和确定广告预算，还有利于媒体的科学经营⑧。针对评价广告媒体组合效果时没有有效指标的问题，孙莹、毛志忠提出了一种基于视听率数据的广告响应人数预测模型。该模型由接触频次分布子模型和基于接触频次分布的响应人数预测子模型构成。采用遗传算法对基于接触频次分布的响应人数预测模型的参数进行了估计，并通过某金融机构的实际数据对模型进行了验证。⑨

---

① 王德胜．影视剧植入式广告传播效果探析［J］．现代视听，2009（7）：65.

② 张刚刚．长传短打相结合广告效果更上一层楼［J］．现代营销（经营版），2009（8）：68.

③ 刘玉明，于黎龙．基于传播效果的网络广告策略研究［J］．商业经济，2009（11）：62.

④ 郭颖．网络广告品牌形象传播效果探讨［J］．新闻界，2010（1）：186.

⑤ 邵小坦．广告效果“星级评估模型”［J］．科技创新导报，2008（3）：170.

⑥ 《广告大观》记者．ACI，广告消费指数——广告效果测定的新标准［J］．广告大观（综合版），2008（3）：77.

⑦ 曹锷，贾莺，徐玮．对广告传播效果的测评［J］．统计与决策，2008（18）：171.

⑧ 尹隆．媒体广告产出模型和媒体广告投入产出比指数［J］．北京工商大学学报（社会科学版），2010（5）：68.

⑨ 孙莹，毛志忠．一种基于视听率数据的广告响应人数预测模型［J］．东北大学学报（自然科学版），2010（6）：765.

四、广告技术发展

在广告效果测定中广泛使用的收视率统计方法，并不能完全反映广告的价值，也绝不是唯一的方法，我们应该欢迎各种新的测定方法。周象贤、金志成使用眼动技术，考察了卷入的两方面（个人卷入与产品卷入）共同对广告理性诉求信息加工效果的影响。他们通过研究发现：广告理性诉求方式可能主要适宜于宣传产品卷入度高的商品，且只有当个人卷入度高时才可能更为有效①。白学军、宫准、杨海波、田瑾使用TobiiT120型眼动仪，以16名大学生为被试，记录他们阅读嵌有网页广告新闻网页时的眼动注视过程，以探讨广告呈现位置、新闻内容与网页广告的相关性是否影响人们对网页广告的注视。② 彭兰在借用两个例子，分别是比利时的Rogil公司和美国咨询公司User Centric的实验，论证了眼动仪对广告设计和广告的位置及呈现环境的研究。同时，眼动仪还可以对不同网站的广告效果做比较性研究。由此可见，充分运用眼动分析方法和设备，对媒体传播规律和传播效果进行研究，将具有广阔的前景③。公共场所各种广告对商品的宣传至关重要，但对广告效果的评价则缺乏有效的自动分析手段。针对这一问题，邢延超、强文萍提出一种基于计算机视觉处理的广告效果评价系统。该系统通过人脸检测采用AdaBoost分类器，人脸跟踪采用粒子滤波器，采集广告前方人群运动场景的视频，检测并跟踪视频中关注广告的人脸，记录其关注时间，并根据关注者数量、关注时间、关注模式分析等，对该广告的受众反馈进行量化评价。④

五、结　　语

广告作为助动企业发展的重要推手，其综合作用是通过广告效果来表现的。广告效果是衡量广告质量及成败的重要标尺，也是广告主实施广告策略的重要依据。在对近3年广告效果研究的论文梳理的过程中，我们发现主要有以下几种态势：

（1）广告效果研究借用多学科的理论解读。在已有的研究论文中，既有传播学的经典理论“5W”做阐释，又有较早介入广告学研究的心理学的“AIDMA”理论做定量分析。广告学作为一门交叉性的学科，研究主体和主题不同，就可从社会学、经济学、管理学、哲学、符号学等不同学科来做切入点研究。

（2）广告效果既可采用数理模型做精准的统计分析，又要借助于新技术和先进的实验设备做科学的数据采集。前者通过把测量广告效果的各种变量通过编码输入程序，借助软件做数据的整理。在此基础上对广告效果做客观、准确的描述。后者如国内的华通明略公司，拥有内隐联想测验、眼动追踪技术等领先的神经科学测试方法。通过这些方法的综合运用，可以深入挖掘消费者对广告的隐含态度、观看广告时细微的认知反应和细微情感以及视觉注意力的焦点等，这些都可以极大地提高广告的效率⑤。

（3）对广告效果的个案研究呈现增长的趋势。这些个案研究里面，既有对广告作品本身的传播效果做研究，也有受众对广告的社会效果、营销效果等态度做测评，还有多种媒体（传统媒体、新媒体）的广告投放效果做研究。通过个案研究，可以对广告效果做翔实、可

---

① 周象贤，金志成．卷入影响广告理性诉求信息加工效果的眼动研究［J］．心理学报，2009（4）：357.

② 白学军，宫准，杨海波，田瑾．位置和内容对网页广告效果影响的眼动评估［J］．应用心理学，2008（3）：208.

③ 彭兰．眼动研究方法在新闻传播领域中的应用［J］．国际新闻界，2010（12）：97.

④ 邢延超，强文萍．基于人脸检测与跟踪的广告效果评估系统［J］．计算机应用，2009（10）：27.

⑤ 婷婷．用神经科学解密广告“效果”［J］．中国广告，2010（10）：144.

信的归纳总结，并以此给其他广告或媒体提供学习和借鉴。

（4）传统的广告诉求仍对受众产生效果。传统的广告诉求方式，如口碑营销、名人效应等，对受众仍然具有吸引力，也可以取得不错的诉求效果。但是，在新的媒体环境和社会环境下，应不断挖掘和发现更多适合当下的诉求方式，以取得更好的诉求效果。如事件营销、网络搜索引擎、体验营销等诉求方式，成为现在和以后广告诉求的主流。

（5）对新媒体广告效果的评估越来越多。随着传统媒体的转型，以网络媒体为代表的新媒体日益丰富、多样。借助于数字技术，固定接收终端和移动接收终端将构成我们接收信息的主要来源。那么，对新媒体广告效果的评估就愈显重要。这不仅是广告借助某一新媒体所能达成的效果，更是判断这一新媒体可否为广告选做载体的衡量标准。

【参考文献】

[1] 吴小苹．浅析广告过程中的心理规律与广告效果［J］．消费导刊，2009（3）．

[2] 文艳霞，孙丰国．从众心理理论下提高广告创意效果的路径［J］．中国广告，2009（3）．

[3] 舒咏平，饶立安．基于受众评价的广告社会效果研究［J］．新闻大学，2009（1）．

[4] 张淑燕，王波伟．名人广告效果的“拟剧理论”解读［J］．广告大观（理论版），2008（6）．

[5] 王菲．北京2008年奥运合作伙伴/赞助商广告效果调查研究［J］．广告大观（理论版），2008（6）．

[6] 周象贤，肖兵艳．恐惧诉求广告传播效果研究及其应用启示［J］．新闻界，2009（6）．

[7] 曹金焰．善打“名人”牌，强化广告效果［J］．新闻界，2009（6）．

[8] 赵璟燮，王晓华．跨国公司的中韩广告效果比较研究［J］．广告大观（理论版），2009（1）．

[9] 赵璟燮，王晓华．体育明星的负面新闻对所代言广告效果的影响研究［J］．广告大观（理论版），2010（1）．

[10] 夏吉英．从“五W模式”看影响广告语言传播效果的因素［J］．消费导刊，2008（6）．

[11] 郭颖．网络广告品牌形象传播效果探讨［J］．新闻界，2010（1）．

[12]《广告大观》记者．ACI，广告消费指数——广告效果测定的新标准［J］．广告大观（综合版），2008（3）．

[13] 孙莹，毛志忠．一种基于视听率数据的广告响应人数预测模型［J］．东北大学学报（自然科学版），2010（6）．

[14] 周象贤，金志成．卷入影响广告理性诉求信息加工效果的眼动研究［J］．心理学报，2009（4）．

[15] 彭兰．眼动研究方法在新闻传播领域中的应用［J］．国际新闻界，2010（12）．

【作者简介】

王锐，武汉大学新闻与传播学院2010级广告学专业博士生，安徽大学新闻传播学院讲师。

广告传播与消费文化

公益广告舆论流变及社会影响力探析

杨海军

公益广告是指不以营利为目的，为社会提供服务的广告。它反映社会公众的意识、精神、愿望、意志和价值观，是民意表达的基本形态之一。公益广告具有不同的主题，通过广告传播者的凝练、传播、阐释、倡导，成为不同时期人们共同遵从的社会道德规范和公民行为自律准则，是公众积极参与、广泛传播，在心理和认知上达到高度一致的现实结果。公益广告通过鲜明的主题传播与诠释来塑造良好社会风尚和倡导社会主流价值观，对社会公众具有强大的影响力与感召力。在传播主体的多元互动中，公益广告往往成为舆论的塑造者和舆论的外显表现形式。

一、公益广告与公益广告舆论

公益广告通过舆论塑造和舆论表达形成公益广告舆论。具体来说，公益广告通过大众媒体的广泛密集传播，形成强大的广告舆论场。在广告舆论场中，公益广告的传播者、接受者、管理者、评论者通过公开讨论、多元互动，在广告主张上达成一致或相近看法，这些看法达到一定的强度和密度，对社会大多数人产生重大影响的时候，公益广告舆论就基本形成，并随着后续公益广告的不断播出和传播形成公益广告舆论波，发挥公益广告舆论的持续影响。

公益广告舆论是公益广告的广告主针对社会存在的某一现象，社会热点、突发事件，强势传播代表公众切身利益或引领社会风尚的导向性意见，通过教化、警醒、渲染的作用来影响受众意见的生成，形成广泛一致的社会意见，并进一步影响受众行为和社会价值观。

通过公益广告的传播形成公益广告舆论，或公益广告自身成为广告舆论的外显形式，这和公益广告对社会群体的影响力及公益广告自身的传播特性有关。这种广告舆论超越了小集团的利益，体现了一定时期社会公众的共同要求，因而带有显性的“民意”特征和“公众广泛参与”的时代特色，符合舆论生成、发展、传播的基本规律。公益广告舆论一旦形成，处于这个舆论场中的人们无时无刻不受到来自道德规范和公民准则的约束力，主动迎合社会主流价值观，并自觉地调适自己的行为。公益广告舆论的社会影响力得以显现，以公益广告传播主题为核心而形成的不同公益广告舆论形态也得以多元呈现。

传播学上“沉默的螺旋”理论和团体动力说能很好地解释公益广告舆论产生和发挥作用的机制。20世纪70年代，德国社会学家伊丽莎白·诺尔·诺依曼从社会心理学角度对舆论与大众传播的关系进行了研究，提出了“沉默的螺旋理论”假说。这一概念最早见于她1974年发表的《重归大众传媒的强力观》一文，1980年出版的《沉默的螺旋：舆论——我们的社会皮肤》一书中，则对这个理论进行了全面概括。①

“沉默的螺旋”理论假说由以下三个命题构成：第一，个人意见的表明是一个社会心理

---

① 转引自［美］理查德·韦斯特、林恩·H. 特纳著. 传播理论导论：分析与应用［M］. 刘海龙，译. 北京：中国人民大学出版社，2007：452.

过程。认为社会使背离社会的个人产生孤独感，对孤独的恐惧感使得个人不断地估计社会接受的观点是什么；估计的结果影响了个人在公开场合的行为，特别是公开表达观点还是隐藏自己的观点。第二，意见的表明和“沉默”的扩散是一个螺旋式的社会传播过程。也就是说，一方的“沉默”造成另一方意见的增势，使“优势”意见显得更加强大，这种强大反过来又迫使更多的持不同意见者转向“沉默”。如此循环，便形成“一方越来越大声疾呼，而另一方越来越沉默下去的螺旋式过程”。第三，大众传播通过营造“意见环境”来影响和制约舆论。根据诺伊曼的观点，舆论的形成不是社会公众“理性讨论”的结果，而是“意见环境”的压力作用于人们惧怕孤立的心理，强制人们对“优势意见”采取趋同行为这一非合理过程的产物。①

公益广告具有强大影响力的奥秘就在于它借助大众媒介与公众参与巧妙地把广告舆论变成一种社会舆论，进而具有了强大的约束力与感染力。

根据重大事件来制造和引领舆论话题，是公益广告传播的一个重要特性。汶川地震发生的第二天，央视就连夜赶制、及时推出了《你在，我在，你我同在》的抗震救灾公益广告。北京地铁也在第一时间制作了“抗震救灾”公益广告近200幅，并连夜在重要站点刊挂。在北京奥运期间，中宣部、广电总局等部门联合举办了全国“迎奥运、讲文明、树新风”广告征集比赛。从电视到网络，充分动员全民参与，成为一场声势浩大的公益广告运动②，在全国范围内形成强大的公益广告舆论的舆论场，影响并感染着每一个受众，受众意见紧紧跟随这些公益广告舆论的走势，自觉投入到抗震救灾与迎接奥运的行动中去，为公益事业贡献自己的一份力量。公益广告舆论的号召力与感染力可见一斑。公益广告引发舆论、引导舆论，强化了广告传播效果。对重新论审视广告创意原则，重新认知广告传播功能，重新理解广告传播的社会责任提供了新的思路。

二、公益广告舆论的主体类型

一般来说，我国公益广告舆论的引发者有三类：媒体、社会公益团体、企业。在突发性事件和重大热点事件中，媒体、社会公益团体、企业通过发动及时有效、系统规模的公益广告活动来引领舆论导向，表现出高度的广告舆论传播主体意识和社会责任意识。而政府号召、公众的参与则使公益广告舆论向着规定的方向或特定的方向流动。在这里，媒体、社会公益团体、企业、政府、公众共同构成广告舆论的主体。在现实运作中，由媒体自身设计，主动发布的公益广告不在少数。在因对社会突发事件、抗震救灾和奥运公益广告中占有较大比例，媒体在舆论流动中起到舆论领袖的作用，其舆论导向具有应时性和阶段性特征。企业、社会公益团体在公益广告宣传中也经常宣传其公益理念，它们的公益广告活动往往和企业、团体的总体发展目标相吻合，注重团体、企业理念和社会发展理念的同步，通过公益广告公开发表对社会时事的看法和对社会公益事业的做为，以此提高团体或企业的美誉度和知名度，因而对广告舆论的引导和控制具有计划性和持续性。

由于公益广告实现的是社会价值，企业进行公益广告活动的效果和利益是潜移默化而非即得的，因此长久以来，大多数企业对于公益广告所能产生的舆论影响力缺乏应有的重视，从广告的社会功能延伸和广告传播效果提升的角度看，企业也并没有把公益广告舆论的社会影响力当做无形资产来看，或者说自觉地把公益广告舆论的引导或舆论氛围的营造当做企业的营销手段来执行。实际上，企业自觉地把公益广告的舆论影响同企业的利益有机地结合起来也经历了一个漫长的过程。

① 郭庆光．传播学教程［M］．北京：中国人民大学出版社，1999：220，221.

② 陈翼．突发事件和重大事件中的公益广告传播［J］．青年记者，2009（5）.

最初，企业发布公益广告的目的是把企业和有价值的公益事业联系起来，在消费者心中提升企业形象。企业参与公益广告活动为公益广告的发展提供经济支持，公益广告传播也为企业形象的塑造和提升提供载体，这时，公益广告被视为商品广告的延伸和补充，公益广告被看成是一种宣传工具，企业在商品诉求过量时转向公益诉求，初始阶段公益广告的功利色彩很浓厚。不少企业甚至强调在公益广告上注明企业名称或品牌名称，这种赤裸裸的功利性为早期企业赞助式的公益广告蒙上一层阴影，企业理念与公益广告游离。随着企业形象和品牌建设的发展，越来越多的企业认识到了公益广告带来的价值是无法估量的，企业把与社会公众的沟通放在了比推销商品、树立形象等更重要的位置。公益广告被视为一种范围广阔的沟通手段，也被视为效果显著的舆论沟通工具。他们或出资赞助媒体发布公益广告，或直接制作公益性质的商业广告。例如，品牌形象论的创立者大卫·奥格威在谈到广告是不是应该用于公益事业时，就明确说道："我们广告人从公益事业中也得到一份满足。正像外科医生花很多时间为贫苦病人做手术而不计报酬一样，我们也花不少时间为公益事业做广告。近年来我们为美国防癌协会、联合国美国委员会、维护纽约市清洁公民委员会和林肯表演艺术中心创造不少广告。为这些公益事业我们花去了25万美元，这个数目相当于我们1 200万美元营业额的利润。"这些公益广告对舆论产生了重要影响，调查显示，广告前纽约成年人中只有25%听说过林肯中心，一年后广告活动结束时，有67%的人知道了林肯中心，而且有76%的人因受广告影响同意"很可能住在纽约和纽约近郊的大多数人迟早会去林肯中心参观访问的"①。

虽然企业广告主所做的公益广告具有很强的功利性，但他们的公益广告活动却在一些重大社会事件中扮演了重要的角色，发挥了重要作用。现在企业做公益广告的功利性有所减弱，更多地体现出企业对国家与社会的责任担当。企业在公益广告的题材选择上，更多地选择社会问题和环境问题，体现更多的真实性与贴近感。其引发舆论、引导舆论、利用舆论影响为企业服务的概率越高。企业是社会经济主体，只有具备社会良知，积极回报社会，适时地利用舆论工具表达出对社会问题的关心与关切，才能赢得社会民众的尊重与喜爱，才能进一步为企业创造更多的财富。

三、公益广告舆论的主题建构

不同时期的公益广告舆论有不同的表达主题，这些主题至今仍被保留在影像资料、书籍、报刊、网络博客和人们的口碑传播中。这些主题被保存下来，被复制、传播，既是公益广告舆论在现实生活中发挥作用的遗留、遗存下来的证据，也是公益广告主题在多维传播中往往演化为舆论表现形态的典型例证。

公益广告舆论所涉及的主题宽泛，包括自然资源、环境保护问题；尊老爱幼、孝敬父母等中华民族的传统美德问题；遵守公共秩序、爱护公共财产等道德规范，捐资助学以及科技事业等社会热点问题；爱党爱国教育以及国家政策的宣传问题；关爱个体生命，妇女权益的保护问题；宣扬自强、自信、奋斗、努力实现成功等价值取向问题；其他社会公益事业，如献血、捐献骨髓、维权、关爱艾滋病人等相关问题。

大众传播具有一种形成社会"议事日程"的功能，传播媒介以赋予各种议题不同程度"显著性"的方式，影响着公众瞩目的焦点和对社会环境的认知。公益广告的这些主题的选择过程，就是为社会公众设置议题的过程，同时又是公益广告舆论价值观传递的过程。"议程设置功能"理论暗示了这样一种媒介观，即传播媒介是从事"环境再构成作业"的机构，

① 大卫·奥格威. 一个广告人的自白［M］. 北京：中信出版社，2008：207，208.

传播媒介对外部世界的报道不是“镜子”式的反映，而是一种有目的的取舍选择活动。①现在要指出的是，广告尤其是公益广告作为一种媒介产品，一样被赋予了一种设置议程的功能，被赋予了引导舆论的能力，而社会主义核心价值体系下的公益广告也有着正确引导舆论的责任。舆论导向包含了认知、价值、态度和行动的全面引导，通过有选择地进行公益广告主题设置来把社会注意力和社会关心引导到特定的方向，对于价值观的形成具有重要的作用。

公益广告所营造的舆论环境或许不是真实存在的现实环境，但是公益广告给人们营造了一种虚拟环境，一种舆论的表象，人们通过公益广告看到了社会积极的一面以及社会存在的问题，人们是通过对媒介环境的感知来认识真实世界的。“我们必须特别注意一个共同的要素，即人们和环境之间的插入物——拟态环境。人们的行为是在对拟态环境作出反应。但因为是行为，如果见诸行动，行为后果就不是出现在刺激行为的拟态环境中，而是在行动发生的真实环境中。……因为，在社会生活层面上，所谓人作出适应环境的调整是以虚构为媒介来进行的。”② 公益广告对“拟态环境”的构建中不仅仅是大众传播媒介发挥了作用，因为在受众的广泛参与的基础上公益广告舆论很容易转化成社会舆论，产生更大的影响力。因此，可以说公益广告传播赋予了真实性一个全新的意义，公益广告的使命就在于通过大量的媒介手段，努力构建商品意象的拟态环境，营造舆论氛围。

四、公益广告舆论的社会影响力

公益广告是通过借助大众媒介与公众参与，巧妙地把广告舆论变成一种社会舆论，进而具有强大的约束力与感染力，那么这些约束力和感染力表现在哪些方面呢？公益广告舆论的影响力体现在以下几个方面。

其一，传播先进文化，倡导社会主流价值观。公益广告作为信息发布，文化传播的重要载体，是推广主流价值观念的重要渠道。利用公益广告舆论的力量把国家的主流意识形态转化为普通人的群体意识，也是公益广告功能不断扩大的必然结果。公益广告主动配合政治宣传重点，配合党和国家特定时期的历史任务和舆论导向，宣传党的方针政策，为国家建设和党的宣传目标营造和谐的舆论环境，发挥强大的引导舆论的功能，在优化舆论环境方面功不可没。回顾历年公益广告主题，迎合主流意识形态的题材不少，但是不是简单地把公益广告当做政治宣传，而是借助艺术手段，通过具体生动的艺术语言及形式，将思想融进视、听形象中，让理性的内涵通过感性形式反映出来，将复杂的信息化作简单易记的口号，通过密集有效的传播形成强大的舆论场，形成一种正面的主流的舆论，起到消释杂音和凝聚人心的作用。

其二，引导社会舆论，促进社会稳定和谐。社会上出现一些负面的不利于社会稳定的舆论，甚至出现某种混淆视听的舆论杂音时，可以通过正确的广告舆论，中止谣言，为人们提供正确的价值判断，引导社会舆论。2009 年 3 月底至 4 月中旬，墨西哥、美国等多国接连爆发甲型 H1N1 流感，国内也频频出现患者，社会上出现许多谣传，流言有四起之势，人们无法对疫情形势做出准确的判断，陷入恐慌的情绪中。于是，中央电视台广告部快速行动，在第一时间开始策划、制作相关主题公益广告。为准确传达相关疾病专业知识，让广大观众做到有效预防，公益广告舆论在引导舆论方向，促进社会和谐稳定方面作用巨大，并以信息传播迅速、舆论导向鲜明，强度大、亲和力强等特性成为政府或集团控制舆论的重要工具。

其三，宣传社会教化，提倡健康生活方式。公益广告揭示现存的一些社会问题，并提供

① 郭庆光．传播学教程［M］．北京：中国人民大学出版社，1999：217.

② 沃尔特·李普曼著．公众舆论［M］．阎克文，江红，译．上海：上海世纪出版集团，2007.

正确答案，如教育、环保、交通规范行为、道德、引导价值观念，塑造国家形象鼓励市民珍惜美好事物及生活，为创造美好生活而努力，培养积极人生观，提高市民健康卫生意识，节约能源、禁毒戒烟、保护环境、爱护身体、珍爱生命、关爱他人等理念，对社会民众具有强大的教化作用。公益广告及时扮演社会的守望者和纠偏者的角色，通过提醒、告知、警示等手法教育人们，形成健康的生活习惯、正确的价值观念和行为方式，针对过春节时出现的送红包、相互攀比、安全隐患等社会问题，播出公益广告《新年利是篇》、《人际关系篇》和《节日防火篇》，指出大人给孩子的红包数额越来越大，成人互相攀比，忘了节俭，走访亲友时携带大量礼品，礼品价格扶摇直上，节日大肆燃放鞭炮，导致火灾频生，及时提醒了社会存在的问题，为人们提供健康的过节理念，这些理念将深深植入受众心中，起到社会教化的作用。

【作者简介】

杨海军，河南大学新闻与传播学院教授，副院长，复旦大学博士，研究方向为广告理论与广告史。

品牌传播理念下的新媒体广告[①]

舒咏平

北京大学领衔举办的“广告趋势论坛”自2010年改为“品牌传播趋势论坛”、著名的广告期刊《国际广告》也于2010年改为《国际品牌》、中国广告协会学术委员会的会员信息中增加了《品牌学院》电子期刊；加之华中科技大学早在2001年办起品牌传播研究所并最早招收“品牌传播”方向博士生、中国传媒大学广告学院所办《品牌管理参考》读物、华南理工大学将其广告系创造性地命名为“品牌传播系”、越来越多的广告公司开始悄悄改名为“品牌传播机构”、品牌传播方面的论著越来越多见，俨然形成“品牌传播”理论与实务的大潮。在此背景下，进一步审视品牌传播理念以及相应的新媒体广告，无疑具有现实与理论的意义。

一、媒体催生品牌传播理念

随着网络媒体的诞生与发展，以致当前以3G手机、三网合一的大趋势，理论界则相应提出“融合媒体”之概念，“新媒体”已经成为现实最强势的存在。而新媒体更因其使用的便捷性、信息的海量性、沟通的互动性而展现出前所未有的媒体魅力，并催生出“品牌传播”之理念。

在传播的视野中，品牌传播固然以成功的营销沟通为归依，但独立性的营销学已有专门化、独立性的研究。那么，避开围绕营销对象——包含实体产品与虚体劳务在内的商品价格、政策、结算、物流等——展开研究的营销学，品牌传播更多的是对商品符号的传播，从而引导受众依循商品符号来进行消费。而商品符号的高度抽象即“品牌”。失去品牌符号指代的任何传播形式，消费者的接受均无所适从，其传播也必然是没有意义与价值的。由此，所谓“品牌传播”，笔者认为乃为“一种操作性的实务，即通过广告、公关、新闻报道、人际交往、产品或服务销售等传播手段，极大地提高品牌在目标受众心目中的认知度、美誉度、和谐度”。② 中国传媒大学的张振庭也认为：“品牌传播，就是指品牌所有者通过广告、营销活动、公关、人际沟通等多种传播策略及各种传播工具，与内外部目标受众进行的一系列关于品牌信息的交流活动。”③ 显然，品牌传播是对传统媒体及新媒体的全方位整合，以品牌为广大消费者和社会公众所认知，使品牌与目标市场的有效对接，为品牌及产品进占市场、拓展市场奠定受众或消费者的心理基础。它虽然整合了营销，但只是整合营销中的传播沟通环节，它整合广告、公关、新闻，也同样是将它们作为传播方式或渠道来看待的；此外，品牌传播更突出了服务于目标受众或消费者的双向互动性。显然，品牌传播理念所强调的“传播”、“交流”，吻合了传播学的“受众导向”原则，并与现代营销学上的“消费者

① 本论文为省重点文科基地科技与传播研究中心项目课题“新媒体环境下的品牌传播研究”（0802）的阶段性成果。

② 舒咏平．品牌传播策略［M］．北京：北京大学出版社，2007：20.

③ 张振庭．有效的品牌传播［M］．北京：中国传媒大学出版社，2000.

导向”形成同构。

如此，我们可以很分明地揭示出品牌传播理念的如下三要点：

- 以受众暨消费者为导向
- 以品牌符号为核心信息
- 以互动沟通为基本形态

如上的品牌传播三要点，我们发现均离不开新媒体的奠基。因为相比传统媒体更偏向于传者的权威话语宣传，新媒体则更着重于任何受众暨消费者的自由使用；相比于传统媒体上品牌信息传播的不可控，新媒体则可将相关信息便捷地聚合于品牌网站；相比于传统媒体上传者与受众均无法互动，新媒体则可通过各种终端促成品牌与受众的互动沟通。

二、品牌传播视野中的新媒体广告

传统的大众媒体其生存依赖的模式非常之清晰，即：面向受众发行与收视的第一次内容售卖，以及在此基础上的广告发布之二次售卖。相比之下，新媒体的生存就复杂得多，并显示出一种多元化的趋势：既有类似传统媒体二次售卖的生存方式，如门户网站；又有二次售卖基础上加入内容信息收费的经营模式，如搜索引擎；还有自身并不收费，却在品牌服务中获得品牌反馈支持的生存，如品牌网站；更多的则是提供互动交往平台的信息使用及其增值收费，如电子商务平台、网络游戏平台、数字电视、手机信息定制等。

细究这些新媒体的生存方式，无一例外均可以说是在信息服务中服务于品牌传播，因而其对于品牌信息传播，则可视作为基于新媒体的广义广告。新媒体广告建立在新媒体基础上，按理其形态分类也对应于新媒体的形态。但目前新媒体自身多种多样至今没有统一的标准，如常见的电子报、报纸网络版、电子杂志、数字电视、网络电视、手机电视、网络、宽带网、门户网、专业网、电子商务网、网上商店、搜索引擎、网络视频、网络游戏、手机游戏等。但如仔细推敲，却可发现它们并不在同一层次，且多有交叉。如换一思路进行推敲，则又可发现它们实际上又将通过宽带网、电视网、通信网的“三网合一”，而在同一网络上形成融合。显然，新媒体广告的分类就无法简单地以新媒体为标准，而须另辟蹊径。

这里，我们且以广告主如何以新媒体广告信息作用于消费者的角度，将其形态分为如下五类①：

（一）整合类新媒体广告

所谓整合类新媒体广告，即指广告主或品牌主自身所建立的、可向受众提供较全面、完整品牌信息的媒体平台。其主要体现形式即企业的品牌网站。美国公共关系学家迈克·莱文曾说道：“在1995年，为宣传品牌而开设网站是一个难以想象的事情，而如今这却是必不可少的一项措施。如果一个品牌没有网络宣传，它就不会被人认真对待，没有网络信息支持的产品或服务，根本不可能变成一个品牌。消费者也会这样认为。如果一家企业没有网站，消费者就不会认真对待它。”②

企业网站作为企业的自有媒体，是企业进行对外品牌宣传、信息和产品发布的窗口。其主要功能有：产品展示，是企业网站的最主要功能，企业网站要向消费者展示企业产品和服务，使消费者了解企业概况；信息发布，及时更新企业新闻、行业动态，宣传有利的企业形象信息；互动服务，企业利用网络平台开展网络营销，利用信息交流的功能，开展在线交

① 舒咏平主编．新媒体广告［M］．北京：高等教育出版社，2010.

② ［美］迈克尔·莱文．品牌化世界——公共关系与品牌塑造［M］．庄晖，等译．上海：格致出版社，2008：139.

流、意见反馈等，与消费者进行沟通，根据用户需求，完善公司产品及服务，增进企业与消费者的关系。据学者的统计分析，两个不同网页之间平均间距为 8.9，也就是说只需要经过 9 次链接点击后，就可以从一个网页找到任何另一个网页。① 这说明企业网站作为整合类新媒体广告形态，富有良好的传播效应。

如，可口可乐公司的英文网站主要包含公司的基本情况，含公司年史、企业文化、品牌列表、管理投资、对外媒体等栏目。提供公司 400 多种品牌在世界范围的分布情况及网站服务，着重介绍公司在美国的分布。而针对中国市场，可口可乐建设了以年轻人为诉求对象的集音乐、电影、聊天、游戏等频道为一体的中文网站（coca-cola. com. cn），既突出了互动与娱乐的品牌个性，又很好地展示了品牌文化。

（二）推荐类新媒体广告

所谓推荐类新媒体广告，指的是通过新媒体可以进行相互链接的特点，新媒体广告展开有目的、有重点、有目标的品牌信息推荐服务，从而将相关信息送达到有需求的消费者或受众。

在该类广告服务展开的流程中，一般由三个环节构成：

1. 推荐的信源优化

即在消费者进行消费信息检索中，最终推荐给消费者深度知晓的品牌网站优化建设。如网站 SEO（Search Engine Optimization）技术，就主要是指针对搜索引擎工具而使得网站内容能够容易被搜索引擎获取，同时能够在搜索结果中占据优势位置，也就是所谓的搜索引擎最佳化结果。SEO 是依据长期摸索、观察得出来的网络技术与经验，利用搜索引擎的工作原理和关键词检索规则，对网站的整体构架、布局、导航、分类、内容等进行优化，进而实现网站在搜索引擎过程中的优化。经过 SEO 优化的网站建设，能够实现信息的科学条理化，使庞杂的信息显得井然有序，便于检索获取。

2. 推荐的中介渠道

其实，该中介渠道就是搜索引擎。对于受众或消费者而言，他因需要获得产品信息或品牌信息借助这一中介渠道，就能满足他的信息搜索需求；而对于新媒体广告的广告主而言，它则成为向受众或消费者提供产品信息或品牌信息的推荐者。

搜索引擎作为新媒体广告中介渠道有一个其他广告媒体无法比拟的特点是：它能使广告增值。如果广告主所设的关键词为产品名称或品牌名称或与之密切相关的词语，那么受众在搜索这些关键词时，搜索结果可能会出现广告主已经付费了的关键词网页链接，这一般排在搜索结果的前几位。然而，受众一次搜索的结果往往有上千条，除了前几位，其他信息都是广告主所设关键词的相关信息，一般出现在新闻、行业动态、别人的评价文章中。这些信息往往成为影响受众对产品或品牌态度的主要因素。这就是搜索广告的信息附加值。比如输入关键词“联想”，搜索结果除了有联想的品牌网站，更多的是有关联想的新闻信息和各种渠道的网络信息。受众往往在这些信息的参照比较中来接受。

目前世界上的搜索引擎数量甚多，但在信息服务效率上做大做好的几家搜索引擎已经基本形成，即“谷歌”（Google）、“雅虎”（Yahoo）、MSN、百度、搜狐、新浪、网易。越强势的搜索引擎媒体越容易赢得用户，并形成集群效应。目前，搜索引擎的排序一般是竞价购买，即在同一个关键词的搜索下，谁出的钱多，谁的网站排名位置就靠前。此外，也还有由点击率来计算付费并进行排序的方法。

① 瞿彭志．网络营销［M］．北京：高等教育出版社，2001：264.

3. 推荐的目标受众

如果说，通过搜索引擎上的排名推荐，以及相应的关联性网页信息推荐尚主要是对广大的受众或消费者而进行的信息推荐，那么，建立客户数据库，点对点地进行相对应的产品信息推荐，则是对目标受众或消费者锁定的精准推荐。

有学者认为：如果说20世纪70年代以前的营销属于以广告为主的大众营销时代，那么自当时兴起的直效营销、直至发展到90年代的数据库营销，则成为分众化的营销时代。这种变革不但来源于市场和消费者的变化、企业的变化，而且受到计算机领域、数据库领域和数据计算领域的技术进步的影响，是信息时代大潮向各个领域渗透引起的变革之一。相对大众营销，数据库营销显示出表1中的区别①：

表1 数据库营销与大众营销的区别

项目	大众营销	数据库营销
营销对象	典型客户	个体客户
对客户的认知	匿名客户	客户特征描述
生产	批量生产	按需定做
配送	大宗分配	单独配送
信息	大众广告	个性沟通
价格/优惠	统一价格	差别定价
信息传递	单向沟通	互动沟通
盈利手段	规模经济效益	范围经济效益
目标	市场份额	客户份额
营销策略出发点	所有客户	盈利客户
战略方向	发展客户	挽留客户

由表1可以看出，数据库营销已经不仅仅是一种营销工具，而是一个个活生生的“消费者导向”的营销理念，更是新媒体广告的定向品牌传播方式。美国宾州大学商学院的克斯等人曾经提出一个分析框架；发展新客户的边际收益应该等同于保持现有客户的边际收益。这种边际收益的产生，主要体现在产品信息传播的精准与有效性上。毕竟，成功的营销一大半是传播与沟通，当推荐类的新媒体广告锁定了目标消费者，且有针对性地进行了产品信息的推荐，且跟进沟通互动，营销成交就是水到渠成的。

（三）发布类新媒体广告

在新媒体广告中，只有发布类新媒体广告最具有传统广告的特点，即在受众所关注的特定空间与时间进行产品或品牌信息的发布，以引起注意、记忆及好感；但它们得以呈现的技术是数字化的，因此仍归属于新媒体广告。

发布类新媒体广告主要的呈现方式是：户外超大视频广告、楼宇视频广告、车载视频广告、网络上具有明显识别性的广告等。前三者，由于信息面对的仍然是群体性的受众，且受者无法即时就刊载广告信息媒体自身进行互动反馈，尚须借助手机、网络另行反馈沟通。而后者实际上就是目前最常见的网络广告，或曰狭义网络广告，它既具有广告信息创意性、简

① 罗茂初，等．数据库营销［M］．北京：经济管理出版社，2007：1，6.

短性发布的特点，又因为前面所述及的链接性，以及是个体面对终端PC机接收的特点，而使得具有鲜明的即时互动性。即接收者可以对自身所感兴趣的网络广告，进行点击，层层进入，逐次浏览，并转换为其他的新媒体广告形式，如品牌网站、网上商店、网络游戏，进行网上互动咨询或游戏娱乐。

狭义网络广告包括网站中的横幅广告、按钮广告、旗帜广告、电子贺卡、标题广告、商业广告动画等，但其引导性的信息仍然具有信息发布的性质。虽然它们无论如何导向受众点击后的深度浏览还是参与性的游戏，但它们起始性的信息显性却是发布性的。

（四）体验类新媒体广告

美国经济学家约瑟夫·派恩等人把"体验经济"看做一种经济的新形态，因为"一方面技术的高速发展，增加了如此多的体验；另一方面，因为竞争越来越激烈，驱使商家们不断追求独特卖点。但是最有力的原因在于经济价值的本身，以及它趋向进步的本性——从产品到商品再到服务。"① 即体验经济是从消费者的心理感受出发，为消费者设置特定的体验场景，以使消费者在具有切实产品消费体验中促进销售。比如星巴克咖啡厅、耐克运动城、宜家家居、全聚德老店、淑女屋、谭木匠等各种主题终端层出不穷，它们以其新奇、个性的情景设计，独特、生动的氛围营造刺激消费者的感官，带给消费者与众不同的情感和心理体验，产生着巨大的终端吸引力和消费力。

而体验类新媒体广告，则是利用新媒体广告可以营造虚拟、逼真的消费场景之特点，达到消费者能更多地获得广告产品的真切体验，导向相应的消费。其一般设置于品牌终端店的视频、品牌网站上的产品陈列室、网络上的品牌商店，以及商业电视频道的专题栏目。如在美特斯邦威的网站上，由各款产品的展示、模特穿着效果、设计理念、面料质地说明、标价等构成的体验空间，还可供消费者进行互动沟通，从而形成了一个立体虚拟性的体验性场景。

（五）暗示类新媒体广告

暗示类新媒体广告，指的是充分尊重人们对于新媒体的关注、运用的特点，在不妨碍人们进行相关信息接收的前提下，巧妙地植入有关品牌信息、品牌产品信息，以对受众进行无意识的熏陶与影响，从而达到新媒体上品牌传播的效果。该类新媒体广告又有三种较为明显的方式：

1. 植入广告

植入式广告的表现空间十分广阔，在影视剧、娱乐节目、网络游戏中均可以以各种方式进行广告信息的植入。常见的广告植入信息有品牌名称、品牌商品、品牌标识、店面招牌、品牌产品包装、企业吉祥物等。如，《手机》电影中平均几分钟就出现一次摩托罗拉手机的特写；《没完没了》中，中国银行的广告则堂而皇之地印在"依维柯"车身上，并在整个影片中反复出现。又如"宠物王 online"的游戏中，玩家打中怪物就有机会获得怪物身上掉下的"必胜客餐券"。

2. 公关新闻

任何新闻稿均应是对特定事实的真实反映，而品牌的公共关系活动往往形成一个特定的品牌事件，或曰媒体事件，从而在网络新闻中频频出现，以供浏览者阅读，并正面传播了品牌信息。如奇瑞汽车公司在其第100万辆汽车下线时，抓住这是我国自主品牌汽车产量达到

① ［美］B. 约瑟夫·派恩，等. 体验经济［M］. 北京：机械工业出版社，2002：12.

100万辆的新闻事实，进行了相应的公关活动与信息发布，并形成了数百篇新闻稿件发表在报纸电视上，更长久地沉淀在网络上，以供消费者点击阅读，使得受众在新闻阅读中接受了品牌信息。

3. 博客传播

“博客”，是现代媒体环境下由个人撰写、在网络上传播的网络日记。一定意义上，“博客传播”颠覆现有的新闻媒体，彻底改变目前新闻传媒的“点对面”的、单向的垄断传播或精英传播，形成一个交互的、“集市式”的、由大众控制的传播时代。任何个人的博客文章，均可以通过博客网主页推荐、个人网页链接式、博客文章转载、网络搜索、人际交流互动、社区圈子接受、纸媒二次出版等方式获得传播。由此，博客也就必然成为营销的传播工具，并形成博客营销。也就是说，任何企业或者企业中的个人，利用博客这种网络交互性平台，直接或间接发布各类广告信息，并且给予答疑咨询，从而为企业零成本获得品牌传播，并引发相应的销售。由于绝大部分的博客，其内容必须真实具体，具有可读性以及个人色彩，品牌传播的因素隐藏其中，故此也就成为暗示性的新媒体广告。

【作者简介】

舒咏平，华中科技大学新闻与信息传播学院教授、博士生导师。

从文化的原则到文化的自觉

——理解广告文化传播的又一视角

程　明　徐芳琳　彭晓妍

广告文化，是蕴含在广告运动过程中的、逐渐被人们所接受和认同的价值观念、风俗习惯等生活方式的总和，是以广告为载体、以推销为动力、以改变人们的消费观念和行为为宗旨的一种文化传播形式。“广告是一项关于物的意义文化对话。”① 正是广告从内容到形式所含有的或多或少、或显或隐、或直接或间接的文化信息，使其在传播过程中，造成对人们思想行为和社会精神文化的深刻影响，从消费直至审美。不管传播者是出于自觉还是无意识，广告自觉不自觉地介入社会文化的建构已经成为不争的事实。②

一、广告文化的功利性与消费文化的物质性契合

文化对于经济发展具有导向和促进作用，在现代社会经济发展中，经济发展和经济活动经常取决于文化，就像德国学者彼德科斯洛夫斯基在《后现代文化》一书中所指出的：“大量重大的经济行为是文化行为决定的，他们刻有文化的烙印。”③

要完整地理解广告，不能脱离对社会和文化的研究，因为广告与消费者息息相关，“消费不仅仅是经济行为，而且也是社会行为和文化行为。”④ 这说明了社会文化和社会观念对消费行为有着重大的影响。L．G．希夫曼和L．L．卡纽克的《消费行为学》一书指出：“在消费行为方面，文化被界定为已习得的信念、价值观和风俗的总和，这些信念、价值观和风俗有助于规范具体社会中的消费者行为。信念和价值观是消费者行为的指南，风俗是常见的且被人接受的行为方式。文化对社会的影响是如此的自然和深刻，以至于人们很少会注意到它对行为的影响，然而文化却在人类解决问题的每个阶段，为社会成员提供规则、方向和指南。文化是动态的，并渐进地持续地演变以满足社会的需要。”⑤

由此看来，我们关注广告与消费对象的研究，如果只停留在产品层面或消费心理状态和消费行为层面，而忽视了文化对消费行为的支配力，缺乏对广告的社会文化审视，就会有重大的研究缺陷，缺失了文化的广告是没有内涵的广告，也是没有生命力的广告，而缺失了文化之于广告的研究是不完整的研究。

---

① Stephanie O'Donohoe. Living with Ambivalence: Attitudes to Advertising in Postmodern Times [J]. *Marketing Theory*, Vol. 1, 2001: 91.

② 程明，彭晓妍．试论广告文化与社会文化的关系互动［M］//中国媒体发展研究报告（2009年广告卷），武汉：武汉大学出版社，2010.

③ 转引自宋玉书，王纯菲主编．广告文化学——广告与社会互动的文化阐述［M］．长沙：中南大学出版社，2004：19.

④ 高宣扬．当代社会理论［M］．台北：台湾五南图书出版有限公司，1998：15.

⑤［美］L. G. 希夫曼，L. L. 卡纽克著．消费行为学［M］．俞文钊，译．上海：华东师范大学出版社，2002：459.

“消费者是社会的生物”，“要在某种社会文化背景下进行消费”①，因此，我们考察广告一定是特定社会文化消费背景中的广告。“人类交换行为的文化维度确定了最初作为一种交换仪式的广告的文化向度。基于对人类交换行为的文化维度的逻辑延伸和演绎，我们自然就不仅把广告看成是单纯的经济行为，而同时也是一种社会交往，更是一种社会关系的体现。”②

美国心理学和行为学家马斯洛认为，人的需要是有层次的，并提出了层级需要理论：人的一切的行动都基于层级需要（有的研究者亦称为动机），并确认基本需要为五大类，即生理需要、安全需要、爱的需要、受尊重需要和自我实现的需要。从这里可以看出，人们的需要是多层次的，既有基于物质基础上的生理欲求，又有更高层次的、基于精神基础上的心理需要。当社会趋向成熟的消费时代后，消费者则转而追求体现个性的商品，以满足自尊、自我实现的需要。而时尚商品，则是个人追求个性、自我实现的一种方式。从服饰的变化中可以得到印证。过去，服饰追求的是实用、保暖，而现在的服饰更主要追求的是美观、个性化和时尚，这无疑是社交、自尊和自我实现的需要。对广告传播来说，满足受众更高层次的精神和心理上的需求，有时似乎更有效、更重要。

为满足消费者更高层次的心理和精神上的需要，更好地发挥广告促进商品和服务营销的作用，在广告传播中，必须促使广告与文化同生共长。“文化营销”概念的提出及其实践的风行，原因在于文化的市场利销性。文化，作为一个特定社会的共享资源，因其具有价值观念、符号体系和生态系统等共享特征，而保持了对身处其中的社会个体强大的感染力和作用力。唯其如此，广告才热衷于利用文化因子来进行文化营销。在这里，似乎变成了“文化为用，营销为体”，“贯通两极自成体”，“广告文化的功利性与消费文化的物质性就达成了价值契合。”③

20世纪50年代以来，随着世界范围经济的持续增长，市场的日趋繁荣，人们的物质消费得到更大程度的满足，而超乎物质之上的精神需求也与日俱增，在消费总需求中占着越来越重要的位置。这进一步促使作为现代营销重要手段的广告传播要达到理想的传播效果，必须满足消费者更高层次的精神上和心理上的需求，从而也就促使作为现代营销重要因素与手段的广告传播向文化重心的倾斜，实现了文化在更广范围、更深层次的结合，进而迈向一个更新的文化广告时代。

从营销的角度来分析，广告的营销理念经历了几个阶段，从销售商品，到销售服务，到销售符号，再到销售文化。

商品经济早期，经营规模小，资金匮乏，现金回笼速度决定公司发展速度。最初，商家直接意识到的是如何使商品迅速地卖出去。这一时期广告的营销理念是销售商品。随着竞争的加剧，商品的增多，尤其是高档商品和昂贵商品的增多，受众对售后服务日益关心，经营者出于对受众心理的考虑，开始将广告传播的重点向服务承诺转移。这时广告的营销理念是销售服务。随着市场经济的发展，大规模公司开始向垄断发展，为达到某些商品市场份额的长期而稳定地占有，商品品牌——更确切地说是代表商品的品牌符号开始成为广告传播的重点，这时广告的营销理念是销售符号。随着大公司、大企业的发展，尤其是跨国公司的出现，这时企业经营着眼的已经不单单是一两种商品的买卖，而是怎样让企业成为一个永久占领市场的无形力量，而要使企业在消费者心中打下烙印，从销售商品，到销售服务和销售符号都无力做到。但商业文化却有如此魔力。销售文化也就成了现代广告营销的新理念选择。

---

① ［美］托马斯·奥吉恩，等著．广告学——从IMC的视点审视现代广告活动［M］．程坪，张树庭，译．北京：机械工业出版社，2002：147，156.

② 刘泓．广告社会学［M］．武汉：武汉大学出版社，2006：29.

③ 陈翔．消费社会背景下的广告文化批判［J］．新闻与传播研究，2002（2）.

文化是精神层面的东西，精神相对于物质而言，更具有历史的持久性。在销售文化上，万宝路品牌则是一场划时代的革命。万宝路的品牌是以牛仔形象为核心的一种英雄崇拜，这种文化的目的在于给人们以理想，焕发人们心底里固有的英雄情结，它是通过形成一种影响美国乃至世界的文化，来永久地占领万宝路的消费者。

在现代的广告传播中，文化意识被普遍加强和提升。广告传播者纷纷借助文化的力量，运用各种文化因素，创造商品个性，塑造产品形象、品牌形象和企业形象。在各种形象塑造中，文化是最具有形象塑造力的因素。“长城永不倒，国货当自强”、“长虹以产业报国为己任”所体现出来的振兴民族工业的自强、自立的精神和极富特色的文化理念，一旦与品牌和企业形象结合，即赋予了品牌和企业形象深厚的文化内涵，造成对消费者心灵的震撼。

二、确立广告的文化传播原则

事实上，对广告文化本身就应做辩证地看待，既可能是有益的，采取比较文明、健康的形式；也可能是有害的，采取低级、庸俗、不健康的形式如利用色情、暴力等，甚至采取极其野蛮的、病态的形式。广告文化的双刃剑效应，不能不让我们思考广告传播的文化原则问题。

文化赋予品牌形象和企业形象的，不仅仅是局部的外在的形式，而且是一种内在本质和整体风格。“没有最好，只有更好”、“我们一直在努力”等广告口号所表达的不就是一种强烈的社会责任感和不懈追求的崇高境界吗？这些极富特色的文化理念，一旦和品牌与企业结合，即赋予品牌和企业深厚的文化内涵，塑造出品牌和企业的良好形象，造成消费者心灵的震撼和对品牌与企业的接纳与认同。在现代广告传播中，有眼光的企业，无不自觉地坚持广告传播中的文化原则，以此来传达企业的生存发展理念，赋予品牌与企业更为丰厚的文化内涵，塑造和提升品牌与企业形象。与此形成鲜明对比的是，“公爵气派，高贵显荣誉”、“一旦拥有，别无所求”、“高贵华丽，王者风范”、“豪门象征，帝王享受，贵族品位”等所表现出来的则是追求物质和享受的倾向，这极易导致享乐主义和拜金主义的滋长和泛滥。某广告牌的发包广告“等着你来包”、某立交桥附近灯箱广告词“想占有我吗？那就上吧！”等“沾黄染色”现象，使得一些低俗不堪的广告污染社会风气。难怪有报纸撰文指出：“如此广而告之，实应怒而斥之！”“别把无耻当有趣。”①

广告文化犹如一柄双刃剑，其正面效应自不待言，然而其负面效应却是不能忽视的，不得不引起人们的高度警惕。我们一方面把文化作为广告创意的方式，作为营销的手段，以提高广告传播的效果；另一方面，我们在运用文化的时候，也必须充分考虑到它给社会带来的负面效应。这正如水流在不同的条件下，或为利，或为患，关键在于如何引导和疏导，趋利而避害。一位哲人曾经说过：人的一半是天使，一半是魔鬼，只有抑制魔性的一面，人才会变得更像天使。广告文化亦如此，这就是我们为什么要确立广告传播文化原则的重要理由。确立这样的认识，不仅有助于克服对广告的非意识形态认识，也有助于克服对广告的非科学的意识形态认识，从而更好地坚持广告传播的实际运作与管理中的文化原则。

凡此种种，无不说明一个极为简单的道理：坚持广告传播中的文化原则，绝非仅仅出于社会对广告传播的一种外在的强制性要求，也是广告传播的一种自在规律。无论广告传播者对广告传播中的文化原则抱有何种偏见，实际上他们在广告传播的运作中，都自觉或不自觉地实施着这一原则。在此，我们鲜明地提出广告传播的文化原则，目的就在如何去加强这种自觉意识，去更好地更自觉地运用广告文化进行传播，参与积极健康的社会文化塑造与建设，同时也进一步提高和加强广告传播自身的有效性。

---

① 如此广而告之，实应怒而斥之［N］. 楚天都市报，2002-11-24.

三、文化的自觉与广告文化

广告传播所固有的性质和特点，说明在广告传播中，首先应该遵循广告传播的文化原则，尊重广告传播自身的文化规律，保障广告传播的自由；同时，又要看到广告传播固有的性质和特点，如果没有广告传播者高度的内在的文化自觉和自主限制，则容易对社会造成不良影响。广告传播的发展只能因势利导、引导、疏导、趋利避害，要克服这种问题，除了坚持法律原则以外，广告传播者高度的自律意识则显得尤为重要。这实际上也是呼唤广告文化自觉的意识。

文化自觉是费孝通先生1997年在北京大学举办的第二次社会学人类学高级研讨班的学术报告中，首次提出的一个命名。他主张在健全社会大目标下，以高度的文化自觉，作历史选择。"文化自觉是指生活在一定文化中的人对其文化有'自知之明'，明白它的来历、形成过程，所具有的特色和它发展的去向，不带任何、文化回归'的意思，不是要'复归'，同时也不主张'全盘西化'或'全盘他化'。自知之明是为了加强对文化转型的自主能力，取得决定适应新环境、新时代文化选择的自主地位。文化自觉是一个艰巨的过程，首先要认识自己的文化，了解所接触到的多种文化才有条件在这个正在形成中的多元化的世界里确认自己的位置，经过自主的适应，和其他文化一起，取长补短，共同建立一个有共同认可的基本秩序和一套与各种文化能和平共处，各抒所长，联手发展的共处原则。"①

费孝通先生所讲的文化自觉是立足于当代中国现实的政治和经济文化状况而言的文化自觉，是在全球化时代和跨文化交往中对中国文化自身建设为目标的文化上的自我解剖和定位。我们可以这样理解：文化自觉就是文化的自我意识、自我的反思和自我追问，是为了文化的自身优化而进行的自我反省，目的是认清现在文化的优劣并予以扬弃，为新文化的到来做准备。由此我们看到，文化自觉是对未来文化发展所作的文化选择的基础和前提，文化自觉的目的是为了新文化的发展，为了对未来文化发展做出一种理性的选择。文化自觉，说到底是自觉性和觉悟在文化层面上的反映，只要唤起了这种自觉性和觉悟，并在全社会逐渐形成大气候，我们的文化建设和文化发展就有了可靠的基础与保证。简言之，文化自觉，就是要有正确、健康的文化观。

广告文化自觉就是要有正确、健康的广告文化观。广告文化的自觉能在思想上指导广告活动主体的广告行为，促进广告文化的健康发展，构建良好的广告文化生态环境；而广告巨大的社会影响力，将有利于社会道德、文化的广泛传播和渗透，树立大众的文化自觉观，促进文化的自觉和文化的发展。

在广告传播中具有文化自觉意识，能够避免许多浮夸、虚假甚至违法广告的产生，能够避免广告传播对社会造成的种种危害。不仅如此，广告文化自觉又是树立广告传播良好的声誉和形象、追求良好的传播效果的一条"铁律"。广告传播形象好，受众信任度高，则先天地在广告传播活动中占有一种"亲和力"高的优势，受众愿意并且乐意接近它，这也是广告传播自身的规律和特点。与之相反，广告传播者如果没有文化自觉的意识，制作、发布了不良广告，不仅损害了消费者的利益，同时也破坏了广告传播者自身和广告传媒的诚信形象，从而影响了广告传播效益的发挥。其严重后果是不言自明的。由此可以看出，广告文化自觉也是广告自身发展规律的要求，也是适应新环境、新时代文化选择的需要。

因此，一旦广告发挥其正面的社会文化功能，在广告中传播有益、健康、积极的文化观念，也能在润物细无声中提升广告受众的整体文化水平，全民文化素养的提升，无疑对文化的自觉产生积极的推动作用，重构广告文化生态环境，而最终有利于社会文化的进步和

---

① 费孝通．费孝通文集（第14卷）［M］．北京：群言出版社，1999：197.

发展。

文化自觉与广告文化之间的这种相互促进、共荣发展的关系，一方面有助于唤醒广告活动主体在广告实践活动中对文化自觉意识的重视，更好地坚持广告传播的文化原则，从而提高广告、媒体的社会公信力，创造值得信赖的沟通，为广告行业、为企业、为社会的长远发展提供源源不断的文化力量。另一方面，文化自觉意识在目前广告生态环境受到污染的境况之下，给我们重构广告生态环境提供了一个强大的思想武器，对于我们致力于建构健康积极的广告文化生态环境有着巨大的启发意义和推动作用。

四、文化的自觉需要广告文化批判

广告文化作为一种商业文化，与追求商业利润“唇齿相依”，在其商业功利的掩饰下，常表现得较为间接、曲折、隐蔽和模糊，容易导致对广告传播非意识形态的错误认识，使人们疏于防范。对此，我们必须有足够清醒的认识。

广告文化的自觉，是为了文化的自身优化而进行的自我反省，因此广告文化的自觉需要广告文化的批判，批判是为了更好的反省广告文化。

广告文化批判不等于对广告文化的全盘否定，其目的在于通过批判的手段对广告文化加以整饬，恰恰在于广告文化的进步。① 批判是人类文明进步的原动力，广告文化批判也是广告进步的动力所在。广告文化批判的意义就在于它的揭示与反思。

让我们从批判中能够透彻和深入地解剖广告文化。社会就像是人的肌体，我们每天需要摄入大量的维生素以维持其存在和生长。同时，我们也要不时地对身体进行体检，发现问题，医治疾病。广告文化的批判就是对广告文化的揭示与反思。广告文化批判的角色就像是医院的一台透视仪器，探视广告文化——社会的机理以及各部分之间的关系网络，并且用一套批判的话语给探视结果以描述，提供反思和思考的问题。“广告文化批判的目的是要在喧哗与骚动的广告世界里保持一份清醒，通过对广告文化传播负面效应的辨析和批判，创造一个可以良性循环和可持续发展的广告文化生态。”②

广告文化的批判又要求我们确立广告传播的文化原则和树立文化自觉的观念。有了广告传播文化原则的指引，广告传播活动就能以健康状态呈现出来，不仅可以提高广告活动的有效性，还能使广告文化以积极的方式参与社会文化的建设与塑造，从而有助于整个社会文化生态的和谐发展。而只有广告文化自觉才能认识和正视自身的文化，明确自身所处的位置，以利于文化的适应和文化选择的需要。

广告文化已经成为社会文化的一个有机的组成部分，广告文化已经成为人们生活中的一部分，在现代社会，如果没有广告文化的存在，人们就会觉得社会文化中缺少什么。没有广告的现代文化，是没有灵性的文化。然而没有广告文化批判的武器，这种所谓灵性的文化也会收到“扭曲”和“践踏”。

五、结　语

如果我们把广告传播的文化原则内化为内在的自觉，那么广告传播就能够更好地体现用文化服务于营销，能够克服文化的消极影响，避免广告文化对社会文化的消极作用，反而能够对社会文化起到良好的建构作用。它使得广告文化的功利性更多地彰显出其文化的功能

---

① 程明，周亚齐．论广告文化与社会文化冲突问题［M］//中国媒体发展研究报告（2008 年卷），武汉：武汉大学出版社，2008.

② 张殿元．另一种声音：文化批判语境下的广告传播解读［J］．新闻与传播研究，2003（4）．

性，既有助于商品的营销，同时又能够传播健康的社会文化。

只有广告文化自觉，才能认识和正视自身的文化，明确自身所处的位置，以利于文化的适应和文化选择的需要。文化自觉意识和观念，对于我们来思考广告文化具有积极的意义。文化自觉意识的高扬，自会使人自觉清理、净化广告文化生态环境，从而为文化发展创造有利条件。广告文化迫切需要有文化自觉的意识和文化自觉的观念，才有利于广告文化健康的发展。

同时，广告的文化自觉有助于树立和坚持广告传播中的文化原则。前面我们谈到过要坚持广告传播中的文化原则，这不仅是社会对广告传播的一种外在的强制性要求，也是广告传播的一种自在规律的必须。但在实际操作中，广告活动主体会自觉不自觉地背离或偏离这个原则，过分的功利性导致了低级、不健康导向的广告传播活动。文化自觉能让我们树立文化意识，重视文化，重视广告所担任的文化使命，认清文化在实现广告效果过程中的重要性，同时，文化自觉还有助于我们了解自己的传统文化以及丰富多彩的外来文化，不仅为广告创意提供灵感源泉，也有助于企业在未来全球化的营销传播活动的开展。如在万宝路进入香港时，其广告将香港人心目中地位低下的牛仔改为年轻、洒脱、事业上有所成就的牧场主，得到了香港公众的认可，取得了良好的宣传效果。而在万宝路进入中国大陆市场时，其广告转换为激昂的锣鼓声和欢天喜地的中国大汉，使狂放不羁的万宝路精神很好地融入中国神州文化的氛围中。该广告体现出的对中国民族文化的理解和尊重，也得到受众的好评。

因此，我们说，一旦广告的各个活动主体有了文化自觉意识，自然而然地就能促使其在广告活动中自觉的树立和坚持广告传播中的文化原则。有了文化原则的指引，广告传播活动就必然能以健康、积极的状态呈现出来，不仅可以提高广告活动的有效性，实现广告主的经济利益，还能以广告亚文化的方式参与社会文化的建设与塑造，从而有助于整个社会文化生态的和谐发展。

【参考文献】

[1] 高宣扬．当代社会理论［M］．台湾：台湾五南图书出版有限公司，1998.

[2] 托马斯·奥吉恩，等著．广告学——从 IMC 的视点审视现代广告活动［M］．程坪，张树庭，译．北京：机械工业出版社，2002.

[3] L. G. 希夫曼，L. L. 卡纽克著．消费行为学［M］．俞文钊，译．上海：华东大学出版社，2002.

[4] 宋玉书，王纯菲．广告文化学——广告与社会互动的文化阐述［M］．湖南：中南大学出版社，2004.

[5] 刘泓．广告社会学［M］．武汉：武汉大学出版社，2006.

[6] 费孝通．费孝通文集［M］．北京：群言出版社，1999.

[7] 陈翔．消费社会背景下的广告文化批判［J］．新闻与传播研究，2002（2）.

[8] 程明，彭晓妍．试论广告文化与社会文化的关系互动［M］//中国媒体发展研究报告（2009 年广告卷），武汉：武汉大学出版社，2009.

[9] 程明，周亚齐．论广告文化与社会文化冲突问题［M］//中国媒体发展研究报告（2008 年卷），武汉：武汉大学出版社，2008.

[10] 张殿元．另一种声音：文化批判语境下的广告传播解读［J］．新闻与传播研究，2003（4）.

[11] Stephanie O'Donohoe. Living with Ambivalence：Attitudes to Advertising in Postmodern Times［J］. *Marketing Theory*，Vol. 1，2001：91.

【作者简介】

程明，武汉大学新闻与传播学院教授，博士，主要从事广告传播和媒介经营与管理研究。

徐芳琳，武汉大学新闻与传播学院硕士生，主要从事广告传播研究。

彭晓妍，武汉大学新闻与传播学院硕士生，主要从事广告传播研究。

后现代消费文化语境下广告本质功能的后现代转向①

杨 魁 丁茜茜

在《后现代转向》② 一书中，作者斯蒂芬·贝斯特和道格拉斯·科尔认为，现在我们生活在一个正当现代之时代与一个正在浮现但仍得充分的概念化和加以探察、探寻的后现代时代之间。在消费文化方面，我们也正在经历着从现代前期、现代到后现代的多元复杂的转型和急剧变迁的过程之中。而所谓消费文化，就是人类所创造的各类消费相关因素的综合③，它随着人类社会的不断演进而发生历史性的变迁，其中从传统社会向现当代社会的转型变迁过程中消费文化的具体形态经历了现代前期、现代到后现代的不同阶段和时期。

广告作为一种随着人类社会生活和商品的生产、交换而出现的特殊的信息传播活动，从产生伊始就和消费及其消费文化之间有着根深蒂固的联系。广告从来就不仅是人类特定消费文化的传播和建构者，是人类特定消费文化情境中具体消费活动得以实现的重要机制和途径，而且也是人类特定消费文化形态的重要组成部分，是人类特定消费文化形态的实现方式和存在方式。消费文化的变迁决定广告传播随之发生相应的变化，而广告则反映特定时期消费文化的基本属性并对具体的消费文化形态的实现和变迁产生极其重要的影响和建构作用。

从全球化的视野来看，人类目前正在步入一个与现代文明之间发生“断裂”的所谓“后”的时代，消费文化的“后现代性”日益凸显。而我们当前的广告理念和范式却严重滞后于后现代消费文化的现实状况，从而使其在理论和实践上陷入重重危机与困境之中。因此，实现现代广告的“后现代转向”势在必行。

一、消费文化的历史变迁与广告本质功能的蜕变

西方国家从传统社会向现代社会和后现代社会（消费社会）的变迁和转型，经历了现代前期、现代和后现代三个既相互区别又逻辑历史地相互联系的不同时期和阶段。西方资本主义社会的主流消费文化从孕育、形成，到进一步发展，也经历了现代前期、现代和后现代消费文化三个重要时期和阶段④，而现代广告就孕育、形成和发展于这一消费文化的变迁过程之中，广告的本质功能也就不断随之发生逻辑历史的蜕变。

1. 西方现代前期的消费文化与现代广告的孕育和萌芽

从大约16世纪前后直到19世纪中后期，欧洲经历了文艺复兴、宗教改革、启蒙运动和第一次产业革命的资本主义社会的孕育、萌芽和形成的漫长时期，也就是西方社会现代化的前期阶段。这一时期，欧洲社会渐渐摆脱经济停滞、政治腐败、民不聊生的状况而走向现代

① 本文系作者主持的国家社科基金规划项目（项目编号：08BZX011）、广东省“211工程”三期重点学科建设项目（项目编号：GDUFS211-2-022）及广东省高等学校人才引进项目资助的部分研究成果。

② 斯蒂芬·贝斯特，道格拉斯·科尔．后现代转向［M］．陈刚，译．南京：南京大学出版社，2002.

③ 杨魁，董雅丽．消费文化：从现代到后现代［M］．北京：中国社会科学出版社，2003：23.

④ 杨魁，董雅丽．消费文化：从现代到后现代［M］．北京：中国社会科学出版社，2003：46-190.

化，文艺复兴、宗教改革和启蒙运动的不断扩展，使一度在中世纪落后的西欧各国快速起飞。这期间，工业革命的爆发为全新的现代消费文化的萌芽和形成做好了充分的物质准备，宗教改革所倡导的新教伦理精神和启蒙运动则为资本主义的发展提供了新的思想基础和基本的社会价值观念，而现代传媒尤其是广告的出现则为现代消费文化的加速形成插上了翅膀。

首先，现代广告的萌芽是特定消费文化形态演进的必然结果。西欧从16世纪至18世纪开始由封建社会向资本主义社会过渡，这一时期占据社会主流的消费文化和消费观念是以“禁欲、节俭和追求实际”为主要特征的新教伦理精神。马克斯·韦伯在《新教伦理与资本主义精神》一书中认为，“清教徒”精神提倡人们努力工作，增加社会财富，才能显示上帝的荣耀，为此，人们必须追求节俭、朴素的生活。正是这种“新教伦理”成为原始积累阶段和早期“资本主义精神”的代名词，也成为现代前期消费文化及其消费价值观的主导方面。

然而，随着工业革命进入中期之后，西欧各国资本家对于大范围的商品和信息交换循环需求日益迫切。当时，消费品的数量开始大大增加，消费品的种类日益繁多，普通消费品开始进入世界性市场；近代货币信用制度的兴起，如汇票、信用票据等有价证券的流行，为现代消费提供了新型的支付方式。工业革命带来人们生活方式的改变，影响了人们的生产和消费观念，使得从前自给自足的生活方式被瓦解，取而代之的是更为广泛意义的商品交换和消费。商品交换一方面刺激了生产，一方面又刺激着人们的消费欲望。而正是消费文化发生的这一深刻的历史转变，孕育并催生了现代广告。

其次，现代广告的萌芽与产生促进了新型消费文化形态的传播与构建。大众媒介产生之前，就已经出现了实物广告、叫卖广告、招牌广告、印刷广告等，这些广告通过不同的传播媒介对商品信息进行传递①。但是，直到18世纪末19世纪初，早期广告的主要职能仍然是对商品信息的传播与广而告之，但宣传和鼓励的消费观念则是主张节俭、禁欲的新教伦理精神和现代前期资本主义的理性消费文化观念。

19世纪30年代之后，随着社会财富的增加，尤其是中产阶级的出现，人们的消费观念开始发生了转变。同时，传播技术得到了长足发展，大众化报纸开始出现在人们的生活中，欧美国家开始进入大众化报刊的时代。于是，广告取得了突飞猛进的发展。1837年，美国爆发了资本主义世界的第一次经济危机，大批企业倒闭，工人失业，商品滞销，企业主开始求助于广告，以刺激人们的购买力。广告激发了人们的物质欲望，刺激和提高了人们的购买力，也促进了商品的市场销售，强化了以“人欲”为核心的现代消费文化观念，从而加速了现代前期以“节俭、禁欲”为核心的消费观念的去道德化进程。在报纸大众化的进程中，广告开始不断地借助这一进程而自我成长，并且开创了一种以消费为核心的生活方式，也就是所谓的“消费（主义）文化”。②

2. 西方现代消费主义文化与现代广告的形成与发展

从19世纪中后期到20世纪60年代，是西方现代消费主义文化及现代广告形成与发展的重要阶段。随着技术的进步和以福特主义为代表的先进生产管理方式的推行，20世纪初资本主义社会开始进入高速发展的新阶段，大量的商品被源源不断地制造出来，卖方市场已经开始为买方市场所取代，从而生产已不再是资本主义社会的主要矛盾，如何将商品销售出去反而成为当时面临的核心的问题。于是，崇尚以大量消费来推动生产发展的凯恩斯主义开始盛行，超市和分期付款等方便消费的新的消费方式产生，使得现代前期的理性消费观念开始被遗弃，取而代之的是以消费民主化、消费欲望放大化、消费产品意义化和消费目的炫耀

---

① 陈培爱．广告学原理［M］．上海：复旦大学出版社，2008：9.

② 杨海军主编．中外广告史［M］．武汉：武汉大学出版社，2006：339.

性为特征的现代消费主义文化。与此同时，真正意义上的现代广告便应运而生，并越来越成为现代消费主义文化传播与构建的中坚力量和重要机制。

首先，现代消费文化促使了现代广告的形成与发展。19世纪末20世纪初，西方主要资本主义国家大多实现了从工业化初期到工业化社会的转型。这时，如何扩大市场和销售商品就成为资本主义社会面临的主要矛盾。为此，利用各种现代大众传播媒介极力倡导商品消费就成为资产阶级意识形态新的价值取向。于是，以商品推销为目的，以商品信息的传递和扩散为主要手段的现代广告便最终应运而生。这一时期形成了以约翰·肯尼迪等为代表的“硬性推销派”，以西奥多·麦克马纳斯等为代表的“软性推销派”和以罗瑟·瑞夫斯等为代表的“科学推销派”。尽管他们的观点各有不同，但他们的核心主张都是“推销”，并且都是围绕产品自身的特性进行的①。

20世纪40、50年代以后，注重商品象征符号价值和炫耀性目的的现代消费主义文化逐渐盛行。于是，以商品信息传递为主要功能的广告观念无法适应新的市场需要，单纯诉求产品性能的广告已经无法使商品从大量同质化的产品中脱颖而出，因而这一时期的广告便开始将美丽、浪漫、奇异等文化元素巧妙地与商品融合在一起，通过给产品附加新的形象和符号来改变商品的原始意义和使用概念，并以此来刺激人们自身的各种欲望②。以大卫·奥格威的科学广告理论，李奥贝纳的广告戏剧性理论和伯恩巴克的ROI理论为代表的三大广告创意理论，以及此后的品牌形象理论、定位理论和品牌个性理论，全面开启了广告脱离商品自身，从人的普遍愿望和社会文化中寻求灵感来建构商品象征意义的现代广告时代。

20世纪60年代之后，由于人们开始对广告变得理性，甚至出现普遍的反感；广告界对社会发生的变化表现得不太敏感，甚至有些麻木；尽管广告界普遍意识到自己在引领消费文化方面的能力，但对于这种能力的运用尚未形成明确的价值目标导向和足够的勇气。于是，除了一些公司推行的创意革命之外，多数的广告人仍然反映传统的价值观。现代广告理念开始严重滞后于新消费文化传播与建构的现实需求。

其次，现代广告通过引导和刺激消费，促进了现代消费主义文化的形成。20世纪上半叶，以报纸、广播、电影和电视为代表的现代媒体长足发展，从而不仅带来广告业的突飞猛进，而且也引发了广告基本功能的一次重大质变，即由以商品信息传播为主要功能向以消费文化传播与建构为主要功能的根本转变。这一时期的广告运用奇特的画面、语言、文字、色彩和声音竭尽吸引受众之能事，不仅通过“精彩纷呈”的广告向人们传达特定的消费价值观念、生活审美情趣、生活风尚以及特定的文化倾向和生活方式，而且力图通过创造流行和时尚来改变人们的消费观念，以达到影响和重塑人们的生活方式，从而使人们在休闲、消费和感官满足的快乐之中接受新的消费方式和生活方式。现代消费主义文化便悄然形成。

再次，现代广告倡导一种全新的生活方式，是现代消费主义文化形态的实现方式。现代广告竭力营造着当代社会中理想的生活方式，并把这种生活方式和态度不遗余力地向全社会推广，使之成为全社会的一种共识和“理想”。美国社会学家丹尼尔·贝尔认为，在迅速变化的社会里，由于缺乏现成的指导，人们往往会出现行为方式、鉴赏方式和穿着方式的混乱。在这方面，广告所起的作用不只是单纯的刺激需要，它更为微妙的任务在于改变人们的习俗，教会人们适应新的生活方式。③ 法国社会学家鲍德里亚则指出：“广告的窍门和战略性价值就在于此：通过他人来激起每个人对物化社会的神话产生欲望。它从不与单个人说话，而是在区分性的关系中瞄准他，好似要捕捉其‘深层的’动机。它的行为方式总是富有戏剧性的。也就是说，它总是在阅读和解释过程中，在创建过程中，把亲近的人、团体以

① 张金海.20世纪广告传播理念研究［M］.武汉：武汉大学出版社，2002：13.

② 杨魁，董雅丽.消费文化：从现代到后现代［M］.北京：中国社会科学出版社，2003：128.

③ ［美］丹尼尔·贝尔.资本主义文化矛盾［M］.上海：三联书店.1989：116.

及整个等级社会唤到一起。"① 现代广告所做的不只是推销商品，还在推销一种以物质利益为重的生活方式，它促使人们理解幸福是靠物质商品消费而获得的。

二、后现代消费文化语境下西方广告的"后现代转向"

20世纪60年代后，欧美发达国家开始进入所谓的消费社会和后现代消费文化时期。这一时期，消费者争先恐后进行无理性地炫耀性消费的时代已经过去，人们不再满足大众传媒所传播与构建的商品的普遍符号价值，而是开始转向于追求消费中的个性体现及其生活方式。而消费需求的变化引发了社会生产方式从以生产为中心的生产型社会转变为以消费为中心的消费型社会，进而催生了后现代消费文化。与现代消费主义文化不同，后现代消费文化是以商品的不确定性符号意义为消费对象，提倡日常生活的审美化和日常生活的风格化。然而，在消费文化从现代向后现代的转型过程中，现代广告却没有全面完成其基本功能的后现代转向，使其深深陷入现代与后现代的冲突和危机之中。因此，顺应后现代消费文化的客观需求，实现现代广告的"后现代转向"势在必行。

1. 后现代消费文化情境下现代广告面临的危机与困境

现代广告仍然以商品普遍的符号象征意义的传播与建构为核心，导致现代广告严重迟滞于后现代消费文化，使现代广告陷入深深的危机与困境之中。

首先，从广告创作模式来看，现代广告是以商品普遍的符号象征意义和价值的构建与传播为基本目标的，但在后现代消费文化情景下这一现代广告的经典创作模式已经逐渐失去它原有"神奇的功效"。美国学者詹姆斯·特威切尔在《美国的广告》一书中指出，现代广告所建构的程式化的、大众化的商品符号象征意义已经不能再让消费者对其产生崇拜，反而开始用讽刺的态度对待它们。② 可以说，按照传统广告创作模式所构建出来的商品符号象征意义也像同质化的产品一样难以脱颖而出，而且很难对饱受广告轰炸的消费者形成触动，这就造成了现代广告的创作模式困境。

其次，从广告伦理来看，大众消费文化时期的现代广告从产生伊始就受到来自理论界的种种伦理谴责。20世纪上半叶，法兰克福学派的代表人物阿多诺认为，现代广告加速了文化工业的形成和精英文化的消失，是低俗大众文化的创造者；马尔库塞批判现代广告"收买"大众媒介制造了"虚假的需求"，勾起了人们无穷的欲望；弗洛姆则认为现代广告加深了人们对消费的异化。生态学马克思主义则认为，现代广告刺激了人们的消费欲望，无休止的消费与浪费加深了地球的生态危机。波德里亚、费瑟斯通等后现代学者则批判现代广告对消费使用价值的抽离和符号价值的赋予使得人们失去了自我。此外，以麦克卢汉、尼尔·波兹曼为代表的传播技术论者也批判现代广告是带来媒介消费主义的重要帮凶，使人们在娱乐中忘却信念与思想。不仅如此，即使一般大众也认为广告是虚假的、欺骗的、强制接收的、无趣的。这一切就构成了现代广告的伦理困境。

再次，现代广告还面临重重的现实危机与困境。就全球范围来说，后现代消费文化已经占据了主流的文化趋势。在后现代消费文化的情境中，产品品牌已经由其中所蕴涵的象征文化来决定。随着购买力的提高，价格竞争的意义逐步降低，产品广告的营销和宣传开始在符号象征因素上动脑筋，以满足消费者对个性化符号价值的要求。就中国来看，由于全球化浪

---

① ［法］让·鲍德里亚．消费社会［M］．刘成富，全人志，译．南京：南京大学出版社，2000：53.

② ［美］詹姆斯·特威切尔著．美国的广告［M］．屈小丽，译．南京：江苏人民出版社，2006：311.

潮的冲击，使中国在实现现代化的同时，现代化、现代性和后现代性几乎同时出现和并存，全球范围内的“后现代状况”对中国同样带来了冲击，对消费大众和社会个人产生了深刻的影响。因此，后现代消费文化的现实状况和现代广告的实际运作之间的不协调，在我国就表现得更加特殊而复杂。

2. 后现代消费文化情境下西方现代广告的“后现代转向”

20世纪60、70年代，西方发达国家已经开始全面进入所谓的后现代社会，以生产为中心并倡导大众消费的现代消费主义文化，已经开始让位于以消费为中心并倡导个性化符号消费的后现代消费文化。正如德国学者彼得·科斯洛夫斯基所认为，现代和后现代文化表现为两个时期的生产文化和消费文化的差别。消费文化则主要表现为“在后现代经济的需求与消费方面，需求与消费的社会文化模式已发生变迁。当代消费文化正在从大众消费向充满审美和文化意义要求的消费过渡。”① 因此，在后现代消费文化的情境下，西方现代广告基本完成了所谓的“后现代转向”，具有后现代消费文化传播与建构的本质功能，标志着后现代广告时代的到来。具体来说，这主要表现在如下三个方面：

首先，后现代广告通过“产品的文化化”来传播和构建后现代消费文化。实质上，在后现代消费文化的情境中，产品的威信是由其中所蕴涵的象征——文化质量来决定的。重视使用价值与交换价值之外的“文化使用价值”是后现代消费的基本特征。随着全民购买力的提高，价格竞争的意义逐步降低，产品的营销和宣传开始重视文化附加值，以满足消费者对“文化使用价值”的需求。

由于消费观念、消费品几乎都通过大众媒介来传播和建构，从而在媒介的作用下，消费品日益成为生产“意义”的符号能指，商品的形式与内容逐渐分离，也就是说，真实的消费需求与实际的购买动机是不一致的，消费品的物品属性与意义属性，或者说使用价值与交换价值是分离的。如今，人们需要的已不是满足一般需求的大众化的产品，而是符合特殊文化层次需要的产品。所以说，广告主要不再是经济目标，而是一种攻克各种心理的消费文化传播与建构的战略；通过产品的文化化，后现代广告已参与到消费品意义属性的生产过程之中。

其次，后现代广告通过使消费的象征化、符号化和快感化来传播和建构后现代消费文化。后现代消费是建立在人与客体、人与人之间的新的行为关系，即一种文化符号与体验的关系。在消费社会条件下，厂家不仅供给商品，还通过发达的广告等现代商业传播体系使商品符号化和象征化，制造出商品除了使用价值之外的另一种价值——“符号价值”；而消费者则是对商品不确定性符号意义的消费。正如鲍德里亚所说：“（在消费社会）人们从来不消费物的本身（使用价值）——人们总是把物用来当做能够突出你的符号，或者让你加入视为理想的团体，或参考一个地位更高的团体来摆脱本团体。”② 虽然在现代消费文化中人们也消费商品的符号象征意义，但这一意义是确定的，大众化的。而在后现代消费文化中，“无论是符号逻辑里还是在象征逻辑里，物品都彻底地与某种明确的需求与功能失去了联系……那些逻辑把他们当成了既无意识且变换莫定的含义范畴。③”

同时，在后现代消费文化中，消费过程还是获得快感的过程。消费者在消费中实际扮演生产者和消费者双重角色，消费品则是“快感”或者“意义”。后现代消费文化的全部内涵就是符号本身，受众的快感消费实际上就是对符号的消费，快感来源于“没有深度意义”

① ［德］彼得·科斯洛夫斯基著．后现代文化——技术发展的社会文化后果［M］．毛怡红，译．北京：中央编译出版社，1999：125.

② ［法］让波德里亚著．消费社会［M］．刘富民，等译，南京：南京大学出版社，2001：32.

③ ［法］让波德里亚著．消费社会［M］．刘富民，等译，南京：南京大学出版社，2001：67.

的符号。在这个特殊的消费领域中，人们难以用“现实”做衡量标准，茫然之中只好追随媒介意见，听命于媒介以及其传播和建构的主流文化与意识形态。

再次，后现代广告通过倡导日常生活的审美化和风格化来传播和构建后现代消费文化。由于日常生活的审美化，人们对各类商品的形象展示和生活方式越来越感兴趣，从而商品的消费并不是根据需要来展开的，而是环绕着白日梦来建构的①。根据法国著名社会学家布迪厄的阶级惯习与品位的理论，占据统治地位的阶级他们追求“自由的品位”，偏好文化客体和非世俗性物质功能的实践，在品位上具有“美学秉性”；而中间地位的阶级，渴望资产阶级的生活方式，但却没有足够的资本和惯习得以实现，因此常常会采取表面上效仿而实际上并非自己的生活方式，附庸风雅、自命不凡，以模仿统治阶级的正统的文化②。处于社会下层的阶级，虽然坚持着必需品的惯习，但是由于没有能力与统治阶级审美化文化进行反抗，也只有默默地承受。因此，在后现代消费文化中日常生活呈现出逐渐审美化的特征，追求消费的品位以及消费中所体现出来的精神价值。

同时，后现代广告还倡导人们追求日常生活的风格化。在20世纪60、70年代的消费者研究中，已经引入以生活形态、个性特征为变量的风格化区分方式。而这一时期在西方社会上也出现一些伴以消费为生活风格重心的新团体，风格化消费逐渐兴起。布迪厄也曾注意到这一趋势，他指出，人们在日常生活中的文化和消费实践，都表现和证明了行动者（实践者）在社会中所处的位置和等级。一个阶级的成员通过自己的生活方式和消费行为，展现出来的是他所占据的社会空间位置③，消费成为自我个性与生活方式的展示。

三、关于实现中国广告后现代转向的几点思考

在全球化和媒介社会化的背景下，在消费文化从现代向后现代不可逆转的转型过程中，究竟如何才能既避免重蹈西方发达国家消费主义化的覆辙，又不至于因噎废食，从而真正科学合理地实现现代广告的后现代转向，探索一条有效传播和建构适合中国国情的新消费文化的可供选择的途径呢？作者认为，这首先需要我们跨越长期以来在消费文化研究领域主导的“批判范式”和广告学领域主导的“建构范式”之间不可逾越的鸿沟，实现后现代消费文化研究方法论上“批判主义”与“建构主义”的辩证统一，形成基于“批判主义”维度的后现代广告的“建构主义范式”，从而面对后现代消费文化采取既要“破”更要“立”的科学立场与态度。这既能避免“批判主义”只“破”不“立”从而失之虚无，又能避免传统广告的“工具理性主义”因缺乏对人类的终极关怀而失之肤浅与短视的偏颇，从而真正使“批判”的深刻性、战略性能够与“建构”的现实性和实效性在后现代广告的全新体系中得到有机的统一。要言之，应当重点解决好如下三个方面的问题：

首先，在现代广告的“后现代转向”过程中，必须实现广告理念上的深刻变革，构建一种真正符合人类长远利益的全新的消费文化及广告文化：即从人类的价值理性与人的全面发展的高度出发来构建全新的消费文化传播体系，在构建良好的生活方式和精神风尚方面发挥其“信息管家”和“消费专家”的重要作用。尽管消费社会及后现代消费文化的来临是时代变迁的一种基本趋势，有其一定的历史必然性和现实合理性，但正像绝大多数后现代学者所深刻批判和揭示的那样，它最终都是资本主义制度的必然产物，并遵循资本利润最大化

---

① 周宪．文化研究关键词［M］．北京：北京师范大学出版社，2007：51.

② 刘欣．阶级惯习与品位：布迪厄的阶级理论［J］．社会学研究，2003（6）．

③ 刘欣．阶级惯习与品位：布迪厄的阶级理论［J］．社会学研究，2003（6）．

的市场逻辑，同全人类根本利益的最大化之间存在着不可调和的矛盾与冲突，必须予以深刻批判和超越。不但诸如波德里亚、费瑟斯通等后现代学者批判现代广告对消费使用价值的抽离和符号价值的赋予使得人们失去了自我，就是一般大众对广告的态度大多也是消极的，认为广告是虚假的、欺骗的、强制接收的和无趣的。

其次，在现代广告的“后现代转向”过程中，还必须进一步保持和强化广告学的建构主义方法论传统与价值取向，吸收和借鉴后现代消费文化理论的精华，重视和挖掘广告在消费文化传播与建构方面的主体功能和作用，使现代广告的本质功能实现彻底的“后现代转向”，从而肩负起传播和建构以“以人为本”为旨归的新消费文化的基本使命。其实，与现代消费主义文化不同，后现代消费文化本质上张扬的是人的主体作用，在强调人的日常生活的审美化与风格化的过程中，彰显的则是个体生活形态的个性化特征，归根结底就是倡导一种“以人为本”的人文精神和终极关怀。因此，在后现代消费文化背景下，广告不仅仅只是一种消费信息传递的“工具”，更应该是新消费文化的传播者和建构者。“以人为中心”，关切人的生存状态，满足人的整体需要，关注人的个性发展，应当成为后现代广告的核心理念。后现代广告的本质功能就是传播和构建“以人为本”的新消费文化，从而消费不是人被商品奴役，而是人对商品的掌控，在消费过程中，消费者是一个自主、自觉的主体，他们运用自己的理性判断，从人的真实需要出发，追求人的全面发展。

最后，在现代广告的“后现代转向”过程中，还必须实现广告实务运作模式的全面创新。在后现代消费文化情景下，广告的本质功能是“产品的文化化”，这就导致后现代消费文化不再奉行一元论的产品政策，而是以多样化、非集中化的方式制造产品；消费观念、消费品都通过大众媒介来传播和建构，从而在媒介的作用下，消费品日益成为生产“意义”的符号能指，商品的形式与内容逐渐分离；而科学技术不断发展和媒介技术的不断变革则为广告在这一过程中发挥决定性的作用几乎提供了无限的可能性。如今，大市场上的那些标准化产品，已不再走俏，因为大市场本身遭到不同的专业市场冲击，它们组成不同的文化团体。于是，它们需要的已不是满足一般需求的产品，而是符合特殊文化层次需要的产品。所以说，后现代广告不再主要以实现经济目标为己任，而主要成为一种攻克各种消费心理的消费文化传播与建构的战略。

【参考文献】

[1] 斯蒂芬·贝斯特，道格拉斯·科尔．后现代转向［M］．陈刚，译．南京：南京大学出版社，2002：1.

[2] 杨魁，董雅丽．消费文化：从现代到后现代［M］．北京：中国社会科学出版社，2003：22.

[3] 陈培爱．广告学原理［M］．上海：复旦大学出版社，2008：9.

[4] 杨海军主编．中外广告史［M］．武汉：武汉大学出版社，2006：339.

[5] 张金海．20世纪广告传播理念研究［M］．武汉：武汉大学出版社，2002：13.

[6] ［美］丹尼尔·贝尔．资本主义文化矛盾［M］．北京：三联书店，1989：116.

[7] ［法］让·鲍德里亚．消费社会［M］．刘成富，全人志，译．南京：南京大学出版社，2000：53.

[8] 刘欣．阶级惯习与品位：布迪厄的阶级理论［J］．社会学研究，2003（6）.

[9] ［美］詹姆斯·特威切尔著．美国的广告［M］．屈小丽，译．南京：江苏人民出版社，2006：300.

[10] ［法］让·波德里亚著．消费社会［M］．刘富民，等译．南京：南京大学出版社，2001：67.

[11] 周宪．文化研究关键词［M］．北京：北京师范大学出版社，2007：51.
[12]［德］彼得·科斯洛夫斯基著．后现代文化——技术发展的社会文化后果［M］．毛怡红，译．北京：中央编译出版社，1999：125.

【作者简介】

杨魁，广东外语外贸大学新闻与传播学院教授、营销传播研究所所长，兰州大学新闻与传播学院教授、博士生导师，主要研究方向：文化传播与应用传播（广告、公关及品牌传播）。

丁茜茜，兰州大学新闻与传播学院2009级传播学硕士研究生，主要研究方向：广告传播与品牌传播。

新中国90年代的广告创意与消费文化的兴起

薛 菁

经济趋势决定区域的文化性格、社会形态，以及广告的发展，而特定国家和地区的社会经济体制、文化传统，使广告业经历与其历史阶段相吻合的发展历程，如台湾广告业可概括为50年代的创始期，60年代的过渡期，70年代的发展期，80年代的转型期和90年代的稳定期；韩国广告业则以1987年为界，之前为军事独裁政治体制和官僚垄断资本的经济体制，之后迫于资本主义全球化的趋势而转向民主政治和自由经济①。新中国的广告事业肇始于20世纪80年代，却在市场经济正式确立、改革开放进入纵深阶段的90年代星火燎原，其一方面得益于行业规模的自律性扩张，另一方面则源自社会文化的驱动力量，而广告的创意表现与90年代消费文化的日渐兴盛，则在不可阻挡的全球化进程中呈现为水乳交融、此呼彼应的互动态势。

一、广告创意在新时期的复苏

创意是指一种独特的思维方式，广告创意是使广告传播达到广告目的的富有创造性的主意、意念，或新奇的点子②。在广告业刚刚复苏的80年代，广告创意大多为商品流通的告知，其基本方式无非是宣告有人在卖东西，它是什么，在哪里买到，价格如何等，虽然其间也诞生过一些流传甚广的作品，如1982年丰田汽车的“车到山前必有路，有路必有丰田车”，1983年的“燕舞，燕舞，一起歌来一片情”，以及从1985年沿用至今的“大宝，天天见”等，但总的来说，1983—1992年间，广告业呈现为创意单一，以及“弱公司，强媒体”的时代特征。

20世纪80年代末至90年代初，东欧各社会主义国家相继发生了政治经济制度的根本性改变，苏联与东欧社会主义国家的解体，以及“冷战”的结束，使世界格局发生了深刻而微妙的变化。1992年，中国在经历了阶段性的停滞不前后，重新在邓小平的南行讲话中获得了全面启动的明确信号，而经济改革和社会进步的联动作用也体现在经济领域的各个方面，沉寂多时的广告行业恰在此时重拾生机。接下来的1993年，台湾地区《“中央”日报》刊出了福建省专辑广告；《文汇报》首次在头版刊登整幅广告，《加快发展第三产业的决定》则将报刊经营管理正式列入第三产业，这一年由于大事频出而被称作“中国广告年”。

90年代开始，人们的收入结构呈现出多元化的特点，生活的自由度大大增加，伴随产品的日益多样，以及货币化、商品化、市场化，资本化的商业转变逐步完成，人们的选择余地越来越大，这为广告业的繁荣奠定了物质基础，与此同时，媒体的逐渐成熟和普及也是广告发展的必要前提之一。例如，在1988年，全国已有48%的家庭有了电视机，总数达1.2亿台以上，观众人数多达6亿人，占全国总人口的56%。

---

① 吴予敏．广告发展两面观：国际化与本土化——兼论中国广告在全球经济时代的发展症结［J］．国际新闻界，2000（1）．

② ［日］大前研一著．创意的构想［M］．庄娜，译．北京：中信出版社，2007.

在这个时期，大量的国外品牌进入中国市场，也带了大量的广告需求，而在中国本土，最早运用广告创意的企业主，在积极的回馈中得到了实际的利益，也渐渐有了广告主的自我角色认同，更多的企业主则受到启发，开始通过创意寻找商机，于是，千篇一律的宣告和贩卖方式开始出现突破，优秀的广告创意脱颖而出，在海量的宣传中被推介到前台。

二、消费文化在中国的兴起

“文革”结束后的十年被历史学家视为一个全面复苏和反省的时期，文化曾作为人们理想与激情的寄托而成为当时的“显学”，进入90年代，伴随改革开放以及全球化影响的逐步深入，80年代的文人理想逐渐湮灭，诗歌和文学逐渐退出历史舞台，取而代之的是大众文化，尤其是消费文化的日益繁荣。

消费文化是指一定历史阶段内，人们在物质生产与精神生产、社会生活以及消费活动中所表现出来的消费理念、消费方式、消费行为和消费环境的总和，消费文化诞生于20世纪20、30年代的美国，50、60年代开始向西欧、日本等国扩散，进入20世纪70年代后，连一贯倡导精英文化的法国、德国和英国也纷纷被席卷进来。我国的消费社会形成于20世纪90年代，表现方式虽与西方各国略有不同，但其文化本质却是高度一致的。

（1）符号性。英国学者迈克·费瑟斯通在《消费文化与后现代主义》一文中指出，“平凡与日常的消费品，与奢侈、奇异、美、浪漫日益联想在一起，而它们原来的用途或功能越来越难以解码出来。”进入消费社会后，商品的消费价值不再以使用价值为衡量尺度，而是通过其呈现的符号化价值为主要评价标准。由于意义的加入，消费过程也就不仅仅是人与产品的结合或分离，而变成一种社会活动，一种人与物，人与他人，人与集体，人与世界相关联的活动。

（2）奇观性。消费文化借由符号性又可延伸为奇观性。“奇观社会”（the society of spetacle）这一概念是由法国理论家居伊·德波（Guy Debord）提出的。他在1967年出版的《奇观社会》一书中开宗明义地指出：“在现代生产条件蔓延的社会中，其整个的生活都表现为一种巨大的奇观积聚。曾经直接地存在着的所有一切，现在都变成了纯粹的表征”。消费时代不仅意味着物的空前积聚，也意味着一种前所未见的文化的形成，正如德波所说：“奇观是对在生产领域已经做出的选择以及那一道选择带给消费者的结果的普遍赞扬。”

（3）扩散性。后现代主义的大祭司鲍德里亚认为“消费是一种积极地与集体和世界保持关系的方式。”因为消费消弭了旧的等级差异，自行制造了一套完整的体系和格局，消费文化因此具备某种普适性，更适于在全球化的浪潮中由消费主义繁盛之地向更广大的范围扩散。麦克卢汉早在50年前就曾轻声感慨“这个行星已经成为一个城市。”而浩大的全球化进程正在他的袅袅余音中变得更为清晰和明朗。

三、90年代的广告与消费文化的相互影响

自从20世纪80年代国门再次洞开之后，国外商品便怀着前所未有的渴望进入了广阔的中国市场，日本的索尼电器、瑞士的雀巢咖啡、美国的可口可乐不断掀起消费热情，引发国人对西方世界的美好想象。至90年代，广告与消费文化间更形成了一种高速的双向互动，广告越来越多地在创意上体现出鲜明的消费特色，而消费在为广告提供创意和表现形式的同时，也通过广告传播其内容，展示其发展变迁。

1. 消费文化的兴起对广告创意的影响

威姆斯·特威切尔曾言，“在相当程度上，等级制度的崩溃是广告崇拜的核心所在。”

因为“这个等级制度的崩溃”，不仅表现在人与人的阶级分层上，也表现在文化上——高雅文化和低俗文化的界限被完全抹杀，并由此带来了完全的自由。

(1) 消费文化为广告提供了社会情境。在消费文化的意识形态中存在一个预设的话语环境，它是广告商用来推广产品、服务、形象的前提，当消费者在观看广告时，他被其中的话语环境所笼罩，恰如托尼·施瓦兹所言：“关键任务是设计出一些包装，把各种刺激（广告）包装起来，目的是让一个人原有的储存资讯，与这样的刺激产生共振作用，借此诱发人们渴望得到更多的资讯，渴望进一步学习，最终影响行为效果。”唯有在消费文化的环境中，商品价值才能为人们提供参考体系。在这种社会情境下，广告为富有阶层提供了消费和享乐，却为大众阶层提供了有钱人的生活状况，普及了识别富有阶层的知识，并给出“成为下一个有钱人的鼓励和诱惑”。

(2) 消费文化为广告提供了符号体系。仅仅创造一种社会环境显然不能满足广告主的需要，他们还须进一步使消费者产生美好联想，引发他们对商品的兴趣，促成他们对购买的欲望，并与品牌建立起长期而稳固的感情。这些广告目标并不是简单传递广告信息就能达到，它需要消费者在接受广告的同时融入自己的感情，对广告内容进行重构，将“产品的广告”转化为“自己的意义”。

塞缪尔·约翰逊指出“承诺，巨大的承诺，就是广告的灵魂。”在消费社会，通过现代技术下降经济成本的努力已趋临界，功能的同质化现象十分普遍，而在这种前提下，想让产品具有独特的竞争力，就必须赋予产品以独特的符号意义。而出于同样的原因，消费者也将在千姿百态的产品和服务面前茫然失措，转而注重其背后的文化价值和心理意义。

1996 年，一则英语广告引起了作家王蒙的注意，广告首先展示了 1948 年的上海，一个英国小男孩和一个上海小女孩在一起吃麦芽糖、撑木船、走在铁路桥上，小女孩咳嗽了，小男孩忙解下自己的围巾给她围上，画面随后跳转至现代上海，一位英国老先生与一位上海老太太目光相遇，老太太从口袋里掏出那条完好如初的围巾，给身边一个面貌酷似她的小女孩轻轻戴上。于是，王蒙忍不住在感慨道：这段小片“既怀旧又达观、既温柔又节制、既天真又深沉”，它反映了“生活中的美好事物永存不移”。事实上，它的确表达了对“美好事物”的追求，但“永存不移”的不仅是脉脉温情，更是其价格不菲的方格围巾和旗下品类繁多的各式高档服装。

2. 广告传播表现对消费文化的影响

作为商品推销方式之一的广告虽不产生于消费社会，但随着社会经济文化的发展，其内容和表现早已超越了原始的告知阶段，它通过巧妙改造消费者的原有生活，为其呈现五光十色的消费理想，而另一方面，一则成功的广告又将成为消费文化的最大来源，它可以激发人们潜在的消费需求、消费欲望，甚至彻底改变他们的思想观念和生活方式。

(1) 广告为消费文化提供了话语的再生方式。一个社会的话语系统发生了变化，人们的思维方式、选择方式也会相应变化，所以，那些看似平凡的广告语模式有时却能深刻地影响消费社会中的话语再生。1973 年，日本富士复印机公司以 1 336 名青年男女为对象，调查当年日本十大流行语的形成来源，结果发现，该年十种流行口头语均来自广告。可见，广告正是在消费者的不断传播和扩散中，不知不觉地成为社会的主流话语。

“今年过节不收礼，收礼还收脑白金。”（脑白金），“呼机，手机，商务通，一个都不能少。”（商务通），“一旦拥有，别无所求”（飞亚达表）”，“人类失去了联想，世界将会怎样”（联想），这些流行于 90 年代的广告语无不超越了产品自身而被广泛运用于各类谈话，作为消费者在接受广告过程中自我建构的生成意义。

1997 年，以当时红极一时的电视剧《北京人在纽约》的主题歌《千万次地问》为背景音乐，以主演王姬为代言人的孔府家酒广告深得观众好评。“孔府家酒，让人想家。”成为一时之美。而同年，娃哈哈纯净水“我的眼里只有你”则通过美好的爱情场景赋予普通饮用水以浪漫的含义。此外，铁达时表“不在乎天长地久，只在乎曾经拥有”的山盟海誓，南方黑芝麻糊中“一听到芝麻糊的叫卖声”的怀旧情结，则作为人们的集体记忆进入了社会话语的生成，而当广告语成为一个区域的流行话语时，随之而来的消费也将自然而然地渗透到社会的各个角落之中。

（2）广告协助西方文化大举进入。90 年代中后期，整个社会对改革的态度发生了重大变化，国际交流空前频繁，人们也逐渐融入了真正的全球化洪流。

消费文化强调通过物质的占有或消费来达到心理的满足，在这方面，国外公司早已掌握了丰富的大众销售技巧，跨国公司的全球经营也非常适用于专门信息的广泛蔓延，而广告作为最得心应手的营销工具，更专注于品牌精神的广泛传播。在这个阶段，麦当劳就通过密集直观的广告集中体现了它的品牌形象，而作为美国精神的传递者，它在广告中所呈现出的周到服务、清洁环境和永远欢乐的人群，更代表着美国文化的现代标准，而给中国消费者留下了深刻印象。此外，耐克通过“just do it”为普通人指点迷津，被年轻一代视为运动精神的象征；而巴黎香水的购买者也绝非只购买润肤、醒神、驻颜等产品功效，更是间接购买了千万美元的投资宣传和由超凡脱俗的名模所承载的西方魅力。

（3）培育特定的消费阶层。一般说来，消费文化包括了各种产品和服务，这并非巧合，恰是互为因果，正像卡尔文·库利奇所言，“大众的需求几乎完全是通过广告的发展而创造出来的。”

90 年代，中国出现了自己的中产阶级，广告自此表现出极强的倾向性。1992 年一个著名的洋酒广告以“人头马一开，好运自然来”为广告语，广告画面则充斥着迷幻的酒吧、摇曳的灯光和哗哗作响的牌局，硬币滚滚而下和牌的笑声伴随着眉飞色舞的美女，这种花花世界的极致气息既是刺激的，也是迷人的，其喧嚣激荡的音乐声宣告着一个新阶层的迅速崛起。

在最具影响力的广告语评选中，戴比尔斯公司的“钻石恒久远，一颗永流传”始终榜上有名。这句来自英文版“The Diamond is Forever”的广告语自 1953 年推出以来沿用至今，1993 年传入中国后不仅家喻户晓，更使购买结婚钻戒这样的西方礼仪很快为国人所接受，进而培育出一个坚定不移且日渐庞大的消费阶层，并在很大程度上改变了中国传统的婚庆习俗。

进入 21 世纪后，消费文化愈加铺天盖地：肆无忌惮的娱乐节目，无孔不入的产品信息，传媒左右视听的巨大力量既得到了广泛的承认，也受到了广泛的质疑。在这样的历史进程中，广告还将继续其与消费文化的密切接触，而在近乎水乳交融的互动中如何趋利避害，如何将这种不可逆转、不可回避的现实引向对人类更有利的前方，依然是一个值得深思的问题。

【参考文献】

[1]［法］让·鲍德里亚．消费社会［M］．南京：南京大学出版社，2001.
[2] 郭颖．广告传播表现对消费文化的影响［J］．商场现代化，2008（2）．
[3] 黄勤，张益宁．论后现代主义对消费文化的影响［J］．消费导刊，2008（24）．
[4] 范鲁斌．中国广告 25 年［M］．北京：中国大百科全书出版社，2004.
[5] 许俊基．中国广告史［M］．北京：中国传媒大学出版社，2007.
[6] 戴慧思，卢汉龙．消费文化与消费革命［J］．社会学研究，2001（5）．

【作者简介】

薛菁，中央美术学院美术学硕士，北京工业大学广告系讲师，主要研究方向：当代艺术、广告创意、品牌管理等。

符号的诡计:罗兰·巴特“神话学”视域中的广告传播机制

张丰年

一、理论渊源:《神话》中的“神话学”理论

罗兰·巴特是法国20世纪符号学的重要代表人物，其符号理论主要集中在《符号学原理》和《神话》两本书中，而《神话》一书，尤其值得我们重视，该书共分两个部分：第一部分是一组评论性的短文，是巴特对当时法国多种文化现象所作的神话学解读，实质上可理解为是对大众文化现象所作的意识形态揭示。第二部分是以一篇长文——《现代神话》对全书所作的理论阐释，其中我们看到，符号学在大众文化及传播学研究中的一种实践。巴特所谓的“神话”，不是传统意义上的神话，“而是指一个社会构造出来的以维持和证实自身存在的各种意向和信仰的复杂系统。”① 从“神话”的构成结构来看，巴特是借助于符号学的“二级系统”来构造其“神话学”运用模式的。二级符号系统是巴特根据索绪尔的能指/所指语言学模式发展而来的，这个系统可以如图1所示。

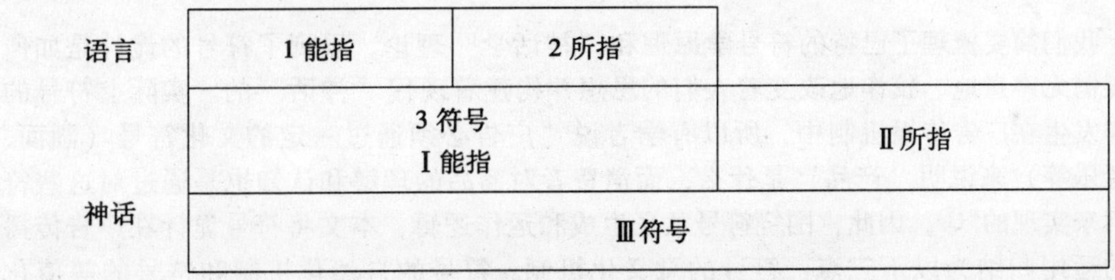

图1　索绪尔的能指1所指语言学模式

在此我们有必要先来认识一下索绪尔在《普通语言学教程》中的基本概念：能指和所指。索绪尔称，语言符号是由能指和所指构成，能指指印象形象，所指是概念，两者的结合就是符号。举例说，能指是表达其他事物的事物，所指是能指所表达事物的意义，能指“狗”（发音“Gou”）被用来表示一种多毛四足动物（所指），这里我们看到的这个印刷字“狗”及其发音“Gou”就是一个能指，而所指是我们在阅读能指“狗”以后在我们头脑中所获得的概念（那个多毛四足动物）。两者的结合就形成了一个完整的符号。在二级符号学系统中有两个表意系统，第一级符号系统是索绪尔的语言学系统，第二级系统是巴特的“神话学”系统。巴特认为：索绪尔的“能指+所指=符号”只是符号表意的第一个层次，而这个层次的符号又组成新的能指，即第二层表意系统的能指，并指向一个新的所指，构成一个新的符号，即第二级系统的符号，正是这个新的符号的形成构成其所谓的“神话”。比如上例中作为第一级符号系统的最终术语或符号的“狗”现在成了第二级系统中的初始术

① ［英］特伦斯·霍克斯著．结构主义与符号学［M］．瞿铁鹏，等译．上海：上海译文出版社，1987：110.

语或能指“狗”，那么它的所指就是“忠实”，“忠实”成为神话系统中的所指，于是产生新的“神话”符号。可以看出，与索绪尔的语言学不同，“神话”是一种双重系统。

为了论述的方便，在此举例展示一个具体的“神话”建构过程。在《神话》一书中，巴特提到一个例子：在《巴黎竞赛画报》的封面上，一个黑人士兵向法国国旗致敬。用“神话学”的方法来解读，就是其表明了法国的殖民主义和帝国的强大力量。为什么？我们套用图2来作分析。

语言	1能指（黑人敬礼的照片）	2所指（一个黑人在敬礼）	
神话	3符号（黑人在敬礼） Ⅰ能指（黑人在敬礼）		Ⅱ所指（法国的殖民主义和帝国的强大力量）
	Ⅲ符号（黑人敬礼的照片象征或隐喻法国的强大）		

图2　“神话学”方法分析黑人敬礼

这里我们不仅澄清了几个概念，也看到了“神话”的具体发生过程：第一级系统中的符号向第二级系统中的能指转化。在这一转化过程中，初级系统的符号被去除了其具体的、偶然的、即刻性的历史内容而意义不完整，但这种符号意义的不完整性为第二级符号系统中的所指对其进行变形与意义附加提供了契机，并最终为神话的意指作用做好了准备。

二、符号诡计与广告传播机制

以上我们简要梳理了巴特的符号学原理和“神话学”理论，看到了符号的诡计是如何通过传媒悄无声息地、狡诈地改变着人们的思想并构建着现代“神话”的。实际上符号的诡计同样发生在广告传播机制中，所以有学者说“广告必须通过一定的文化符号（画面、文字、音乐等）来说明‘产品’是什么，而消费者对商品的理解和认知也是通过对这些符号的解读来实现的”①，因此，围绕符号意义生成和运作逻辑，本文将符号诡计在广告传播机制中的运用归纳为以下三点：符号的意义化机制、符号的自然化机制和符号的等值化机制。

1. 符号的意义化机制

符号的意义化机制有两种情形，第一种情形是它通过与文化的合谋给原本毫无意义的产品赋予了丰沛的文化意蕴，将一个空洞的能指变幻成一个意义丰赡的所指。此时，在能指/所指关系中原本处于弱势的能指正好给意义的灌输提供了契机，比如“希望工程”有一幅著名的广告招贴画“大眼睛小女孩——一个瞪着一双渴望的大眼睛的贫困乡村小女孩伏在课桌前”，当这个“大眼睛小女孩”仅仅成为一种表达其他事物（比如贫困乡村孩子渴望读书）的能指时，这个小女孩的真实身份和历史就丧失了，能指被掏空，直到新的意义（贫困乡村孩子渴望读书）灌输进来，广告中作为真实个体的小女孩已经退隐幕后，此时该照片（招贴画）已具备了神话层面的所指即贫困乡村孩子渴望读书的意义。广告的传播机制其实就是非常隐蔽地把握住了这一点。这也正是巴特符号学的基本概念：“任何事物都不能

① 贺雪飞．文化符号及其象征意义［J］．现代传播，2006（5）．

代表他们自身，而是要靠社会和文化的灌注才能获得意义"。① 以"雀巢"咖啡为例套用罗兰·巴特的能指、所指图示，可以清晰地看到符号的意义化机制在广告传播机制中的运作原理，如图3所示：

Ⅰ. 产品符号("雀巢" 牌咖啡) (能指$_2$)		Ⅱ. 价值、意义（家庭、关爱、温暖和品质） (所指$_2$)
1. 商品名称标识包装("雀巢"、母鸟喂雏商标等) (能指$_1$)	2. 产品（一种咖啡） (所指$_1$)	

图3 罗兰·巴特的能指、所指图示分析"雀巢"咖啡

在符号的第一层面上，能指$_1$"雀巢"和所指$_1$（一种咖啡）之间的意指关系是随意的，当然"雀巢"的命名实际上是以其创始人亨利·纳司尔（Henri Nestlé）的名字来命名的，但是巧合的是"Nestlé"在普通词汇中的意思竟是"舒适的鸟巢"，有"拥抱"、"依依"的意思，正好体现了早期"雀巢"产品——奶粉的主题，因此它的商标图案也是一只母鸟在喂养两只小鸟。所以在第二层面上，"雀巢"品牌或符号在"母鸟喂雏"联想的不断刺激中，"母性"精神渐渐投射到"雀巢"这个能指（能指$_2$）之上，进而产生新的所指（所指$_2$）："家庭、关爱、温暖和品质"等意义，而最初的纳司尔的名字却被人遗忘，这个第二层面就是巴特所谓的"神话"层面。所以，在这里我们看到商品符号和包装（能指$_1$）与产品（所指$_1$），构成第一级系统亦即语言层面，而第二级系统亦即神话层面，构成消费者眼中的价值和意义（所指$_2$）。符号的意义化机制就是不断地将产品由语言层面推向神话层面，在这个过程中第一级系统中的能指$_1$的意义渐渐被掏空，直到产生新的意义：所指$_2$。

第二种情形是一对矛盾：一方面我们称能指和所指彼此对应，一方面我们又说一个所指可以寻找到多种不同的能指来表征。那么怎么样来理解这对矛盾呢？或者说这对矛盾在广告传播机制中又会起到什么样的作用呢？比如在篮球巨星姚明代言的广告中，有运动衣、球鞋、牛奶、饮料、MP4、移动通信甚至保险公司等，这些林林总总的产品之间的差异是显而易见的，那么为什么都可以用姚明来为其代言呢？或者说姚明的意义是怎样被随意地用在这些种类繁多的产品上的呢？这里如果我们把姚明当成一个所指（积极、健康、进取、奋斗）的话，看看会发生什么情况如图4所示：

Ⅰ. 产品符号（和姚明发生了关联的产品） (能指$_2$)		Ⅱ. 价值、意义（积极、健康、进取、奋斗） (所指$_2$)
1. 姚明和耐克鞋，可口可乐饮料、中国网通、中国人寿 (能指$_1$)	2. 姚明用各种产品 (所指$_1$)	

图4 罗兰·巴特的能指、所指图示分析姚明代言

能指$_1$与所指$_1$构成品牌符号的第一系统——语言层面，能指$_1$和所指$_1$之间的联系是任意的，比如这个代言人也可以是刘翔、郭晶晶等；但是在神话层面，所指$_2$与能指$_1$之间的相似性遮

① ［英］理查德·豪厄尔斯著．视觉文化［M］．葛红兵，等译．南宁：广西师范大学出版社，2007：85.

蔽了他们之间的任意性关系，并将其固定下来，能指$_1$直接指向所指$_2$。此时神话层面已成为广告传播机制的焦点——意义在此被放大了：在语言层面能指总是坚持不懈地将产品与各种美好的事物相联系，而这种美好事物正是神话层面的所指。在这里就是说不管是什么产品能指最终都统统指向一个神话所指：积极、健康、进取、奋斗的姚明。姚明的意义就是这样在这些名目繁多的产品之间跳来跳去的，如图5所示：

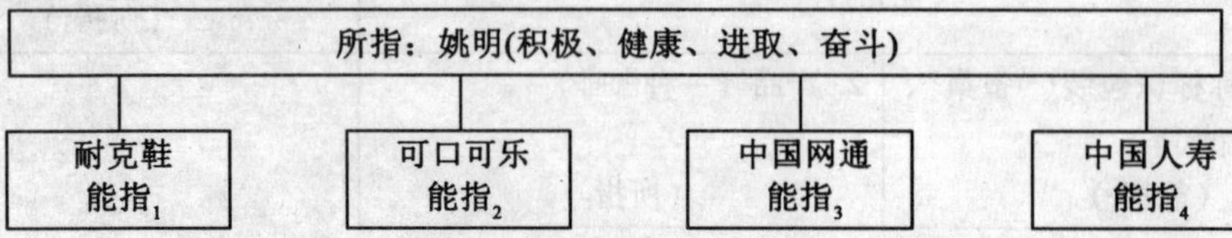

图5　姚明代言的意义

能指/所指虽不对等，但是能指/所指彼此对应，正是因为能指处在弱势，意义随时可以被清空，强大的所指意义才能最终顺利指向不同的产品能指。如此符号的意义化才再次成为可能。

2. 符号的自然化机制

巴特“神话学”运作的主要方式是将历史自然化，即将神话所呈现的意义当做是自然形成的而非历史或社会化的产物。同理，广告传播的内在机制也是一个符号的自然化过程，所谓符号的自然化就是在掏空语言层面的能指的原初意义并赋予其新鲜意义（神话层面的所指）的同时遮蔽其中的社会、历史、政治、文化因素，使它看起来是自然的，正当的，不言而喻的。那么自然化作为一种符号运行机制其原理何在呢？要深入探讨这一问题就必须引入巴特《符号学原理》中提到的一对重要概念：内涵与外延。巴特是把这两个概念并列论述的（在此本文为了论述的方便将其分开，先阐释“内涵”与符号的自然化的关系，在下一部分再分析“外延”与符号的等值化的关系）。他在《符号学原理》中指出：

所有意指系统都包含一个表达层面（E）和一个内容层面（C），意指行为则相当于这两个层面之间的关系（R）：ERC。现在我们假定，从这个ERC系统延伸出第二个系统，前者变成后者的一个简单要素，这样，我们就面临两个意指系统，第一种情况是，第一个系统（ERC）变成了第二个系统的表达层或能指：

2　　E　　R　　C

1　　ERC

也可表示为图6所示：

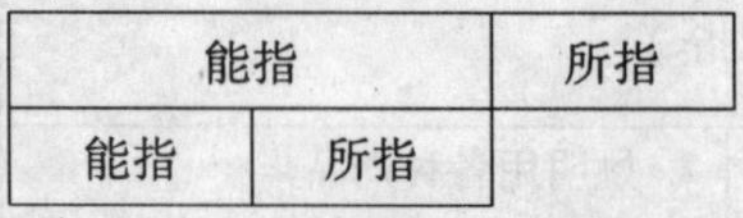

图6　能指、所指层面图

或表示为：（ERC）RC。这种情况即叶姆斯列夫所说的内涵符号学，即第一个系统构成外延层面，第二个系统构成内涵层面。我们可以说，内涵系统是这样一个系统，它的表达层面本身由一个意指系统组成。包含能指、所指及把二者结合在一起的过程（意指过程）；同时它又告诉我们在内涵符号学中，第一系统中的符号构成第二系统中的能指①（如图6所示）。

① ［法］罗兰·巴特著．符号学原理［M］．王东亮，等译．北京：三联书店出版社，1999：83-84，86-87.

自然化的第一层含义是指能指与所指之间的约定俗成，这种约定俗成使能指与所指在人们的意识里就变成了自然而然的事情，实际上这种约定俗成是充满着“任意性”和“荒谬性”的，比如今天的人们不会纳闷为什么把某种植物叫做玫瑰花，而不叫别的什么名字，以为这是自然的，殊不知这其实是一种人为的意指作用（因为一开始如果我们把这种植物称作海棠花或者随便什么名字都可以），这是在语言的层面完成的自然化的第一步。自然化的第二层含义是发生在某种语境中，是在第一层含义的基础上完成的一个寓言式的含蓄意指，如图7所示：

E_2 R_2		C_2 爱情
E_1 玫瑰花 R_1	C_1 一种植物	

图7 自然化的层级图

这个寓言式的含蓄意指就是语言层面的能指 E_1（玫瑰花）最终指向神话层面的所指 C_2（爱情），寓言性遮蔽了它们之间的任意性，使得信息的接受者不再关注能指 E_2 是由能指 E_1 与所指 C_1 共同构成而是直接奔向所指 C_2，毫无选择地全盘接受所指 C_2；不再关注玫瑰花（能指 E_1）首先是一种植物（所指 C_1）而是直接奔向玫瑰花（能指 E_1）象征着爱情（所指 C_2）这个信息，破坏玫瑰花作为能指 E_1 与作为一种植物的所指 C_1 之间的“自然的”联系，反而强调它与爱情的相似性和联系，由此遮蔽了信息的中介能指 E_2 的形成过程（$E_1R_1C_1$），从而掩盖了含蓄意指形成过程中的社会性、历史性、文化性、意识形态性。①

广告就是在自然化的第二层含义中发生作用的，这里所说的寓言式的含蓄意指，就是所指 C_2 与能指 E_1 之间的任意性关系被掩盖，相反却将它们之间人为的相似性当做是自然天成，从而使含蓄意指所携带的社会文化意义被遮蔽，于是，一切都自然化了。举一个例子可能会更好地说明我们应该怎样在广告传播实践中理解和运用“自然化”机制，“美好时光·海苔”：这当然是一个卖海苔的广告，但是它在这个海产品前面加了一个前置：“美好时光”，场景是春天的一处家庭花园，父亲和女儿满面笑容依偎在开满鲜花的栅栏后，母亲适时地递上海苔把这个三口之家的幸福温馨聚焦放大，从而完成一个完美家庭的展示，这则广告在告诉我们：海苔，就是你的美好时光。套用图7描绘出如图8所示：

E_2 R_2		C_2 幸福家庭
E_1 “美好时光·海苔” R_1	C_1 一种食品	

图8 “美好时光·海苔”的层级图

E_1 自然的指向 C_2，这种自然化的机制是整个广告传播机制得以完成的关键和前提，广告中所有的故事都经由这样的能指、所指演绎而自然化了，虽然事实上它不是自然的，比如，所有的幸福家庭都是父亲、母亲和女儿组成的，这是自然的吗？幸福和小食品带来的口腹满足是不可分割的，这是自然的吗？“美好时光·海苔”作为一个能指 E_1 摆脱了其作为一个所指的“一种食品”（C_1），直接演变成了所指 C_2——幸福家庭，这是自然的吗？但这就是广告传播中不可或缺的符号的自然化机制。

① 有关“自然化”的说明参见隋岩．符号传播意义的机制［J］．新闻与传播研究，2008（3）．

3. 符号的等值化机制

所谓符号的等值化就是使原本只指代某一个别现象的符号经等值置换而获得普适的意义，由表征个别而代表全体，等值化在广告传播实践中发挥着决定性的作用，从某种意义上说广告是经由符号的等值化才被受众接受的。罗兰·巴特在《符号学原理》中论述“外延”概念时对此有专门的表述：

第一系统（ERC）不再是内涵意指中的表达层面，而是第二系统的内容层面或所指：

2　　E　　R　　C

1　　　　　　　ERC

或表示为：ER（ERC）。所有的元语言都属此类。元语言是这样一个系统，它的内容层面本身由一个意指系统组成。也可以表示为图 9 所示：

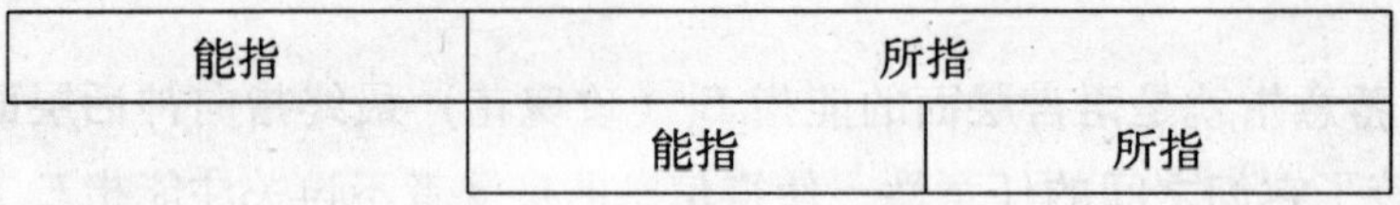

图 9　元语言的意指系统

而在外延符号学即元语言中，我们则看到一个复合的整体，其中处在外延层次上的语言即元语言，而元语言又通过一个内涵过程被把握，如图 10 所示：

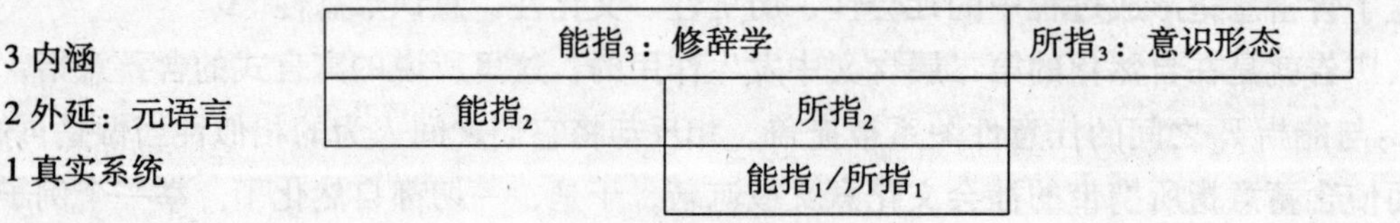

图 10　元语言的内涵过程

在这个图示中，最下面即第一层为真实系统，第二层为术语系统，第三层为修辞系统，从这个图示中可以看出，当元语言系统作为整体进入到修辞系统时（即由图示中 2 进入到 3 的时候），原来直观的描述，在修辞系统中就具有更为宽泛的意义，最终成为一个新的所指即意识形态，这一点在符号的意义化机制和自然化机制中都有表现。而在元语言系统进入真实系统时（即由图示中 2 进入到 1 时），则元语言中的能指（能指$_2$）往往会和真实系统中的能指（能指$_1$）产生等值置换，因为在元语言中能指$_2$指向所指$_2$，而在真实系统和元语言的关系中，能指$_1$/所指$_1$作为一个符号也指向所指$_2$，等值化过程用一个公式可表示为：

因为：能指$_2$ = 所指$_2$；所指$_2$ = 能指$_1$/所指$_1$；

所以：能指$_2$ = 能指$_1$/所指$_1$，而能指$_1$/所指$_1$等于一个意指组合，能指$_2$也等于这个意指组合。

结论：能指$_2$ = 能指$_1$

可见等值化机制就是通过元语言的建构，以个别代全体，并且把已经被自然化的含蓄意指的所指延展开来，使个别现象获得普适意义，那么，等值化机制在广告传播中是怎样运用的呢？

比如最初的“百年润发·洗发液”电视广告，其中一个经典的镜头，周润发深情款款地在为一个姑娘冲洗乌发，周润发笑容满面，那姑娘更是陶醉其中。如果说这是一个能指，那么，其神化层面的所指就应该是“举案齐眉”的温馨爱情，如图 11 所示：

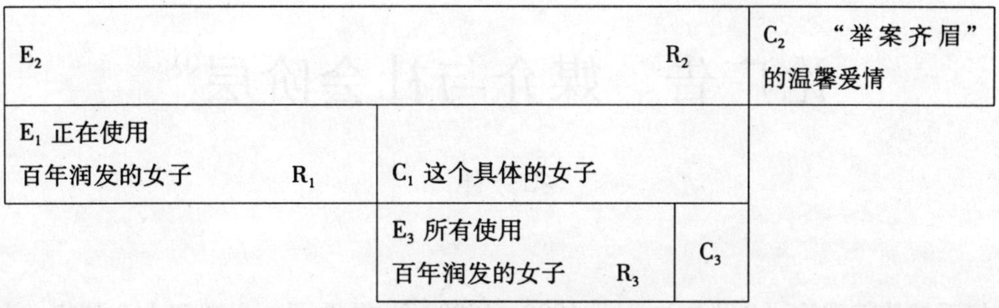

图 11　“百年润发洗发液”电视广告的能指与所指

按照元语言的理论，元语言组合中的一个意指组合（$E_3R_3C_3$）成为另一个意指组合（$E_1R_1C_1$）的所指表达层面，$E_1=E_3$，部分代替全体，等值化机制启动：所有使用“百年润发”的女子，都能像镜头中的幸福姑娘一样，享有“举案齐眉”的温馨爱情。于是，渴望浪漫爱情的女性受众眨眼间变成这款洗发液的消费者。

当然，在具体的广告传播实践中，所谓符号的意义化机制、自然化机制和等值化机制并不是孤立的，而是相互作用的整合体系：意义化使广告符号得以清空能指而走向意义丰赡的所指，自然化则是遮蔽了意义化过程的社会历史性而使神话层面的所指意义成为浑然天成，等值化是通过部分代全体把已经被自然化的含蓄意指的所指延展为普适意义从而最终完成广告传播。

【参考文献】

[1]［英］特伦斯·霍克斯．结构主义与符号学［M］．瞿铁鹏，等译，上海：上海译文出版社，1987.

[2]［英］理查德·豪厄尔斯．视觉文化［M］．葛红兵，等译，南宁：广西师范大学出版社，2007.

[3] 贺雪飞．文化符号及其象征意义［J］．现代传播，2006（5）．

[4]［法］罗兰·巴特．符号学原理［M］．王东亮，等译，北京：三联书店出版社，1999.

[5] 隋岩．符号传播意义的机制［J］．新闻与传播研究，2008（3）．

【作者简介】

张丰年，河南财经政法大学文化传播系教授，研究方向：广告传播。

论广告、媒介与社会阶层①

孔秀祥

传媒系统依赖理论（Ball Rokeach，1985，1988）② 提供了一个理解大众传媒、各种观众和社会团体或系统之间依赖关系的框架。③ 随着广告主广告投入的不断增加，与广告传播、广告效度有关的方方面面都在改变着，广告不仅影响着广告业的生存状态，也改变着其他相关行业的生存状态与生存法则。

技术继续推动媒体的变化。而媒体的变化正在推动消费行为的分化。各种媒体的数字化也将加速这些变化，加速大众媒体的终结和越来越多的受众分化。

广告不仅仅是一种传播商品信息的促销工具，还对文化形态的发展、文化传播载体运作模式都起着一定的制约与导向的作用，波德里亚④所说的消费社会中，代表消费意志的广告成为推动文化形态发展的底层力量。广告本身也具有鲜明的文化属性并起着文化传播的功能。社会文化的易变性和多样性，使其以各式各样的形态和现象存在于现代社会的各个层面，并不断发挥着文化自身的作用和影响力；而作为社会文化的组成部分，广告传播对社会生活、社会文化有着全方位的渗透和影响。社会文化和广告传播之间有着密切联系，并且相互影响。对于社会文化与广告传播之间关系这一主题的深入探讨存在着一定的难度。文化热点和文化阶层是当前社会中较为典型的社会文化形态和现象，据此，本文试从文化阶层作用于受众的角度，分析其对于广告创意、传播各环节影响的文化意义。

一、广告传播细分与社会消费阶层的相互关系

1. 社会消费阶层与媒介覆盖

“即使是现在，要想接触大规模的受众群体也具有极大的挑战性。随着不同人口统计群体的观念、行为和文化的差别越来越大，为了有效地用传统的媒体接触一个群体，另外一个群体最少会感到被边缘化，更糟的是会感觉受到侮辱。避开你不想接触的群体与接触你想接触的群体一样重要。这种历史动力本身还表现在对品牌的使用上。”⑤

社会层面上最主要的需求心理就是等级差别需求，这是由人的社会性所决定的。凯恩斯

① 本文系“媒介为广告而作：从广告角度透视文化热点与媒体的关系”（见戴元光主编．传媒·传播·传播学——全球化与广告新理念［M］．上海：上海交通大学出版社，2008）的后续篇。

② Ball-Rokeach, S. J.. The Origins of Individual Media-system Dependency: A Sociological Framework[J]. *Communication Research*, 1985(12):485-510; Ball-Rokeach, S. J.. Media System Dependency Theory[M]//M. L. DeFleur & S. J. Ball Rokeach, eds.. *Theory of Mass Communication*, New York: Longman, 1988:297-327.

③ ［美］詹宁斯·布赖恩特，苏姗·汤普森．传媒效果概论［M］．北京：北京广播学院出版社，2004：316.

④ 让·波德里亚．消费社会［M］．南京：南京大学出版社，2004.

⑤ ［美］Mark Austin（马克·奥斯汀），Jim Aitchison（吉姆·艾吉森）．还有人看广告吗？［M］．郑梭南，译，北京：高等教育出版社，2005：134.

曾经说过："人的需求大体可以分为两种，一种是人们在任何情况下都会感到必不可少的绝对需求；另一种是相对意义上的，能使我们超越他人，感到优越自尊的那一类需求。第二种需要，即满足人们优越感的需要是永无止境的。"① 这表现在社会交往和社会传播领域，就是社会阶层较高的人就更倾向于彰显基于本阶层的"群体认同"，以便与较低阶层的人形成区隔，从而保持其在社会中的地位；而社会阶层较低的人就倾向于向更高的社会阶层攀升，并获得社会的承认和接纳。

这些需求既是人性的光辉点，也是人性的弱点，广告经常利用这种阶层的认同，阶层的提升为手段来进行有效的诉求。有些广告语明白提出某物的拥有与使用可以让人们提升到某一社会阶层，更多的是从获得尊严、彰显身份等与社会阶层相关的具体内容作为诉求点。

社会阶层相同的人，其共同平台、公共空间较为集中，媒介覆盖相对比较容易，而消费阶层比较分散，从大众传播的角度看，接触特定的消费阶层有一定的困难。而且消费阶层相对比较难以定义。具有相同消费倾向的人的集合是消费阶层。对特定商品有兴趣，有需求的人的集合为目标消费群，或消费圈。媒体在尽力营造或吸引消费者群体与阶层。在这方面互联网有其独到的优势，像社交网络、网络社区都可以在这方面有较好的发展。Dell 公司利用推特形成一个不小的消费圈，是在推特上最先营销成功的代表。②

2. 商品成为社会地位象征符号

不同于传统社会的秩序系统，人的社会地位与生俱来，由血统、宗教、政治背景等给予个人明确的社会地位的界定，而要突破这个界定的途径则十分有限，在中国古代只有通过科举、军功等极少的途径可以改变一个人的社会阶层。现代社会，自然人可以通过相对多的途径来改变自身的社会地位与社会阶层，由于社会流动加快，社会群体的经济与社会地位都在发生着急剧的沉浮升降的变化，单位与职位不再是衡量个人的身份和地位的刚性标准，与消费能力之间也较少有正相关的联系。消费能力与收入、财富和社会阶层的自我认同等关系较为密切，消费能力是社会阶层划分的依据，特别是消费社会里尤其如此。

在现代社会中，消费不只是物质的实践，还涉及某些意义系统。符号商品的价值是由原料的天然属性和技术水平决定的使用价值、由市场体制和生产力水平决定的经济价值以及由社会文化系统和社会关系结构决定的象征价值三者所组成。而商品的第三价值，就正如社会人类学者道格拉斯（M. Douglas）所阐述的："是来自于商品具有代表社会地位、象征或荣耀的能力，而足以显示消费者所参与的地位集团特质"。③

首先，通过广告创作活动，使商品具有符号象征意义。广告使消费品变成代表某种文化含义的符号象征，或是让消费者在消费品和某种文化意义之间取得某种习惯性联想，而这些文化意义的社会指向就是特定的社会阶层。广告就是要在文化的意义秩序和物品的符号秩序中找到意指点和结合点。象征意义和社会阶层之间是一种对应的解释的关系，他们之间的关联是在社会结构和社会等级意义上就已经决定了的。而象征意义和符号商品之间是一种强制性的解释关系，也就是人们通过一系列的广告传播活动，人为地、强制性地建立起来的关联。广告的创作活动就是首先在社会阶层的文化层面中抽象出相应的象征意义，然后把这种象征意义比附在所要宣传的商品上，使商品向广告定义的象征意义靠拢，于是，能够代表相应社会阶层的符号商品就被创造出来了。

其次，通过广告传播活动，把所定义的象征意义传播给社会大众使其成为象征价值。由

① 谷虹．广告传播等级差别的需求心理［J］．广告与发行，2003（5）：33.

② 借助 Twitter，戴尔 DellOutlet 销售收入突破 200 万美元［EB/OL］. http://blog. sina. com. cn/s/blog_4d08eb0b0100dva9. html.

③ 谷虹．广告传播等级差别的需求心理［J］．广告与发行，2003（5）：33.

于广告创作中赋予商品的象征意义是带有一定的强制性，并非约定俗成，更不是客观存在。所以，广告需要通过各种大众媒介的渠道向社会公众进行广泛的传播，把这一符号以及符号所表达的广告主意志灌输给消费者，从而对消费者产生潜移默化的影响，使这一符号的象征意义转变成象征价值。例如：在20世纪70年代，拥有一只手表本身就代表着财富，代表着较高的社会地位。在80年代，拥有一只质量过硬或者是有日历防水的手表，就比拥有其他手表的人更有优越感；但在人人都可以拥有手表并且手表的功能足以让你眼花缭乱的90年代，似乎就只有一句“不在乎天长地久，只在乎曾经拥有”，才能使铁达时手表鹤立鸡群了。当然更有一些奢侈品牌的手表代表着豪奢与极品，像百达翡丽什么的。

商品第三价值的建立、消解与维护是现代市场与广告不断演绎的故事，新品刚出时可以塑造其较高的第三价值，但随着生产规模的扩大，边际价值递减效应的作用下，第三价值随之被消解。之后需要更新的产品来承担消失的第三价值，或者利用品牌来保持一些第三价值。

二、基于阶层文化多样化接受特征的广告表现

1. 阶层文化与广告目标受众分析

在融入世界经济体系的同时，我们步入一个消费社会，广告促使消费文化更广泛地渗透到我们生活领域的方方面面。广告的传播与喧嚣，对社会各阶层的价值观念、生活方式等产生冲击，同时社会各阶层的文化也在制约着广告的策划、创意、制作与传播的方方面面。市场细分是营销界包括广告和媒介针对社会阶层的策略，这个策略的实施带来的市场细零化和传播碎片化。这是对于大众化、规模化营销的一种新的挑战。

那些为特殊群体设计生产的商品，已经不太适合在大众媒介上投放广告，同时也比较难以找到真正能够覆盖大众的媒介了。麦当劳把越来越多的广告费从大众营销媒介转移到更为精准的分众管道上。分众管道多种多样，包括在西班牙式酒吧里，播放针对运动族群所拍摄的广告短片等。在我国阶层分化日趋明显、社会阶层日益多元化的今天，广告传播的阶层定位日趋重要。需要根据受众需求的差异性，面向特定的受众，制订针对性广告传播策略，进行分众化的广告创意与设计。

在制订广告传播策略时，就要在市场调研的基础上，分析消费者所在的社会阶层文化，分析消费者的不同需求，真正做到根据目标消费群体的需求准确投放广告，从而使定位准确、特色鲜明，形成稳固目标消费群。

2. 阶层文化与广告诉求

广告诉求的提炼受制于商品特点与目标消费群体的需求。目标消费群体的社会阶层特性会影响广告诉求的提炼与表现。社会阶层及其消费观念在美国学者保罗·福塞尔《格调——社会等级与生活品位》① 有较为系统的阐述。关于消费者的研究也会将焦点集中到各消费阶层的消费特点上。曾经在网上火爆，并引起《南方周末》关注的有关中国贵族生活方式及其消费观的帖子向人们揭示了中国社会阶层分化的问题。社会阶层客观存在，在物质生活日益丰富的时代，各阶层之间会用不同的物质形态或符号标记来相互区别。诚如保罗·福塞尔所言人们对于其所期望的社会阶层（如中产阶级期望成为上层阶级，上层阶级就是中产阶级的期望阶层。）的物质形态与符号标记会表现出较强的拥有兴趣。

中国现阶段的阶层分类主要表现在对于物质的支配能力上，在政府拉动内需的政策导向

① 保罗·福塞尔. 格调——社会等级与生活品位［M］. 北京：中国社会科学出版社，1998.

下，广告中的物质享乐主义表现得较为突出，美女要脸皮，要身材，男人要豪宅、名车、美女，之后健康需求，休闲需求，格调需求的提出都与特定的时代与特定阶层相关，在广告表现上出现的人物形象，背景或场所多少会与目标消费者的期望阶层相关。

广告是一种运用符号来创造符号的活动，在广告中会出现很多与目标消费者所期望社会阶层相关联的物质形象和人物形象，这些形象本身就是构成关联的符号。一方面，广告必须选择有利于表现商品特征、有利于强化品牌的形象符号；另一方面，代表形象，例如品牌代言人形象的选择、广告中生活环境等的选择，也在很大程度上受到期望社会阶层群体文化取向、艺术偏好的影响。不同的物质符号代表了不同的社会阶层，广告运用这些物质符号，需要与相关的社会阶层的文化相一致。深入把握目标阶层对此类物质符号的价值判断以及全社会对这个阶层所接触的物质符号的价值判断是广告达成有效传播的关键。前者影响到与目标阶层的有效沟通和目标阶层群体认同的产生，后者影响到其他社会阶层对该目标阶层的社会地位和形象的正确认识。例如：以工薪阶层为目标受众的广告，往往会采用简单的表达、较多的形容词或副词，强调产品价格、质量，强调产品与整个生活方式的内在协调；而以中上阶层为目标受众的广告往往会采用复杂的表达、较少的形容词或副词，强调某些自主的评价标准下相对于其他产品的差异和优势，强调产品和遥远的信念之间的联系。

中国的"新富人"们希求在文化层面上进行表达并得到认可，以此来显示他们崭新的身份和非凡的生活趣味。他们遍及各行各业，除了在收入上有着相似性以外，却没有一致的认同感、社会地位、共同的象征，也不存在相同或相似的价值观、生活方式和行为准则，他们只能在更小的范围内，例如以相同的职业或身份来获得该阶层或人群内部的认同。但这个不成阶层的"新富人"群体在消费上却有一些相似处，相应的广告诉求也常常可以在媒体上看到。

白领阶层以特殊的地位和教育背景突出于新富人之间，他们较为明显，而又自觉、稳定的文化诉求与时尚杂志的基本诉求达成了共谋，成为时尚杂志主要的塑造对象，引起了时尚杂志的热潮。

时尚杂志直言不讳地标显自己的身份和品位，以美轮美奂的广告画面和精心设计的文案给白领阶层以强烈的视觉、心理刺激。例如：针对年龄为30岁以上的女性，各式各样的化妆品以能使她们迅速恢复青春和亮丽为诉求，"娇韵诗为您缔造完美肌肤"，"我值得拥有"的巴黎欧莱雅，"推出全新时尚护肤潮流"。各种时尚生活方式通过广告的宣传而一一展现在大众面前。在此，广告所推销的不仅仅是商品，还有商品所被赋予的某种身份、情感和品格，商品在这些符号所具有的象征意义下，成为"有意义的形象"。吸引受众的除了消费品自身的高档豪华外，还有在购买和拥有这些商品时瞬间产生的身份感和荣耀感：他们可以成为强者因为购买了戴比尔斯的钻戒，他们也可摇身一变为时尚先生因为穿上了杰尼亚的时装，她们越来越漂亮迷人因为用资生堂系列护肤品，她们还可成为新潮一族因为持卡购物。可以说，除了在消费行为和消费方式上影响白领阶层之外，广告还在该阶层的生活观念和价值领域引发了一场变革。

3. 文化阶层与媒体细分

大众媒介显然不能适应广告所提出的精准需求。媒介细分而建立有效的广告通道的变化在媒体产业中如雪崩般发生。媒介细分一方面是因为受众接受需求分化，另一方面则是因为广告需要精准的媒介渠道。媒介的价值来自受众的广告接受价值，高收视率，高购买力的受众群体是媒介所追求的目标。媒介策划与定位的积极因素来自于广告的需求，这应该是一个不争的事实，因为收视率而调整栏目的时段，收视率末位淘汰制度，无不围绕着"收视率"三个字在做文章。频道分化，版面细分，如各媒体推出的专门的体育频道，娱乐专版等。

尽管收视率是选择广告媒体的主要依据，但投放广告也不是简单看收视率数值的高低，大众媒体虽然无时无刻地对受众进行着高强度的广告轰炸，但事实上还是有大量的广告预算流失在非目标人群中。

根据受众研究机构分析，影响电视观众收视行为的因素主要有两类：一类来自收视主体——电视观众，包括观众性别、年龄、婚姻家庭、居住地等人口属性因素以及文化程度、职业、收入、生活工作方式、性格爱好等社会属性因素；另一类来自收视客体——电视节目①，包括电视频道构成和节目编排、节目内容、节目时长、播出形式等。目前包括电视在内的很多媒体在深入了解受众的收视习惯、社会阶层、文化水平、年龄、性别、宗教信仰、职业分类等方面的基础上进行细分，根据特定观众的娱乐需求、文化需求、信息需求和心理需求等，划分出一些专业版或专业频道。它们根据不同受众群的兴趣和偏好，在受众最大化和受众细分的结合之间寻求最佳方案。

对广告传播来说，最理想的状态是将广告投放在与目标消费者接近的媒体上。广告"在合适的时间和地点，把合适的信息传递给合适的人"②，传播效果相比较而言也更为理想。例如：一些高端产品的目标消费者，由于他们看电视的时间有限，大多目标很明确地偏向于收看一些资讯、人文意蕴浓厚的文化经济类节目，考虑到这类针对性频道的有限性，可以将频道和栏目板块相结合进行广告投放，比如阳光卫视、央视《新闻调查》、《对话》、《经济半小时》等都会结合相关广告的播出，大大提高目标受众接触广告的几率，而受众的主动接受率又比较高。同等投入，效果可以倍增。

我国的电视媒体，无论是专业频道还是综合频道，在资金来源上都依靠广告主的投入。媒介一方面要了解自己的媒体定位与目标听众的市场对位情况，另一方面，媒介出售给广告商以获取利润的特殊商品，已经不再简单地追求尽量多的受众数量，还有通过细分的媒体频道。例如：音乐频道，所创造和推动的不同的信息，不同趣味的流行文化，把具有相同人口学特征的听众紧密地聚集在一起，以满足广告商对于潜在目标消费者的需求并最终获取利润。一般来说，越靠近广告所要到达的目标，广告越有效，对广告主的吸引也就越大。

对广告受众来说，一方面缓解了广告轰炸和强制广告与自主消费的冲突，另一方面由于广告是针对目标受众的需求提供相关的产品信息，并强调广告宣传点与用户兴趣点的一致性。例如：对汽车、高端IT产品等一些奢侈、高档商品信息感兴趣的受众，便会避开一些电影、电视剧、娱乐等大众化频道，而直接选择在一些文化、经济以及汽车等频道收看广告，大大节省了受众接收广告信息的时间、精神成本。

《躲过雷达》一书的作者指出："消费者就像蟑螂，我们向他们喷洒营销杀虫剂，刚开始一段时间会起作用。然后，不可避免的是，他们具备了免疫力和抗药性。"③

尚扬媒介的亚太区主席马克·奥斯汀认为"在北京、上海等一些大都市，消费者细分的趋势也越来越明显。中国都市中年纪比较大的人群仍然很传统。但是，都市年轻人根据"生活态度"不同细分度很大，他们大多比较追求个性，喜欢炫耀和表现自己的与众不同，但是对某一特定群体有归属感。"④

---

① 谢玲．受众特征——频道定位的新标尺［J］．新闻导刊，2003（6）：28.

② 赵瑞华．窄告：广告投放精准化的尝试［J］．新闻记者，2006（1）：75.

③ 王卓，林思勉．盛世危言——大众广告，离落寞有多远？［J/OL］．［2004-12-15］．成功营销，http://www.nparp.com/blog/user1/nparpblog/archives/2006/293.html.

④ 王卓，林思勉．盛世危言——大众广告，离落寞有多远？［J/OL］．［2004-12-15］．成功营销，http://www.nparp.com/blog/user1/nparpblog/archives/2006/293.html.

三、结　　语

根据文化阶层与广告传播之间的相互作用和影响（如图1所示），可见广告传播形态及其所能取得的效果，在很大程度上取决于其目标受众的状态和需求。而生活在一定社会环境中的受众并非一个孤立的主体，经受特定社会文化的长期熏陶，影响深刻，层次分明。受众的分层与细化也是社会文化多元化的一个表征，这个表征受到了广告业的普遍重视，从而影响到广告的传播形态和方式。

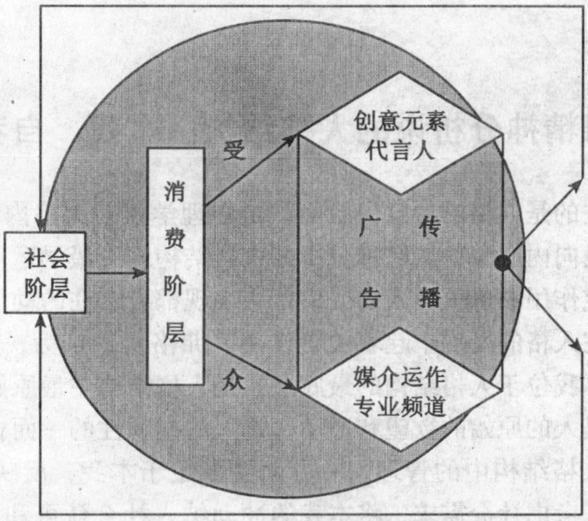

图1　文化阶层与广告传播之间的相互作用和影响

在社会文化和广告传播发展迅速的今天，广告传播与社会文化之间的相互影响、相互促进的关系是多层次的、立体的。广告在创作、传播过程中必须明确认识到这一点。在了解到社会文化的一些形态和现象的可利用性之后，就要全面考虑社会文化通过作用于受众而对广告传播产生的影响，把握文化与广告相互影响的规律性，从而为广告策划、设计与传播服务。

【作者简介】

孔秀祥，上海大学影视艺术与技术学院副教授，硕士生导师。

人性的撕扯与回归：弗洛伊德“人格结构”理论在广告表现中的运用

蔡立媛

一、弗洛伊德精神分析说的人格结构：本我、自我与超我

精神分析学派关注的是人格的潜意识层面，是心理学家对人格内部的最为深层的挖掘，它将探索人性的目光投向内心深处。精神分析的人格结构理论最早运用于医学领域，而后在社会学领域发挥了一定作用和价值。人的任何行为表现都有潜在的动因，潜意识中的生物本能是人的动力源泉，在人格的发展中起着关键作用。弗洛伊德认为，人格由三大系统组成：本我，自我和超我。本我位于人格结构的最底层，是人格结构中最原始、最隐私、最模糊不可及的部分，反映的是人的原始的欲望和冲动，是人的生物性的一面；自我是人与环境的交往过程中形成的，是人格结构中的管理，一方面要立足于本我，反映本我的要求，另一方面，要正视社会现实，考虑社会需求，将本我的冲动纳入社会认可和条件许可的范围之内；超我是人格结构中专管道德的司法部门，在接受传统文化、价值观念和社会理想的过程中逐步形成的，以“自我理想”和“良心”为尺度，提示人们该做什么，不该做什么，超我主动压抑自我的原始冲动，观察批评自我，并通过精神性和生理性手段奖赏与惩罚自我，超我避免自我的过失行为，把人培养成遵纪守法的社会成员。① 本我追求快乐，遵循快乐法则；自我面对现实，遵循唯实法则；超我追求完美，追求唯美原则。

二、爱与痛的回归：本我在广告表现中的运用

本我是个人潜意识的体现。个人潜意识是指人的本能的欲望和精神活动。亲情友情爱情都是人的本能欲望，好奇、性欲，也是人作为自然中存在的生物体从自然中直接获得或遗传所得到的经验、需要、感受。人类又一种本能，也就是追求满足的、享受的、幸福的生活潜意识。这些潜意识元素都以潜在状态存在，在意识范围内是不易出现的。要在意识范畴内去触动消费者的潜意识就必须在意识范畴内寻找刺激物。荣格认为潜意识包括：个人潜意识与集体潜意识。个人潜意识主要指人的本能，许多不易被风俗、惯例、道德等所容的原始冲动和本能，是人类心理最原始也是最不安分的因素，虽然处于心理的最深处，却有着巨大的能量和强烈的活性。② 个人潜意识是心理过程的源泉，是人的精神活动的动力，集体潜意识是个人潜意识派生出来的。也就是，在人的精神过程中，每一种心理活动都是从个人潜意识中的本能的欲望开始的，它是任何显性或潜在心理活动必然要经历的初始阶段。

个人潜意识恰恰就是本我的表现。例如儿童鞋的广告，其主要诉求对象为女性消费者，

① 符国群．消费者行为学［M］．北京：高等教育出版社，2001：126-128.

② 车文博．人本主义心理学［M］．浙江：浙江教育出版社，2003：24-25.

画面是一双母亲的手托着一双小脚，广告语是“如妈妈的手一般温暖舒适的儿童鞋”，这样的画面与文字相配合，勾起了很多消费者内心对母爱、对亲情的回归与渴望，激发了消费者内心世界中涌动的对亲情和母爱的向往与渴求。这个广告恰恰体现了人类心灵深处的本能，也激发了许多母亲灵魂深处的本能的母性与关怀。广告本身最能打动的消费者就是母亲，而母亲又是儿童鞋的倡议者、决策者、购买者与影响者，母亲的态度对产品的购买起着至关重要的作用。归根结底，广告利用消费者的本能，激发消费者的个人潜意识，激起了消费者内心有着巨大能量和强烈活性的母爱。让消费者按照追求快乐的本能去追求幸福和满足感，寻找发泄的去处——那就是收看广告、引起认同、购买产品。

个人潜意识是心理深层的基础和人类活动的根本内驱力，它影响决定着人的全部有意识的生活，人的言行无不受其影响。因而，把被压抑的个人潜意识看做人的本能的真正的精神现实。潜意识并不和被压抑的东西相一致，而一切被压抑的东西都是潜意识中存在的，也是真实的，但不是说所有潜意识都是被压抑的。①

个人潜意识及其支配的行为遵循“唯乐原则”，只是一味地追求快乐与幸福，并不遵循“唯实原则”，即根据外部世界和可能来行事。弗洛伊德认为，潜意识具有原始性、冲动性、非道德性、非逻辑性等特征。所谓冲动性，是因为潜意识总是企图寻找有利的时机显现为意识，因而潜意识具有极强的冲动性，弗洛伊德认为：“被压抑物具有一种向上的强大的内驱力，具有一种努力进入意识状态的冲动。”② 这种冲动性实质上来源于它的原始性，只有潜意识才能有这种本能冲动的能量，前意识和意识则只有借助于潜意识的能量才得以实现。而广告中，恰恰是借助了母爱这一主题，使被压抑物产生一种巨大的向上的内驱力，从而产生冲动。

反之，失去爱将使人经历撕心裂肺的伤痛，这痛同样是由于爱的本能所诱发的。因此，在广告中，利用个人潜意识中消费者爱的本能，可以通过“痛”这一情境来触发和表达。痛是因为爱，消费者有爱的本能才会痛。铁达时表的广告“不在乎天长地久，只在乎曾经拥有”就是在爱的本能中表现出的“痛”的广告。

三、卷入与逃离：自我在广告表现中的运用

受到理性思维的严格控制，本我的冲动就遵循“唯实原则”行事，因为从有机体自我保护的角度来看，如果一味地放纵欲望而不顾客观环境，则个体是很难生存下来的，因此在自我保存本能的影响以及意识的监控之下，唯实原则代替了唯乐原则。当然，唯实原则并非要最终放弃获得快乐与幸福的目的，而是处于自我保护的目的，暂时先放弃这种快乐与满足，时机成熟再去求得快乐与幸福，以此作为通向快乐与幸福的一个曲折的中间环节。③ 集体潜意识与社会密切相关，体现的是社会特性。

自我是集体潜意识的体现。集体潜意识是指社会的大多数成员共同被压抑的领域。由于每个社会都有特定的意识形态、风俗习惯、行为规范和禁忌，因此每个社会都只允许符合该社会需要的思想情感保留于意识之中。那些被压抑和排斥的思想、情感就构成集体潜意识。集体潜意识在受压抑的同时也具有一种向上的冲动。

百丽广告，“百变所以美丽”，就是因为它不断并毫无顾忌的展现其真实的一面（即社

---

① ［奥］弗洛伊德著．弗洛伊德文集（第4卷）［M］．车文博，等译．长春：长春出版社，2004：122.

② ［奥］弗洛伊德著．弗洛伊德文集（第4卷）［M］．车文博，等译．长春：长春出版社，2004：231-234.

③ 孙淑桥．透过弗洛伊德潜意识来探索人的本质［J］．陈东学院学报，2009（9）.

会潜意识)。大胆出位的行为虽然遭到不少人的质疑甚至抵制，但也得到了更多独具个性、紧跟时尚潮流的女性消费者的青睐。①

有一则镇金店平面广告文案深深抓住女人内心想要表达特立独行、个性叛逆的自我，将广告撰写如下：

(一)(画面为一副小巧的手铐)

标题：无人能够锁住我！可是我真希望有人能够。——真女人

广告语：真的女人，真的首饰　镇金店

(二)(画面为标志性别的符号)

标题：坦白地说，我不鼓吹男女平等，因为我不认为男女不平等。——真女人

广告语：真的女人，真的首饰　镇金店

(三)(画面为一板22片避孕药)

标题：避，因为我有责任；不避，因为我尽责任。——真女人。

广告语：真的女人，真的首饰　镇金店

用自己的行动方式去张扬自己的人格，个性，获得自我认同。这个广告是一种突破传统，突破束缚，顺应时代又引领潮流的个性化的思维方式。这是在社会中张扬个性和人格的社会存在方式，它也是自我的表现，这种冒险、率真和叛逆是自我在社会中的行为方式的表达，从某种程度上表现了对现实的不满、困惑和宣泄。恰恰因为这种叛逆与宣泄在现实生活中很难用实际行为表现出来，女性只有在社会允许的范围内表达或寻求表达的方式，而这则广告恰好成为女人们在共同被压抑的领域。符合该社会需要的思想情感保留于意识之中。那些被压抑和排斥的思想、情感就构成了集体潜意识，决定着消费心理和消费行为，同时这些受压抑的行为和思想具有一种向上的冲动和突破的渴望。一旦广告中的文字或画面满足或迎合了消费者的集体潜意识中被压抑的冲动与渴望，那么就得到了消费者潜意识中自我的认同。

广告创造一种使用该产品的生活情景，或展示一种与产品有关的生活模式，有人物、情节、有故事，让人在这种情景或模式引导下进行联想和想象，从而与消费者潜意识中的信息相对应，从而达到消费目的。它是自我的表现，也是符合社会规范、意识形态和风俗习惯的表达，是集体潜意识的表现。耐克的广告语"想做就做"在女性消费者心中形成共鸣，它的人格理念就是——决心、果敢、热情与坚毅。用女性自我审视的方式来表达女性的人格结构和内心。

电视广告：

画面采用强烈的双页黑白画面，一页的背景之上凸显一个个交织在一起的"No"字，广告文案意味深长，语气柔和但充满一种令人感动的关怀与希望：

在你的一生中，有人总认为你不能干这不能干那。在你的一生中，有人总说你不够优秀不够强健不够天赋，他们还说你身高不行体重不行体质不行，不会有所作为。

他们总说你不行。

在你的一生中，他们会成千上万次地不耐烦地、坚定地说你不行。

除非你自己证明你行。

这个广告将心理情景、联想情景和文化情景中产生形象生动的联想，进入氛围，享受良

① 马谋超．广告心理［M］．北京：中国物价出版社，2003：12.

好的感觉。而具体的形象的生动的联想，靠广告的情景来引导和实现。并以此打造专属品质生活女人，彰显现代女性自我的品牌。广告文案如同女性消费者的内心独白，将女性内心想说，说不出的东西表达出来，证明自我，表达自我。

由于封建思想的残余，中国女性在大部分场景或会话中仍处于屈从的地位，几千年的封建社会，为什么男人控制女人，女人却不能控制男人呢？正是这种长期受压抑和压迫的社会地位产生了社会潜意识。要求独立、自主、甚至掌控男人成为女人内心深处想迸发却又必须压抑的社会潜意识。社会越是进步，这种压抑越是像锥子一样要出头。广告为了迎合女性消费者的这种社会潜意识，便写出了“在你的一生中，他们会成千上万次地不耐烦地、坚定地说你不行。除非你自己证明你行。”这样的文字，恰到好处地满足了女性社会潜意识中的控制欲，从而赢得众多女性消费者的青睐。

国际服饰品牌香奈儿一向以高档、奢华、性感而闻名于世，以“身份与财富之象征”的品牌形象成为富有的上流社会的消费宠儿，受到商界、影视界人士的垂青，时尚之余不失高雅，现代气质的华贵和典雅在广告中静静传达。这是一个隐喻的空间，一种暗示和传达。因此消费者潜意识就是消费活动中消费者的一种情感隐喻的空间。人们在消费活动中“不知不觉”做出判断行为和心理，研究连他们自己都不容易意识到的隐喻空间。这种潜在心理就是消费者长期情感和思想的积累，这种长期的原始积累将成为左右消费者购买行为的关键。而这种消费者潜意识就是社会意识、文化和法律法规的产物，在一定的社会环境下，才会形成集体潜意识，也才能形成消费者潜意识。社会潜意识既克服了弗洛伊德仅仅把潜意识应用于“人的性冲动和它们的压抑，很少或根本没有应用于人类存在的广大现实，没有应用于社会现象和政治现象”这一狭隘性，又避免了“正统马克思主义者敏锐地意识到社会行为中的潜意识因素，但是他们却出乎意料地不知道评价个体动机”这一缺陷，从而把个体与社会，主观动机和客观动力统一起来。① 使集体潜意识在广告中发挥重要作用。

四、转移与升华：超我在广告表现中的运用

超我主动压抑自我的原始冲动，观察批评自我，并通过精神性和生理性手段奖赏与惩罚自我，超我避免自我的过失行为。由个体在父母的管教下将社会道德观念内化而成，它包括自我理想和良心，自我理想是自己行为的理想标准，良心是使自己免予犯错的限制，行为符合自我理想，个体就感到骄傲；行为违反了自己的良心，个体就感到焦虑。②

人的行为若不断受到惩罚和压制，就会导致焦虑，进而迫使人把相关经验压抑到潜意识中去。但超我遵循唯美原则，主动压抑自我的原始冲动，它将人内心的欲望转移和升华为一种理想和寄托。

人的身心组织是一个能量系统，能量可以被压抑但不能被消除，为了缓解焦虑，人就会不自觉地采用一些减少焦虑的方式，如压抑、退却、投射、转移和升华。而超我在广告中的表现就是转移和升华。

转移和升华主要是指情感的迁移，在广告中主要是利用消费者对自己的认知和情感迁移到他人或他物上去。将自己的本能的冲动和欲望自觉地压抑，转移到他人或他物上。广告中常用的形式，就是出现一种超现实状态或理想境界。即在广告中出现一种超现实或理想场景，消费者知道是夸张，但却能理解，也因为不易实现或不可能实现而更加向往。例如，有一则汽车的广告，“一条狗看见自己的伴侣死了，以最快的速度迅速地奔跑，至高速公路，毫不犹豫地冲向一辆迎面急驰而来的汽车，闭上眼想以死殉情，但汽车却在最短的时间内戛

---

① 江波．社会潜意识及其在广告中的作用［J］．中国广告，2010（2）．

② 郭永玉．人格心理学导论［M］．武汉：武汉大学出版社，2007：85-88.

然而止”。在这个广告中，表现的是汽车的刹车性能，而最能打动人的却是广告的前段情景，没有前一段的悬念与烘托，汽车的产品性能就不能体现得淋漓尽致。生物体生死相随的感情，动物且能如此，而人却不能，因为不能所以觉得在广告中出现这样的感情弥足珍贵，这就是一种超现实状态，消费者将自己的感情进行转移和升华，虽然现实中做不到，但意念中觉得神圣和高贵。这样的情节突出了产品的诉求，将人格结构中的超我运用于广告中。

超我在广告中的另一种运用是名人广告。广告中的名人其实就是消费者理想的自我，希望实现的梦想中的自我。明星的情感迁移是消费者的一种积极的情感体验，消费者永远无法成为广告中的名人，因为不可能所以才更加向往，理想境界往往是最美的境界。在女性产品广告中，常选择一些美女明星为形象代言人，女性美是人们视觉所直接感知到的一种美感，在提供强烈的视觉感受和快感的过程中，女性消费者也完成了理想自我的转移与升华。从这个意义上说，名人广告代言的产品出售的是消费者的向往的美好与希望。

总之，本我在广告中的表现主要通过人的本能的欲望的表达打动消费者，自我在广告中的运用主要体现在通过表达人的被压抑的欲望赢得消费者的共鸣，超我在广告中的运用主要体现在对他人或他物的精神寄托或对超现实状态的向往来触动消费者。

【参考文献】

[1] 符国群．消费者行为学［M］．北京：高等教育出版社，2001.
[2] 车文博．人本主义心理学［M］．杭州：浙江教育出版社，2003.
[3]［奥］弗洛伊德著．弗洛伊德文集（第4卷）［M］．车文博，等译．长春：长春出版社，2004.
[4] 孙淑桥．透过弗洛伊德潜意识来探索人的本质［J］．陇东学院学报，2009（9）.
[5] 马谋超．广告心理［M］．北京：中国物价出版社．2003.
[6] 江波．社会潜意识及其在广告中的作用［J］．中国广告，2010.
[7] 郭永玉．人格心理学导论［M］．武汉：武汉大学出版社，2007.

【作者简介】

蔡立媛，江西师范大学传播学院讲师。

广告镜像中的全球化与本地化：20世纪早期中国女性装饰分析①

殷秀云　林升栋

一、引言

20世纪早期，中国女性的装饰时尚表现出一个很大的变化，就是在传承自身文化遗留下来的那套时尚机制的同时，开始大量吸收外来的欧美时尚元素，这在当时的广告中表现特别明显。笔者从20世纪早期一系列可口可乐女性形象的海报及《良友》画报中的广告②中，看到这一时期女性装饰潮流不断演变，中国女性学习西方装饰时尚的时候，有些元素被保留了，有些元素却被舍弃或做了本地化的变动。由于商业广告常常展示最时尚的元素，并喜欢使用年轻美貌的女模特，所以广告是一个研究中国女性装饰受西方影响的非常好的“镜像”。借由这一镜像以及镜像中的中国女性服饰演变分析，本文试图探索20世纪早期中国消费者是如何应对当时全球化的浪潮，对西方文化元素及中国文化元素的取舍机制。

中国改革开放30年，也是融入世界的30年。实际上，在20世纪早期，特别是20、30年代存在着一个与之匹配的时期。对20世纪早期中国消费社会中的全球化与本地化问题进行研究，对了解现在21世纪早期中国的消费现象也会有相当的启迪。本文通过当时的女性装饰这一主题，切入全球化与本地化的研究。

关于中西潮流演变已经有不少的研究，国内对中国服饰、妆容潮流演变的研究尤其多，笔者所见最为全面的是蔡子谔的《中国服饰美学史》③ 和“中国近现代服饰史丛书”④，分别呈现了从古到今每一个时代妆容、服饰的变化。而西方对中国流行文化的影响方面也有研究涉及，研究成果则大多集中于中西文化本身对中西服饰等差异的影响。但鲜有涉及这些潮流或时尚因素的吸收/舍弃机制的，即中国女性时尚为什么模仿的是这一部分而非另一部分，在这其中有什么取舍的模式？

二、20世纪早期中国女性装饰与西方女性装饰之比较

辛亥革命后尤其是五四运动后，中国妇女解放运动兴起，女性在政治、经济等方面都取得了一定的地位，这在广告中女性的服饰、妆容和仪态上均有反映。以下逐一分析：

---

① 本文受国家自然科学基金项目“分‘类’的文化差异对品牌延伸评价的影响”（70902040）和“中央高校基本科研业务费专项资金”（Supported by the Fundamental Research Funds for the Central Universities）（2010221086）资助。

② 《良友》1926年2月15日在上海创刊，为旧中国著名画报。笔者查看全部174期画报。

③ 蔡子谔．中国服饰美学史［M］．石家庄：河北美术出版社，2001.

④ 梁惠娥，张竞琼，周旋旋．浮世衣潮之衣饰篇［M］．北京：中国纺织出版社，2007.

1. 服饰

自清末以来，中国女性便已经习惯了穿旗袍这种满族服饰，但当时的旗袍主要是追求一种装饰美，而非突出人体美，因此遮蔽人体的宽袍大袖是中国传统服饰的主流。这种潮流一直延续到20年代北伐战争前，直到20年代中后期旗袍才有了一定的变化。笔者在《良友》发刊的前两期发现，包含女性图像的广告中，其服饰大多是马甲套短袄的款式，这应该是现代旗袍最早的款式。此时期西洋女子时兴的正是中性服饰，比如骑马装（见后面图9左二）等来展现女士的独立，因而中国女性的服饰也学习了这一意旨。但中国女性并没有美国女子那般大胆，而是更多地融合了女性服饰的特点，在改良的长马甲上套上短袄，袖子改为宽大的七分荷叶袖，袖边和袄边都缝有精致的花边作为装饰（如图1、图2所示）。

图1　1926年《良友》第一期白金龙香烟广告

图2　1926年《良友》第一期《一串珍珠》电影的宣传照

到1927年和1928年，《良友》广告中的女性穿着以连体旗袍为主，多为“大襟”或“曲襟”这种比较宽松的款式，且袖子大多是七分袖或长袖，延续了过去宽大的风格，但是衣服的装饰比前有所减少，更加简洁（如图3、图4所示）。

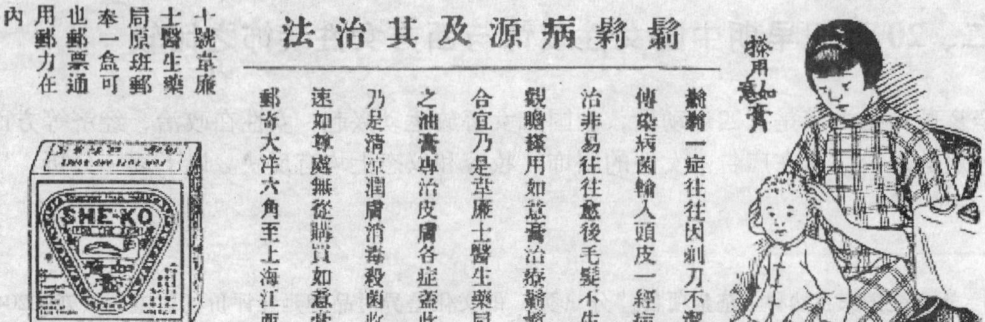

图3　1928年第23期SHE-KO药膏广告

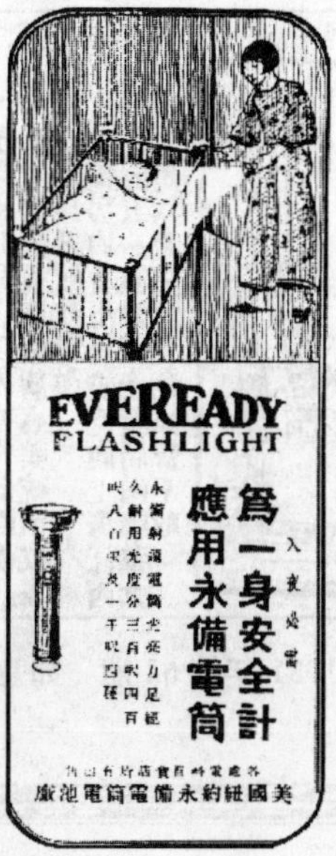

图4　1928年第24期《良友》手电筒广告

到了20年代末30年代初，中国女性的旗袍发生了很大的变化，最明显的莫过于腰身的剪裁。如本文所载30年代可口可乐海报中的女性所穿旗袍均是紧身开衩式的旗袍（如后面图10、图11）。之所以发生如此变化是因为时代风气的转变和女性思想的解放，它最大限度地展现了从“遮盖”到“显露”的过程。从20世纪初用宽大的衣服遮盖住体型到20年代短袖与低领的普及，再到30年代收腰开衩旗袍的流行，不断地解放女性的身体，展现出她们本身的曲线美。20年代末30年代初的旗袍不仅腰身收紧，袖口收小，且旗袍的长度变短，多为膝盖裙（见图5、图6），因为这时西洋女子都在盛行短裙，不仅美观，而且方便行走，不累赘，所以这种剪裁风格也被效仿过来。

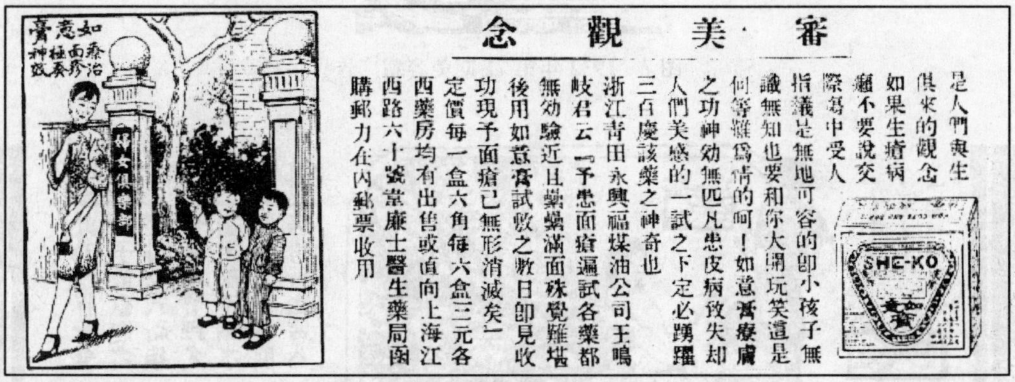

图5　1929年第39期　如意膏广告

潮流总在不断变化，30年代，西洋女子流行完短裙之后又回归到优雅的长裙，这点也体现到了中国女性的身上。1932年后长旗袍流行开来，与之前不同的是，开衩越来越高，甚至从单侧开衩反战到双侧开衩。（见图7、图8）

无论是收腰还是旗袍开衩的上调，都越来越强调女性本身的曲线美，且从保守逐渐走向开放。当时与好莱坞同步上映的影片在各大报纸、杂志、画报上做了很多广告，影响了一大批人的生活方式。1929年第42期《良友》开始大篇幅介绍了欧美时尚和好莱坞明星。20

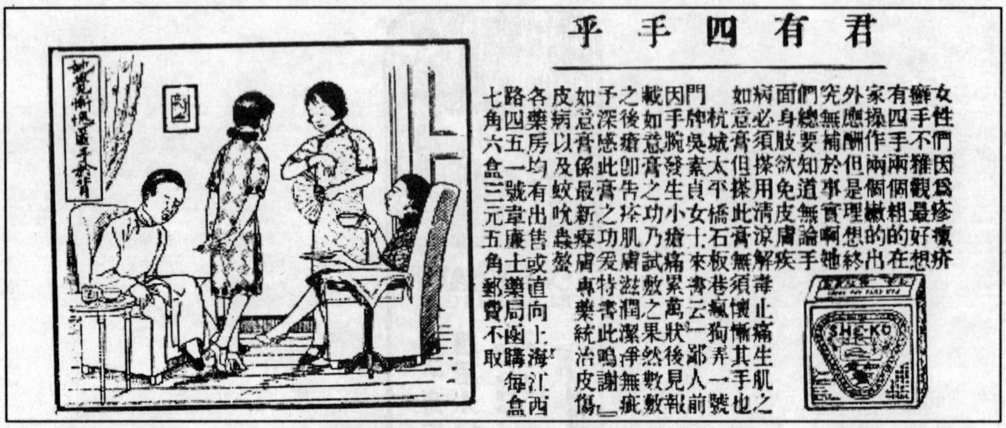

图 6　1931 年第 62 期　如意膏广告

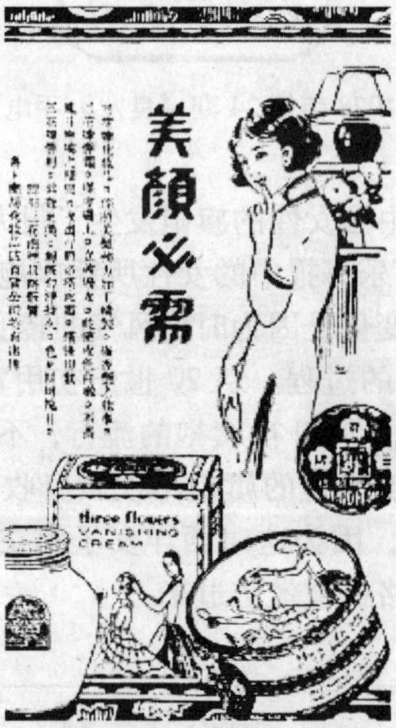

图 7　1932 年第 71 期美容霜广告

图 8　1934 年第 86 期维也勤毛绒广告

世纪 20 年代至 40 年代间，最红的好莱坞女明星都在《良友》上出现过，她们走在国际时尚的前沿。中国女性开始吸收西方时尚元素，以前那种女学生式的大袖和平直的腰身逐渐消失了。欧美服饰的最新潮流先波及上海，而后全国各地又以上海为楷模，竞相模仿。一种流行商业文化便传播开来。

总的看来，30 年代中国女性服饰潮流从西方潮流中吸收最多的，反映在表面上是“露肤”、“收腰”，而实质上则是“解放”、“简便”与“女性美”。与旗袍搭配的高跟鞋是女性潮流装扮中的一个重点，西方女性早在 19 世纪就普遍开始穿现代高跟鞋，直至西方文化开始传入中国开始，中国女性潮流中多了一个必不可少的因素。因为高跟鞋可以让身姿变得较为挺拔，能够更好地辅助旗袍展现女性优美的曲线。更重要的是，这对中国女性来说，是一个从“金莲”到“高跟鞋”的突破，更有解放、挑战旧思想的意味。西方虽说没有缠足这样的陋习，但在对女性身体束缚的程度方面却并不亚于缠足。据说早在 14 世纪初的西方，端庄女性都穿一种名为 cotte 的紧身塔，目的是为了支撑乳房、塑造体形……”①，所以 30 年代，西方尤其是美国正处在萧条时代，为了冲破这种压抑的气氛，或者说西方女性对男性的一种失望与权力挑战，低胸服装这时就极为盛行（见图 9）。当时红极一时的好莱坞影星 Jean Harlow 甚至引领了一股不穿内衣的风潮。中国女性的高跟鞋风潮与美国女性的低胸装风潮都有着从“压迫”到“解放”的相似之处。

图 9　1931 年第 53 期《良友》50 年来美国服饰变迁
（左一为 30 年代流行服饰，左二为 20 年代中期流行服饰，左三为 20 年代末、30 年代初流行服饰，左四为 30 年代流行服饰，右 4 种为礼服）

从图 10、图 11 我们可以看出，中国女性此阶段的饰品是耳环与手表，而西方女性则是与礼服相配的手套与胸花。佩戴的饰品起到的不仅是装饰作用，还有强调、突出的作用。先

图 10　（左）中国可口可乐广告　　图 11　（右）美国可口可乐广告

① 刘慧英．遭遇解放：1890—1930 年代的中国女性［M］．北京：中央编译出版社，2005：12.

从中国女性来说，宋明时期，由于礼教思想的抬头，妇女穿耳之风，空前流行，不说一般的妇女，就连皇后、嫔妃也不例外。穿耳戴环从此成了中国女性的时尚。如果说耳环是自身文化机制的传承，那么女性佩戴手表，则是借助西方文化对原有文化机制的一种挑战。手表在之前只是男人的装扮（尤其是怀表），但女性戴手表是对男权的一种挑战。这时的西方女性则多在胸前加装饰品，也是在突出胸部，突显自身丰满的体态，来挑战之前的胸衣压迫。

2. 妆容

西方明星的妆容对中国女性也有影响。20 年代末到 30 年代末，Jean Harlow、Greta Garbo 以及 Vivien Leigh 这几位荧幕女神同时也引领当时欧美妆容的潮流。《良友》上介绍好莱坞电影的广告，经常出现这些西方明星的图片，深深地影响了当时中国女性的妆容。

首先是发型，“清末民初，女子的主要发式还是梳发，展现着传统东方女子贤淑温柔的气息①。20 年代中期直至末期比较流行的是剪发，这对于当时的女性来说已经是非常大的突破，因为古人对头发十分看重，身体发肤，受之父母，不敢毁伤，所以剪发已经迈出了女子运动很大的一步（如图 3、图 4 所示）。从 30 年代初起中国女性开始流行起烫发，因为欧美 20—40 年代最流行的即波浪卷发（如图 12 所示）。

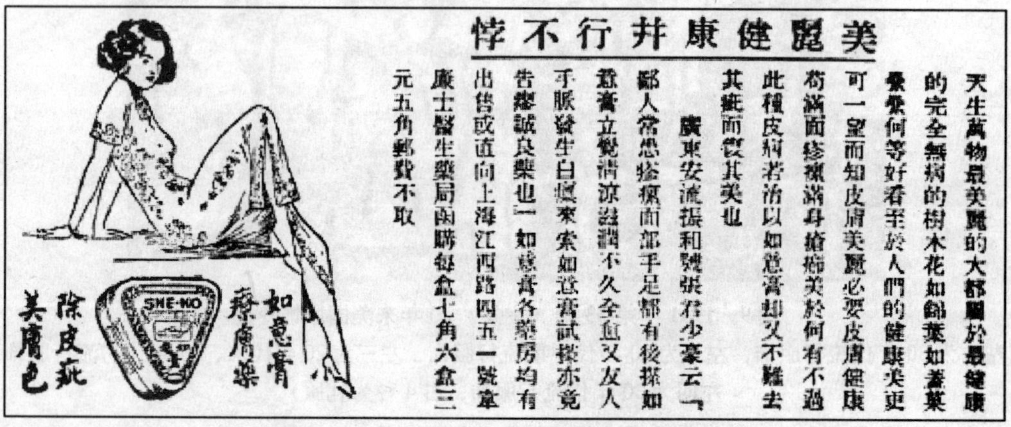

图 12　1932 年第 71 期《良友》如意膏广告

除了烫发，光洁的额头，搭配颜色异常鲜艳、轮廓清晰的双唇，精心修饰的眉毛、优雅深邃的眼妆，这些 30 年代中国影星的妆容（如图 13 所示），与那些好莱坞影片宣传中的著名影星如出一辙。

例如，Greta Garbo（葛丽泰 · 嘉宝）在经典著作《大饭店》、《安娜 · 卡列尼娜》中，造型师不约而同为她打造细而长的眉毛，装上假睫毛。她是第一位突破当时已经模式化的“二十年代妆容”，为女人的“眉”貌，提出了“眉峰”这个概念②。Vivien Leigh（费雯丽）也是 30 年代及其著名的影星，她的特点是为了塑造斯佳丽而展现的一双“猫眼”，所以其妆容的重点即在于眼妆，浓密的睫毛，深邃的眼影，粗黑的眼线，打造了一双迷人的眼睛。③

当时，美国经济大萧条蔓延全球。饱受痛苦的人们重新爱慕起脸蛋红润、富于肉感的女性，如 Jean Harlow（珍 · 哈露）。这时的女孩和女星们都涂着有“牛血”之称的唇膏，眉毛

---

① 梁惠娥，张竞琼，周旋旋．浮世衣潮之衣饰篇［M］．北京：中国纺织出版社，2007：3.

② Jeannie，Jasmine. 好莱坞女明星风尚妆容［J］．周末画报，2006，383（C48）.

③ Jeannie，Jasmine. 好莱坞女明星风尚妆容［J］．周末画报，2006，383（C48）.

30年代被捧为中国葛丽泰·嘉宝的
阮玲玉，标准的30年代烫发

30年代“电影皇后”胡蝶为百代公司做的广告，
其妆容是当时最为流行的上镜妆

Jean Har Io

Vivien Leigh

Greta Garbo

图 13

则要修得比20年代更细，猩红色的长指甲也很流行。

中国女性在这些荧幕形象的影响下，可谓“改头换面”，20年代及其之前的女性大多是素颜，而在模仿之后，红色胭脂、红色唇膏、红色指甲油……无处不在。无论是西方女性还是中国女性，在图片中都是唇红齿白，展现出迷人的微笑，都是一种社会地位的上升。

除了艳丽的红妆，这时也兴起画眉，但是，需要注意的是，西方女性的眉形是上扬的，也就是之前提到的 Garbo 引领的“眉峰”潮流，但是，中国女性画眉的方向则是细长弯曲的，更类似于古代柳叶眉上的一种变体，比古代稍浓、稍长、稍带眉峰。眉形很能展现出一个人的气质个性，从这两种眉形上我们可以读出西方女性更为张扬，而中国女性在吸收的时候则多了一些内敛的气质。

此外，广告中中国女性在眼妆上并没有太过西化，很少有强调粗眼线、浓密纤长的睫毛和眼影的。究其原因，可能是中国女性的眼睛本身没有西方女性眼睛那么大，而且眼眶没有太多凹陷，而且很多眼皮略有浮肿，或单眼皮之类，不太适合于此类妆容。再者，这些化妆品的运用实属复杂，不如口红、腮红那般好操作。

3. 仪态

除了外在的妆容、服饰，由内而发表现出来的举止动作也能够反映一些问题。比如图

14 中女性手握可乐瓶的方式，与图 10 中跷二郎腿的坐姿。可以说这二者均表现出她们一定的占有欲与独立性，女性已不再作为男性的依附而出现。

先拿握瓶姿势来说（见图 14、图 15），与西方女性不同的是，中国女性握瓶姿势呈兰花指状。兰花指在古代有君子指之称，因为兰花有花中君子的美誉，所以在古代，翘兰花指是男人的专利，是他们显示男子气概的标志。而这里女性以兰花指握瓶，和她们戴手表有异曲同工之妙，彰显了自身的独立性和对男权的挑战。

图 14　中国可口可乐海报

图 15　美国可口可乐海报

除了兰花指，我们可以从图 10、图 11 中看出，跷二郎腿是东西方女性都有的姿势，若按旧俗，中国女性定当双腿并拢，双手交叠置于膝盖之上，而现在她们不再受束缚的姿态彰显着她们作为新时代独立女性的生活态度。这里的区别是东方女性在广告中展现的是“左二郎腿”，而西方女性则是“右二郎腿”。从行为分析心理学来看，左、右二郎腿出现的原因来自于左右脑分工与个体差异性。一般左撇子多用左肢，右半脑接受的刺激相对多一些，使左撇子带有右脑思维的倾向。但一般人多用左脑，所以左撇子显著少于右撇子，人类的惯性右肢体行为习惯比左肢体行为更为常见。所以我们可以观察到西方女性的“右二郎腿”其实是一种习惯性强势，西方女性运动由来已久，女性早已不受束缚，二郎腿于他们来说再正常不过，所以表现出正常思维下的右二郎腿（受我们常用的左脑支配），而中国女性独立运动还是新鲜事物，她们想表现出刻意的强势则受到非习惯性思维的支配，所以我们看到的是“左二郎腿”。

三、全球化与本地化拉锯战的内部取舍机制

借由中国女性装饰与同时代西方女性装饰的对比分析，笔者试图总结出全球化与本地化拉锯战的内部取舍机制。东西方人的身形、长相不同，造成部分西方的时尚因素不适用中国女性。比如说，中国人身形比西方人更为娇小、瘦削，骨架没有西方人那么大，所以更适合于穿旗袍这种服饰，可以看上去更挺拔。再比如，中国女性的眼睛没有西方人那么大，眼眶凹陷较少，甚至有的有一些浮肿，因此要画西方人那样的眼妆很难。除了这些生理上的原因外，中国女性有自身文化发展而来的一套时尚机制，吸收西方潮流因子是在此基础上进行的。本文总结如下

（1）中国女性流行装饰对西方时尚的吸收主要是由于社会政治权力格局变化（尤其是男女之间平等化趋向）的影响，女性借由西方元素向传统男权的挑战，因此与性别权力相关的元素最易被吸收。古代中国文化具有很强的男尊女卑的观念，认为女性就应该以弱示

人，且应该保守内敛。我们可以看到清朝的旗袍宽大平直，下长至足，从上到下把女性的身体包裹遮盖起来，不仅束缚了她们的行动自由，更束缚了他们的内心的自由。20 世纪早期，旗袍开始吸收西方服饰中的收腰身、开衩、露肤等，这些符号都展示了当时女性自信、挑战男权的社会含义。在饰物上配戴手表，穿高跟鞋，在妆容上开始剪头发烫头发，在仪态上开始翘兰花指并且跷左二郎腿，这些原是男性的专利。在20 世纪早期的这场妇女解放运动中，女性通过"抢走"这些性别专利的方式，展现了对男女平等的追求。妆容上剪头烫头的变化，甚至还带有对中国传统社会中父母的抗争，过去女子嫁人往往都是父母做主，包办婚姻，对受之父母的"头发"进行修剪也表达了女性对自主生活的追求。

（2）中国女性对传统装饰元素的保留，则涉及性别权力竞争以外的、定义人与人之间关系的其他基本价值观和道德。中国女性在模仿西方潮流服装时，并没有大范围地直接穿戴洋装，最流行的反而是代表中国传统文化的旗袍。尽管这种服饰看上去有其传承下来的与当代男女平等观念相悖的理念，但是并不能影响其成为一种东方美的象征。旗袍作为中国文化传统的一部分，已经在满清入关那时起流行至今，内化为中国女性对美认可的一部分。旗袍本是大户人家小姐所穿，表现雍容华贵的社会层级。20 世纪早期西化的影响，通过旗袍体现社会层级观念被保留下来，而性别不平等的观念则被抹去了。在妆容中，中国女性仍喜欢传统的"柳叶眉"，古诗词中"柳叶眉颦"所展现的女性美，也是那种含蓄、温柔的，带着几分我见犹怜的味道。在仪表中，跷二郎腿中西有别。西方女性用习惯性思维（跟男性一样）来表现强势，即跷右二郎腿。而中国女性用的是非习惯的右脑来支配身体，这种刻意表现出来的强势，是含蓄的、内敛的，甚至在一定程度上是弱势的。

（3）中国女性对西方女性装饰元素的吸收，并不是像西方女性那样追求纯粹"个体"的解放，而是仍然为"相依型自我"（集体主义）服务。尽管当时旗袍吸收了西方服饰中的腰身、开衩、露肤等设计，但最终并没有发展出西方的低胸服装。这种低胸服装是西方女性独立与追求自我产物，然而，20 世纪早期的中国女性并不追求这种直接的"自我表现"，她们要的只是"平等"而不是西方意义上的个体"解放"，因此中国传统文化中"含蓄美"的观念就被保留下来。仔细阅读本文中提供的这些代表性的商业广告图片，这些打扮入时的中国女性或是在家庭中照顾小孩，或者为悦己者（先生/男友）容，而不是去表现西方女性的那种个体独立与自信。可以说，这些吸收的元素被"利用"了，它反过来强化了相依型文化的基本人伦。

（4）中国女性对传统装饰元素的运用，从封建王朝时期的"强迫性"执行转化为更符合人性的"可选择性"。越是过去受到强迫、压迫的装饰，越会被全盘否定并彻底改造。比如之前认为的受之父母的头发不能动，为了反抗，女性干脆剪短烫成大波浪。再比如20 世纪之前要求女性裹小脚，为了反抗，高跟鞋成了必不可少的舶来品。之前强调遮掩身体，保守着装，而30 年代以后收腰身，开衩，露颈、露臂，展现了女性本身的美，也让女性开始正视自身的美。可以说穿长袍、留长发、裹小脚都是自古留下来的传统，为什么它们没有像耳环、旗袍一样内化为中国女性自身审美观的一部分？裹小脚是对女性生理上和心理上的摧残；而留长发不能动实为不便，打理起来不仅耗时耗力，而且还会妨碍正常的做活；至于长袍也是非常的不方便，行走受到束缚，且穿戴繁琐。所以这些标志男女不平等的东西，在30 年代的西化大潮中都被替换掉了。

【作者简介】

殷秀云，厦门大学人文学院硕士研究生。

林升栋，厦门大学广告系教授。

文化涵化与跨文化广告创作

汪　洋

今天的广告已不再仅是有效的商品营销方式，其作为文化价值传播的载体得到了更多的关注。广告是一种特殊的社会文化现象，是现代人们生活中不可或缺的一部分。当广告在传播商业信息的同时，某种具有文化意义的生活方式、思想观念、价值标准、文化心理、规范体系、语言符号系统等在传播者和接收者之间产生了互动。应该说，广告的传播过程是传者和受者之间在文化上互动的过程。随着20世纪90年代以来全球经济一体化进程的加速，全球各国、各民族文化之间不断碰撞、交流与融合。在此背景下，由于历史、地域等方面的差异而形成的相异文化和亚文化之间的沟通显得尤为重要，而作为经济和文化全球化强大助推器之一的跨文化广告，就成为越来越重要的传播手段。

跨文化广告传播指广告信息在不同文化域之间的运动。当国际化广告进入世界不同区域时，一定会碰到与自己国家和民族截然不同的文化群，如何适应这些特定文化消费群体的需求，使广告信息的编码者和接收者能够分享同样的文化符号及其内涵，从而达到营销产品、塑造品牌形象的最终目的，是跨文化广告传播面临的严峻问题。通常，跨文化广告信息的传播者会在信息的选择、创作及传播中有意无意地掺杂自己民族文化背景中诸多的价值观念，而广告信息的接受者又总是理所当然地依据自己民族的文化价值观念及经验知识来理解和评判信息的价值和意义。而且，他们不同的文化价值观念是双方各自历经历史长河而沉淀下来的，很难在短时间内被准确解读和接受，此种情况下，编码者和解码者通常会本能地对异质文化产生视而不见或排斥的行为，从而造成广告文化交流的障碍和冲突，这样的例子举不胜举。

日本索尼公司曾在泰国发布了一个收录机的电视广告，内容为佛祖释迦牟尼边听收录机音乐边摆动身体，甚至睁开了双眼的画面，这对一个虔诚的佛教国家来说，无疑是一种亵渎与伤害，结果该广告被停播并由索尼公司公开向泰国人民道歉。新西兰电视商业节目审查局也曾经对一些世界著名品牌企业的广告实行禁播，如宝马广告以一滴红色水银围绕一美貌性感美女身体流动，导出沿着弯曲公路飞奔疾驰的宝马车画面，涉及出卖色情被禁播；Reebok运动鞋广告描述了NBA篮球巨星在对抗赛中，一声怒吼就将对手震碎了的情景，涉及暴力及鼓吹侵略遭禁播。在我国，2003年的丰田霸道车广告中中国神圣的象征“狮子”给丰田车俯首敬礼、2004年的立邦漆“龙篇”广告中中华民族的图腾“龙”从立柱上滑落下来、耐克“恐惧斗室”广告中NBA球星们打败了系列“中国形象”、2005年麦当劳“追债篇”中“跪求打折”等知名跨国公司广告由于涉及侮辱中华民族的尊严，践踏了中国人心目中最崇高的形象，严重伤害了中国消费者的感情，企业品牌受到影响，不得不遭到停播的处罚。同样是为了表达情感、美、勇敢及恐惧等方面的创意，许多广告也获得了成功，但这些广告由于传播者与受众在道德判断标准方面存在差异，造成了品牌跨越异质文化的失败。首届亚太广告节上，吉尼斯啤酒广告作品获得了金奖，广告描述了男、女两性不同的握酒杯方式和不同坐姿，传递出吉尼斯啤酒是一种真男人的酒。然而，由于同一非语言符号在不同文化中的理解不同，对这一广告的评价分为两派，来自东方的评委因无法理解广告中西方的体态语言，并没有流露出非常青睐这幅作品的意思，而来自西方的几位评委却对这样的创意大加赞赏。

尽管跨文化广告传播是一个非常复杂的文化接触与整合的过程，涉及许多影响因子，但并非无规律可言。只有认识跨文化广告的客观传播规律，恰如其分地应用这一规律，才能顺应全球化趋势，有效地提升营销传播效果。随着营销全球化发展，文化共享成为跨文化广告传播实现的前提。① 要想让广告传播在不同文化之间顺利有效地实施，不仅要承认并理解文化差异的存在，更要探讨传播过程中双方文化共享模式。

根据霍夫斯蒂德有关文化及其变异维度理论的分析，相异文化类型的文化变异度是不一样的，只有找到两种文化中共通的因子，并加以整合或融合，构建一种双方甚至是多方都能够接受、认同或理解的文化圈子，跨文化广告传播才能够成为有效的传播。也就是说，广告传播的文化价值和意义与受众接触广告后生成的价值和意义必须一致，传受双方才能相互领会彼此的含义，跨文化广告传播才能最终实现。而减少文化与亚文化之间的差异，实现文化共享的最好途径就是文化涵化。

文化涵化，也可以称为文化整合或者文化融合，主要是指当两种异质文化相接触时，彼此认识到双方在文化符号系统上存在差异，主动去了解对方文化的特质，并适当调整自己的言行，建立和增强双方文化信息的共享和互动的过程。早在1936年，由美国著名人类学家M. J. 赫斯科维茨、R. 雷德菲尔德和R. 林顿三人合著的《涵化研究备忘录》一书就提到，"涵化"是指"由个体所组成的而具有不同文化的民族间发生持续的直接接触，从而导致一方或双方原有文化形式发生变迁的现象"。文化的接触或涵化会带来诸多不同的结果，其中较常见的有：

(1) 当异质文化群接触时，双方的原有文化体系并没有发生变化，但各自文化系统中各因子可能会产生些许结构性调整，双方都能接受的那部分共通的文化因子或因子丛凸显出来，成为共享的文化信息。

(2) 当异质文化群接触时，双方互相尊重彼此的文化特质，规避彼此禁忌的文化符号，主动顺应对方的文化，寻求对方的认同与接受。

(3) 在不同文化的接触过程中，为了积极地适应环境的发展趋势，从而创造出新的优势文化因子或因子丛，以此来满足新的社会文化需求。

根据文化的涵化过程及结果，在跨文化广告传播实施过程中，传播者应该针对不同文化域的文化特征，选择并调整广告创作模式，实现最终的有效传播。这些创作模式包括：寻找普适性的文化特质以达到文化共享；主动顺应目标广告市场文化以寻求认同；积极适应全球化发展趋势并创造新的文化特质以此来让市场接受。

一、发掘人类文化共性，引起共鸣

对于跨文化广告传播来说，广告信息的传播者和接受者双方的文化经验共通区域至关重要，如果共通区域非常广泛，就能引发双方强烈的共鸣，传播效果就更好。尽管异质文化之间的文化差异性是一个明显存在的事实，但我们不能否认，不同国家、不同民族、不同文化乃至不同亚文化之间并非是完全隔离、没有任何交集的文化特殊群体，它们之间存在诸多的相同或相似之处，社会人类学已经证明"几乎所有的文化都具有相同的社会结构和文化意义的基础"。②

人是人自身及其所创造的文化的统一体，全世界的人作为一个类群而存在，正是这种人类文化创造主体自身的相同或相似，决定了人类文化具有的某些共通性。所以，传播者应当

① 贺雪飞．全球化语境中的跨文化广告传播研究［M］．北京：中国社会科学出版社，2007：97.

② ［美］戴维·波谱诺．社会学［M］．李强，等译．北京：中国人民大学出版社，1999：76.

力求在两种甚至多种文化中寻找出人类的共性，从而达到文化共享的目的。

在传播广告信息时，传播者通常希望能得到更多消费者的回应与正确解码，因此，以普世价值观念下的普适性文化为基础来选择更多的文化共性，成为这一愿望能得以实现的最佳选择。普世价值观念是人类在长期的生产实践和沟通中逐渐形成的共同价值取向，普适性文化是人类共同价值取向的语言或非语言符号的表达。普适性文化得益于世界各国各民族的共同参与和创造，它不受地域、种族、民族或行业等差异方面的影响，是人与人、人与自然之间一种相通的、理性的、基于良知的伦理规范，具有广泛性和普遍性。普世价值观念及其文化规则，是不同国家、民族和种族之间进行沟通和交流的出发点，是推动社会自身发展的基础，是群体的思想、行为和情感的共同准则，也是建立跨文化传播模式的有效途径。

人类文化的共通之处很多，比如，美、爱、健康、善良、友谊、平等、正义、和平、幽默、尊重和爱护环境等，将这些普适性文化特征作为广告诉求点来创作跨文化广告并传播给受众，不同文化中的受众一定会产生自然的亲近感和认同感，并能把这种心理体验直接转化成实际购买的动机和行为，使跨文化广告传播的价值得以实现。

自由、平等、和平、健康是人的生命存在的要求，这些要求看起来非常基础、细微而又现实，但却是人类自古就有且不断追求的东西。以全人类生存的基本需求作为跨文化广告创作的重点，势必会激起信息接受者对生命的尊重，对美好生活的无限憧憬和畅想，从而实现广告在不同文化间的穿梭。万宝路香烟广告中经典的牛仔形象风靡全球，主要是因为广告塑造了一种勇敢、坚毅、豪迈、潇洒的男性形象，这是美国乃至全世界都认可的男性的理想形象。LG“看重人　尊重人”的广告语以最直接最响亮的声音表达了这一国际品牌对消费者的关心，满足了消费者对人性回归和人本关怀的需求。诺基亚手机以“科技以人为本”作为广告语，强调了科技为人所用、为人服务的特征，极大地满足了全球消费者最根本的需求。意大利著名时装品牌 BENETTON 一系列广告作品，如“天使与魔鬼”、“知名战士”、“科索沃”等都淋漓尽致地表达了反对种族歧视，反对战争，呼吁和平的主题，建立了该品牌独特的个性。

对幽默的需求也是许多民族的共同心声，不同文化的人们看到幽默情景会心一笑，兴奋愉快之情溢于言表，表明他们在分享共同的文化价值观。正如广告心理学家 David Lewis 所分析的那样，幽默像万金油一样具有普遍性，对每个人都很讨巧。幽默情景或带喜剧色彩的情节会强烈地吸引观众的注意力，并能在瞬间深刻地烙印在观众脑海中。所以，在跨文化广告创作中适当添加幽默元素及带有歧义的文案及图像，可以引人发笑，为受众营造深层次的精神愉悦，从而淡化广告的商业特性，增强广告的感染力和沟通力，潜移默化地达到“润物细无声”的广告渗透效果。① 如百事可乐足球赛广告中，两队比赛前裁判到自动售卖机前买百事可乐，但他每次投入硬币而滚出来的可乐都被走过来的贝克汉姆等球星拿走，直到投入最后一枚硬币后才如愿喝到了可乐。但当球赛正式开始，裁判找遍全身却没有一枚硬币可以用来投掷以决定谁先开球，只好用出石头、剪子、布的方法来决定。这则广告轻松幽默，富有人情味，戏剧化的结果让人忍俊不禁，大大增强了品牌的大众亲和力。

在不同的文化域中，爱与美可能是由不同的文化符号来表达的，但它们是人类与生俱来的，最能触动心灵深处的一种共有的情感。爱可以有家庭之爱、民族之爱、世界博大之爱，亲情友情爱情等；美可以有美人、美物、美景。3B 原则历来是西方广告创意的源泉，他们的可爱最能博得所有人的怜爱与喜悦。爱到极致，美到极致，通常会令人耳目一新，好感油然而生。跨文化广告中的爱与美这种人类共同情感的传达，常常会让广告信息瞬间穿越文化障碍，产生感人至深的力量。获得 1998 年香港 4A 广告大奖的爱立信系列形象广告，以“沟通就是关怀”、“沟通就是爱”、“沟通就是理解”、“沟通就是分担”、“沟通就是尊敬”

---

① 张燕，李和平．简述幽默广告的诉求机制［J］．价格月刊，2005（12）：61-62.

为主题分别关注人间的各种真爱，其情感沟通功能在受众的共鸣中被自然地认同。贝尔电话公司以“情感沟通”为主题的广告，用“家人团聚”场景来表现温暖的家庭氛围，给许多因思念远方亲人而寂寞的心灵以抚慰，受到了人们极大的欢迎。

二、主动顺应异质文化，寻求认同

“价值取向”或“价值判断”，也就是价值观，是一个文化群体长期以来形成的一种选择、判断及解决冲突的文化规则和衡量标准，这种规则和标准是可以被一代代人所习得的。文化价值观包括一系列基本的信仰、观念、价值取向等。从心理学角度来分析，它是一种评判什么是“值得”的态度，如对行为的取向，利益的判断，风险的认识，饮食的偏好，事物的审美，道德的标准等。每一种文化价值观念和评判态度都是人们在对某一事物进行价值判断或意义思考之后所形成的，所有这些观念和态度加起来就形成了一个人、一个民族或者一个文化群体的文化价值体系。文化价值体系是一个文化群体最根本的信仰基础，它影响着人们的行为方式、手段和目的选择。世界上任何一个文化群体或者亚文化群体都有自己独特的文化价值体系，且区别于其他文化群体或亚文化群体。

既然不同文化群体具有不同的文化价值体系，那么它们之间的文化差异就是无法回避的事实了。所以，在跨文化广告传播过程中，以一颗真诚、宽容的心去认知、理解、接受和尊重其他的文化及其与自己的差异，就显得尤为重要了。当然，不能采用“自我参照准则”，即广告创作者和传播者下意识地参照自己的文化价值取向和价值判断去推测、评判异质文化目标市场消费者的文化心理、处事态度、生活观念、个人意愿和消费行为，而应该尊重并准确把握对方受众的文化特质和文化心理，主动顺应对方，寻求对方的认同与接受，以确保顺畅的文化沟通，为商品信息的跨文化传播做好准备。

在广告跨文化传播中，尊重并主动顺应异质文化需要深度了解对方之后才能做到。只有尊重对方的宗教信仰及风俗习惯，规避当地的政策法规，利用对方的语言创作广告语，摒弃自己的民族中心主义观念等①，才能使跨文化广告创意主动适应异质文化的价值观，有利于异质文化成员形成好感并易于接受。例如，在崇尚个性与自由的西方，耐克品牌经典的广告语“just do it”（即“想做就去做”）获得了青少年们心灵深处由衷的认同，但在香港却因涉及诱导青少年不负责任、干坏事而被投诉，后来为顺应香港华人消费者传统文化价值理念，将广告语改成了“do it”（即应做就去做），才平息了事端。著名汽车品牌 VOLVO 公司顺应不同文化区域受众的心理，提出了不同的广告诉求点，在高雅浪漫的法国诉求的是地位和休闲；在山路弯曲的瑞士诉求的是安全可靠；在艰难前行的发展中国家墨西哥诉求的则是价格的实惠。为顺应各国的文化特色，跨文化广告设计所利用的创意元素也不尽相同，如，针对中国的民族特色，跨文化广告视觉符号多采用福娃、剪纸、长城、黄河、红灯笼等；针对日本人的“送礼和娱乐”两大主要消费习惯，诉求方式多采用“柔性销售”代替西方式的“硬性销售”等。

三、文化创新，引导消费潮流

在文化涵化的过程中，不同国家和民族之间的文化不断地交流、借鉴与融合，其结果必然导致文化创新。文化创新，是一个民族富有生命力和凝聚力的重要保证，是全世界文化缤纷多彩、充满活力的内在动力，也是社会文化自身发展的必然要求。文化创新相对于文化选

① 张淑燕，沈华峰．文化适应与文化转换——广告跨文化传播中的两条路径［J］．吉林省经济管理干部学院学报，2008（2）：43.

择及文化顺应来说，并不是一种单一的选择或适应的过程，而是一个在外力推动下融合提炼的、具有创新性的再生过程。

尤其是，随着全球化成为一种不可阻挡的潮流，人们生活的世界发生了翻天覆地的变化。时空距离大大缩短，新产品及消费方式瞬间就可以传播到世界每个角落，民族界限越来越模糊，不同民族、不同文化之间的融合越来越强烈，一种趋同的经过创新的生活方式、生产方式、价值观念逐步加强。圣诞节、情人节、感恩节等传统的节日礼仪，时尚潮流、网上购物等新的消费理念，都在全球进行交流与扩散，并被全球人们所推崇。这些新的消费潮流是基于全球化带来的文化创新并趋同的结果。对那些分享了共同的需要、价值观和态度的群体，新观念、新产品、新技术、新时尚往往具有非凡的吸引力，广告用语从中寻找卖点，就能引领消费观念。① 在文化创新的过程中，各种不同的文化取长补短，博采众长，相互交流与借鉴，以优势文化因子为营养，充分融会各方文化的有益成果，创造出了某些新的文化特质。这些新的文化特质既继承了原有文化的某些价值或意义，又因适应全球化发展而具有一定的趋同性和潮流性，是文化优势融合的结果。

文化创新的过程给广告跨文化传播者带来了许多启示。广告跨文化传播只有在充分了解目标市场及其文化特点的基础之上，对该国家、民族或社区原有的文化模式和文化价值观念进行扬弃及重新设计，根据环境的动态发展变化适时调整广告诉求点和广告内容，才能适应文化传播和跨文化交流与发展的需求。针对世界全球化环境下因文化涵化所带来的消费者需求的变化，广告跨文化传播必须善于创造一种新的具有统一性的消费理念和消费潮流，引导和培育目标市场，使广告创意无论在内容上还是在形式上都成为一种“国际化”的文化创新体，给人以新鲜感，同时便于被更广泛的受众所接受，以保证广告跨文化传播的顺利实施。世界快餐业巨头麦当劳至今已是遍布世界每个角落，其在全球的风行并非只是商品和服务的完美传播，在许多人看来，麦当劳已然成为一种消费潮流，一种文化时尚。而且，这种潮流和时尚还在不断地发展与创新，比如，同样是汉堡加可乐文化，却在世界各地与各优势文化特质融合，创造出一种既具有同一性又具有本土化的快餐文化潮流，在法国搭配的是香槟，在英国搭配的是威士忌，在德国搭配的是啤酒，在新加坡及马来西亚等地搭配的是果味奶昔，在中国则搭配的是红茶。法国香水、时装等广告在全球的传播除了以其浪漫国度为特色卖点之外，还创造了一种所有文化群体都愿意且能够接受的时尚文化潮流。这样的跨文化广告传播在全世界都能被接受并取得同样的成功。

文化涵化为广告的跨文化传播提供了有效的途径，在经济和信息全球化蔓延的今天，跨文化广告传播是涉及受众面最广、发展前景最好的商品和文化传播活动之一。我们有理由相信，通过跨文化广告传播中不同文化特质的交流、融合、选择、顺应及创新，未来世界的文化发展及跨文化传播一定会呈现出人类共享文明成果的良好发展态势。

【作者简介】

汪洋，博士，上海大学影视学院广告系讲师，主要研究方向为广告传播和会展传播。

① 袁晓懋．跨文化广告传播的创作策略［J］．中国广告传播研究，2004（9）．

广告市场与广告实务

对“宝洁收回媒介购买业务”行为的检讨与反思①

钱广贵

作为世界五百强公司、世界最大的广告客户之一，宝洁公司的市场举措和营销传播的转变都具有标杆性的意义。根据新闻报道，从 2009 年 9 月开始，宝洁公司收回了旗下的舒肤佳、玉兰油等几个品牌的媒介购买业务自己运作，涉及金额高达十几亿元人民币。宝洁作为世界知名品牌和中国广告市场的最大的广告投放主之一，它的这一行为必然会对中国广告投放和广告媒体购买市场产生巨大冲击和影响。如何评价宝洁这一行为？这一行为的原因是什么？这一行为是否符合广告代理发展的客观规律？本文将从古典微观经济学的角度对这一行为进行分析和评价，并且反思了宝洁回收媒体购买业务的存在的客观原因，提出了相应的市场制度安排，来提高代理购买的效率，从而避免这种违反现代经济基本运行原则的广告主回收媒介购买业务行为的产生。

一、宝洁回收媒介购买的宏观背景与微观原因分析

对宝洁回收媒介购买的宏观背景和微观原因进行分析的时候，我们首先有必要对广告的本质进行一个界定。因为媒介购买本身是属于广告代理服务和广告运作的一环，宝洁回收媒介购买，本质是出于理性人的经济原因的考虑而非其他原因。

广告的本质是什么？这是一个常识性的问题，但很少受到广告学界的讨论和分析。就表现形式而言，广告是一种商业性的传播活动，在产业化的背景下现代广告是一种组织化的、专业化和社会化的大众传播形式；从企业营销的开发利用而言，广告是一种营销传播手段和工具；或者从广告的属性上看，广告的发展历史上有所谓的广告的“科学派”和“艺术派”之争。这些都从各个角度对广告进行了界定，但都不是广告的本质。作为现代市场经济一种最具有代表性和影响力的市场竞争的手段和工具，对于微观经济运行的经营主体的企业而言（是广告运行和产生的出资者），广告的本质其实应该是一种投资行为，一种必须进行成本花费和收益核算的商业投资行为。② 而任何一种商业投资行为，只要收益大于成本，在经济上是具有效益的，就是可行的；否则就是不可行的——这才是广告运作的经济本质。作为一种商业投资，广告必然遵循理性人原则——即以最小的成本获取最大的经济收益和回报。有了这个认识前提，我们才可以对宝洁回收媒介购买的行为进行一个理性的认知和评价。

宝洁回收媒介购买的宏观背景是从 2008 年年底开始的席卷全球的金融危机和经济危机。为什么在经济危机的背景下，企业开始紧缩开支和节省成本？经济危机如何影响企业行为和消费者行为？我们看一下微观市场运行的基本逻辑和结构，如图 1 所示。

从图 1 我们可以看出，企业（生产者和产品服务提供者）和家庭（消费者和生产要素

---

① 本文得到中央高校基本科研业务费专项资金资助（Supported by “the Fundamental Research Funds for the Central Universities”）。

② 吕尚彬，钱广贵．现实选择与理性反思：经济危机背景下的企业广告预算［J］．广告人，2009（2）．

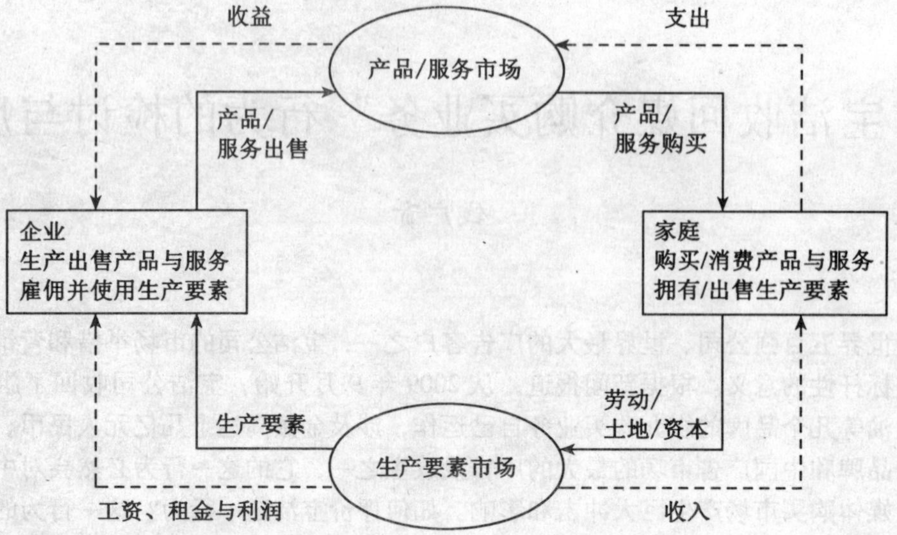

图 1　微观市场运行的基本逻辑和结构①

提供者）共同构成微观经济运行主体。经济危机会对两大理性主体的经济行为会产生影响，并且最终两者相互影响而导致双方行为特别是企业行为的改变。由美国次贷危机引发的金融危机，已经演变成全球范围内的金融危机和经济危机。据摩根士丹利的经济学家团队预期，2009 年全球经济增长的幅度不会超过 0.9%，这将是 1982 年以来全球经济增速最慢的一年。瑞银经济学家团队也削减了他们对全球经济 2009 年的预期，从之前的 1.2% 削减至 1%。对于消费者而言，经济危机的直接影响是他们的收入下滑，工资水平下降甚至遭遇失业的危险，由于未来的不确定的增强、预期的下降和信心的降低，消费者一般都会采取缩减日常开支和减少当前消费来应对经济危机。消费者的消费预期、消费欲望和消费能力的下降直接影响市场信心、整体市场的销售份额与经济运行活力。作为经济组织的企业，经济利润的追求和实现是其根本目标函数。当经济危机导致企业销售困难、资金紧缩，收入下降和利润下滑等困境的时候，企业会采取各种策略来进行应对。比如努力提高客户满意度、巩固已有的市场地位、减少人力资本投资、优化融资渠道、精简组织规模、减少企业投资规模、合并或出售相关业务、出售前景不明朗的业务等，当然也包括缩减运营成本。企业采取措施进行成本控制是必然选择，可以采取的措施包括减少日常营运开支、优化业务流程、强化采购成本控制、推迟或者减少研发投入等，当然也包括减少销售中产生的费用。② 对于很多企业而言，营销传播费用包括广告费用就是“销售中产生的费用”。宝洁已经在全球缩减了 4 亿美元的广告预算。据黄升民教授测算，宝洁这一做法可以节省大约 2% 到 3% 的中间费用。③ 经济危机导致的企业紧缩开支控制成本是宝洁回收媒介购买业务的宏观背景。在经济危机下，宝洁中国的营销预算必然被压缩，降低、压缩成本是宝洁回收媒介购买业务的初衷。

宝洁回收媒介购买业务的微观原因，是出于对媒体购买公司的媒体购买的谈判能力、媒体投放组合的专业能力、媒体预算的成本控制能力的怀疑和不信任。如果说宏观背景是不可抗的，那么微观原因则必须引起广告代理公司的高度重视和积极应对。

---

① 曼昆著．经济学原理·微观经济学分册（第 4 版）［M］．梁小民，译．北京：北京大学出版社，2006：23.

② 太和顾问公司调查数据，转引自中国经营报［N］．2008-12-22：B5.

③ 转引自赵正．谁动了代理公司的奶酪［N］．中国经营报，2009-08-03：C3.

二、宝洁回收媒介购买的利弊与影响分析

如何评价宝洁的回收媒介购买业务的行为？对于宝洁自身而言，作为理性的企业，自然认为利大于弊或者有利无弊，但从理论的角度来进行分析我们则认为是利弊兼备，甚至弊大于利。

企业自己进行广告运作的一般优点可能有节省费用、便于保密、易于沟通、能够协调与控制、熟悉本公司的产品与服务、尽心尽力和产生盈利等。无疑，宝洁回收媒介购买对于宝洁而言最大的利益是应对公司缩减营销预算的政策，节省媒体代理费用从而节约成本，并且可以自己掌握媒体投放的主动权，保守媒介投放的商业机密等。

企业自己进行广告运作的缺点一般包括：难以客观、影响质量、没有竞争压力、缺乏专业人才、公司无从选择从而导致工作关系没有约束力、资料不足和成本增加等问题①，宝洁中国回收媒介购买的弊端显然非常明显：宝洁回收媒介购买本质上是否认专业分工，宝洁公司本身并不具备媒介购买业务的谈判专业水平和专业团队，因此其专业性值得怀疑；交易成本过高；人力成本过高；专业资料和数据难以获取；由于购买份额和购买关系的临时性，难以实现媒介购买的规模效益，并且建立与媒介的长期合作关系（毕竟，媒介购买公司的年度购买总额要比即使是身为最大的广告主之一的宝洁的广告费用要多得多）；对比媒体购买公司，并不具备谈判的优势和更大谈判利益获取的实力等，这一点我们可以具体分析，比如宝洁中国的媒介购买的谈判能力问题。中国传媒市场具有其不同于发达国家的市场独特性和行政独特性，就平面和广电领域而言，其基本的市场架构还是计划经济领域的“四级办报和三级办台”，条块分割和行政分割，形成了在总体市场高度分割的同时区域市场高度垄断的特征。就电视领域而言，中国能够覆盖全国性的电视媒体其实非常缺乏，事实上现在只有中央电视台和凤凰卫视可以做到全国性的覆盖，一些强势地方卫视比如湖南卫视和东方卫视可以做到大区域性的覆盖，并且一般的市场都是由本土的广电传媒占据统治地位，形成一种中国特有的区域性的行政垄断和市场垄断的结合市场形态。这实际上导致宝洁削减媒介购买费用从而削减企业运营成本的企图难以实现。比如，根据新闻报道，宝洁与北京电视台的谈判就没有成功，在与坐拥长三角的强势传媒集团上海文广进行谈判时，也没有成功。显然，宝洁低估了中国传媒市场的独特性和高估了自身的谈判实力和谈判能力。

宝洁回收媒介购买的参考对象是中国国内的企业比如哈药六厂和哈药三厂等。哈药六厂和哈药三厂就直接与媒体谈判，进行媒体投放，承诺一个投放的总体额度，在保证黄金时段一定播出量的基础上，在垃圾时段尽量多的播出。于是，盖中盖、严迪的广告频次相当高，这种投放方式粗放而灵活。曾经的广告投放大王脑白金也是通过这种方式来实行“全方位、高密度和地毯式”的轰炸，但这种投放方式对于宝洁而言并不具备参考价值。宝洁的各个品牌的市场定位和目标消费群体显然与以上几个所谓“品牌”的目标消费群体有很大的不同，是属于比较高端、相当理性同时非常注意品牌形象的消费群体。宝洁的媒体投放必须在广告曝光频次和消费者广告接受与容忍度、品牌形象和美誉度维护之间取得平衡，不可能单纯为了增加曝光度和投放频次而牺牲品牌形象与品牌美誉度。

宝洁作为世界性的品牌和企业集团，其在业界的一举一动都备受关注，其在广告业的举措行为影响同样巨大。宝洁的任何一种市场策略和广告行为都会受到市场的关注和业界的学习。那么，这次宝洁回收媒介购买会产生什么影响？是否会成为经济危机下的一种普遍的企业行为？我们可以从古典经济学的角度的理论预测来进行解读：首先，宝洁回收媒介购买是

① 丁俊杰．现代广告通论——对广告运作原理的重新审视［M］．北京：中国物价出版社，1997：201-202.

一个个案，不具备普遍性，不会引发广泛的模仿行为。就宝洁集团自身而言，它也只是在中国市场实施了这种行为，但宝洁2008年的全球广告费用高达四十多亿美元。并且，宝洁中国的非电视广告购买业务的媒介代理权依然交给了专业媒介购买公司WPP旗下的竞立媒体。这说明宝洁回收媒介购买的行为更多是一种策略性的做法，而非战略转型；其次，对于很多企业而言，即使有效仿宝洁的回收媒介购买的企图，但绝大多数都不具备宝洁的实力和投放份额。对于他们而言，回收媒介购买只会得不偿失；再者，即使对于宝洁自身而言，这种回收媒介购买代理的行为可能也不会维持长久。下面将从古典经济学的角度进行分析。

三、广告客户回收媒体购买的理论反思与制度安排设计

广告客户回收媒介购买自然是对广告业的一个巨大冲击。那么，如何评价这种媒介购买回收的行为？从古典经济学的角度来看，回收媒介购买根本上违反了专业化和社会分工的现代经济发展的基本准则，注定不可能成功，是对现代经济发展基本原则的一个否定。

现代经济的发展是建立在专业化和社会分工的基础之上。这个原则早在18世纪就由经济学的创始人亚当·斯密在《国富论》中阐明。亚当·斯密指出专业化和社会分工导致劳动生产率显著提高。在一个著名的例子中，他描述了一家大头针工厂的专业化生产："一个人抽出金属丝，另一个人把它拉直，第三个人再把它切断……" 以此类推。这种程序使得10个人一天内可以制造48 000枚大头针，而如果"所有人都单独工作，每个人一天都无法生产出20枚，甚至连一枚大头针也生产不出来。"① 亚当·斯密告诫说："如果购买一件东西所付出的代价要比在家里生产所付出的代价小，就永远不要在家里生产，这是每一个精明的家长都知道的格言。裁缝不想制作他的鞋子，而向鞋匠购买。鞋匠不想缝制他自己的衣服，而雇裁缝缝制。农民不想缝衣，也不想制鞋，而宁愿雇佣那些不同的工匠去做。他们都知道，为了他们自身的利益，应当把他们的全部精力集中使用到比邻人有优势的地方，而以其劳动生产物的一部分或者一部分的价格，购买他们所需要的其他任何物品。"②（当然，分工和专业化程度的提高也导致了交易费用的上升，这成为新制度经济学研究的起点，这里不再分析。）在近现代的工业化的背景下，生产的主体变成了进行专业分工的不同企业。经济学家在理论上阐明了为什么社会分工和专业化生产可以提高生产效率，即经济学上一个著名的概念：比较优势。各个经济主体和组织充分发挥自身的比较优势，就可以极大地提高生产效率和生产力，同时专业化和社会分工有利于实现知识的学习和扩散、规模经济的实现和技术的进步，这些都不断地提升了专业化从而最终实现生产效率的提高。

广告从企业自身的一种营销活动到独立的产业的产生，由专业的广告公司代理企业的广告业务，根本上是社会分工和专业化发展的结果，同时也极大提高了企业的生产效率。广告媒介购买从广告代理业务中分离出来成立媒介购买公司单独运行，是广告运作环节的专业化和社会分工深入的结果，整体上提高了广告运作的效率。宝洁公司无论出于何种原因，回收广告媒介购买，本质上是违背基本的广告专业化运作的客观经济趋势和发展规律的。20世纪70年代的时候，宝洁公司出于自身巨额的广告费用和不菲的代理费用支付的考量，曾经成立属于宝洁公司自身的广告公司进行广告传播，但最终由于广告传播的非专业化和低效率导致市场竞争力的大幅下降，而重新委托专业广告公司代理。前车之鉴不远，宝洁公司应该记得。

---

① 亚当·斯密．国富论［M］//保罗·萨缪尔森、威廉·诺德豪斯著．经济学（第16版）．萧琛，等译，北京：华夏出版社，1999：24.

② 曼昆著．经济学原理·微观经济学分册（第4版）［M］．梁小民，译．北京：北京大学出版社，2006：58.

的确，宝洁中国回收媒介购买是违背了基本的社会分工和专业化，但其回收行为有着很多的客观原因，最根本的是代理服务公司不能满足宝洁的更专业、更本土和更便宜的媒介传播策略服务的要求。那么，如果不是广告客户回收广告代理亲自组织传播业务的运行，那么我们如何进行相应的制度安排，来实现客户对于专业代理服务的要求呢？

为了整体上提高广告运作的效率，参与广告运作的不同的经济主体的需要采取不同的对策：对于媒体购买公司而言，首先必须提高自身的专业性，专业性的提高是媒体购买公司出现和生存的唯一理由和价值所在。其次，在媒体购买和谈判中始终将客户的利益放在第一位，通过实现和追求客户的利益来实现和追求自身的利益，而不是通过损害客户的利益来获取自身的利益，当媒介购买公司为了自身的利益而不惜损害广告客户的利益的时候，就是这种代理关系信任机制丧失的时候。媒介购买公司特别注意防止一种“代理人自利”的行为和倾向。广告业务和媒体购买作为一种“委托—代理”关系，其根本基础在于彼此的信任，但由于信息不对称、约束和激励机制的不充分和不完善，广告代理公司容易形成一种代理人自利的行为取向，比如，通过推荐费用更高的媒体来获取更大的公司收益；通过与媒体的合谋来骗取客户的广告费用等。

广告客户在“广告委托—代理”关系中追求和维护自身的利益，可以进行新的制度安排和重新进行制度设计。所谓制度安排，是指管束特定行为模型和关系的一套行为准则，在新制度经济学看来，制度安排是支配经济单位之间可能合作和竞争的方式的一种安排。① 现在看来，广告客户至少现在可以采取的下面几种制度安排来规避风险提高回报而不是回收媒介购买业务，具体有：第一，改变固定的佣金制或者谈判制的媒体代理购买的收费方式，引入风险共担制或者风险利益关联式的付费方式。在这种制度安排下，媒介购买的回报并不固定，如果媒介代理购买的效率更高，在同等传播效力下的购买成本更低，那么媒介购买的代理费用越高。通过这种制度安排，激发媒介购买公司的积极性，实现有效的激励和约束。第二，导入第三方组织和结构，对于媒体代理购买公司的媒体选择、组合的专业性、媒体投放的传播效果（比如到达率、有效到达率、到达频次和总曝光度、千人成本等传播指标进行评估）和媒体购买的经济成本与投资收益比进行客观、全面和科学的评价。这样做一方面对媒体购买公司的工作绩效形成一个系统的评价体系，构建了完善的监督机制，从而对媒体购买公司的行为形成强有力的监督，避免购买代理公司的代理寻租和自利行为，同时也可以对代理关系进行评估，以决定是否继续维系代理关系和更换代理公司。第三，在进行大规模的不可控媒体投放的同时，创意和增加自控媒体的投放力度。媒介的数字化、碎片化和个人化一方面增加了广告传播的媒介投放的难度，另一方面也给广告主自身接近目标消费群体提供了更多的渠道。广告客户自身在整合营销传播的背景下，可以加大活动传播和事件策划的力度和水平，而不是单纯地依靠媒体购买公司的媒体组合来进行传播覆盖和市场推广。这同样能够对媒介购买公司形成强有力的压力。

【作者简介】

钱广贵，博士，讲师，华中农业大学文法学院广告与传播学系副主任，主要从事广告传播、传媒经济研究。

---

① 卢现祥．西方新制度经济学［M］．北京：中国发展出版社，1996：19.

广告客户价值的评估与细分①

——基于广告客户生命周期理论

陈艳彩

企业的资源是有限的，区分不同客户的价值并提供差异化的客户关系管理和市场策略，成为广告企业面临的重要问题。许多广告经营企业都将客户价值视为基本的战略导向，将客户作为自己的利益共同体，通过高效有序的管理方法和先进的信息技术，识别、吸引、获得、留住和发展有价值的客户，与其保持终身的互动关系，并提供客户感知最大化的价值，最终实现广告企业与客户双赢的目标。

一、广告客户生命周期各阶段营销策略

（一）客户生命周期五阶段理论

客户关系具有生命周期并非全新的想法，可看做是产品生命周期等的逻辑推理。2000年，美国著名学者 Jap、Ganesan 和 Dwyer 等人在关于买卖关系发展五阶段模型理论的基础上，进一步将供应商和零售商之间关系的发展划分为考察、形成、成熟、退化和恶化五个阶段。

客户生命周期是指广告客户与广告企业的关系存在着从发生、发展、保持到衰退的一个生命周期过程。它是研究广告企业与客户之间关系发展变化的实践依据。广告客户生命周期可划分为客户获取、客户提升、客户成熟、客户衰退和客户离开五个阶段。划分客户生命周期，有助于广告企业纵向深入了解每个类型的广告客户，根据不同的客户、不同的生命阶段，合理配置自身的资源，满足其不同的需求。②

（二）广告客户生命周期各阶段的营销策略

广告客户生命周期理论从动态角度反映不同阶段客户的行为特征以及为广告企业创造利润的变化状况。不同的客户，甚至同一个客户在不同的生命周期阶段，分别具有不同的价值，为广告经营企业创造的利润也有所不同。因此，广告经营企业要针对客户生命周期的不同阶段及具有的生命周期价值采取相应市场营销策略和客户关系管理方法。

1. 客户获取阶段

这一阶段是客户关系的探索和试验阶段。广告企业的主要任务是发现和获取潜在客户，通过有效渠道提供合适的价值定位，以获取大量客户。首先，进行潜在客户群体的细分及识别，包括人员推销、公共关系、公司网站、电话、电子邮件等途径。这个时期，广告经营不但要明确客户的特定需求，还应该让客户明确广告企业对他们的具体要求并达成共识，这有

---

① 本文为湖南省社会科学基金成果项目“广告客户管理”（09CGB06）成果之一。

② 陈艳彩．广告客户管理［M］．厦门：厦门大学出版社，2009：77.

利于双方实现既定目标。其次，还可以使用承诺和推荐来达成这一目标。即向潜在广告客户承诺本企业创作水平、服务质量的优异，使他们充分相信企业的实力；以中立的第三者身份直接向潜在广告客户推荐本企业，其中，享誉业界的正面口碑尤为重要。

2. 客户提升阶段

这一阶段是客户关系的快速发展阶段。该阶段客户业务量逐步扩大，双方相互依赖的广度和深度也日益增加，客户开始为企业提供现实的利润，并保持持续增长的态势。广告企业的主要任务是进一步融洽与客户的关系，通过优秀的广告作品或卓有成效的行销方案刺激客户的需求，把客户培养成高价值客户，完成从客户获取到提升阶段的平滑过渡。广告企业应主动引导客户关系，通过不断的、坦诚的交流，统一意见，明确双方的权利、责任和利益，引导客户关系向前发展，与客户产生交集，使客户尽快熟悉广告运作的业务流程、操作特点。具体方法有：视“策略”、“创意”为合作核心；尊重“专业”，坚持任务导向和结果导向，力求清晰、明确和固化的工作指令；广告客户高层的重视和介入，与客户的零距离关系；保持高度的“时间意识”等。这些合作原则一旦得到双方的共同认可，将快速促成广告客户关系的提升。

3. 客户成熟阶段

这一阶段是广告客户关系发展的最高阶段。企业与客户的关系达到比较稳定的状态，双方对对方提供的价值高度满意，相互依赖水平达到整个关系发展过程中的最高点，客户业务量较大，为企业提供大部分的现实利润，属于企业的“最有价值客户”①。广告企业的主要任务是保持和延长双方的业务合作，培养客户的忠诚度，将客户培养成高忠诚度高价值的核心客户群。广告企业要尽可能地维持和延长高价值阶段，如果遭遇营销问题或客户需求发生变化，初期的创意和方案不再适用时，应及时进行沟通和调整，明确客户的新政策和潜在需求，提供个性化服务和延伸服务，从而满足甚至超出客户预期，维持客户的高满意度。许多著名的广告企业都与客户保持多年良好合作，如Sunkist与FCB保持合作90多年，奥美与联合利华从1952年开始合作，奥美与百事从1974年开始合作，智威汤逊最长的客户关系维持了95年。

4. 客户衰退阶段

这一阶段是客户关系发展过程中的水平逆转阶段，客户业务量下降，广告企业利润不断减少直至为零，客户价值降至最低水平，一方或双方正考虑结束关系，甚至物色候选关系伙伴。该阶段广告企业的主要任务是建立高危客户预警机制，加大对高价值客户的投入，重新恢复与客户的关系，延长广告客户的生命周期。具体营销策略主要分为分析阶段管理、实施阶段管理和评价阶段管理。分析阶段是客户衰退管理的第一步，即从客户的衰退原因入手，根据衰退原因对衰退客户进行细分，然后针对不同生命周期价值群体制订相应的营销策略。一般来讲，客户衰退的原因主要来自广告经营企业、竞争对手、客户的需求发生变化、经营方向调整、重要人士变更及外界环境等不同因素。实施阶段是客户衰退管理付诸实践的阶段，广告经营企业可以根据客户衰退的原因制定四种营销策略：急救策略、应对策略、完善策略及放弃策略。评价阶段属于客户衰退管理的反馈阶段，策略实施后不论成功与否都要进行事后评价，将结果与预期进行比较，找出其中偏差的原因，从而对下一步的客户衰退管理提出修改和完善的指导意见。

---

① 张翔．客户关系管理［M］．北京：机械工业出版社，2008：78.

5. 客户离开阶段

广告经营企业和客户之间会产生不可调和的矛盾，于是结束合作。客户离开，大多数是受到相应的诱发因素驱使，即使该客户对原广告经营企业提供的产品或服务100%满意，仍然可能离开；可能是广告经营企业的创意和方案未产生效益；也可能是双方都有了新的合作对象，认为新合作更有前景；还可能因为广告代理公司长期服务于某一客户后业务执行变得松散，服务品质下降。总体来说，诱发客户离开的因素主要有品牌观念转移、竞争对手促销、差异化业务、业务需求消失等。例如，盛世购买了达彼斯后，就失去了达彼斯 Colgte-Palmolive 业务，因为它与盛世的客户宝洁相冲突。该阶段广告企业的主要任务是通过全面的客户价值评估，对仍然有利可图的客户进行二次开发，调整自身的服务和营销手段赢回客户；对没有价值的客户不再过多投入，逐渐放弃客户。建立客户反馈机制与客户流失预警机制是避免客户流失的重要途径。一旦客户准备离开，广告经营企业应该迅速找到诱发客户离开的因素，评估证实挽回的必要性，进而展开针对性的营销，从而有效降低客户流失率。TBWA 在1986年失去苹果电脑时，发布了一条整版广告，感谢苹果多年来的合作，1997年苹果重新投入他们的怀抱。①

显然，在客户生命周期的不同阶段，客户的价值不同。因此，准确地把握客户生命周期，挖掘客户的潜在价值，满足不同生命周期客户的个性化需求，制订长远的客户关系发展策略，是广告企业在激烈的市场竞争中留住客户，实现客户价值持续贡献，全面提升广告经营企业盈利能力的关键。

二、广告客户价值细分

广告客户细分，就是清晰地界定广告公司的盈利模式和发展战略，在明确的战略业务模式和专注市场中，根据客户的价值、需求和偏好等综合因素对其进行分类，提供有针对性的广告创意作品和行销策略。企业的资源和能力都是有限的，如何对不同的客户进行有限资源的优化应用是每个企业都必须考虑的。创立初期，广告公司通常迫于生存压力都会“饥不择食”，当公司发展具有一定规模后，就应该对服务的客户有所取舍，细分客户，找出对自己最有价值的客户资源，发现最为珍贵的客户，并与客户共同成长。

常用的细分客户方法，主要是根据企业特定变量的多少进行划分，具体划分方法有两大类型，一种是根据客户利润价值或者客户的基本信息变量如地理区域、行业属性、品牌生命周期、市场地位及客户生命周期等进行细分；一种是将客户信用等级、规模和忠诚度等多种变量相结合进行细分。

（一）一维分类方法

1. 根据客户利润价值进行细分

根据客户对广告企业的利润贡献占广告企业利润总额的比例，可以将客户细分为VIP客户、主要客户、普通客户和小客户四种类型，并形成一个“金字塔”式，如图1所示。VIP客户——该类型客户数量不多，但其广告业务在广告企业业务总量中占有的比例很大，对广告企业盈利贡献的价值也最大，他们位于金字塔的顶层，约占客户总量的5%；主要客户——指除VIP客户外，业务量所占比例较多，能够为广告企业提供较高利润的客户，该类型客户约占客户总量的15%；普通客户——这类客户的业务量所占比例一般，能够为广告

① 陈艳彩．广告客户价值评估的变量与要素［J］．新闻界，2010（4）：161-162.

企业提供一定的利润，占客户总量的50%左右；非盈利客户——这类客户约占客户总量的30%，他们不能使广告公司盈利，甚至使广告公司亏损，位于金字塔的底层。

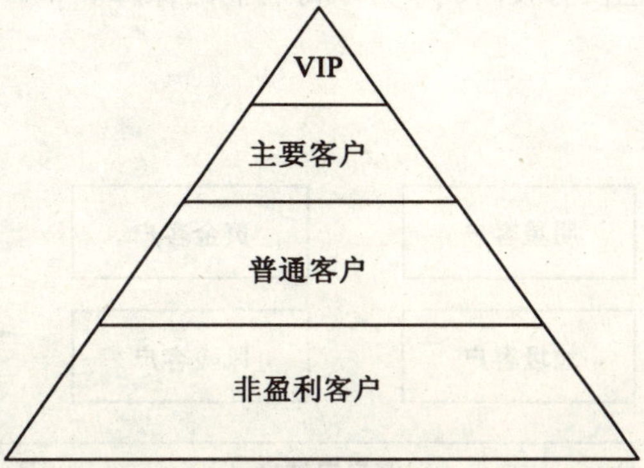

图1　客户金字塔

对广告客户进行价值分类，有利于对广告客户进行分级管理，即对高价值的重点客户进行重点管理，投入更多的人力、物力和财力，不遗余力地吸引和留住重点广告客户，对低价值的一般客户进行一般化管理。根据上述客户价值细分，广告经营企业适宜分别采取追随型、关怀型、适应型、冷漠型等方式予以应对。

2. 根据客户基本信息进行细分

现实中，广告企业会根据自身广告业务的实际运作需要，采取一些较为灵活的客户细分方式为客户提供个性化服务。主要的细分方式有以下五种类型：

（1）按地区划分。依据客户的产品和服务在不同市场范围的网络体系，将客户细分为跨国品牌、国内品牌和区域品牌等类型。各地区的广告客户，常由于各地自然环境、文化传统以及社会经济发展水平等因素的影响，而产生不同的需求，形成不同的需求习惯、需求偏好和需求特征，因此，地理变数可以作为广告客户分类的一个重要变量。地理变数通常有国家、省（自治区）、地区、县、城镇、农村等。

（2）按客户所属行业划分。根据客户的企业属性，将客户细分为生产制造商、渠道分销商或代理商、零售商及服务企业等；再结合产品的功能和利益，还可将客户进一步细分为快速消费品、耐用消费品、新型类（金融、交通运输品等）等不同类型。

（3）按品牌生命周期划分。根据客户品牌所处于生命周期中的不同阶段以及产品在市场上的销售和获利能力的变化情况，将客户细分为引入期、成长期、成熟期、衰退期四个不同类型。按照客户品牌所处的生命周期，广告企业可以分别为他们提供以告知性、竞争性、提示性及铺垫性为主题的广告活动。

（4）按市场地位划分。按照客户品牌的市场地位，将客户细分为领袖者品牌、挑战者品牌、追随者品牌、补缺者品牌和扰乱者品牌等不同类型。

（5）按客户规模划分。广告客户企业规模，即广告客户企业的大小。这一因素往往也是市场细分的依据。规模大的客户，往往实力雄厚，市场份额大，销量大，广告产品购买力强，购买量大，市场影响大，对于广告经营单位来说，具有很高的开发价值，需要投入更多的资金和人力进行重点关注、重点营销和重点维护。

（二）多维分类方法

1. 按客户忠诚度与信用等级结合进行分类（如图2，图3所示）

（1）低信用-低忠诚度客户，也称“垃圾客户”。这类客户是没有开发潜力或者是开发成本过高的企业，他们在对广告企业服务的接受程度很低，还没有建立良好的信用保障，使得广告企业对这种客户的开发失去信心，假设不考虑这类客户的开发难度和开发成本，即使能够成功开发，广告企业也没有收回成本并取得利润的保障。

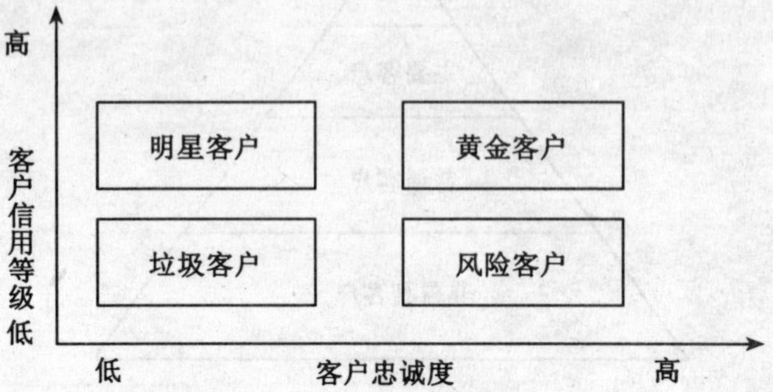

图 2　客户信用等级-忠诚度定位矩阵

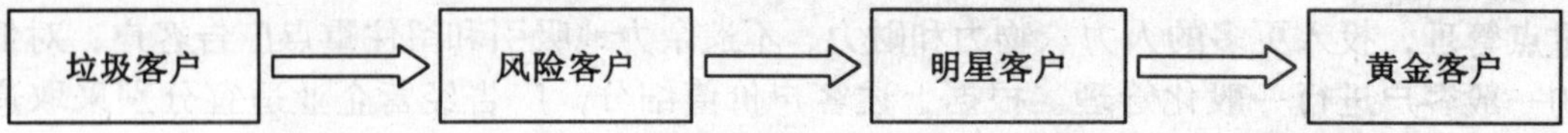

图 3　客户信用等级-忠诚度定位模型的价值顺序

（2）低信用-高忠诚度客户，也称“风险客户”。这类客户虽然喜欢广告企业提供的服务，但是却不愿意为自己获得的服务付出相应的费用，而且对于这类客户的后期维系成本也很高。因此，在初始阶段广告企业不要主动地与这类客户联系，而应该在服务的推广阶段才考虑这类客户的开发。

（3）高信用-高忠诚度客户，也称“黄金客户”。对这类客户采取有效的措施，既能为广告企业的发展注入新的活力，也会稳定地保持企业的收益，同时还能使公司获取良好的综合效应。他们应是广告企业开发客户时的首选对象，广告企业需要与他们建立畅通的沟通渠道和“一对一”的互动联系，并向他们提供最新的服务组合以及其他最好的服务。事实上，对于这类客户的开发将会有效地实现公告经营企业与客户企业的双赢策略。

（4）高信用-低忠诚度客户，也称“明日之星”。这类客户是广告企业的主攻方向，有效地开发这类客户，将会增大“黄金客户”的比例，也会为广告企业带来更多的收益。对于这类客户，广告企业的首要任务是培养他们的忠诚度，引发他们对广告企业的关注与兴趣，提高对服务方案的认可。

2. 按客户忠诚度与客户规模结合进行分类（如图 4，图 5 所示）

（1）小规模-低忠诚度客户。这类客户被称为“加温客户”。对这类客户的开发不仅需要大量的人力、物力，而且需要耗费相对较长的时间，即便如此，所取得的开发结果往往还难以令人满意。因此，广告企业可以先开发其他类型或容易开发的客户，对此类客户进行前期示范性的“加温”处理，这样将会为后期对他们的直接开发降低一些难度。

（2）小规模-高忠诚度客户。这类客户被称为“鸡肋客户”。从两个方面分析：此类客户是对广告企业发展有益的客户，他们对于广告企业提供的服务具有很高的忠诚度，有尝试的意愿和兴趣；从此类客户的规模上来考虑，对他们进行开发需要配置具有较强的专业客户开发和服务能力的队伍。此外，由于这类客户相对分散，需要比较长的开发时间，投入的开发成本可能也比较高。

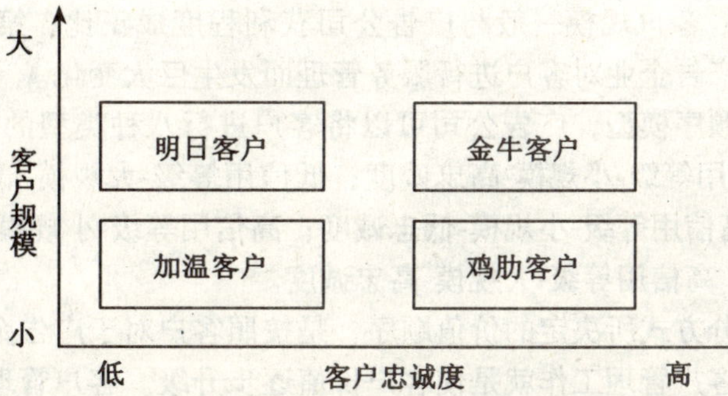

图4　客户规模-忠诚度定位矩阵

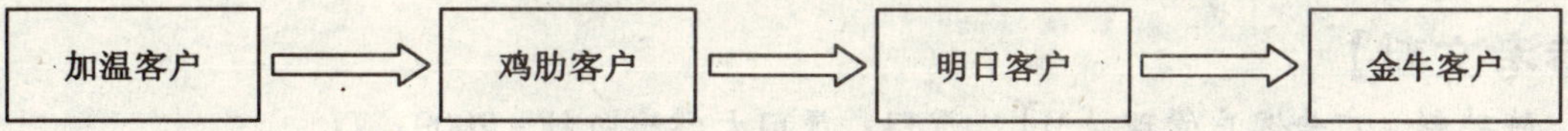

图5　客户规模-忠诚度定位模型的价值顺序

（3）大规模-高忠诚度客户。这类客户被称为“金牛客户”。他们是广告企业进行客户开发的首选对象，是企业主要的服务对象和利润来源，也是企业新服务最好的试点对象。一是合作的业务量大，具有很好的规模效应；二是大规模客户的示范效果好，对其他类型客户有很强的辐射作用，可以帮助企业进行“免费”的推广与宣传；三是大规模客户一般具有相对较强的经济实力作为保障；四是所需要的平均客户支持小于其他类型的客户，节省人力资源。

（4）大规模-低忠诚度客户。这类客户称为“明日客户”。此类型客户是广告企业进行新服务开发过程中最不稳定的对象，且对其开发的顺序往往也比较难以确定。虽然此类客户的忠诚度比较低，但对其开发又有很高的预期收益，广告企业在开发的初期阶段所需投入的成本较低，此类客户一旦开发成功有可能成为“金牛客户”，会为公司带来相对较大的收益，还可以为公司业务取得不错的示范和推广效果。因此，广告企业应该为开发此类客户配置高素质的业务人员。

3. 按客户的信用等级、规模和忠诚度相结合进行分类

对于广告企业来说，客户的信用等级、规模和忠诚度是同时存在于一体且同时发生作用的三个要素。由此，广告企业可以建立一个以信用等级、规模、忠诚度三维变量的最具价值的客户顺序模型（如图6所示）。在三个变量中，高信用等级是第一位的，因为它是客户各

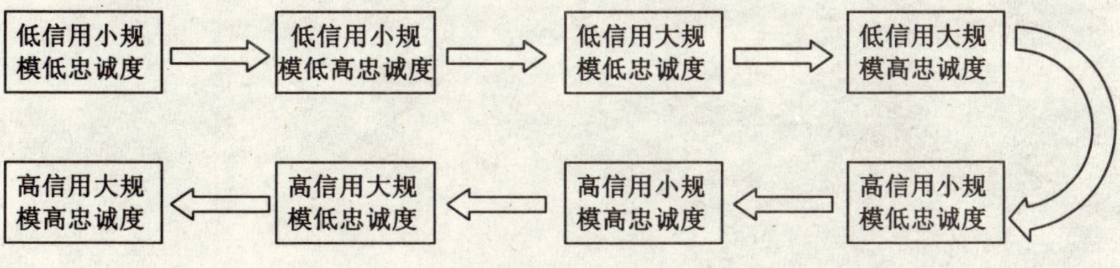

图6　客户信用等级-规模-忠诚度定位模型的价值顺序①

① 丁建石．客户关系管理［M］．北京：北京大学出版社，2006：67.

种综合指标的整合，反映客户的综合能力和未来发展的前景；第二位的是客户的规模，这一变量在短期内变化最小，客户规模一般与广告公司获利程度成正比；第三位的是客户忠诚度，这一变量可以随着广告企业对客户进行服务管理而发生巨大变化。

按照最具价值客户顺序模型，广告公司可以将客户进行八种类型的定位：低信用等级-小规模-低忠诚度；低信用等级-小规模-高忠诚度；低信用等级-大规模-低忠诚度；低信用等级-大规模-高忠诚度；高信用等级-小规模-低忠诚度；高信用等级-小规模-高忠诚度；高信用等级-大规模-低忠诚度；高信用等级-大规模-高忠诚度。

以上这三种多维细分方式所决定的价值顺序，是按照客户对于广告企业的重要程度而逐级上升的，广告企业的客户管理工作就是使客户价值逐步升级。客户管理是一个不断用变化来适应变化的过程，客户管理中充满改进的空间，广告企业应该不断改变工作流程和工作方式以提升自己的服务品质，满足客户的需求和偏好，维系双方长期、稳定的合作关系。

【参考文献】

[1] 陈艳彩．广告客户管理［M］．厦门：厦门大学出版社，2009：77.
[2] 张翔．客户关系管理［M］．北京：机械工业出版社，2008：78.
[3] 陈艳彩．广告客户价值评估的变量与要素［J］．新闻界，2010（4）：161-162.
[4] 丁建石．客户关系管理［M］．北京：北京大学出版社，2006：67.

【作者简介】

陈艳彩，湖南工业大学新闻与传播学院教授，研究方向为媒介经营、广告经营管理。

我国广告产业制度中市场化与强行政干预的矛盾冲突①

曾兰平

高度市场化是我国广告产业制度安排中一个重要基点②，在这一制度安排下，社会资源配置必须依靠市场这只“看不见的手”来进行；然而，由于长期计划经济的“路径依赖”，我国广告产业制度安排中又表现出强行政干预特点。政府干预与市场调节是产业发展中两个必不可少的调节力量，不同的市场结构其发挥作用的方面不同，或以市场调节为主，政府干预为辅助；或政府调节为主，市场调节为辅；把高度市场化与强行政干预结合在一起本身就是一种矛盾冲突。

一、政府干预与市场调节：产业发展中两个必不可少的调节力量

现代市场经济是一种混合经济，用查尔斯·沃尔夫的话来说，“不是纯粹在市场与政府之间的选择，而是经常在两者的不同结合间的选择，以及资源配置的各种方式的不同程度上选择”，或者用韦默和维宁的话说“每个社会都通过个人选择与集体选择的某种组合来生产和分配物品”。也就是说市场经济的发展过程中，政府总是要发挥其作用。早期自由主义经济学家认为经济发展无须政府干预，只要通过市场这只“看不见的手”的调节就足够了，因此主张“大社会，小政府”，政府只要做好“守夜人”的工作就足够了。但是从西方市场经济发展的实践来看，单靠市场的力量无法解决公共物品、外部性、自然垄断和信息不对称等问题，市场不是万能的，存在着市场失灵。“市场可能失败的论调广泛地被认为是为政治和政府干预作辩护的证据”，而事实上从战后西方各国的发展来看，政府如同市场一样也不可能是万能的。

其实在市场经济条件下，社会总的资源配置过程是在市场机制和政府干预机制的共同作用下完成的。通过市场机制配置的资源最终转化为私人产品以满足私人需要；通过政府干预机制配置的资源，最终转化为公共产品以满足公共需要，而公共需要和私人需要正是社会总需要的两个组成部分。

1. 市场调节和政府调控是一种互补和不可替代的关系

在市场经济中，市场调节和政府调控具有不同的调节机制，双方不可替代；是一种互补和不可替代的关系：

其一，市场调节是资源配置的基础，政府调控是资源配置的辅助性机制。市场经济不论是古典的还是现代的，不论是资本主义的还是社会主义的，其本质都是以市场机制的自发调节作为资源配置的基础，政府是为了弥补市场的缺陷而不是代替市场；是为了促进市场的发育而不是阻碍市场的发育而存在的，它在资源配置中相对市场起辅助作用，且作用的领域应

---

① 本文是湖北省教育厅人文社科项目“中国广告产业制度安排现状及对策研究”（项目编号：2009D340）成果。

② 曾兰平．高度市场化：我国广告产业制度安排的一个重要基点［J］．青年记者，2007（6）．

是市场不能或不宜的领域。

其二，政府调控是市场有效运作的前提。市场机制有效运作，需要一些宏观的、社会性的条件来保障，这些条件市场本身难以创造，必须由政府来提供。政府对市场有效运作的作用具体表现在：建立健全各种市场规则，反对不正当竞争和各种破坏市场秩序的行为，通过法律来保护经济主体的产权；通过宏观经济政策适时调节社会供求总量和结构，熨平经济周期，为市场调节创造正常的宏观环境；在出现了公共产品、垄断、外部性和分配不公的市场失灵时，政府通过法律、行政和经济等各种手段来弥补市场的缺陷；在市场调节和宏观目标发生矛盾时，通过财政、税收等经济杠杆和直接的行政干预等措施来校正市场调节的后果。

其三，市场调节是微观经济活动的组织方式，政府调控是宏观经济总量控制的手段。在市场经济条件下，一切可以进入市场的微观经济活动都应该以市场为中心来组织和协调。企业的经营目标以市场目标为标准来确定；企业的经营方向以市场信号为依据来选择；企业产品价格以供求关系为依据来确定；企业之间的关系以市场为媒介来联结。

政府则超越市场的微观局限在宏观上调节和控制经济发展的总规模，产业配置的总体结构，物价总水平等宏观经济总量指标，以实现充分就业、物价稳定、国际收支平衡、经济稳定增长和收入的公平分配的目标。

2. “有形之手”的宏观调控，与“无形之手”的微观调适

市场和政府不是意识形态战争中区分资本主义和社会主义的两个反义词，而是任何社会都不可或缺的东西。① 在市场经济条件下，政府是宏观经济的管理者，是经济运行的调控者，是现代市场的组织者；市场是宏观经济政策传导的媒介，是调节国家经济行为的客体，是社会经济利益关系的神经中枢。

西方发达国家及一批后发现代化国家市场经济的实际历程和政府职能的演化轨迹表明，市场调节这只“看不见的手”有其能，也有其不能。一方面，市场经济是人类迄今为止最具效率和活力的经济运行机制和资源配置手段，它具有任何其他机制和手段不可替代的功能优势：如经济利益的刺激性、市场决策的灵活性、市场信息的有效性。另一方面，市场经济也有其局限性，必须借助凌驾于市场之上的力量——政府这只“看得见的手”来纠补市场失灵。

在多数情况下，特别是有规模经济约束时，市场调节主要在微观范围内解决供求关系接近均衡状态下的边际调整；国家计划调节主要在中观、宏观范围内解决供求关系的非边际调整。其中，国家计划的指令性调节主要解决瓶颈部门和总量供求关系远离均衡状态下的结构调整；国家计划的指导性调节主要解决供求关系中度偏离均衡状态下的中程调整。②

值得注意的是，在微观、中观和宏观经济三个层次上，市场调节和计划调节在执行上述职能时具有不同的实际能力和可靠性——有效控制范围。这是由两种调节机制本身的性质决定的。调节方式的应用如果越出了它的有效控制范围，以致“错位使用”，就会引起失控，造成经济运行的紊乱和振荡。

总之，在市场经济条件下，社会总的资源配置过程是在市场机制和政府财政机制的共同作用下完成的。在现代市场经济体系中，市场调节与政府干预，自由竞争与宏观调控，是紧密相连、相互交织、缺一不可的重要组成部分。市场机制的完全有效性只有在严格的假说条件下才成立，而政府干预的完美无缺同样也仅仅与“理想的政府”相联系。也就是说，市场调节与政府干预都不是万能的，都有内在的缺陷和失灵、失败的客观可能，关键是寻求经

---

① ［日］大野健一．通向市场经济的路径选择和政府的作用［M］//转规、规制与制度选择．北京：社会科学文献出版社，2004：334-338.

② 许建康．论市场调节和计划调节的有效控制范围［J］．财经研究，1991（3）．

济及社会发展市场机制与政府调控的最佳结合点，使得政府干预在匡正和纠补市场失灵的同时，避免和克服政府失灵。

二、高度市场化安排下的市场失灵

正如单纯的市场调节会走向自己的反面，单纯的指令性计划调节也会走向自己的反面。如果长期排斥市场调节，供求之间的边际变化不能通过市场机制及时得到纠正，日积月累，势必造成新的结构性失衡，反之亦然。

1. 市场并非总是有效

市场对社会资源的配制，有着灵活而有效的导向作用，可以实现高效、合理、优化组合的资源配制目标。然而，市场并不是万能的、天然和谐的。市场这只“看不见的手”本身存在着功能、市场竞争以及市场调节等方面的缺陷，它无法补偿和纠正经济外部效应的问题、也无法避免信息不对称的问题，市场失灵必然就不可避免地出现了。

第一，进入市场的主体，都把追求利润最大化作为目标，开展市场竞争活动。第二，作为市场经济的精髓——竞争，也存在着难以避免的弊端，过度竞争和垄断都会造成资源大量浪费，不利于经济发展。第三，市场调节是一种具有自发性、滞后性、盲目性和分散性特点的事后调节，导致对市场供求关系的变化趋势缺乏科学预测，极易陷入盲目状态，影响经济的发展。

2. 高度市场化制度安排下的市场失灵

我国广告产业制度建立的一个重要基点就是高度市场化。高度市场化意味着由市场来调节资源配置，也意味着更低的准入标准、更多的竞争对手。

广告产业作为第三产业中的一部分，其本身就是一个准入标准很低的行业，随着市场经济自由竞争优胜劣汰竞争规律的发挥作用，以及企业在市场竞争中的兼并和收购行为的产生，其准入标准应该会渐进提高。美国广告产业的高准入标准就是在自由竞争的市场经济中逐渐形成的。而我国在广告产业准入标准上一再降低标准，且各地在广告产业准入方面也有自己甚至比国家规定的更低的门槛。准入标准的降低无疑可以促进更多的企业进入广告行业进行自由竞争，但是由于我国市场机制的不完善，过低的准入标准在促进广告产业表面上繁荣的同时，带来的却是更大的危机：在资金方面的准入门槛过低，导致我国本土广告公司高度分散、高度弱小的现状；与“三密集”产业不相符合的知识、人才低准入标准，影响广告产业的健康发展；低准入制度带来广告市场低层次和低水平竞争，严重阻碍广告产业升级。①

而导致我国广告市场失灵状态的主要原因在于我国为了在较短的时间内建立市场经济体制，人为地缩短了市场的自发发展过程。一方面，市场发育不完善造成市场机制缺陷，另一方面，市场功能不健全存在某些缺陷，这使市场机制不能完全发挥调节作用而产生市场失灵。所以说，我国广告市场失灵主要是由市场发育不完善、市场功能不健全导致的“缺陷性市场失灵”②。

---

① 曾兰平．我国广告产业准入制度研究［M］//中国媒体发展研究报告（2005年卷）．武汉：武汉大学出版社，2006：386-392.

② 朱云平．转型经济期我国市场失灵的特性及相应的宏观调控［J］．商业现代化，2006，483（10月下旬刊）．

三、强行政干预下的政府失灵

市场调节本身存在的缺陷和消极方面，是导致市场经济国家出现周期性经济衰退及其他经济、社会矛盾的一个主要原因，也是国家实行和不断完善政府对经济问题的间接干预、宏观调控的重要原因。事实上，在现代市场经济国家中，那种完全由“看不见的手”自发调节市场运行的经济模式已经不存在，而普遍采用的是以政府宏观调控这只“看得见的手”和市场机制这只“看不见的手”的有机结合。①

值得注意的是，如果政府干预不当，也会导致政府失灵。正如萨缪尔森所指出的：“当政府政策或集体行为所采取的手段不能改善经济效率或道德上可接受的收入分配时，政府失灵便产生了。”

我国广告市场的政府失灵主要表现在两个方面：一方面是政府的无效干预，即政府宏观调控范围和力度不足或方式选择失当，不能弥补市场失灵以维持市场机制政策运行的合理需要；另一方面则表现为政府过度干预，即政府干预的范围和力度，超过了弥补市场失灵和维持政策运行的合理需要，或干预的方向不对路，形式选择失当，比如不合理的限制性规章制度过多过细，公共产品生产的比重过大；对各种政策工具选择及搭配不适当，过多地运用行政指令性手段干预市场内部运行秩序，非但不能纠正市场失灵，反而抑制了市场机制的正常运作。

1. 政府干预的主要表征

斯蒂格利茨认为，相对于私人组织，政府纠正市场失灵有四大优势：征税权、禁止权、处罚权、交易成本，纠正市场失灵，政府责无旁贷，市场缺陷的克服需要政府行为，市场失灵的情况决定了政府介入、干预经济活动的必要性。

从宏观经济环境来看，我国属于政府主导型的市场经济体制，政府培育、扶持市场，对市场经济的发展起了重大的积极作用。没有政府的宏观调控，社会主义市场经济不可能得以建立。但由于路径依赖，政府失灵在我国经济体制转轨时期表现得更为明显：一方面政府“越位、缺位、错位”现象比较严重，即政府干预不能达到，或偏离了预期目标，甚或适得其反，产生了许多副作用和新问题，有悖于弥补市场缺陷的初衷；另一方面，没有出现优化资源配置状况，即虽然达到预期目标，但效率低下、浪费严重。

其次，政府干预的对象是理性人。我们知道政府是通过宏观经济政策干预市场，进而通过市场的价格传导机制对家庭居民和生产企业等微观经济主体产生影响的，但由于这些主体都是合乎理性的“经济人”，都有自己的理性预期，政府干预往往会出现“上有政策、下有对策”的现象，从而导致政府干预效力下降，无法达到理想化的预期效果，造成某种程度的政府失灵。②

我国广告产业制度方面的强行政干预主要表现在两个方面：一是政策频频出台，二是对广告产业发展的直接干预（关于这一点，本文已在我国广告产业制度安排的两个重要基点一节中有所说明。）我国这种强行政干预的广告产业制度安排，在我国市场体制尚不成熟的阶段虽也起到了积极的规范作用，但由于广告产业是一个市场化程度较高的行业，不恰当的行政干预必然导致“政府失灵”。

---

① 李阅主编．产业经济学（第2版）［M］．北京：中国人民大学出版社，2004：667-668.

② 李忠伟．论经济转型时期的政府失灵问题［J］．北方经贸，2006（9）．

2. 干预低效或无效：政府失灵的一个表现

由于我国广告产业高度市场化的制度安排的低准入带来了大量的小企业涌入广告市场，这些小企业在繁荣我国广告经济的同时也带来了无序竞争和粗放式增长，以及虚假广告盛行等方面的问题，针对这些问题，我国政府也曾进行积极干预，从1982年到现在，政府对广告产业一共进行了四次整顿，三次调整，以期改变这种浪费资源的粗放增长方式，规避广告产业所带来的外部性，达到一种规模经济。

第一次整顿是1982年6月5日到年底，国家工商行政管理总局根据第一次全国广告工作会议部署，发布了《关于整顿广告工作的意见》，以《条例》和《细则》为准绳，对全国广告经营单位进行了第一次全面清理整顿。整顿内容包括经营作风、广告内容、户外广告统一规划、收费标准以及外商广告等，重点是清理非法经营。1984年10—11月进行第二次全国性的清理整顿，主要任务是清理虚假广告。1986年1月29日，国家工商行政管理总局发出贯彻《通知》精神的《关于清理广告宣传、整顿广告经营的几点意见》开展第三次全国性清理整顿广告工作，着重进行政策教育，帮助广告经营单位端正经营方向，杜绝无证经营和虚假广告现象，完善法规制度。1989年年底至1990年年初，广告业启动了第四次全面治理整顿工作，采取突出重点和难点的方式，侧重于抓好广告公司的整顿。一方面，对一些奉公守法的企业实行免检政策；另一方面，加强力度，坚决取缔非法经营活动，查处虚假广告；同时加强对临时性广告的管理，纠正以不正当手段招揽广告的现象。健全了广告业务登记验证制度，推进了“广告业务员证”制度的实施，使广告业恢复初期广告市场混乱的状况大为好转。

跨入1992年，国家改变了对广告业进行“总量控制”的政策，不再把个体、私营企业限制在实际、制作范围之内，允许各经济类型的广告企业广泛参与广告市场经营，进行公开、合法、公平的竞争，使呈现出无限的生机与活力。加之“两制”的推行逐步铺开，特别是党中央、国务院在关于加快发展第三产业的决定中把广告业列入十大重点支持产业，制定了《关于加快广告业发展的规划纲要》第一次把广告行业列入国家发展规划。

1993—2002年我国的广告业进行了三次结构性调整，第一次调整是1993—1996年年底，国有企业机制改革悄然进行，出现了私营广告公司、外资投资广告公司与国有企业、集体企业形成三分天下的格局，私营广告公司和外资投资广告公司的强势初露头角。1999年年底，第二次结构调整，国有广告公司机制改革取得成效，经营单位与从业人员呈现负增长，经营额却平稳提升，形成国有广告公司、私营广告公司、外资投资广告公司三足鼎立的经营格局。第三次结构调整始于2002年年底，私营广告公司迅猛发展，由小而大，已经成长为中国广告业的一支重要生力军，经营单位、从业人员与广告营业额均已超过国有、集体、外资企业之和，占据专业广告公司经营的“半壁江山”。①

以上所有这些干预措施，在一定的程度上有效地遏制了广告产业的无序竞争，虚假广告的现象也有所收敛；但由于我国市场发育成熟程度低、政府干预方式的缺陷，以及干预对象的有限理性和信息的不对称性、非完全性等其他原因，总体上说来，干预远没有达到政府所希望得到的结果，导致了经济学家所说的政府干预低效或无效的状态。

产生我国广告产业发展中政府干预无效或低效的原因之一是我国广告产业制度安排的制度陷阱问题——即制度冲突。如在作为我国广告产业法律制度的《广告法》和《广告管理条例》中有些条款的不一致容易造成操作上的冲突。《广告法》规定：“户外广告的设置规划和管理办法，由当地县级以上地方人民政府组织广告监督管理、城市建设、环境保护、公安等有关部门制定。”而《广告管理条例》则规定：“户外广告的设置、粘贴，由当地人民

① 范鲁斌．中国广告25年［M］．北京：中国大百科全书出版社，2004：44.

政府组织工商管理、城建、环保、公安等有关部门制定规划，工商行政管理机关负责监督实施。”由于《广告法》没有明确户外广告管理由工商行政管理机关负责，因而，相关的城市管理部门都争先审批和管理户外广告，给广告经营者和户外广告管理、统一执法带来极大的困难。

再如《广告管理条例》及其实施细则中规定了兼营广告的单位必须依法办理登记手续，由工商行政管理部门发给《广告经营许可证》，而《广告法》却没有这样的规定，这就使颁发《广告经营许可证》缺乏法律依据，也降低了广告管理效果。①

3. 干预不足，或干预过度：政府失灵的另一表现

所谓干预不足，是指政府的干预力度或范围没有达到应有的程度；而干预过度，是指政府超越了政府干预应该具有的范围。我国政府在对广告产业的发展中的许多方面表现出明显的过度干预。如对广告主广告费2%标准的制定，对市场机制的广告代理制的强力推行，以及对广告15%的代理费的明确规定等，都属于政府干预过度。

政府参与经济活动必须注意：市场缺陷是政府行为的必要条件，而不是充分条件。在市场经济条件下，市场机制在经济活动中总是起主导作用，政府的干预和介入只是辅助性的、补助性的，而不应过分干预市场运作，同时在参与经济的过程中应避免政府失灵。否则，政府干预要么出现经济活动达不到预期目标，要么政府干预虽达到预期目标但成本高昂；要么政府干预活动达到预期目标且效率较高但引发了负面效应等后果②。因此，最优化的办法就是使市场调节和政府调控有机地结合起来，政府干预必须适度、有效。

导致政府失灵的根源在于政府干预的公正性并非必然、政府某些干预行为的低效率，以及由此而引发政府规模膨胀所带来的高社会成本和政府决策的失误；政府干预首先具有不以直接盈利为目的的公共性；政府要承担对市场经济活动的干预职能，包括组织公共产品的供给，维持社会经济秩序等，自然需要履行这一职能的相应机构和人员的昂贵成本；政府对社会经济活动的干预，很难完全占有充分可靠的信息，加之现代社会化市场经济活动的复杂性和多变性，增加了政府对信息的全面掌握和分析处理的难度。此种情况很容易导致政府决策的失误，并必然对市场经济的运作产生难以挽回的负面影响。即使判断准确，政策工具选择和搭配适当，干预力度也很难确定。干预不足与干预过度，均会造成“政府失灵”。

四、我国政府主导型广告管理制度

广告作为社会经济的一个重要部分，由于广告本身的特征，从其诞生的那天起，就引起了社会各界的批评和指责。早在1920年，上海的“全国报界联合会”通过了一个《劝告禁载有恶影响于社会之广告案》；戈公振在他1927年出版的《中国报学史》里也对“不道德与不忠实之广告”进行了谴责，认为这“不但为我国实业界之大忧，亦为广告界之大耻”。也正因为如此，各国政府纷纷对广告进行监管，但是，由于不同条件下广告的发展存在差异，各国在广告监管体制上也存在着不同，归纳起来主要有政府主导型和自律主导型两类。我国实行的是政府主导型的广告监管体制，也就是指以政府监督管理为主，自律和社会监督为辅的广告监督管理体制。

1. 政府主导型广告监管体制是我国现实状况的必然选择③

在政府主导型广告监管体制中，主要是指政府通过国家有关部门制定和颁布有关广告管

① 程明，程东明．我国广告法规与执法体系矛盾辨析［J］．现代广告，2006（12）．
② 张肃军．浅析市场失灵与政府的经济参与［J］．发展月刊，2006（9）．
③ 曾兰平．论我国政府主导型广告监管体制［J］．现代广告，2006（12）．

理办法、政策、条例、法令对广告活动进行监督管理。法国是政府主导型监管体制的代表，它既有完善、严格的法律，又有严格的广告发布前审查制度、严密的监督管理制度，以及严厉的惩罚条例为保障，使政府对广告的监管工作有条不紊且切实有效。

从经济学的角度来看，人们之所以要求政府管制，或者不要求政府管制，都在于寻求一种经济运行的最低成本点。市场运行本身也有费用，R. 科斯称其为“交易费用”。极端、无序、过渡的，或恶意的竞争，其运行成本可能更大。我国选择以政府主导型的广告监管体制是符合成本最低原则的，也是我国现实状况下的必然选择。

首先，我国目前正处于经济转型时期，市场经济发育的不健全，需要政府发挥引导的规范的作用。其次，广告本身所固有的外部性及信息不对称的特征，必须依靠政府的干预进行监管。再者，我国广告业的超速发展所引发的一系列问题，只有政府才能对其进行规制。最后，我国其他监管力量的薄弱，政府主导型更要发挥其主导作用。

2. 我国政府主导型监管体制在监管过程中的现实问题

一方面，监管主观性强、随意性强，导致高社会成本和低效率。我国广告监督管理的主观性和随意性强，主要表现在政策的频频出台，以及部分领导凭主观意识干预广告的监督管理，即我们常说的“以权代法”“以情代法”的现象。

另一方面，多头管理引发的相互推诿，出现政府管理的缺位或越位现象。观察虚假违法广告现象，我们能够看出几个“不到位”：一是行业管理不到位，二是执法机关执法不到位，三是广告活动主体诚信意识不到位，四是法律法规不到位，五是广告行业组织作用的发挥不到位。① 这些不到位与我们的广告监管机关的设立有关。

再者，广告监管条块分割，导致各主体部门之间执法艰难。在我国，法律法规明确规定，县级以上工商行政管理机关是广告的监督管理机关。而我国的工商行政管理机关分为国家级（广告监管司），省、自治区、直辖市（统称省级，广告处或商标广告处），地市级（广告处或商标广告处）以及县级（商标广告科，及下属的基础工商所）四个层级。也就是说，省级以下的工商行政管理机关既接受国家工商行政管理局的领导，又接受各地政府的领导，其他相关的广告监管部门也是如此，整个广告监管体系呈现出一种双重领导下的条块分割局势。在这种错综复杂的关系里，一旦出现问题，由于涉及各个地方的经济利益，各广告监管部门常常无所适从，要么“睁一只眼、闭一只眼”；要么就陷入各利益集团的相互扯皮之中，执法行为步履艰难。因此，大量为了本地利益而忽视对违法广告监督和查处现象的存在就不足为怪了。

3. 政府主导型监管体制中政府的角色定位

导致我国广告监管出现一系列问题是有一定原因的，关键在于政府在其中的角色定位问题，以及政府应该承担什么责任的问题。

首先，我们需要对政府主导型监管体制中政府的角色进行重新认识，政府主导并非政府包办。

其次，提倡“小政府，大社会”，强化行业自律，弱化政府直接行政管理，实现广告监管从政策走向制度，是解决我国广告监管的现实问题的关键。所谓“小政府”不是不要政府，而是强调明确政府的主导地位。

其实，政府对广告监管主要是制定并监督广告管理法规的实施，至于广告业运行过程中的具体监管，则主要由行业自律来完成，也就是说，政府对广告监管的主要力量应该在宏观的把握上——即制定法规和监督管理的战略战术方面，而不是投入在具体操作的细微末节

① 刘凡，南平. 中国广告的规范与创新［J］. 现代广告，2005（12）.

上，在广告业比较发达的美国、日本、英国等国家就是如此，而且实践证明是行之有效的。

总之，对广告的监督管理既要顾及公平竞争，又要考虑到消费者的利益。仅仅考虑其中的一个方面都会对广告的发展产生不良的影响。同时要做到公平与效率的统一，失去公平的效率和失去效率的公平，对广告发展来说都是一种偏废。我国广告监管的任务任重而道远，我们要充分发挥政府主导型广告监管体制的作用，确保我国广告业健康持续发展。

【作者简介】

曾兰平，女，博士，武汉体育学院新闻与外语系副教授，硕士生导师，主要从事广告学、媒介经营管理方面的研究。

中国电视购物广告存在的问题及对策研究

郭　鹏

电视购物是一种无店铺商业零售方式，广告主或者专业的电视购物公司通过电视这一平台，将商品的信息详细有针对性地进行传播，由专业人士或者主持人向消费者全方位地展示产品的相关信息，使目标受众了解产品的信息，从而促进消费者的购买。消费者通过广告中的电话进行产品的订购，相关公司送货上门或者借助其他的邮寄方式送货给消费者。总之，电视购物已经形成由广告主、电视购物公司、电视台、呼叫中心、物流体系、售后服务与一体的产业链。

电视购物广告是电视购物公司在电视台某些时段或者频道展开的关于产品的宣传。电视购物广告的时间一般为5～30分钟，对产品的宣传可以采取多种策略，主持人对商品进行全方位、多角度的产品推介，以达到劝服消费者现场购买的目的。电视购物广告对产品的销售状况有着直接的联系。电视购物广告作为电视购物产业链的核心环节，在沟通商家与消费者，促进产品的现场销售方面发挥了重大作用。同时我们应该看到，中国电视购物广告存在着一系列的问题。

一、中国电视购物广告问题具体体现

1. 产品选择

电视购物广告中播放何种产品，国家相关的法规、通知有一系列的规定，但是这些规定没有得到很好地执行。一些国家禁播的产品在电视台尤其在一些市县级的电视台大量地存在着。

国家广电总局、国家工商总局2006年7月18日发出《关于整顿广播电视医疗资讯服务和电视购物节目内容的通知》，明确要求所有广播电视播出机构暂停播出介绍药品、医疗器械、丰胸、减肥、增高产品的电视购物节目。但是许多媒体上仍然可以看到这些禁播产品。

2. 广告表现

经过数码技术或相关软件处理，借此夸大产品功效，获得消费者信任来误导不明真相的消费者，是电视购物广告常用的表现手法。消费者在电视购物广告中总是能够看到精彩、逼真的画面效果。许多情况下，节目往往采用了现代化计算机数码技术，利用灯光、服装等效果，制造出一幕幕效果反差巨大的画面。从而达到以假乱真的目的。为了迎合消费者，广告片中出现上述现象成为整个行业潜规则。

3. 广告诉求

（1）涉嫌违反法律规定。电视购物广告诉求中经常使用绝对性语言表述。《中华人民共和国广告法》第七条规定“广告中不得使用国家级、最高级、最佳等用语。”绝对性用语是不科学、不严密的广告用语，为法律所禁止，而相当一部分电视购物广告滥用绝对性语言。

如长虹 U 钻手机“史上最夺目的真金真钻手机，奢华登陆”；T8 神奇魔轮广告语“全球什么最流行？T8 神奇魔轮。”显然，这些广告语都涉嫌违反了相关的法律规定。

（2）直接违反相关规定。某些电视购物广告直接违反相关的规定，如《化妆品广告管理办法》第八条明确规定，化妆品广告禁止出现“有涉及化妆品性能或者功能、销量等方面的数据”。

例如“安必信魅眼水晶”广告中宣称“真的差别很明显，才过了 20 分钟，看看玛丽亚、看看劳伦斯，如此神奇的效果，让现场的女士们惊动不已”。① 这一广告显然违背了《化妆品广告管理办法》。在现实中，电视购物广告直接违背相关管理办法的现象普遍存在着。

（3）卖点不实或者夸大。为了引起消费者的兴趣，电视购物广告中往往夸大或者虚构产品的卖点。例如强调保暖内衣能治疗多种疾病，穿上之后，由于保暖内衣里的特殊的材料可以“激活颈、肩、背部等穴位的血液循环，有效地舒缓肩背部酸疼，辅助治疗颈椎痛、肩周炎、腿脚不灵等疾病”。②

对许多商家来说，吸引消费者的眼球，并使其产生购买的欲望，这是最重要的，追求资金地迅速回笼、急功近利的现象特别严重，在目前的电视购物行业中，大多数公司不重视公司的品牌建设，而是把通过促进即时的销售而获取利润当作最根本的目的，因此电视购物广告中往往为了卖点吸引人而杜撰卖点或者将卖点进行严重夸大。

（4）鼓动性的口号、夸张的手法泛滥。在电视购物广告中，为了让消费者感到物有所值，夸张性的话语普遍存在着，例如：“198 元买黄金镶钻石饰品，398 元买两克拉超大蓝宝石钻戒……”电视购物广告营造的特殊的氛围，加上一系列背景音乐的衬托，主持人地不断劝服，消费者往往会将鼓动性的口号当成现实。

4. 产品代言

产品代言是电视购物广告中使用非常普遍的策略。产品代言可以分为明星代言、专家代言、消费者代言等。

（1）明星代言。通过明星代言，一方面可以迅速提升产品的知名度，另一方面，可以将明星的光环映射到产品上，和普通的电视广告中明星的频频代言一样，电视购物广告中也频频出现明星的身影。

由于目前整个电视购物行业充斥着虚假的元素，明星代言也往往在消费者有了不愉快的购物体验之后成了众矢之的。林志玲摇摆着曼妙的身段，再配上一句“史上最夺目的真金真钻手机，奢华登陆”的手机广告语，不少观众难免心动。北京市消协列出的涉嫌违法电视购物广告中，林志玲代言的这款手机也被列入其中。明星们也都清楚我国电视购物的产业环境非常差，一不小心就会代言假冒伪劣产品，但是我们看到电视购物中产品明星的代言“前赴后继”，显然，几十万元，成百万元甚至上千万元的代言费使得明星们置自己的声誉于不顾。

（2）消费者代言。消费者代言对商家来说费用较低，对消费者来说，普通消费者代言给人一种身边的人都在用的感觉。现在，许多的电视购物广告会请普通人做代言。尤其是有些城市电视台，客户多为当地品牌，无力承担高额的费用，在电视购物广告中，只好请一些普通的消费者做代言，而这些消费者往往就是群众演员。

---

① 游婕．误导消费者　消协炮轰电视购物广告九大问题［EB/OL］．［2008-11］．中国消费网，http://www.315sc.org/Show_page.asp? Id=68107.

② 买保暖内衣别被“高科技”忽悠［EB/OL］．新浪网，http://news.sina.com.cn/o/2008-12-11/084214863966s.shtml.

在普通消费者代言方面，虚构身份经常存在。例如“好记忆学习枕”广告中那两位考上中国名牌大学的学生据调查都是虚构的，真实身份是公司花钱雇用的演员。① 这样，厂家用一点小小的利益，让一部分消费者一起来欺骗广大的消费者。

（3）专家推荐。在电视购物广告中专家推荐运用的比较多。电视购物广告中专家的影子随处可见。专家在行业内具有话语权，加上信息的不对称性，更容易受到普通消费者的信赖。但是现在的电视购物广告的宣传往往是利用了消费者对专家信赖的这种心理，在专家的选择上进行欺骗消费者，一方面，请真正的专家需要不菲的费用，即使这样，专家可能考虑到自身的影响或者代言的后果而不和厂家合作。另一方面，有的行业根本不存在真正的专家。这时，电视购物广告中宣传的专家就存在很多的猫腻。当消费者知道自己信赖的专家是从文化传播机构花钱请的演员时，消费者对电视购物的信赖必然大打折扣，媒体的公信力也会大大下降。

（4）权威机构证言。为了凸显产品的科技含量，电视购物广告中往往强调该产品是国内或者国际权威机构认证的产品。事实上，这些机构往往本身就是虚构的，或者根本就没有得到权威机构的认证，只是做虚假宣传而已。但是，消费者由于没有这方面的相关知识，信息的不对称性使得消费者更加信任这种“权威机构推荐的产品”。

5. 构成要素

普通电视广告中没有主持人的参与，但在电视购物广告中，不但主持人参与进来，主持人还对电视购物起到了重要的作用，电视购物广告中的主持人与普通电视节目中的主持人不同，电视购物广告中的主持人往往承担着销售的任务。产品的销售状况和主持人的收入密切相关。因此，电视购物广告中的主持人往往通过各种策略增强劝服性。在增强劝服性的同时，夸大其词成为常态。

另外，在电视购物广告中，大部分电视购物广告没有生产、经销企业的厂名、厂址。一旦发生纠纷，单凭广告中的咨询电话，消费者无法找到真正的经营者，这样为日后的维权埋下了隐患。

电视购物广告中的上述问题使得消费者对电视购物行业的信任降到了最低，2009 年中央电视台 3·15 晚会又对“奥运五福牛”为代表的电视购物广告进行了曝光。电视购物的产业环境遭到了极大的破坏。为什么电视购物广告中会出现上述问题呢？

二、中国电视购物广告存在问题原因分析

1. 电视台把关不严格

电视台是电视购物广告的主要把关主体。集把关和广告发布于一体的身份使得电视台往往会在把关的时候不够严格，使得一些不合法的电视购物广告大行其道。电视台在把关上不够严格，反映了电视台的短视，仅仅从经济效益的角度来看待电视购物，没有考虑虚假电视购物广告对电视台品牌形象和品牌价值的损害。

有些电视台为了经济利益，公然违反相关政策。例如，宁夏电视台综合频道和甘肃电视台综合频道在 2007 年播放违规电视购物广告，从而使得广电总局叫停宁夏、甘肃电视台综合频道广告播放权。② 因此，作为媒体，一定要站在更高的角度，按照相关的政策法规，做

① 资料来源于中央电视台 2009 年 3·15 晚会。

② 广电总局关于对宁夏电视台综合频道和甘肃电视台综合频道给予暂停播放广告处罚的通报［EB/OL］.［2007-06-15］. http://www.people.com.cn/GB/32306/33232/5904121.html.

好把关工作。

2. 政策上的缺失以及监管不到位

到目前为止，我国还没有一部专门针对电视购物运作的法规，而我国的电视购物现在的发展异常迅猛，这使得电视购物中出现的问题，尤其是电视购物广告中出现的问题没有相应的规范去约束。在广告的监管方面，尤其是电视购物广告的审核方面需要进一步进行规范。广告主往往通过准备两份广告，一份用来进行审查，用来审查的严格的按照相关法规，这样就是合法的。另一份用来播出，就是消费者在电视上看到的。这一份广告往往在许多方面违反相关的法规。因此，务必加强广告审核的力度，加强审查机关和媒体之间的联系，使得电视购物广告监管到位。

3. 广告主、电视购物公司的自律意识极差

由于目前我国电视购物的准入门槛和违法成本非常低，参与到电视购物中的广告主、电视购物公司鱼目混杂。广告主、电视购物公司的自律意识极差，他们的目的是立竿见影的销售，销售就是一切，一旦产品出现了问题，马上重新包装一下继续进行电视购物的运作。至于品牌、售后服务、消费者的权益不是他们要考虑的问题，消费者的权益没有任何保障。

三、中国电视购物广告问题对策

为了自身的经济利益，电视购物公司、媒体不够自律，加上缺乏相应的法规来进行规范，导致了电视购物广告的现状。要改变上述状况，我们应该采取以下有针对性的策略。

1. 加大对电视购物的监管力度

就我国目前的电视购物环境来说，要在短时间内实现一个根本性的转变，难度非常大，最根本性的一点就是加大对电视购物广告的监管力度，对于电视购物广告中出现的虚假宣传给予严厉打击。没有严格的监管，不给违法的广告主沉重的打击，希望通过自律等方式希望改变电视购物行业，只是一厢情愿。

（1）建立专门针对电视购物的管理部门。我国现在对电视购物的管理牵涉多个部门，目前国家广电总局负责对电视购物频道和节目的审批，国家工商总局负责对其销售的产品进行广告审核。此外还涉及商务部等部门。这样就有多个部门管理电视购物。多个部门对电视购物进行管理往往会导致效率低下，职责不分。多头管理还会导致具体管理工作上的困难。

对于中国电视购物行业，划分好相关部门的职权，衔接好责任范围，加强部门合作，从而形成有效的防范、惩处体系和机制已成为当务之急。建立统一协调的执法机构，避免多部门执法出现扯皮现象，才能使行政执法落到实处。

（2）改进电视购物广告审查机制。目前我国电视购物广告的审查机制存在着一定的问题，表现为电视台自审自查，电视台是电视购物广告的发布者，同时又是审查者。集发布者和审查者于一身的身份使得电视台在经济利益面前往往放弃了自身的社会职责。

要使得电视购物能够树立新的形象，在监管方面，电视台首先要严格进行检查，坚决不允许虚假广告存在。认真做好把关，绝对不允许虚假宣传在自己媒体上大行其道，坚决维护好自身形象。另外，对于个别将经济利益置于首位，不考虑公众利益的电视台，工商等部门务必要加大对电视媒体的监督，严厉打击将经济利益放在首位的电视台，使其更好地承担社会责任。

（3）借鉴发达国家的相关经验。发达国家许多做法值得我们借鉴，美国电视购物节目在发布之前，必须经过实验或科学研究、调查，具有合理凭据，不能空口无凭。另外对虚假宣传处罚力度大，一旦联邦贸易委员会判定某一宣传为虚假宣传，有误导消费者的情形，可以要求广告商马上停止发布，并责令其发布更正。联邦贸易委员会还可以向法院起诉，情节严重的，广告商将面临巨额经济赔偿，甚至是牢狱之灾。这样的执法标准，在净化广告市场、维护消费者权利和合法利益方面发挥了不可替代的作用。我们可以借鉴这些国家的相关经验来管理我国的电视购物行业。

2. 设立行业准入门槛

解决电视购物广告中存在的问题，不能仅仅从电视购物广告来看，也应该从电视购物产业找原因。许多人看好了电视购物产业，不管有没有条件都想从事这个行业。造成的结果便是电视购物行业鱼目混杂，产业不健康。

中国商业联合会媒体购物专业委员会表示，正在起草的《中国电视购物行业标准》，电视购物企业将实行准入制。① 这对未来电视购物行业的发展是一个利好消息。这样，要想进入电视购物行业，必须跨越一定的门槛，例如注册资金、人员素质、广告宣传、售后服务等。另外，企业应该缴纳一定数额的保证金，一旦出现产品质量问题，先行赔付。电视购物公司或者相关企业应该向电视媒体交纳一定数量的保证金，防止由于产品电视购物广告虚假宣传引起的消费者权益无法保护。在消费者权益受到损害的时候，可以用这笔保证金来补偿消费者的损失，同时，这样也能维护媒体的良好形象。

3. 加强行业自律

要使电视购物这一行业健康的发展，作为电视购物的运营主体的电视购物公司和产品生产商以及媒介必须加强自律。著名策划人叶茂中认为，我国电视购物发展十几年才有 100 亿元的产业规模，主要是忽视了国际电视购物成功的重要因素——诚信经营。② 其中，电视购物运营主体自律不够是重要原因。

（1）电视购物公司。对电视购物公司来说，其核心的工作就是选择适合消费者需求的产品并且进行节目的制作，电视购物广告是保证其成功的关键，企业应该加强自律，制作的购物广告要遵循相关的规定，不做虚假的宣传，建立起消费者的信赖，实行品牌化运营。

中国商业联合会媒体购物专业委员会已经联合包括橡国国际、七星购物、央视购物等电视购物企业共同签署了《中国媒体购物行业诚信公约——北京宣言》，承诺对商品宣传不得含有虚假的内容，不能欺骗和误导消费者，消费者可以无理由退货等。电视购物公司的自律对电视购物广告的规范运营具有重要的意义。

（2）媒介。从媒介的角度来讲，绝大部分省级电视台尤其是省级卫视和县市级电视台的电视购物广告非常不规范，虚假的电视购物广告大行其道。CCTV 央视购物在宣传方面做得比较好。CCTV 央视购物频道建立了节目播出的严格审查制度，实行企划部艺审（符合“教买不叫卖”的节目理念）、报播部政审（坚持正确的导向）和初步的技审、QC 质检部广审（商品的宣传介绍按广告法的要求来严审，严把质量关，维护中央台的权威诚信，为消费者推荐高质量的商品）三审并行，然后经频道领导总审后，最后送中央电视台审查播出。③ 湖南快乐购对商品的把关较为严格，快乐购有专属于自己的 QC 质检室，按照严格的标准对商品进行检测，另一方面，在合作的时候，都要求合作公司提交其产品的质检材料。

---

① 中国商业联合会媒体购物专业委员会第一届委员代表大会在京举行［EB/OL］. http://www.sctric.org.cn/news/html/? 573. html.

② 南苑. 电视购物的“紧箍咒”［J］. 广告主，2007（11）：34.

③ CCTV 央视购物拒绝黑五类 重塑电视购物公信力［EB/OL］. 中国经济网，http://big5.ce.cn/cysc/sylt/gdxw/200706/27/t20070627_11969740.shtml.

这样就能够保证电视购物中的产品在质量方面符合标准。①

作为媒介，如果不加强自律，必将使得媒介的品牌形象和品牌价值受到损失。

（3）行业协会。随着中国电视购物行业的发展，中国电视购物协会于 2007 年 6 月成立，由各地从事电视购物的单位及团体组成。协会的成立对于提供行业的咨询服务取得了一定的成绩。但是和西方发达国家的电视购物协会相比，我国的电视购物协会存在着一系列的问题，例如政会不分、政府职能转变不到位、双重管理体制等，这都影响电视购物协会作用的发挥，需要通过进一步的改革来改变这些问题。

电视购物产业要健康发展，运营主体必须加强自律，使电视购物公司、电视购物频道的运作均在法律法规范围内，电视购物广告中出现的一系列虚假问题才能得以解决。

4. 加大电视购物行业相关法律法规的制定和落实

电视购物广告中出现的问题也往往按照我国目前行使的几部法规来进行处理。例如《广告管理条例》、《广告管理条例实施细则》、《中华人民共和国广告法》。这些法律对规范我国广告市场、促进广告业的健康发展有着重要的意义。但是随着经济的发展和环境的改变，这几部法规中的某些规定也需要进行适当的调整或者补充。这几部法规中的规定基本上没有涉及电视购物宣传，用它们来规范电视购物缺乏规范性和针对性。因此加强电视购物行业的立法显得尤为重要。

要加强对电视购物行业进行立法，一方面要根据电视购物广告的状况增加新的内容，例如要明确规定电视购物广告中必须包括什么内容，什么内容不能出现在电视购物广告中。另一方面，要对以前制定的法规进行进一步的细化。例如 2006 年国家广电总局、工商总局联合下发的《关于整顿广播电视医疗服务和电视购物节目内容的通知》，要求自 8 月 1 日起，广播电视播出机构暂停播出介绍药品、医疗器械和丰胸、减肥、增高产品的电视购物节目。但是这些法规条文，或者只规定了管理的一般总责，而没有具体细分各种违法行为的标准和处理办法；或者惩罚的机制主要集中于民事责任，较少涉及刑事处罚。很多时候由于处罚过轻，使得广告主违法的成本太小，对于广告主没有真正意义上的威慑作用。

总之，要根据我国特定的电视购物环境，制定与之相适应的法律法规。这是改善我国电视购物宣传现状的重要前提。

5. 消费者的监督

消费者是电视购物广告的诉求对象，同时也往往成了受害者。我们应该号召广大消费者监督好电视购物广告，并运用民间的力量来抵制不合法的电视购物。对于消费者而言，一方面应该增强鉴别意识，理性地看待电视购物广告中宣传的产品，另一方面，增强维权意识，对虚假购物广告积极举报。

在当前情况下，消费者的自我保护意识越来越强烈。消费者的积极监督会对维护自身的权益，促进电视购物行业的健康发展起到积极的促进作用。但是消费者的监督必须和国家机关的对电视购物行业的严格监管相结合，否则，即使消费者进行了积极的监督，但是监督没有效果必然会导致消费者对监管机关以及电视购物产业丧失信心，从而导致行业的衰弱。

综上，要改变中国电视购物广告发展的现状，使得电视购物广告规范化运营，我们要采取多个方面的措施，既要从电视购物广告本身进行调整，还要求从电视购物产业链的各个角色做出相应的努力。只有这样，中国电视购物广告的现状才会得以改变。

① 田申．电视购物乱象下的拐点［EB/OL］．http://cul. news. tom. com/2007-09-03/074N/02911100. html.

【参考文献】

[1] 丁俊杰．广告学导论［M］．长沙：中南大学出版社，2003.
[2] 黄升民，周艳主编．中国电视媒体产业经营新动向［M］．北京：中国传媒大学出版社，2005.
[3] 李光斗．中国电视购物的破冰之路［EB/OL］．网易商业报道，2005（8）．
[4] 郭振玺，丁俊杰．影响力营销［M］．北京：中国传媒大学出版社，2005.
[5] 刘珊．拷问被扭曲的电视购物［J］．媒介，2009（1）．
[6] 南苑．电视购物的"紧箍咒"［J］．广告主，2007（11）．
[7] ［美］平狄克鲁宾费尔德．微观经济学［M］．北京：中国人民大学出版社，2000.

【作者简介】

郭鹏，山东经贸职业学院工商管理系教师。

广告代理的道德风险及其防范

柳庆勇　张金海

广告代理的道德风险，是广告代理的一个非常普遍的问题。它不仅关系到广告市场主体利益，而且关系到广告市场运行秩序、市场交易成本与市场整体绩效，甚至关系到广告产业健康发展。但是，在广告业界、学界都缺乏对该问题的重视与讨论。

因此，对广告代理的道德风险进行学理分析，并对防范广告代理道德风险的途径进行探讨，是有其现实价值的。

一、广告代理的道德风险

道德风险是一个经济哲学范畴的概念，即“从事经济活动的人在最大限度地增进自身效用的同时做出不利于他人的行动”。①

相互对应的市场交易双方的信息分布，存在着两种情况：对称信息与不对称信息。对称信息，指相互对应的市场交易双方都了解对方的信息度量或经济环境，也可以指双方都不了解对方或经济环境。双方信息分布对等，不存在哪一方具有信息优势或信息劣势。不对称信息，指相互对应的市场交易双方对有关事件的知识或概率不作对称分布。

信息经济学称具有这种信息不对称关系的市场参与者为委托—代理关系，“具有相对信息优势的市场参与者称为代理人，将处于信息劣势的市场参与者称为委托人”。② 委托人与代理人之间是一种契约关系。签订契约时，委托人与代理人双方信息对称，但是，契约签订后，代理人得到了委托人得不到的私人信息，道德风险就发生了。

其实在任何市场，对称信息少，它或许只是与非对称信息相对立的一种理想状况。大多数情况下，都是非对称信息的。因此，道德风险是一个非常普遍的问题。

广告代理的道德风险，指广告公司利用信息优势选择有利于自己的行动，同时对广告主利益造成损害。由于市场变数极大，道德风险难以归纳穷尽，在不同市场条件下，有不同表征。例如，广告代理通过增加媒介刊播费以增加自己的收益；广告代理偷工减料，减少开支，降低服务标准，违背广告主实际需求，更改媒介投放计划，磨洋工，等等。

广告代理道德风险，对广告公司有益，对广告主损害巨大：广告主花费巨大，达不到预期广告效果与营销目标，还会在风云变幻的现代市场中不能按时执行营销计划、错失良机等。这会导致广告主的信息搜索成本、市场交易成本增加，并最终影响广告市场整体效益、广告产业健康发展。

广告代理道德风险的成因主要有以下两点：

其一，委托—代理的信息不对称。

社会劳动分工与专业化是产生委托—代理间信息不对称的根源。

广告代理最早出现在17世纪，是社会分工的产物。广告代理出现后，广告主专事商品

---

① 道德风险［EB/OL］.［2009-09-28］. 百度百科 http：//baike. baidu. com/view/62012. htm.

② 陈瑞化. 信息经济学［M］. 天津：南开大学出版社，2003：134.

生产，广告代理专事广告代理服务。“实践是认识的来源”，因此，广告主掌握了更多商品生产信息，广告代理则掌握了更多广告代理服务信息。正所谓“隔行如隔山”，所以，广告代理具有代理服务的信息优势，广告主处于信息劣势。

广告代理服务随着媒介与营销环境变化而发展。19世纪60年代，广告业进入独立的专门化代理时代，广告代理服务内容包括：广告调查、广告策划、广告创意与文案写作、广告设计与制作、媒介策略等。20世纪70年代以来，由于媒介与营销环境进一步复杂化，广告公司已经开始提供包括广告、促销、公关等内容的整合营销传播代理服务，代理服务项目更多，专业化程度更高。这意味着，广告代理具有越来越大的信息优势，广告主却处于越来越严重的信息劣势。

其二，市场主体的利己动机、有限理性与机会主义。

早在18世纪，古典经济学家亚当·斯密便比较系统地、完整地论述了“经济人”思想，并以此作为经济学理论基础。他1776年出版《国富论》，认为人的自利性是社会进步的动力，是一切经济行为的原始动力。后来还出现了新古典经济学，二者关于“经济人”假设一般包括以下三方面内容：①个人完全理性；②效用最大化；③完全信息。① “效用最大化”假设是值得肯定的，这与市场经济理论基本一致，并且进一步得到了经济学理论的确认。

市场主体不同，经济利益就不一致。这直接导致广告主与广告代理利益的不一致性，并进一步导致各市场主体为实现各自利益而选择的行动不一致，甚至冲突矛盾。当广告代理选择的行动有利于自己而不利于广告主时，广告代理道德风险便发生了。所以说，市场主体利益不一致性，是广告代理道德风险产生的根本原因。

与“经济人”假设不同的是，现实市场中普遍存在着有限理性现象。广告主与广告代理无法预知市场微观与宏观环境变化。赫伯特·西蒙认为，“完全理性”过于简单、理想化，由于人脑和神经生理结构限制、存在不对称信息、事物发展受不确定因素影响，因此，经济人信息能力有限，并提出了“有限理性”理论。

以科斯为代表的新制度经济学派在继承了西蒙“有限理性”理论的基础上，提出了“契约人”假设。该假设认为，现实的人都是契约人，总处于一种交易关系中，并且这种交易关系背后总有某种契约支持。“契约人”的两个基本特征是：有限理性和机会主义。

有限理性的存在、契约的不完全，这为发生广告代理道德风险创造了条件。“不可能出现准确描述与交易有关的所有未来可能性，以及每种状态下契约各方的权力与责任的绝对完备的契约。”② 在契约执行期间，突发变量因素会导致契约规定以外的情况发生。由于存在信息不对称，广告代理的选择并不违反契约，因此，广告代理没有理由不选择有利于自己的行动。如果其选择行动同时不利于广告主，则造成道德风险发生。

机会主义是导致广告代理的道德风险发生的另一动因。威廉姆森（1985）认为，机会主义是“狡诈地追求利润的利己主义”，作为契约人特征，机会主义普遍存在，体现为具有推卸责任、利己主义倾向，甚至可以用非道德手段实现自身利益最大化。新制度经济学指出，人不仅具有利己动机，会利用一切可能机会损害他人利益，并坑蒙拐骗来为自己谋取利益。

二、广告代理佣金制的道德风险阐释

广告代理在本质上是社会分工的产物。随着营销与传播环境变化，广告主与媒介产生对

① 张劲松．“经济人”内涵的嬗变：在实证与规范之间［J］．学术论坛，2010（1）：117.

② 张维迎．博弈论与信息经济学［M］．上海：上海人民出版社，1996：32.

广告代理的需求，广告代理便应运而生。并且营销与传播环境进一步变化，推动了广告代理不断发展。从西方广告史来看，广告代理发展经历了这样三个时代①：处于媒介依附地位的媒介推销时代，即“版面销售时代”；脱离媒介的媒介掮客时代；19 世纪 60 年代，步入独立的专门化代理时代。其重大标志之一是一批具有真正意义的广告代理公司的出现。

在广告市场上，当越来越多的市场主体按照委托—代理模式运行、交易时，结构为“广告主—广告代理—媒介”的广告代理制便逐渐作为广告市场运作机制确立下来。因此，广告代理制是一种内生制度，是所有广告市场主体在遵循市场经济原则前提下，保证各方市场主体利益，自然形成的。

广告代理制度得以确立的另一重要因素，是广告代理佣金制的提出和确认。19 世纪 80 年代初，被称为“现代广告公司的先驱”的美国费城的艾耶父子广告公司的创造人 F. W. 艾耶，率先提出了一项新的收费建议，即如实向广告主收取购买媒介版面的实际费用，另按一定的比例向广告主收取一笔代理佣金。这一规定逐步推广开来，形成制度。不过，当时佣金的比率由各媒体自行规定，最低为 10%，最高达 25%。1917 年，美国广告公司协会成立，呼吁把广告公司的代理佣金固定在 15%；同年，美国报纸出版商协会予以认可采纳。以 15% 为标准的代理佣金制在美国正式确立，标志广告代理制度的正式确立。

广告代理佣金制是一个潜藏着巨大道德风险的委托—代理制。首先，在广告市场三方主体力量的对比博弈中，广告主居于劣势，广告公司与媒介居于优势。媒介优势源于媒介环境比较单一。当时仅有纸质媒介，数量不多，既不存在与其他类型的媒介竞争，内部竞争也不明显。纸质媒介是广告的唯一传播渠道，有“一夫当关，万夫莫开”的优势。由于一方面第二次工业革命推动美国西方经济发展时间不长、历史积累不够，实业型、生产型企业规模小、实力不强，但数量大、竞争激烈、发展意识强烈，对广告产生巨大需求；另一方面，广告公司在较短时间成长起来，数量不多、竞争不激烈，能为广告主提供广告策划、创意制作、媒介策略与传播的专业化服务，广告成为一种有效的营销方式。因此，在这对比中，广告主居劣势、广告公司居优势。另外，大多数广告公司都脱胎于媒介，与媒介有着千丝万缕的历史渊源，与媒介长期合作，配合默契，容易结成利益联盟。而广告公司与广告主、媒介的业务往来，体现为偶然性、短期性。因此，广告主居劣势，处在遭遇道德风险的不利地位。

因此，在广告代理佣金制下，道德风险颇具普遍性、严重性。在佣金制下，广告主的利益来自广告策划的科学性，以及由此带来的营销业绩，而广告代理利益不存在任何风险，取决于佣金比例与媒介刊播费之乘积。特别是在固定佣金制下，15% 的佣金比例给广告代理提高自己的收益提供了太多方便。广告代理只要在媒介策划中选择价格更高的媒介、增加媒介投放规模，媒介刊播费便会增加，媒介代理费同步增加。同时，由于信息不对称，广告代理内部经营不在广告主监督之下，其服务态度、质量与时间效率等，均由广告代理自由把控。与广告代理旱涝保收、养尊处优相对的是，广告主白白多花费媒介费、增加经营成本，广告投放计划不断拖延，广告效果也无法保障，影响了营销业绩。因此，“它从建立之日起即受到挑战”。

三、广告代理制的演进及其利益主体的市场博弈

19 世纪末到 20 世纪中叶，第二次工业革命继续给美国经济发展提供持续的巨大推动力。“二战”后，美国经济实力骤然增长。从 1955—1968 年，美国 GDP 增长每年保持在 4% 的速度，甚至出现连续 106 个月持续增长。20 世纪 50 年代第三次科技革命开始，进一

① 张金海著．广告经营学［M］．武汉：武汉大学出版社，2006：85.

步推动美国经济发展。经过数十年发展，美国已经培育出一批大品牌，如可口可乐、GM、万宝路、福特、美孚等。这些品牌企业实力强，广告投放量大，在广告市场运行中，开始占据主动地位。

20世纪上半叶，两次世界大战拉动了电子媒介快速发展，一些国家陆续建立一批电台、电视台。这样，媒介形态增加了，媒介组织阵营壮大了，媒介组织竞争进一步加重。“1929年，报纸的广告收入占全国广告总支出的54%，到1939年下降到38%。而广播却从1929年的4%上升到1939年的27%……到1952年调频台的数量增加到2400座……由于看电视的人逐渐增多，广播的广告收入减少。”① 简而言之，媒介环境发生了变化。

营销与媒介环境变化，影响了广告市场主体间博弈的过程与格局。广告主在博弈中不断学习，并逐渐成长起来，其主动性、主体地位越来越明显。一方面，广告主对广告代理与媒介的服务越来越了解，信息劣势减小，广告代理与媒介的信息优势下降。另一方面，一部分广告主广告意识更强，对广告代理提出更高要求。这给广告代理和媒介，特别是广告代理施加了太多压力，并有力促进了广告代理费制变革。

到20世纪中叶，广告代理公司数量剧增、竞争加剧。这进一步削弱了广告代理的地位。于是，20世纪60年代，一种新的计费方法——协商佣金制，在美国广告界出现了，它是建立在广告主与广告代理公司协商基础上的。

在协商佣金制下，广告代理的收益不仅受制于媒介刊播费，而且受制于与广告主协商的佣金比例。因此，广告代理在制定媒介策略、增加媒介刊播费时，必须考虑广告主利益。协商佣金制，实质是广告代理公司地位下降、广告主地位上升，是广告代理公司妥协的产物。其结果是，广告代理公司所获得的佣金大幅减少，广告主降低了代理成本。所以，协商佣金制更具合理性。

但是，在协商佣金制下，广告主仍然会遭遇来自广告代理的道德风险。于是，广告市场主体继续探讨新的代理费制。与协商佣金制几乎同时兴起了另一种广告代理费制——实费制。实费制，由奥格威率先实行，它不采取一定比率来支付代理佣金的形式，而是采取按实际的成本支出与实际的劳务支出来支付整个广告代理费用的方式。

在实费制下，广告主利益依然来自广告策划的科学性，以及由此带来的营销业绩提升，而广告代理利益不存在任何风险，来自实际成本支出与实际劳务支出。由于信息不对称，广告代理主要可通过两种方式增加自己利益：其一，磨洋工，以增加劳务支出统计量。其二，偷工减料，节约成本支出。其结果是，广告代理的效用提高了，而广告代理磨洋工、偷工减料导致广告传播效率低下、广告主利益蒙受损失，即导致道德风险发生。

相对佣金制，实费制使得广告代理丧失了通过恶意提高媒介刊播费大幅提高利益的机会。它是对广告代理佣金制的“一次重大突破”，但在广告界非常不受欢迎，因为它动摇了广告代理的整体利益，甚至奥格威也因此险些被开除出美国广告公司协会。

20世纪下半叶，第三次科技革命给全球经济带来空前影响，导致营销与媒介环境进一步变化，并影响到广告市场主体博弈格局。其一，广告主不断成熟，更为理性，整体力量壮大。其二，随着数字与网络技术发展，带来了全社会数字化和信息化浪潮。尤其是媒介领域，传统媒介都开始数字化和网络化，媒介融合已经初见端倪，媒介资源无限丰富，但是广告传播效果不断下滑。其三，广告主商品种类日益多样化，商品数量剧增，商品同质化，生命周期短。在新的媒介环境下，广告主对整合营销传播服务产生了需求。这促使广告代理拓展服务范围，在一定程度上导致“泛专业化”现象存在，削弱了广告代理的整体实力。

于是，20世纪下半叶开始出现议定收费制。在议定收费制下，根据具体广告个案，对代理时间成本和外付成本做事先预估，在预估基础上，广告主和广告公司共同议定一个包括

① 马庆平．外国广播电视史［M］．北京：北京广播学院出版社，1993：93-94.

代理酬劳在内的总金额，一并交付广告公司，在运作过程中，或盈利或亏损，广告主不再过问。议定收费制有其产生逻辑，因为在议定收费制下，广告主的一切开支都是预先协商确定的，这样可以有效防止广告代理通过磨洋工、增加工时来提高自己的利益。并且，广告代理利益存在一定风险，来自外部的不确定因素会导致实际开支超出预算。但是，由于信息不对称，广告代理可以转嫁风险，甚至为提高自己的利益，加大偷工减料的力度。而这会直接导致广告主蒙受巨大损失，即仍然存在道德风险。

效益分配制几乎与议定收费制同时兴起。效益分配制将广告代理的权利与责任联系在一起，要求广告公司承担代理的销售风险。广告公司从广告主所实际产生的销售中，分取一定的利润，如不能产生实际的销售，则不能取得相应的利润。“大多数企业觉得，代理商作为一个独立的销售承包商，也应该承担一点风险。”

从信息经济学视角来看，效益分配制是一种防范广告代理道德风险的有效的激励机制。

四、基于“激励机制”的道德风险防范

广告代理道德风险危害巨大，必须积极防范。广告代理道德风险成因很多，因此防范途径也有多种，包括道德、法律等途径。① 针对其不同的产生原因，可以有不同的治理对策，本文仅针对其产生的根本原因——广告主与广告代理利益不一致性的治理对策，即激励机制进行探讨。如果以治水为喻，道德、法律等途径是鲧的“堵截”方式，而激励机制则是禹的“疏通、因势利导”方式。激励机制更有助于刺激生产要素发挥更大作用，推动企业生产，这是其最大优势。美国哈佛大学詹姆斯教授认为：“如果没有激励，一个人的能力发挥不过20% ~30%；如果施以激励，一个人的能力则可以发挥到80% ~90%。”

激励机制的逻辑起点是，客观承认市场主体的利己动机、有限理性、机会主义，并认为，道德风险产生的根本原因是，相对应的市场交易双方利益的不一致性。因此，只要设计一种机制，使得二者具有一致性，道德风险便可防范。“所谓激励，就是委托人如何使代理人在选择或不选择代理人的最大化标准和目标时，从自身效用最大化出发，自愿或不得不选择与委托人最大化标准或目标相一致的行动。”② 这样，广告主与广告代理间的利益协调关系就转化为信息激励机制设计的问题了。

激励机制通常由委托人设计。广告委托—代理关系中，双方处于信息不对称地位，委托人无法获取关于代理人行动的完全信息，只能了解由其他变量因素导致的部分行动信息，如广告效果调查数据、营销业绩统计数据等。委托人的目的是使代理人在任何情况下，包括信息不对称时，都选择有利于委托人的行动，因此，委托人需要解决的是根据可获取的不完全信息来奖惩代理人，以激励代理人选择有利于委托人的行动，即设计一个有效可行的机制来实现其最大化的期望效用，从而防范道德风险。

为达到委托人的目的，激励机制必须满足两个条件：③ 其一，参与约束。假设代理人获得某一效用可以有多种选择，如可以在多个委托人中选择或从事别的工作，或不工作。激励机制首先需要解决的是，必须使代理人选择与某一委托人合作获得的效用至少等于其他选择所获得的效用。由此看来，激励机制实质是委托人与代理人博弈的结果。其二，激励相容约束。委托人总是希望代理人选择行动给委托人带来最大效用，但是代理人总是会选择有利于自己的行动。因此，激励机制必须解决的是，使代理人选择的行动给委托人和代理人都带来

① 李建化，易珉．企业管理中的道德风险：经济学的视角［J］．湘潭大学学报（哲社版），2008（5）：71.

② 陈瑞化．信息经济学［M］．天津：南开大学出版社，2003：270.

③ 乌家培，谢康，王明明．信息经济学［M］．北京：高等教育出版社，2002：208-209.

最大效用。这样，委托人与代理人的利益具有了一致性，即双方利益不一致性问题得到解决。

广告代理的出现，意味着广告市场主体博弈开始，也意味着开始探讨广告代理的激励机制。因此，近现代广告发展史，实际又是一部广告市场主体博弈史，也是一部广告代理的激励机制流变史。近现代广告发展史上，先后出现了佣金制、实费制、议定收费制、效益分配制等形式。① 其中，仅有效益分配制是一种有效的激励机制。

效益分配制具有以下特征：其一，广告代理承担了销售风险，使得广告代理具有了责任意识。并且，销售风险非全部由广告代理承担，实际由广告主与广告代理共同承担，甚至广告主承担了大部分销售风险。这样可以保证满足"参与约束"条件。其二，广告代理具有实现自身利益最大化的机会，因为销售业绩越高，广告代理分成越高，销售业绩达到最大化，广告代理利益即可达到最大化。这样，可以激励广告代理努力工作，即便存在信息不对称，也不用担心广告代理不努力工作，从而规避道德风险。其三，广告代理在选择行动实现自己效用最大化时，也实现广告主效用最大化，即满足"激励相容约束"条件。这样，效益分配制最重要的特征是可以规避道德风险，这也是其科学性所在。"在分成制下，虽然代理人报酬只部分依赖于可观察的产量，但代理人与委托人却共同承担了产量波动带来的风险，从而既对代理人产生刺激，又使代理人不必承担所有产量波动风险。可见，在非对称信息条件下，有效的激励机制应一方面能对代理人产生激励，另一方面又能分担代理人的风险"②。在广告市场上，效益分配制已经开始得到广告主的普遍认可，"截至2000年已经有1/3以上的广告主在使用这一收费制度……2001年美国广告业协会对广告主展开的调查结果显示，有38%的广告主表示今后将采用这一制度"。③

五、结　　语

广告代理道德风险是一个非常普遍的问题，成因有多种，危害极大，因此，应努力防范。效益分配制是一种有效激励机制，在一定范围内能防范道德风险，应在更大范围内得到推广和使用。

客观地说，目前即便是在信息经济学研究领域内，激励机制研究也不够完善，尚没总结出一套完整的激励机制具体形式。因此，本文的研究价值在于抛砖引玉，希冀同行学者和专家重视，并深入研究广告代理道德风险、激励机制以及其他规避途径，从而更有效地防范广告代理道德风险，推动广告市场高效运行、广告产业健康发展。

【作者简介】

柳庆勇，博士，三峡大学文学与传媒学院副教授，研究方向：广告传播。

张金海，武汉大学新闻与传播学院教授，博士生导师，研究方向：广告传播、媒介产业与经营。

① 张金海，廖秉宜．广告代理制的历史检视与重新解读［J］．广告大观（理论版），2007（2）：29.

② 乌家培，谢康，王明明．信息经济学［M］．北京：高等教育出版社，2002：212.

③ 苗春霞．关于广告收费制度变迁的初步研究（下）［J］．广告研究，2002（11）：54.

基于传播特征的微博营销策略研究
——以新浪微博为例

李小曼 朱 懋

一、微博与微博营销

微博，译自于英文单词 Microblog，用户可以通过手机、IM（如 QQ、MSN 等）、E-mail、Web 等方式将信息发送给自己的订阅者，而文本内容通常限制在 140 个字以内。企业微博营销指的便是营利性制度的企业利用微博平台所进行的营销传播活动。相比其他营销方式，微博营销具有以下优势：

1. 传播渠道低成本

从目前来看，企业入驻新浪微博并申请新浪针对名人以及企业和机构推出的加“V”认证功能①都是免费的。虽然未来微博平台有开辟企业增值服务，尝试收费的可能性，但至少就目前来看，微博平台对于企业进行营销传播而言是一个成本低廉的渠道。

2. 目标受众高、精、确

由于微博平台中特殊的脸对背的沟通方式，使得在平台中，每一个微博用户的关注行为都是一种主动机制。一般而言，如果某用户关注了另一用户，也就意味着某用户是对该用户及其发送的信息有兴趣的。从企业的角度来看，关注某企业账号的微博用户，必然是对该企业有兴趣的，企业均可以视之为其当下或潜在的目标消费者。这样一来，微博平台几乎自动地为企业的营销活动聚合了一批对企业感兴趣的潜在消费者或者直接的目标消费者，使他们成了企业营销活动中精确的、直接的目标受众。

3. 互动沟通更直接

微博平台本身拥有巨大的流量，在此平台上搭建的企业微博，可以较快且稳定地获得流量的导入。最重要的是，微博平台具有实时交互的沟通功能。微博中，消费者对企业微博所发信息的评论、转发或者发送私信，将立刻显示在该微博用户的个人首页上，实现实时性的，近似于面对面的直接沟通。这样一来，消费者与企业之间拥有了更加直接、更加畅通的渠道。

4. 传播效率更高效

在微博平台中，消费者牢牢把握着主动权。无论是关注行为，还是评论与转发行为，都完全是主动的，而非强制的。这样一来，企业营销信息的传播已经大大降低了用户的心理防

---

① 加“V”是新浪微博提供的一项免费服务，按照官方的说法，是为了避免身份混淆，引起公众误解而实行名人身份认证策略。

线，为企业的营销传播扫清了不少障碍。另一方面，一条微博信息如果被主动转发，将在转发者的关注者中进一步得到传播，从而形成循环的口碑效应，产生更加显著的传播效果。因此，微博营销其实是一种主动营销方式，它吸引用户最大程度地参与进来，比起传统的广告等被动营销方式，它显然更能打动人心，效果更好。

从国内来看，新浪微博是公认的影响力最大、最活跃的微博平台。截至 2011 年 2 月，新浪微博注册用户已经突破 1 亿人，根据中金公司的研究报告，新浪微博在用户浏览时间、活跃用户数方面都高居各平台榜首。新浪微博也因此吸引了众多企业的入驻，截至 2011 年 4 月 14 日，新浪微博已拥有 3 419 个企业微博账号，涵盖消费服务、餐饮服务到医疗保健等各个领域（如表 1）。因此本文主要以新浪微博为例研究企业的微博营销活动。

表 1　**入驻新浪微博的企业类型与数量**

企业领域	数量	企业领域	数量
消费服务	539	教育培训	164
餐饮服务	168	营销咨询	148
文化娱乐	545	网商网企	153
服饰美容	276	交通物流	48
汽车企业	328	游戏产品	232
IT 数码	273	家居家纺	75
通信服务	103	医疗保健	50
金融服务	220	工农制造企业	35
香港品牌	62		
合计	3 419		

二、新浪微博中企业微博营销现状与运作方式

1. 粉丝聚集

聚集粉丝是进行微博营销的前提和基础，只有在拥有了大量粉丝关注的基础上，企业微博开展营销活动才有广泛的受众。因此，从企业微博账号创立的那一天开始，尽可能的聚集粉丝并尽可能的保持粉丝数持续增长，成了企业微博从一而终的需要。企业主要通过以下两种方式实现粉丝的聚集：

第一，频繁更新信息并保持高度持续活跃。

如何聚集并维持粉丝，在日常情况下，绝大多数的企业微博保持每一天更新微博内容，并尽可能的抛出新颖、幽默的话题，引发粉丝转发和评论。以企业微博“中粮美好生活为例”，从 2010 年 7 月 19 日上线至 2011 年 4 月 14 日，该微博保持了每天都有内容的更新，累计发布微博消息 817 条，其中绝大多数为原创性微博消息。结合该微博账号所代表的企业“中粮集团”的性质，该微博账号所发布的消息主要以食品、健康的“小贴士”为主题，以及传播生活中点点滴滴的美好，名曰“发现美好”（如表 2）。

表2 中粮“发现美好”一周发布微博信息统计

4月9日	发现美好（箴言）			睡前故事（健康提示）
4月10日		健康小贴士2		睡前故事（爱的箴言）
4月11日	发现美好（箴言）	健康小贴士2条	音乐分享	睡前故事（历史的今天）
4月12日		健康小贴士3	幽默故事	睡前故事（历史的今天）
4月13日	发现美好（箴言、美食）	健康小贴士	幽默视频	睡前故事（爱的箴言）
4月14日	发现美好（箴言）	健康小贴士2	健康问答	睡前故事（儿时的回忆）
4月15日	发现美好（箴言）	健康小贴士2	幽默视频	睡前故事（历史的今天）

第二，利用评论转发抽奖活动吸引用户。

企业微博通过举办各种抽奖活动的方式，力图在短期内汇集到足够多的粉丝，凝聚人气，俗称“冲粉”（即“冲击粉丝数”）。

活动的参与规则往往包括以下几个部分：首先，必须关注企业微博账号，通过这一方式实现聚集粉丝的原始目的；其次，必须将活动微博进行评论并转发，通过转发，活动信息裂变式传播，可以实现很好的传播效果，进一步吸引更多用户参与，从而进一步积累粉丝数；最后，活动往往会以多种多样的抽奖形式赠送一定的礼品，而这成了吸引众多用户参与的最大诱因。

2. 日常内容运营

第一，企业微博形象结合的日常信息发布。

企业微博在拥有了一定量的粉丝之后，便进入日常的账号维护环节。企业微博往往会根据账户所代表的企业，定位相应的形象，并发布与该形象相契合的各种信息。例如伊利集团的微博“活力宝贝”，所塑造的形象是一个充满活力，注重健康的年轻人士。因此，其每天所发布的信息主要集中于日常养生、体育运动、幽默搞笑等信息。

第二，与品牌、产品相关的广告信息发布。

微博平台为企业与消费者的沟通架设了一道直接的桥梁，因此企业也纷纷利用这个平台直接向潜在消费者传递自身品牌与产品的信息。这样的信息一般分为以下几类：第一类，产品介绍：直接介绍、推广企业旗下的产品。第二类，品牌溯源：介绍企业品牌的历史。第三类，企业信息：与企业有关的各种新闻。在发布与品牌、产品相关的广告信息方面，戴尔公司的官方微博“戴尔中国”表现得最为突出（如表3）。

表3 “戴尔中国”一周微博信息截图

4月9日	企业活动推广		
4月10日			
4月11日	新产品发布通知2条	先前活动反馈	
4月12日			
4月13日	产品特殊功能介绍8条		
4月14日	企业活动推广	企业新闻	电脑的幽默故事
4月15日	产品介绍3条	企业活动推广	企业新闻

第三，与受众互动沟通、引导受众品牌与产品联想。

企业微博不单单发送与产品、品牌相关的信息进行直接的广告推广，而且通过讨论话题的引导，与消费者进行沟通交流，潜移默化中传递产品信息与品牌理念，类似于一种软文广告。

3. 活动营销

不同于账号初期旨在快速聚集粉丝的“冲粉活动”，日常运营中的活动营销更多的具有对于扩大企业曝光度，进一步与消费者产生深入沟通的诉求。日常运营中的活动营销方式也更加多种多样。微博平台的特殊信息沟通方式，使企业利用微博进行活动营销也呈现独特的方式。目前，企业微博账户主要有三类活动营销：

第一，基于微博自有功能的活动。

基于微博的实时互动功能以及可以多次转发的病毒营销的特点，企业微博开展了多种多样的、以微博平台为基础的活动。这类活动往往具有以下特点：

首先，活动以微博平台基本功能为载体，具体形式通常未加关注、答题、竞猜、秒杀、评论、分享等，但是加关注仍然是参与活动的必须条件。其次，主要通过提供一些小礼品，最大限度地吸引用户参与。

第二，基于微博活动平台的活动。

目前新浪微博单独开辟了新浪微博活动平台（http：//event. weibo. com)。这一平台是一个开放的活动生成页面，只要填写活动的主要信息后，任何微博账号都可以方便而快捷地搭建活动页面，发起线上或线下活动。① 目前就线上活动来说，已经有不少成功的案例。例如，中信书店举办的线上活动：【晒晒你在旅途中最爱看的书】——全民征集“旅途书单”。在该活动中，中信书店找了40个粉丝数在10万以上的加“V”用户和很多作家、媒体来转发这个活动，吸引了2 083人参加和691人感兴趣，共留下了139页评论。

第三，通过微博平台引导流量推广站外线上活动。

目前企业进行线上活动，往往需要搭建独立的活动页面（简称 minisite)，这样的页面拥有丰富的功能板块，可以按照企业的需求搭建出进行多种多样的线上活动形式。然而由于目前微博平台自身功能的限制，无法实现跟 minisite 一样生动有趣但相对复杂的活动模块。但是微博平台拥有海量用户，这些海量用户所产生的大量的流量，可以为企业所用。通过发布站外活动信息，配以链接和图片，就可以直接将微博流量导入站外活动页面。与此同时，站外极具吸引力的活动也为该微博账户增加了吸引力，从而形成微博平台与站外活动互相促进，相辅相成的效果。

4. 多账号运营，细分目标受众

企业微博多根据企业产品线或企业目标消费者的方式，划分为若干子账号进行运营。这些官方微博通过互相加关注，经常性的互相评论与转发，形成讨论和互动氛围，从而在进行产品推广、互动活动的过程中有效地联动，形成一股宣传的合力，为微博营销制造声势，从而增加整个企业关注度。例如淘宝下有“淘宝”、“淘宝全球购”、“手机淘宝”、“淘宝商城”、“淘宝促销汇”、“淘宝聚划算”、“淘宝适用中心”、“淘宝商城衣度”、“淘宝导购”等十几个账户。通过这些账号群，一方面可以为企业积累更多的粉丝，另一方面也划分出相对细化的目标受众群，让不同的账号针对不同的人群推送有针对性的信息，从而实现精准营销。

---

① 线上活动是指为无需线下见面的活动，全程可在线上进行，如：征集签名、线上测试，同话题讨论等。线下活动是指网友有线下见面行为的活动，有具体活动时间和地点，如组织网友一起看电影，玩三国杀，组织网友派对、户外旅游等。

5. 利用人气微博账号的植入式营销

微博是植入式广告的优良载体。在微博平台中，植入式广告往往以文本植入的形式体现。例如，医疗器械公司GE医疗利用微博红人“PP猪漫画”的名气和人气做植入式营销。微博中列出了10种保护呵护乳房的方式，最后一条是“定期到GE医疗在线免费检测”。极具调侃与幽默，吸引了不少人的评论转发，在潜移默化中传递了“GE医疗”这个品牌的理念。

三、企业微博营销的策略建议

1. 将微博营销纳入企业整体的营销战略中，加强计划与评估

微博作为时下流行的网络应用，影响力不断加大，微博平台的传播覆盖面与传统媒体相比已不相上下。目前企业尝试进行微博营销，应当具有更加开阔的视野和长远的眼光，将微博营销纳入整体的营销战略中，使其成为企业营销活动中不可或缺的重要一环。企业需要借用微博这一平台开展营销活动，从而实现与消费者的最直接沟通与最深入的互动，同时也使企业站在时代发展的前沿，保持与消费者生活方式变化的同步；企业也应当配合其他营销传播活动，使微博营销发挥出1+1大于2的效果。

另外，对于微博营销，不能成为亦步亦趋的盲目跟风，应当有明确的计划性，在开展微博营销之前，应当明确开展的目的以及最终的目标，信息发布应该遵循合理、完善、科学的计划，与此同时要根据企业的营销战略制定其微博营销的长远战略，并结合日后在开展微博营销中所遇到的各种情况，及时做出相应调整。

2. 利用微博实时传播特性，注重对沟通过程的把控

现代营销观念认为：营销管理重在过程，控制了过程就控制了结果。结果只能由过程产生，什么样的过程产生什么样的结果。我们可以从中看到现代营销观念对于管理过程的重要性的重视。

在社会化媒体中，良好的双向互动沟通对于维护品牌形象具有十分重要的意义。最近国内微博中出现的比较成功的案例，巨人网络成立了网游业首个“微博客服”团队，巨人网络旗下游戏的玩家可在微博上提出各种与《征途2》相关的问题，该团队将24小时为玩家排忧解难。与此同时，巨人微博客服团队还将采取“主动出击”的全新客服模式，以公司董事长兼CEO史玉柱带队，主动定期在微博上搜索《征途2》的玩家建议、意见、投诉等信息并做解答，以求一改往日客服的被动性，主动出击解决玩家问题。① 这种“主动客服”的尝试能把游戏官方与玩家拉得更近，提高玩家黏度与游戏好评度。

在微博中，沟通不仅直接，而且实时、简易，利用这一平台特性，企业微博应当更好地注重对沟通过程的把控。一方面，尽可能在第一时间对用户的反馈进行跟进回复；另一方面，把握好回复的尺度和口吻，尽可能以平等的姿态，交流的口吻，让消费者感觉到被尊重。

3. 利用多种渠道宣传企业微博账号

尽管微博平台内部拥有海量的用户，但是信息的日常覆盖仍然仅限于平台内部，微博内的信息可以被普通的搜索引擎抓取，但是由于搜索引擎的算法问题，能够有效被搜索引擎收

① 国内首个网游微博客服团队成立 史玉柱挂帅［EB/OL］.［2011-04-26］. 赛迪网.

录的往往只是某一个人气较高的微博账号，而对某一个具体信息，平台之外的公众难以通过其他途径接触到，传播的覆盖面仍然具有一些局限性。而作为企业微博，需要面向所有的潜在用户进行营销信息的传播推广。因此，企业微博账号应当进一步吸纳更多的用户成为自己的关注者，采用其他的途径进行宣传也就成为必须。就线上而言，可以以一些门户类网站、Google Adwords、百度推广等平台发布企业微博的广告，而对线下来说，电视媒体、纸质媒体、户外媒体等都可以成为企业微博账号的宣传窗口，从而增加微博平台外普通网民的关注度。

4. 运用微博做好危机公关

不同于传统媒体时代，在互联网时代，企业一旦陷入出现负面信息，其传播速度之快，传播面之广，传播的频度之高，都给企业带来巨大的挑战。处理危机公关，宜疏不宜堵，其核心是真诚沟通，帮助公众尽快了解事实的真相，并及时了解企业处理问题的进展。互联网也提供了化解危机的多种渠道，微博更是提供了处理危机公关的绝佳战场。但是目前来者，企业并未合理利用。上海交通大学舆情研究实验室、舆情网联合发布的《2010 中国企业舆情与危机公关年度报告》指出，2010 年企业的舆情事件频发，新媒体在企业危机中扮演了重要角色，微博更“异军突起”。在报告列举的 50 个事件中，新媒体渠道首发的比例高达 44%，网络论坛、博客、微博、手机等都成为曝光的重要方式。尤其是微博成为企业负面新闻的“通讯社”，其聚集效应使负面新闻的效果被放大。但与此同时，微博也成为各类企业事件的主角第一时间应对的有效渠道。①

由于微博裂变式的传播模式，使企业一旦出现负面新闻，极易被迅速广泛传播，从而造成公关危机，对品牌带来巨大伤害。对此，企业微博应当主动出击，利用微博的搜索功能，搜索整理微博用户发布的企业有关信息，并在第一时间发现负面消息，及时做出回应。一旦事态升级演变成公关危机，则应当更好地利用微博平台，主动、及时、真诚、透明地做出回应，并对外发布企业关于事件处理的立场和现状，从而更好地化解危机、干预危机，维持企业形象。

5. 借助名人扩大增加传播的覆盖面

在微博中，名人拥有的粉丝数大多在百万以上，例如微博人气女王姚晨，拥有 700 多万粉丝，而排名前十的名人微博粉丝数均在 300 万以上。反观企业微博，粉丝数排名靠前的企业微博账号如“中国电信客服”、“中粮美好生活”等都未超过 30 万粉丝，与名人微博相比仍有不小差距。如果利用名人微博海量的“粉丝”蕴含的巨大传播力，将可以为企业微博扩大传播覆盖面和影响力提供极大的支持。通过沟通与名人微博账号之“互粉”，如果相关的企业微博信息得到转发，传播效果将得到极大的提高。另外，通过关注名人微博，通常能够把握当下热点和舆论走向，企业可以顺势、借势或造势进行传播。

【参考文献】

[1] 张金海，姚曦．广告学教程［M］．上海：上海人民出版社，2003.
[2] 张金海．20 世纪广告传播理论研究［M］．武汉：武汉大学出版社，2002.
[3] 苏浩军，李国红．媒体微博营销的功能和类别［J］．新闻战线，2011（3）．
[4] 刘慧．浅议企业微博与企业的品牌营销［J］．信息与电脑（理论版），2010（12）．
[5] 曹明香．企业微博营销策略［J］．现代企业，2011（2）．

① 周凯．2010 中国企业舆情与危机公关年度报告，企业舆情应对能力普遍偏低［EB/OL］．［2011-01-24］．中青在线．

[6] 新智诚，企业微博营销术［J］．现代企业文化，2010（7）．
[7] 郭全中．微博及其盈利模式研究［J］．新闻与写作，2010（3）．
[8] 张阳，黄峻磊．浅谈“微博”的兴起与网络营销价值［J］．商场现代化，2009（26）．
[9] 孙擎．浅析国内微博营销面临的挑战［J］．中国商贸，2011（3）．
[10] 夏黎．基于“微博”的兴起谈有效进行企业服务营销［J］．中国商贸，2010（12）．
[11] 周海华．微博：中国网民的下一个“企鹅”——浅谈微博趋势与营销价值［J］．中国电信业，2010（7）．
[12] 卢金珠．微博客传播特性及盈利模式分析［J］．新闻记者，2010（4）．
[13] 唐娜．实战微博营销的五个关键词市场观察［J］．2010（3）．
[14] 燕道成．微博的传播形态与本土化发展［J］．中国青年研究，2011（2）．
[15] 杨澍．微博营销之大忌［J］．商学院，2010（5）．
[16] 袁毅，杨成明．微博客用户交流的机制、结构及特征［J］．研究图书馆论坛，2010（6）．
[17] 新浪微博市场元年白皮书［EB/OL］．［2010-09-10］．点亮互动．
[18] 新浪微博估值30亿美元促股价半年翻番［N］．信息早报，2011-04-06.
[19] 杨萌．微博开启自媒体时代「EB/OL］．［2011-04-15］．竞网．

【作者简介】

李小曼，武汉大学新闻与传播学院、武汉大学媒体发展研究中心，副教授。
朱　懋，武汉大学新闻与传播学院、武汉大学新闻与传播学院2008级学生。

2009年安徽省动漫市场消费者需求调查与建议①

邬盛根　李迎曦

一、安徽省青少年动漫消费者需求调查分析结果

本次调查以问卷调查为主，旨在了解安徽省青少年动漫消费者的一些侧面，对安徽省动漫消费群体进行一个初步的了解。此次问卷的调查对象主要针对安徽省内的大学生（本科生和研究生层次）、高中生、初中生、小学生等进行调研，以封闭式的选择性题目为主，并搭配一定的开放式问题以便调研能够更加深入。

调查内容：动漫消费者动漫类型偏好，收看动漫媒介接触习惯，动漫衍生品消费能力，城乡小学生动漫衍生品消费比较，安徽省动漫知名度等。

调查范围方面，笔者选取了安徽省内四个样本城市：合肥、芜湖、蚌埠、宿州，调查范围包括小学、初中、大学和部分社会人士，采取整体分层抽样的方式。我们调查了包括安徽大学、中国科技大学、安徽财经大学、安徽师范大学、安徽工业大学、安徽大学附属中学和附属小学、合肥市四十五中、宿州中学、蚌埠市铁路中学、蚌埠三中、界首市部分农村小学。此次调查共发放问卷800份，收回问卷780份，回收率97.50%，其中有效问卷772份，有效率98.97%（精确到小数点后两位）。

本研究问卷调查时间为2009年12月至2010年2月，同时笔者对部分动漫爱好者进行了接触和访谈。下面是问卷分析的结果：

表1　研究样本及其样本数

	问卷发放地	发放问卷分数	回收问卷分数	有效问卷分数
大学组	安徽大学	40	40	40
	安徽师范大学	40	40	40
	中国科技大学	40	38	37
	安徽财经大学	40	38	36
	安徽工业大学	40	38	38
中学组（其中部分学校为高中初中合校，故未再细分）	安徽大学附属中学	80	76	76
	合肥市四十五中	80	80	80
	宿州中学	80	80	80
	蚌埠三中	80	80	80
	蚌埠市铁路中学	80	78	78

① 本论文是安徽省教育厅社科项目“安徽省动漫产业运行机制及发展瓶颈问题研究”（2008sk043）的课题研究成果。

续表

	问卷发放地	发放问卷分数	回收问卷分数	有效问卷分数
小学组	界首市部分农村小学	100	96	94
	安徽大学附属小学	100	96	93
合计		800	780	772

根据对第一手的资料进行数据整理，为了方便统计之需要，我们将表1进一步细分，其中将性别和学历分层部分进行进一步整理，如表2和表3。

表2　　学历分布

大学组	初中高中组	小学组	有效问卷总计
191	394	187	772

表3　　性别分布

	女	男	合计
有效人数	372	400	772
比例	48.19%	51.81%	100%

（一）受众对动漫的喜好程度和认知情况

活泼的画面，生动的表达形式，能够吸引众多的青少年的关注。

当问到“请描述你对动漫作品的喜好程度”时，该问卷设置参考了里克特法，进行一定的区分，其中有310人（40.16%）表示非常喜欢，288人（37.31%）表示喜欢，162人（20.98%）不排斥，4人（0.52%）表示讨厌，8人（1.04%）表示非常讨厌，如图1所示。

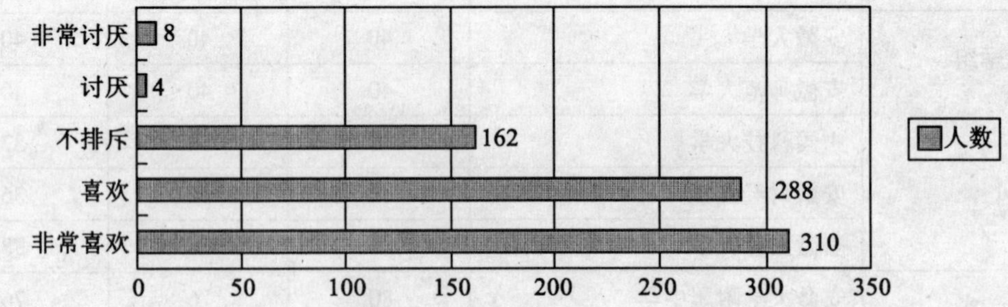

图1　动漫喜好程度

长期以来，国内都把动漫作为教化少年儿童的重要工具，使得很多人认为动漫是专属儿童的，成年人不需要动漫。在我们所做的调查中（如图2所示），其中高达82%的人认为，动漫很多元，不仅仅是小孩子的特例。但是这一比例在30岁以上受访人群中却是有所下降的，很多人还是对动漫有一定的误解，在这个年龄段中有60%的人认为这是小孩子的玩意儿。香港电影导演徐克先生曾经说过，动漫只是电影的一种形式。

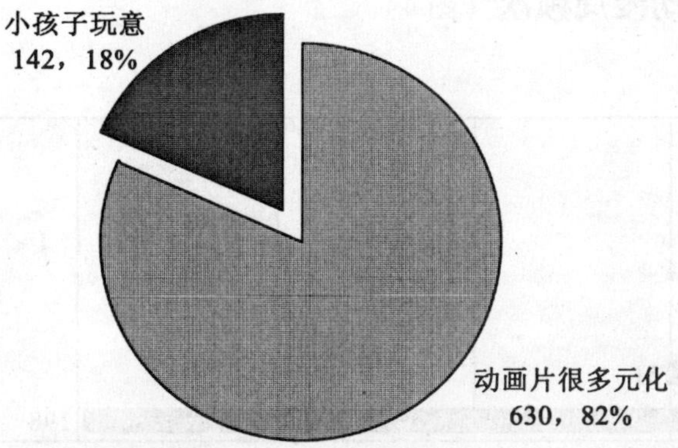

图2 你对动漫产品的看法

(二) 受众触媒习惯

在我们对受众的触媒情况中有了重大的发现，传统的动漫传播载体已经不是受众接触动漫的唯一载体，新兴的网络媒体扮演着越来越重要的角色，这是值得关注的现象。如图3所示。显然，如何利用新兴的媒体来吸引受众的注意力，如何更加有效地利用新的品牌接触点，为后期的衍生做铺垫，这都是值得探讨的问题。

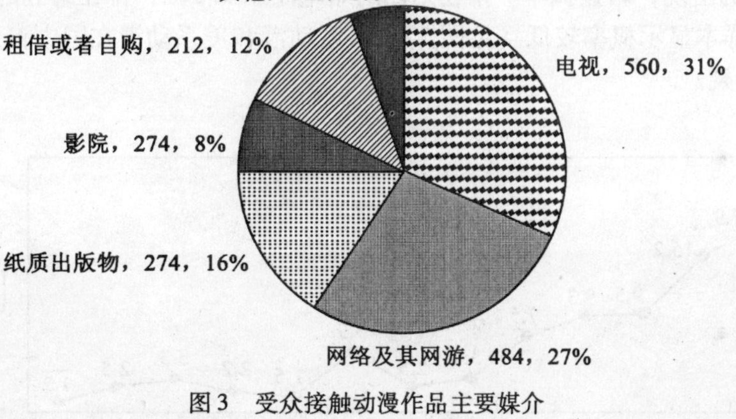

图3 受众接触动漫作品主要媒介

从图3中不难发现受众在动漫媒介接触选择中首选的是电影和网络及其网游，分别占560人、484人，占有效样本比例分别为31%、27%；其次则是纸质出版物，占16%，租借或者自己购买的占12%，影院观看占8%。

其中在利用网络及其网游接触动漫的部分，我们又发现高达百分之80%的大学生群体将此项作为首选，中学生群体在选择媒介的接触部分将此项作为首选的有50%，小学生有20%。在小学组，由于我们选择城市、农村两种不同类型的小学，在首选网络部分，城市学生明显高于农村学生，在我们对学生的深度访谈中进一步发现限制城市小学生使用网络的主要阻力有家庭的管制，缺少电脑和网络的硬件条件；限制农村孩子接触网络的主要阻力则是没有电脑或者网络工具，这是主要的限制力量，因为我省广大的农村地区使用网络的频率还是很低的。

（三）受众接触动漫周频次（图 4）

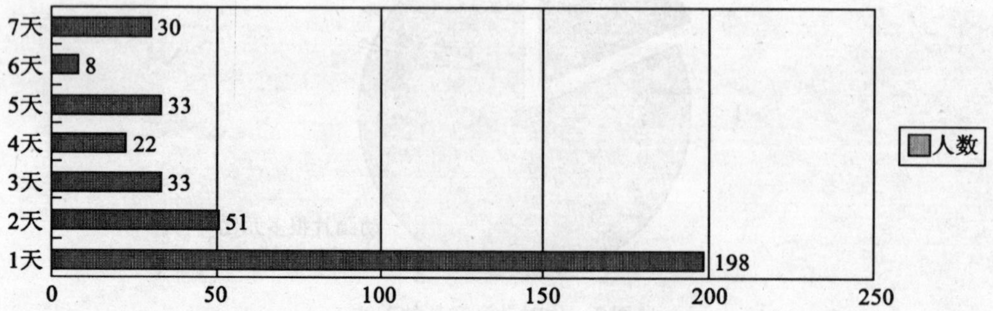

图 4　受众接触动漫频次，每周几天

其中大部分人观看动漫是小于 4 天的，但是小学组部分随年龄的降低接触动漫的天数会越长。在对被调查者的采访中我们发现，年龄较低的受众收看动漫的频次，较大程度上取决于父母管理孩子的方式。

（四）动漫作品喜欢比率——孤独的羊

在对学生最喜欢动漫作品进行调查中，《火影忍者》排在第一，有 20.1% 的人喜欢它，排在第二的《灌篮高手》有 17.9%，排在第三的则是有着巨大票房号召力的《喜羊羊与灰太狼》，这只羊的出现，略显孤单。排在第四的蜡笔小新 9.5%，排在第五的《名侦探柯南》9.3%，其他的样本显示概率较低（见图 5）。日系动漫和美系动漫在国内青少年中受到欢迎的程度，毋庸置疑。

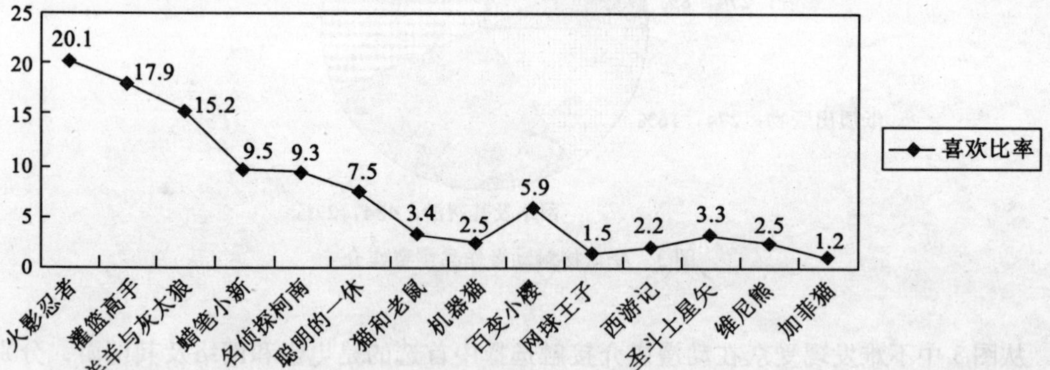

图 5　动漫作品喜欢比率

在 2009 年电影市场春节贺岁档，一只“国产羊”取得 9 000 万元的票房收入，超过同期上映的美国动画大片《马达加斯加 2》、《闪电狗》，并创下中国国产动画片的票房纪录。这个数据同样在我们的调查中有所表现。在调查对象中有 510 人表示有喜欢的动漫形象，262 人表示没有。在最受欢迎的国产动漫形象中仅有 2 个为国产动漫，他们分别是孙悟空与喜羊羊。这和一项专业的调查不谋而合，中国青少年最喜爱的 20 个动漫形象中，19 个来自海外，本土动漫形象只有一个“孙悟空”。一份网络调查表明，1 100 位网民以 10 年为一个年龄段，在不同年龄段人群最喜欢的动漫形象中，无一来自中国。

在问到受访者对国家广电总局在黄金时间对“洋动漫”实行的限播政策中，有 52% 的人认为这不会影响他们观看外国动漫，48%的人认为这对国产动漫的发展有一定的促进作用。

在问到不喜欢国产动漫的理由时多数人认为国产动漫单一、乏味、儿童化。在访问中我们发现农村孩子喜欢城市孩子的比例明显高于城市孩子，我们认为这是农村孩子接触媒介的渠道比城市孩子较为单一造成的。

（五）动漫类型喜好娱乐至上，类型多样

喜欢看搞笑片的有494人，高居榜首（本题为多选题），显然数字娱乐产业的核心是娱乐（见图6）。喜欢神话类的有384人，居第二位，居第三位的是侦探悬疑类，有312人。男女两性的动漫偏好有着极大的性别差异。男生更喜欢格斗类和科幻类，男女双方都比较喜欢搞笑类的动漫。图7为男女双方动漫类型比较图。

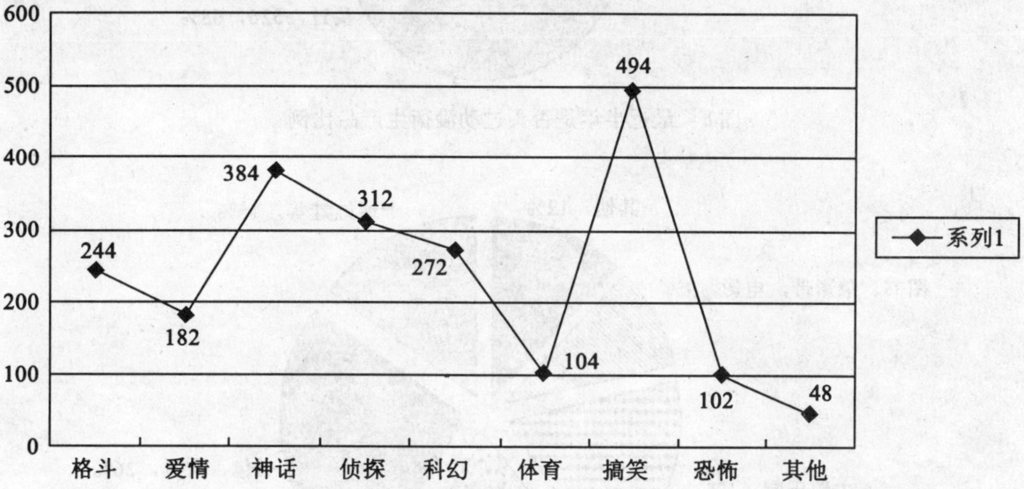

图6 动漫类型偏好

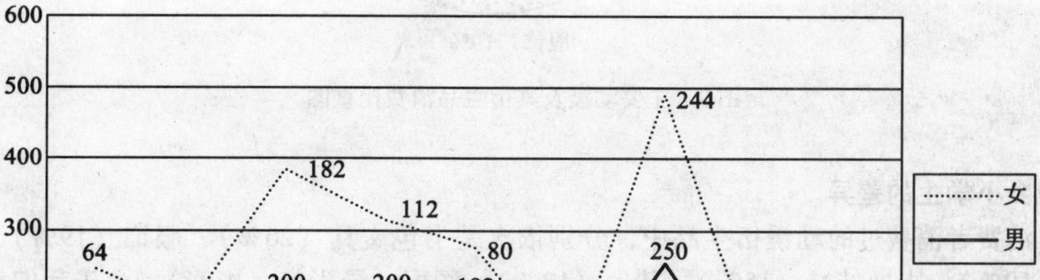

图7 男女双方偏好动漫类型示意图（单位：人）

显然，动漫的类型是多元的，动漫创作本身应该也是多元的，重要的是不说教，用好的方式说故事。《功夫熊猫》的导演马克·奥斯本说：好莱坞讲故事的方式不是美国独有的，而是全世界都通用的、娱乐的、吸引大家心灵的方式。

（六）动漫衍生产品购买需求不小

在问到近半年是否购买过动漫衍生品（如音像制品，与动漫形象相关的服饰、文具、主题乐园等）时，有高达68%的人表示买过，人数达到526人（见图8）。在买过动漫产品的人中主要消费动漫产品品种如图9。

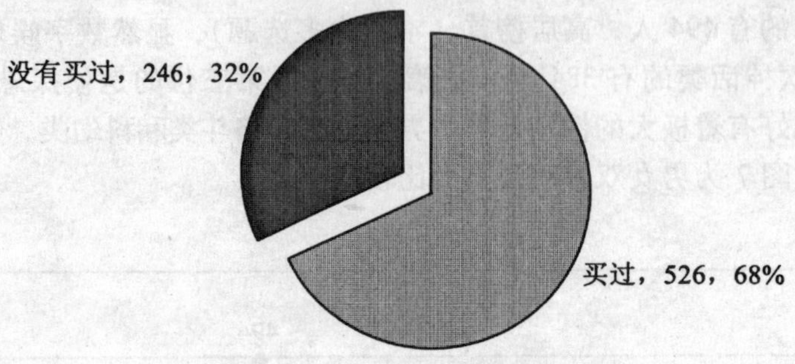

图8　最近半年是否买过动漫衍生产品比例

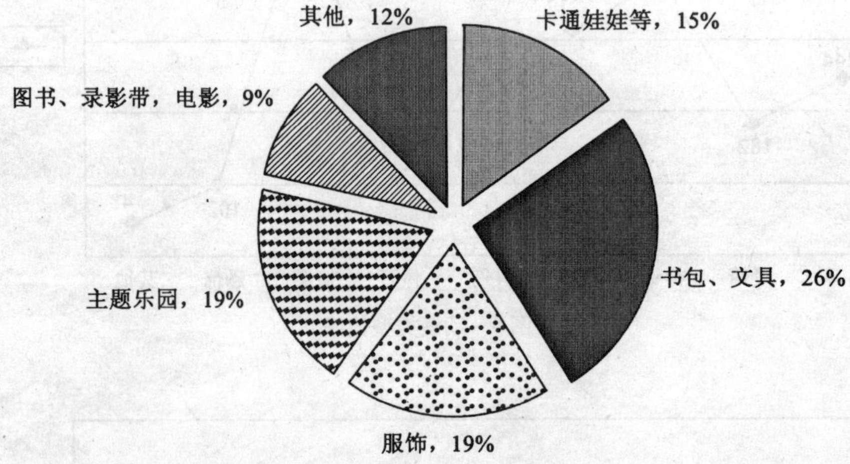

图9　主要动漫及其衍生品消费比重图

城乡小学生的差异

在消费者消费过的动漫衍生品中，分别依次是书包文具（26%）、服饰（19%）、卡通乐园（19%）、卡通娃娃（15%）、其他（12%）、图书、录影带（电影）。由于我们对小学组部分设置了城乡两个不同的参照系，在主题乐园部分只有5个人表示去过，远远低于城市孩子的30人；有60个农村孩子表示购买过服饰，城市孩子为85人；书包文具部分农村孩子为85人，城市孩子为90人，大致相当；图书、录音带、电影这一项中农村孩子有45人表示购买或者体验过，城市孩子有70人表示购买或者体验过；卡通娃娃一项农村孩子有35人表示购买过，城市孩子有55人表示购买过。

（七）消费者对安徽动漫认知情况不容乐观

在问到是否接触过安徽动漫产品（包括漫画、动画、主题乐园、游戏等）时，局面多少显得有些尴尬，有高达74%的人表示不知道，没有接触过，仅有26%的被调查者表示接触过，可见安徽动漫产业当前还处于弱势地位。这一方面是因为我们没有什么精品项目，另一方面也可能是我们的动漫企业在向消费者的推介过程中做得还不够，这就需要整合现有的资源，对受众进行推广（见图10）。

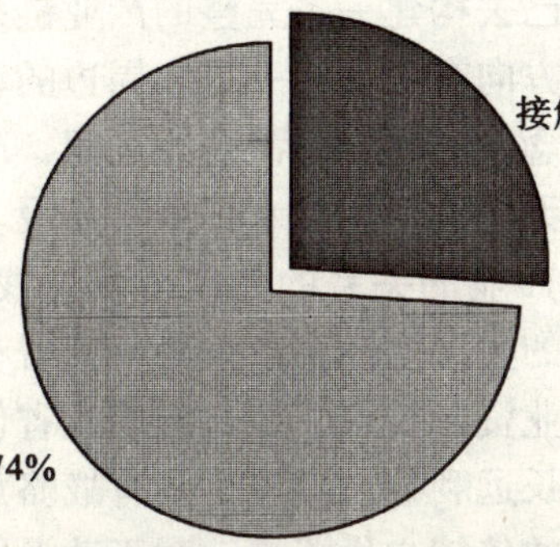

图10 动漫受众对安徽动漫认知情况

二、安徽省动漫产业基于消费者需求的发展对策建议

通过对动漫青少年消费者需求调查进行分析，我们发现新媒体时代，人们可以选择的动漫渠道越来越广泛，电视及其网络是青少年接触动漫的主要渠道，随着网络和手机等新媒体的兴起，受众观看动漫的形式也越来越多样化，网络电视、流媒体、网络下载；而且青少年对外国动漫有着很深厚的感情，这是因为很大程度上，这些动漫是伴随着这一代孩子成长起来的，他们已经习惯了日系或者美系动漫的画风或者叙事风格等其他元素。在此结合国内外动漫产业发展已有的研究基础，对安徽省动漫产业发展瓶颈问题以及动漫产业各个相关利益方的动机与作用进一步分析研究，我们提出以下基于消费者需求的安徽动漫产业发展对策建议：

第一，培育动漫市场需求是政府推进动漫产业发展的根本目标。

政府推进动漫产业发展，首先以培育消费者动漫市场需求为追求目标，任何短期政策引导和利益激励都是急功近利的。就安徽省内各地动漫实践运行状况来讲，政府一谈到发展动漫产业，就是政府圈地、给政策、忙招商，一方面政府筑巢引凤，另一方面企业却保持观望。事实上一个产业的形成发展壮大更加需要的是市场，动漫产业发展资源整合的主体应该是企业，政府需要按产业市场规律办事。政府的支持只是链条的某一个环节，例如上游的项目策划、形象创作，下游的衍生等，需要政府的扶持，但更加需要市场和企业行为。建议成立“安徽省动漫产业振兴小组”，该组织的构成应该是以服务为主的政府主导的公共机构。其主要职能应该包括动漫产业规划、行业信息收集与整理、动漫等相关产业资源互动平台、对外整合营销推广，营造良好的动漫企业生存和发展的微观市场环境，在广告服务平台上加大政府投入。

目前我省在平台建设上芜湖市正在打造公共服务平台和公共技术平台，合肥市政府也拨出1亿元专项引导资金重点支持包括动漫原创作品补助、动漫获奖作品补助和公共服务平台①。马鞍山市雨山区政府出台了《马鞍山视聆通游戏动漫产业基地优惠政策》②，也将公共服务平台的搭建提上了议事日程。

① 合肥每年投资1亿元资金发展动漫产业[EB/OL]. http://www.shzgh.org/node2/node4/hzjl06/gdxx/zb/userobject1ai66309.html.

② 雨山区出台马鞍山视聆通游戏动漫产业基地优惠政策[EB/OL]. http://www.yskp.com/Articles/2009-04-22/165708.htm.

第二，明确我省动漫产业发展定位，找到我省动漫产业竞争支点，夯实基础，形成特色。

我们并不认为安徽省应自己去构建一条完整的产业链条，这在当下来说是不现实的。我们目前动漫发展定位和努力的方向有两个：一是和周边的动漫产业集群努力融合，合肥、芜湖、马鞍山都是长三角城市概念，省内外动漫企业之间，产业园区之间应该走上一条合作之路，整合现有资源，以期避免无序竞争和低水平重复建设。二是从动漫产业与其他创意产业的关系，动漫产业与周边实体产业的关系的角度出发，找到差异化的动漫产业创意发展之路，比如动漫产业与手机媒体的关联性创意产业等，我省在这些新的领域中应占得先机加大投入，并由此集中相关动漫产业资源投入，逐步形成我省创意产业特色，占领制高点，争取在动漫产业发展上的主动性和长远利益，应该是具有战略意义的。

第三，基于安徽丰富优秀的传统文化资源，对于动漫创新和内容原创进行长期的规划。

目前市场上安徽省动漫产品在动漫消费者中的认知现状不容乐观，我们认为如何进行营销和传播是今后相当长一段时间我省动漫业要做的一件事情，诸如从内容差异化和市场细分以及动漫推广几个层面都有许多的空间和机遇。安徽省有着优秀灿烂的历史文化，古徽州路上的“徽骆驼”，悠扬婉转的黄梅戏，中国古代思想家老子、庄子，还有包拯、华佗等，应考虑如何将这些安徽元素、安徽民间故事进行整合，进行再故事化、漫画化、动漫化。目前我省的动漫作品和国内的动漫作品都以历史偏多，而忽视了对现实的关注，同样这里面又会有许多创意发展的空间，这是安徽省动漫产业需要在内容上进行系统规划的一个长期课题。

第四，抓住数字化机遇，重构动漫产业价值链，助推动漫衍生产品发展。

本次调查安徽省动漫受众触媒习惯中我们看到动漫的主要传播载体按照受众主要接触频次依次为：电视、网络、纸质出版物、租借或者自购、电影院、其他。在这种情况下动漫业不仅要重视传统媒体的动漫传播，更应该认识到新媒体的价值；目前国内越来越多的企业开始使用新型的网络媒体进行动漫传播，例如《憨八龟的故事》利用QQ平台播放，此外各种新型的流媒体网站如 Youku、土豆，下载网站诸如迅雷等也越来越成为动漫作品传播的新平台。根据艾瑞咨询集团的一项调查，预计到 2012 年网络视频用户将超过 5 亿人。① 目前安徽出版集团开发移动动漫正是认识到手机终端的新媒体价值。在可预见的将来，网络视频和其他新媒体将起着越来越重要的作用，进而增加动漫内容与形象的暴露度和新的生存拓展空间，为动漫衍生产品和品牌授权经营争取更多的注意力资源和多元化的入市路径。

第五，鼓励企业在动漫市场营销传播，丰富和提升线下活动水平和市场动漫需求。

动漫创意大赛、相关的会展、cosplay 秀、校园推广等都是增加与动漫消费者互动，增进彼此了解和动漫内容推广的过程，此外企业也可以通过这些赛事发现需要的人才，及时了解市场反馈信息。2009 年 10 月第二届中国国际动漫创意产业交易会在安徽芜湖市举办，在这一届动漫交易会上，不仅将展出大量本土原创作品，一些来自美国、日本、欧洲的动漫专家团、动画片、专利产品，以及书籍等动漫衍生品，都将精彩亮相。通过展会举办多样化、高水平的线下活动，培育市场，整合资源，培育和促进安徽动漫产业发展的内外环境良性运行。

第六，发挥安徽省科教优势，动漫市场需求和创意教育应该从基础教育抓起。

动漫产业是一种知识密集型文化创意产业，我国各个省市都期望把动漫产业作为文化创意产业的核心优先发展。从发展现实要求看，一方面我们需要一大批多层次、多元化、专注于动漫产业理论研究和实践的专业优秀人才；另一方面我们更需要大量动漫爱好者和动漫产

---

① 2012 年我国网络视频用户将超 5 亿人［EB/OL］. 新华网，http://www.bj.xinhuanet.com/.b jpd_sdzx/2009-06/24content_16905230.htm.

品所构成的动漫消费市场，因此学校教育应该鼓励部分中小学开设一定的创意课程，鼓励开发孩子们个人的创造力。从调查中可以看到，动漫消费者就是和他们所熟悉的动漫作品一起成长的，动漫市场的形成和发展需要长期的普及教育和专业积累。目前我省文达、新华等一批民办高校都开设了动漫专业，但其他高等学校对此的关注和热情度不高，动漫专业的相关教师水平参差不齐，有关动漫产业的专业研究和智慧投入远远不够，这不仅影响了动漫企业和高校的合作关系，也会对我省动漫产业的长期发展埋下隐患。

"动漫皖军"在国内近年来时有斩获，2009 年 4 月安徽省委宣传部部长臧世凯先生在第四届中博会国际动漫产业高峰论坛上提到，未来三年我省将倾力打造 10 万分钟动漫片，2000 万册图书，2000 集动漫剧，同时建设全省十大动漫园区，引进动漫创意、策划、生产等相关企业 1000 家。① 但安徽动漫产业在发展中遇到瓶颈，很大程度上我们仍然在摸索中继续前行，打造和发展我省动漫产业链，应该说安徽省动漫产业的发展还有相当长的路要走。

【参考文献】

[1] 高薇华，赵冰．1993—2006：中国原创动画产业发展报告［J］．现代传播，2007（3）．

[2] 卫朝峰．从上海动漫看中国动漫的问题［J］．传媒，2008（3）．

[3] 牛兴侦．冲动下的欣欣向荣　中国动漫产业发展概况［J］．传媒，2008（3）．

[4] 陈则谦，白献阳，贾浩杰．我国动漫产业发展面临的困境及其政策［J］．学术论丛，2008.

[5] 张京成．中国创意产业发展报告（2007）［M］．北京：中国经济出版社，2007.

[6] 陈博．韩国发展动漫产业的政策措施评析［J］．当代韩国，2008（夏季号）．

[7] 杜广中．福建省动漫产业链的构建研究——世界动漫产业链的启示意义［J］．东南传播，2008（10）．

[8] 安徽奏响旅游强音［EB/OL］http://www.ah.xinhuanet.com/ly/2009-05/25/content_16619606.htm.

[9] 芜湖：文化创意产业异军突起［EB/OL］．http://www.wuhunews.cn/special/200903/164154.html.

[10] 叶臻，王琼英．动漫产业集群：自发秩序与政企博弈［J］．厦门大学学报（哲学社会科学版），2008（3）．

【作者简介】

邬盛根，安徽大学新闻传播学院广告系主任、副教授、硕士生导师，武汉大学新闻传播学院 2011 级博士研究生。

李迎曦，安徽大学新闻传播学院 2010 届传播学硕士，奇瑞销售公司品牌部。

① 未来三年安徽省将制作 10 万分钟动画片［EB/OL］．人民网，http://comic.people.com.cn/GB/122402/9207709.html.

问题检视与对策研究：CIM 战略在中国的理论与实践

祝　翔　刘　琴

“企业形象管理”从20世纪80年代开始导入中国内地，经过近三十年的发展孵化，这种以传播企业一致形象，维护企业品牌管理的有效法则已经作为普适化的管理手段渗透于组织的营运中。三十年发展演绎了“企业形象管理”从实践到理论丰富的全过程，其理论视点与应用的市场语境都发生了相应的变化，因此，我们有必要在历史的发展周期中，对其理论与实践展开的不足予以检视，以推动“企业形象管理”在中国的良性发展。

一、基于形象塑造的战略动机

“企业形象管理”简称“CIM”，进入中国已经三十多年，在导入期 CIM 表现为企业的形象识别服务。所谓企业形象管理，是指通过开发企业识别系统，确立形象标准，和谐经营关系，提高企业整体合力的一种创新管理模式。它是以产品形象为基础，以企业形象为目标，既注重内在素质，又强调外在表现的全面管理。它的范围包括：企业总体形象管理、产品形象管理、环境形象管理、员工形象管理、社会形象管理等。① 从推广形式上 CIM 与 CIS 的区别主要在于：CIM 更强调从企业整体管理的视角，强调形象管理教育培训的作用，强调对企业文化建设、企业品牌经营、企业改制转轨、企业利益机制创新、企业风险防范体系建立、企业空间营造、新事业和新产业领域拓展的支持和服务。“CIM”从其导入企业的动因来看主要是以下两种：

1. 与国际接轨

20世纪80年代中期，中国推行对外开放，为了与国际接轨，企业界迫切需要将国际先进管理体制注入自身肌体，对企业实体加以系统检验和改造，“企业形象管理”开始出现在企业的战略执行中。企业形象管理首先由美术教育界引入，再以当时走在经济发展前沿的珠江三角洲地区的企业为试点对象，结果取得了成功，并很快呈燎原之势遍地开花，1988年，广东太阳神集团公司率先导入 CIM，奏响了中国 CIM 发展的序曲，在几年时间里，太阳神集团年产值从520万元跃升到12亿元，创造了中国企业界的神话。当 CIM 神话般使“太阳神”创造出辉煌的业绩时，CIM 战略的价值引起企业界的共识和社会各界的重视，在全国推广开来，使“企业形象战略”从理论走向了实践，一些企业受益后，短期内经济上获得了巨大的效益，管理上了一个新台阶。

2. 应急上市

20世纪90年代初期，我国建立了上海和深圳两个证券交易市场，当时的“体制改革委

---

① 陈培爱，朱建强主编．企业 CI 战略［M］．厦门：厦门大学出版社，2005.

员会”是企业股份制改造和上市的审核批准机构，在对企业上市条件的审核中，规定企业必须引入“企业形象战略”机制，以此来反映企业的管理水平和整体形象。于是，为了达到“体制改革委员会”的要求，许多企业开始系统地导入CIM的设计，但停留在较浅的传达视觉层面上。现在看来，当时的要求和策划设计水平，包括实施管理水平都比较低，但这种带有强制性质的措施，在一定程度上带动了CIM战略的推广和发展，也让一批设计策划公司有了锻炼学习、发展壮大的机会。

二、企业形象管理研究的理论审视

进入新世纪，随着中国企业从低层次抢滩市场份额的竞争转向以缔造核心竞争力为主导的战略转型，“企业形象管理”成为企业身份识别、区隔市场、赢得消费者青睐的主要管理手段。虽然它越来越多地应用在企业的战略实施中，但是综观几十年的发展，其理论与实践上的弊端是显而易见的。

1. 研究的文献分布

随着CIM为推进企业发展作出巨大的贡献，CIM研究开始从“术”上升到“学”的层面，我们以“企业形象战略”为题名，时间限定在1997年到2010年，以中国知网公开收录的文献为对象，共采集文章206篇，经过有效筛选，与CI战略研究有关的文章178篇。从文献搜索的情况来看，有关CIM的研究在中国大致经过了三个发展时期：从20世纪80年代到90年代为CIM概念研究时期，这个时期的文献主要是对CIM内涵的介绍；90年代以后，研究的视点转向对CIM应用于企业的功能与作用的研究，随着越来越多的企业在实践中导入CIM管理体系进行品牌建设，个案研究日渐丰富，学者们开始运用定量研究法，通过设定量级指标，研究影响CI战略因素之间的因果关系。进入21世纪，CIM战略已经成为企业文化建设的重要构成部分，企业定位、企业文化理念、企业形象管理是促成企业发展壮大的基石，学者们围绕CIM的构成元素展开分析。

2. 研究的主题词

笔者采用关键词分类的方式，将收集到的文献进行归类，表1清晰地展示了从1997年至2010年有关CIM研究的主题分布情况。

表1 **CIM研究的主题分布表**

主题词	来源	时间
企业形象管理	中国期刊网	1997—2010年
排序	研究内容	研究数量
1	CIM的概念与意义	45篇
2	CIM的功能运用	32篇
3	CIM的个案研究	32篇
4	CIM的构成体系	28篇
5	CIM的现实不足	17篇
6	CIM与企业品牌	16篇
7	CIM的发展趋势	8篇

从表 1 中我们可以知道，在有关 CIM 研究的主题中，对于 CIM 的内涵与导入企业运用中的意义的研究最多，这表明 CIM 的重要性与影响力对中国企业发展有着不同寻常的意义，引起了企业组织的足够重视。对于 CIM 的功能运用的研究在 20 世纪 90 年代后期成为主要议题，这表明企业对 CIM 的认识从宏观意义层面开始转向微观的策略方法论的研究，因为 CIM 战略不只是一种战略理念，更重要的是一种可供执行的工具手段，所以，随着理念的深入，势必引发对 CIM 操作工具运用的研究，这从一个侧面解释了为什么在 CIM 研究中对于各种组织运用的个案研究居多。而对 CIM 构成体系要素的研究也经历了一个再认识与不断丰富的过程，CIM 缘起于企业形象识别的“CIS”战略，通常意义上“CIS”包括三个层面的内涵，它由“MI”企业理念、“BI”企业行为识别和“VI”企业视觉传达三大部分组成，后来的学者认为，CIS 应该包括五大识别体系：理念识别（Mind Identity）、听觉识别（Audio Identity）、视觉识别（Visual Identity）、文本识别（Text Identity）、行为识别（Behavior Identity）。① 因此，随着 CIM 在企业组织作用功能发挥的递进，其构成体系日渐丰富。进入 21 世纪后，品牌哲学成为企业追求市场价值的符号语言，而 CIM 的一个目的就是为创建企业的品牌形象服务，因此，对于 CIM 与品牌建设与管理的研究成为一种主流的声音。

3. 研究的问题检视

通过以上文献分析，笔者以为 CIM 研究在总体上存在以下问题：其一，研究的理论层次不高。从目前的文献分布来看，CIM 研究的文章多散见于行业期刊，文章体系宏观的意义层面多于实际操作层面，而且仅有两篇硕士论文进行专题研究，还没有上升到学理研究的高度。其二，研究的方法上量化研究缺位。CIM 不仅是一种指导思想，更是一种可操作的工具方法，是通过可视化符号体系传播企业内在的文化价值观与角色定位，实现与社会公众的沟通，它应该为指导企业的实际操作服务，但是综观整个研究现状，定性的研究居多，量化研究存在严重的缺位。其三，CIM 效果研究不足。CIM 研究的起始点是企业组织需要与社会沟通，传播企业由内而外的一致形象，归结点是在社会公众心智中形成独特的情感缔结，研究的主线应该是围绕企业组织、社会、公众三个维度展开，在 Web2.0 时代，企业的开放性与公众的主体性都要求在 CIM 体系中融入公众的角色定位，而目前的研究很少将视点关注于与组织有关的公众在 CIM 体系的占位，公众研究的缺位，也就是对于 CIM 战略效果的研究呈现空白。

三、企业形象管理的现实运营检视

CIM 在中国登陆三十年的时间里，已经逐步渗透到企业的运营管理中，有数据显示，国内 80% 以上的企业已经导入 CI 设计系统，而且将 CI 设计纳入企业组织的营运管理中，笔者一直从事 CIM 的设计工作，据来自现实一线的报告，很多企业在运营中存在以下问题：

1. 形象识别与形象管理的错位

在大多数企业看来，企业形象识别体系（CIS）就是对企业形象的管理，其实两者之间存在差异，“企业形象识别体系”就是通过 CIS 开发，帮助企业树立与传播一致的和谐形象。这种战略实施的立足点是通过传播一致的形象，在市场中形成差异化，目的是寻求与社会公众之间的关系建构。所以，在某种程度上，CIS 属于企业品牌传播的研究范畴。而企业形象管理（CIM）是指通过对企业形象进行持续创新和协调控制，从而帮助企业提高经营合

① 赵建平著．企业文化——管理的灵魂［M］．北京：中国石化出版社，2002.

力的一种管理思想、方法和手段，主要涉及企业总体形象、全面质量管理、产品形象管理、环境形象管理、员工形象管理和社会形象管理六个方面，意图借助管理理念与方法的实施获取经济绩效；目的是帮助企业降低决策成本、管理成本和沟通成本，实现制度创新和盈利模式创新，建立风险防范体系，指导企业进行空间拓展和产业投资领域的创新，是世界观、方法论和工具箱的统一。企业形象的识别与传播只是组织形象管理的一个部分，CIS 是 CIM 系统中重要的组成部分，是 CIM 战略的实施工具，但它们是不可以互相取代的。

形象识别与形象管理的错位，导致在现实的组织运营中，一些企业仅仅止步于 CI 系统的设置，误以为导入 BI 和 VI、传播 MI 企业就可能实现赢利，其实 CIM 更多是立足于对组织营运绩效的管理，是管理者在一定企业理念的规划下，借用符号、图像等视觉元素，将企业核心的文化哲学、管理思想、企业战略、市场规划等以完整的、一致的传播方式整合，以影响受众，使之形成对企业独特“DNA”记忆识别的沟通活动，围绕产品质量管理、企业环境管理、员工形象管理，最终实现组织整体形象的建构与管理，以获取经济效益。现实中形象识别与形象管理的错位，印证了在相应的理论研究中，研究视野的狭隘。

2. 战术与战略管理的误区

CIM 属于企业最高层次的经营哲学，是企业组织长存市场获取核心竞争力的重要手段，企业在立足市场之处，就必须树立 CIM 经营哲学的理念，是需要企业支付一定的生产成本，是一种“软资产”的投入，而纳入企业的经营管理中，则寄希望获得多倍于投资的经济收益，获取的是有关企业无形资产与有形资产的同步增值，所以，CIM 是一种战略管理。但是在现实的营运中，CIM 往往被理解为企业解决形象问题或者危机问题的一种战术方法论，更多停留于 CI 策划与设计。方案中只做了前期的创造性工作，而没有制定 CI 管理条例和指导标准，让企业在后期的执行和管理中找不准方向。没有定期对 CI 进行效果评估，有些企业 CI 设计一旦完成，多年不变，没有做到与时俱进。一套原先适合企业现状与发展、适应市场、适应社会公众的 CI 计划蜕变为与之不相适应的 CI 计划，成为企业发展的障碍。“企业形象管理”从最宏观的战略规划到最微小的细节执行无处不在，成为企业统筹人、事、物管理的贯通方法。①

所以，将 CIM 误认为是解决企业问题的战术手段，而没有立足于从战略管理的高度审视并建构体系，是很多中小企业存在的普遍问题。现实的认识误区反映在理论研究上，表现为整体研究的理论高度不够，局限于视觉设计、传播表达，而建构 CIM 体系需要的经济学理论、管理学理论、组织行为理论、产业经济学理论等理论观点与范式的研究很少出现在对于 CIM 的研究中。

四、理论的与现实的主张

CIM 战略导入中国三十年，我们通过对其发展演进的理论与现实表现的梳理，在肯定 CIM 为中国企业发展作出巨大贡献时，也不得不承认其在运营中理论与现实的不足。那么本着分析问题、解决问题的思路，我们分别对理论研究与现实运营中提出建设性的意见。

1. 理论主张，建构 CIM 效果研究的评估体系

我们知道，CIM 是一种建立在组织战略管理基础上的完整体系，谋求的是企业“软资产”（企业文化）与“硬资产”（生产绩效）的双重获利。在有关 CIM 理论研究中，虽

① 吴国欣编著．企业形象设计［M］．上海：上海画报出版社，2005.

然还存在诸多的不足点，但是我们认为最主要与亟须解决的问题是如何建立效果评估的研究体系与研究方法。CIM 评估体系应该是建立在以公众参与基础上的完整模型，它需要我们用量化的指标体系设计组织、社会、公众对 CIM 的实施过程的整体认知与情感接受度。随着 CIM 在中国企业发展中的渗透，宏观研究的意义、趋势等已经成熟，策略的展开伴随个案的研究日趋充分化，企业的 CIM 战略如何在运营中实现资产的增值势必是组织关注的重心所在。这是目前理论研究中一个很大的盲点。作为评价指标体系的建构，西方学者的研究给我们提供了一些启示。Sobel 于 1985 年研究发现，在双方不明确相互动机而又要做出与对方有关的决策时，一方对另一方的信任程度由对方先前的行为所决定。所以他指出，基于一贯而可靠行为的形象相当于双方的潜在契约。Sobel 的这一理论被称为形象的经济学模型，是最有影响力的形象理论之一。关于企业形象有没有作用的问题，消费行为学学者调查了不同类型的企业，结果发现：企业形象是影响和预期消费者购买的重要因素之一。Brown 通过实验研究发现，企业形象可影响消费者对品牌的反应。当品牌的信息不足或物理特性不易把握时，企业形象对消费行为的影响增大。加藤邦宏在调查的基础上筛选出企业形象的 24 个项目，进一步分析发现企业形象包括技术形象、市场形象、未来性形象、公司风气形象、外观形象、经营者形象、综合形象七个因素。1990 年 Forbrun 和 Shanly 利用 Fortune 每年评比最佳企业形象十大公司的 8 个指标，以企业管理人员、企业咨询专家和市场分析专家等为对象，为 Fortune 前 500 家公司的 300 家在 11 点量表上进行评分。① 这些有关企业形象管理战略的理论与因素分析法为建构本土的 CIM 效用评估体系提供了很好的理论借鉴。

2. 现实主张：全员参与的整合管理

企业形象管理通过确立企业最高的形象指标，统领全局工作，是提高整体管理效能的理论与实践模型。企业形象管理是典型的“一把手”工程，需要企业最高领导人和决策团队高度重视，亲自牵头方能有效进行。员工是企业的主人，是企业形象的代言人、执行者与沟通渠道，所以，需要自上而下的全员参与。同时，CIM 战略是一个涉及企业总体形象、全面质量管理、产品形象管理、环境形象管理、员工形象管理和社会形象管理多维度的综合体系，体现的是企业软实力与硬件资产的多重实力表达，需要整合企业内外、硬软多种资本，所以，是一个整合的管理工程。同时我们又必须牢记 CIM 是一个动态的管理战略，它需要在实践中根据企业发展的目标、环境变迁、公众态度与情感变化作出相应的调适，而在现实中，很多企业的思维止步于建构而忽视后期的运用管理，以为导入 CIS 体系，单纯将企业文化理念传播给公众，就可以产生软资产增值，并不关注在企业的动态发展过程中，公众的感知、感觉与企业文化的对接。所以，后期的管理与维护非常重要，需要有专门的人和部门来管理，进行检查、完善、调整，以维护整个系统的严肃性、规范性，并根据变化了的企业状况、经营环境及时进行修正。在这一点上本土的蒙牛集团为我们的现实解决提供了思路。“用企业文化凝聚人心，用制度驾驭人性，用品牌成就人生”，这是蒙牛公司的企业文化管理法则，蒙牛企业自己有一个商学院，在企业文化培训上，会把企业的材料编成不同的内容和教材，在企业巡回演讲。同时建立员工培训制度，商学院会到企业的驻地给员工进行企业文化的培训。2004 年底举行了企业文化测试和考试，对企业文化教育进行测评，当时两万多员工都参加了，考试合格率达到 97%。通过测试，使企业文化深入人心，得到全体员工的认同，为企业文化不断的延续和继承，提供了很好的土壤。

日本 CI 开创者之一的中西元男说：形象管理是 21 世纪“经营战略最后一张王牌”。本文从理论与现实两个层面对 CIM 在中国发展的三十年变迁进行了简单的梳理，并针对其中

---

① 刘海麓．企业形象战略理论、实务与方法［D］．兰州：兰州大学硕士毕业论文，2006.

主要的问题，提出了主张，力图为推动 CIM 在中国的健康发展提出建设性思考，因为未来企业的竞争归根结底是有关文化层面的“软实力”竞争，软资产的增值产生的溢价可以帮助企业规避竞争风险。

【作者简介】

祝翔，中南民族大学，副教授，研究方向：广告设计。

刘琴，中南民族大学，教师，研究方向：广告传播、媒介经营管理。

广告视野中的消费观念变迁①
——以改革开放30年《广州日报》为研究对象

韩红星　陈柏羽

作为一种意识形态，消费观念总是受到所处社会发展程度的影响，不断解放的生产力促使了消费领域实践活动的不断发展，实践的发展也不断地促使了观念的更新。在这样的发展中广告与消费观念也在不断地互动发展，一方面广告作为“镜子”折射出消费观念的变化；另一方面消费观念的发展也促使了广告形式的发展和内容意识的进一步放大。因此说报纸广告是研究消费观念变化的重要视角。改革开放的30年是我国取得巨大成就的30年，经济结构、生活方式、消费观念等都经历了明显的变化过程，本文以广州地区最具代表性的《广州日报》的广告为研究对象，探究30年间消费观念的变化。

一、《广州日报》及《广州日报》广告

1.《广州日报》及发展背景

从1952年12月1日《广州日报》创刊到1996年5月28日广州日报报业集团挂牌成立，如今的广州日报报业集团已经是华南地区当之无愧的主流强势媒体，是全国市级党报中发行量最大的报纸，其发行量仅次于《人民日报》，其中自费订阅的用户超过了80%。是广东省发行量第一、订阅量第一、零售量第一和传阅率第一的报纸。《广州日报》也已经连续5年在“中国500最具价值品牌”排行榜上名列中国报业三甲、华南地区之首。②

“追求最出色的新闻，塑造最具公信力媒体”是《广州日报》的办报宗旨。在1986年10月22日《广州日报》自己的订报广告中称自己为“开放型、多功能的中心城市大型日报”、“立足广州，面向沿海开放城市和全国，兼顾海外”、“是一份具有指导性、群众性、社会性的开放型的多功能的适合多层次读者需要的中心城市报纸”。发展到现在，《广州日报》以其影响力成为“立足广州，覆盖广东，当之无愧的全国发行的主流大报”。

2.《广州日报》广告的类型

报纸广告一般分为以下三大类：商业广告、分类广告和公益广告③，《广州日报》的广告也是由这三大类广告组成的，它们的特点不同，各有分工，在不同阶段所占的广告比重也不同。从每类广告在每天的报纸中出现与否来考察各类广告的比重，图1可看出社会广告在1978—1986年处于较高的比重位置，商业广告比重一度与社会广告位置并齐，直到1986年

---

① 本文为广东省科技厅软科学项目（编号：x2xcN4090350）和高等学校校内人文社会科学研究项目（编号：x2xcD2100520）成果之一。

② 相关数据来源：广州日报主页［EB/OL］.［2010-04-09］. http://co. gzdaily. com/201003/26/62881. shtml.

③ 张更义. 报纸广告实务［M］. 北京：经济管理出版社，2002：99.

第一次出现了分类广告，逐步压缩了商业广告的版面空间，呈现出三类广告三分天下的局面，详见图1：

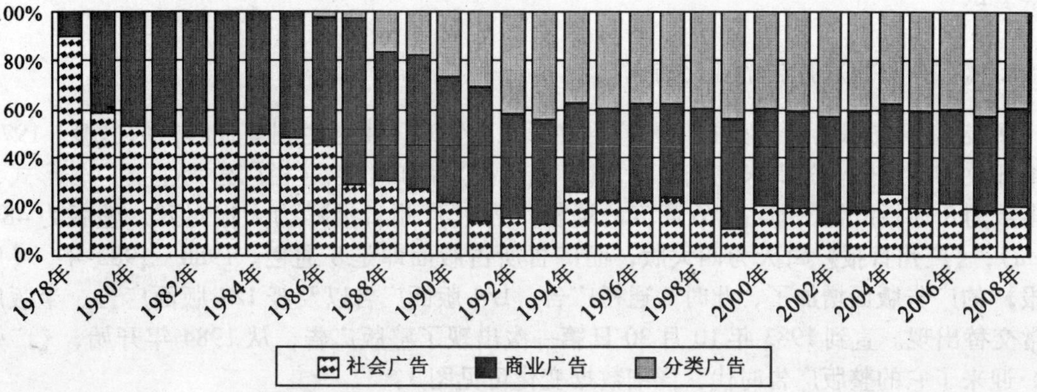

图1 各类型广告分布

第一是社会广告。《广州日报》的社会广告呈现了两条发展脉络：一是以故事片预告为主的文化艺术体育信息，以直白的信息告知为主要特点；第二是随着商品经济的发展，由于政府工作的变化而带来的社会广告的变化，典型的状态即是工商法人、商标登记以及涉及房地产行业的房屋拆迁、土地等相关的政策公告。

第二是商业广告。图2是对30年间商业广告数量的统计，商业广告的数量从1978年的仅有3条发展到2008年的1130条。分阶段来看，从1978—1994年，商业广告数量逐年上升。1994年、2000年分别有一个明显的量的变化界限，相应后面的几年间都出现了不同程度的下降。但这并不是商业的倒退，因为此统计的条数并未将分类广告、专栏广告中的每一条广告都算在其中，而从1994年、2000年之后分类广告与专栏广告占据了《广州日报》广告的很多版面，广告的总数量不断增多，但对单个的商业广告而言呈现了些许减少，正因如此，从量上反映出了曲线式前进的态势，详见图2。

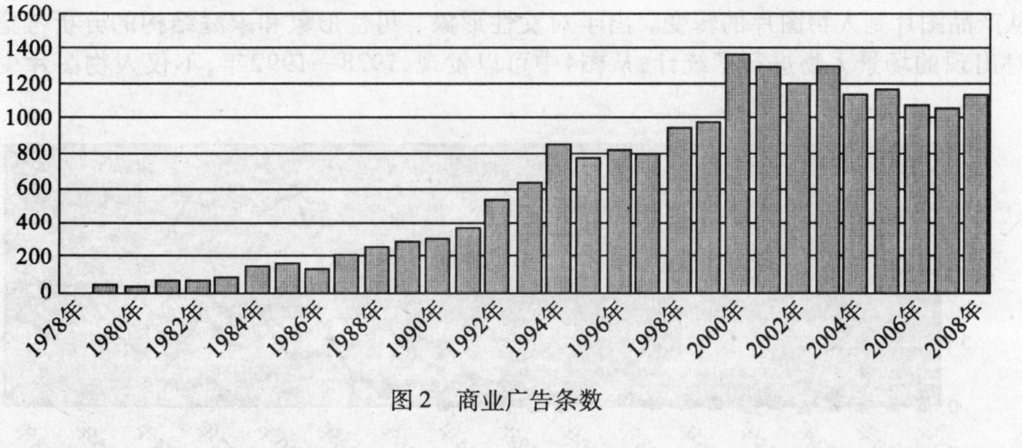

图2 商业广告条数

第三是分类广告，它是指按广告内容归类刊出的文字简短的小广告。报纸分类广告分为小分类广告和大分类广告。小分类广告，指报纸在特定版面集中发布的关于同类产品或服务的内容的广告，也就是俗称的“专栏广告”。大分类广告，指在报纸广告专栏上以主题归类、分栏刊出的形式出现的主要以文字表示的广告，篇幅短小，内容上以招聘、房地产和汽车出售为主，是一个有关销售、服务或活动信息的“超级市场”。①《广州日报》的广告从最初的大分类广告发展到后来的专栏广告，专栏广告越分越细致，涉及的行业也越来越多，包括药品、美食、房地产、美容、家居、旅游等各个行业专栏，也包括综合专栏、大市场广告等专栏。

3.《广州日报》广告的变化特点

从表达形式来讲，《广州日报》广告在形式上实现了由通栏到整版广告的过渡。1978 年改革开放初期广告业务尚未完全恢复，《广州日报》的广告以通栏广告为主要广告形式，绝大多数为 8 通栏广告，即占 1/6 高度的通栏广告(《广州日报》为大报对开，整版为 48cm×35cm)，《广州日报》每天为四大版，而广告所占版面即是 8 通栏。1980—1983 年，《广州日报》的广告版面增加了，此时 8 通栏广告、1/4 版面广告以及竖 1/4 版面广告、半版广告时常交替出现。直到 1983 年 10 月 30 日第一次出现了整版广告，从 1984 年开始，《广州日报》迎来了它的整版广告时代，详细数据变化可见图 3：

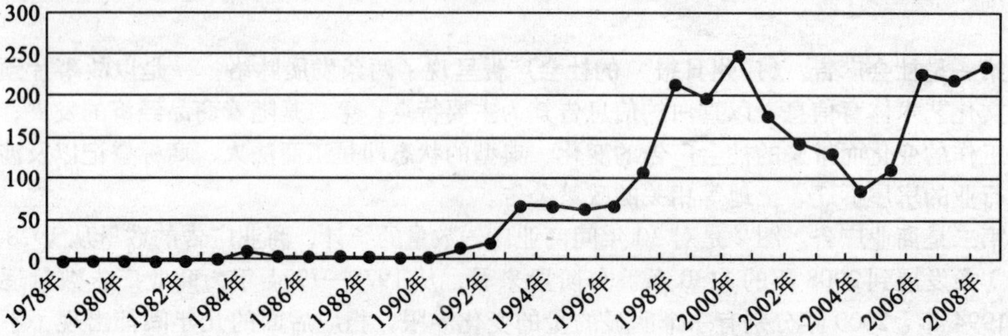

图 3　广告整版数统计

从表现内容上看：首先，在广告诉求上，《广州日报》经历了从以生产者为中心向以受众为中心、从物质点诉求向情感点诉求的双向转变。另一个重要的变化就是场景人物的变化。随着人们自我主体意识的增加，人物在广告场景中的出境频率越来越高，广告图片经历了从产品图片到人物图片的转变。出于对女性形象、男性形象和家庭结构的分析考虑，笔者对出现的场景人物进行了统计，从图4中可以发现，1978—1992年，不仅人物图片少且各

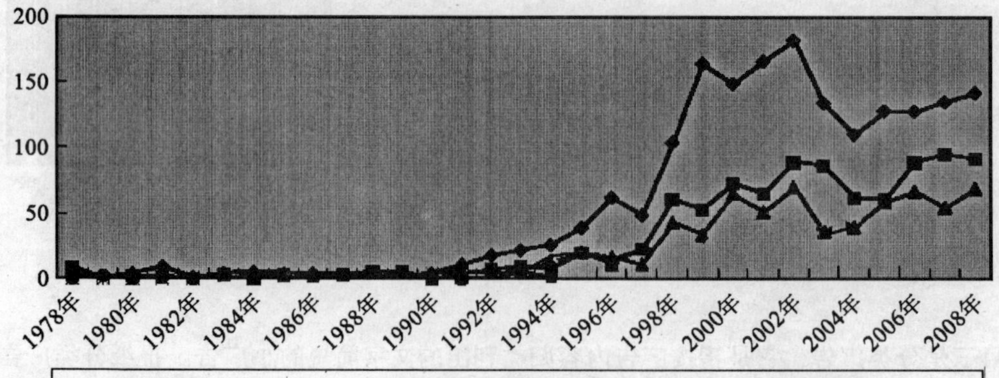

图 4　广告场景人物统计

① 陈雨．广州日报大分类广告经营策略［D］．广州：暨南大学，2004.

各人物之间的差别也很小，几乎处于同步发展中。1992—1998年，人物差别开始逐渐显现，尤以成年女性出现的次数最多，其他人物和搭配场景之间的差距不大。1998年以后，成年女性人物出现的次数迅速增多，其他形象也分别增多，基本奠定了广告中以成年女性为主要人物形象的模式。成年女性形象为主的广告表现模式符合广告发展的趋势，在广告中年轻漂亮的女性是被描绘和被观赏的主要对象，按照男性的价值和欲望而描绘的女性的容貌和身材具有很强的观赏特性，广告中的"美女效应"充分体现了现代物质社会人们对美的追求更加开放、大胆和自由。

三、《广州日报》广告视野中的消费观念变化的阶段性

通过对广告样本的分析和整理，结合我国经济、社会的整体发展水平，笔者将改革开放的30年分成了4个不同的阶段，对每个阶段中体现出的广告形式、典型的现象、体现的观念等进行了划分。

1. 第一阶段：1978—1985年

1978年12月，十一届三中全会决定全党工作重点转移到"四化"建设上来，广告作为商品经济的产物，也得到了全面的恢复和发展。从1978—1985年，由于实行经济体制改革和对外开放、对内搞活的经济政策，商品生产不断增长，对外贸易也迅速发展，广告的作用日益明显起来。但由于当时还是属于凭票购买阶段，人们可选择的产品总体而言非常少，广告中表现产品的重复性很高，因此广告表现比较粗糙且简单，详见表1：

表1　　1978—1985年分析表

时间（年）	广告中人物形象/组合	典型消费现象/产品	典型广告语	分析
1978	着军装、中山装	产品集中供给，不需广告		仍带有革命遗迹
1979	女性：浓眉大眼，朴素，无装扮	瑞士梅花表；西铁城手表	"请服清喉清炎汤/咽炎、喉痛一瓶见效"①	产品功用
1980	女性：别头花，美国自由女神像	电熨斗；化工、制造业用品；L&M香烟	"星期一带给你　新美国时代　醇美国口味"②	西方产品初步进入
1981—1983	女性：棉布衣服、着普通工装，较保守 家庭组合：老人、父母、小孩的四代大家庭组合	护发素、丝袜、成衣布料、东方表、钻石电风扇；家乐洗衣机、福日牌电视机、上海牌自行车	"造型美观　工艺精细　轻巧舒适　晴雨皆宜"③"请君试用七日香·留香七日满衣裳"④	对女性美开始初步探索 大家庭形态；按大众产品选购

① 广州日报［N］. 1979-07-31.
② 广州日报［N］. 1980-11-22.
③ 广州日报［N］. 1982-10-27.
④ 广州日报［N］. 1981-11-09.

续表

时间（年）	广告中人物形象/组合	典型消费现象/产品	典型广告语	分析
1984—1985	女性：上装针织服，下装格子裙，或全身连衣裙，穿高跟鞋、背皮包 男士：西装革履、系领带	购物：友谊商店 居家：五羊洗衣机、电冰箱、万宝电风扇 酒店：中国大酒店	"奖杯牌T恤衫款款有型件件够爽"① "冬春时装　款款新潮　裘皮衣履　高雅大方"②	以酒店为载体的西方文化开始影响；进出口贸易开始

2. 第二阶段：1986—1991年

1984年，中国作出了经济体制改革的决定。1984—1987年中国经济经历了改革开放以来的第二次经济周期波动。③ 从1988—1991年，企业和消费者的广告意识不断增强，广告的设计制作水平不断提高，广告在人们心目中不再是简单叫卖式的推销，"好货不登广告，登广告没好货"的偏见被摒弃，广告被看做是为企业树立良好形象，在广大消费者心中增加知名度的有效手段，详见表2：

表2　1986—1991年分析表

时间（年）	广告中个人人物形象	典型消费现象/产品	典型广告语	分析
1986—1987	女士：蝙蝠衫、无袖、半身裙、卷发、泳衣、泳裤出现 男士：开始穿西装、牛仔裤	美容品：香水、香波 办公品：复印机、传真机 汽车：国产汽车、上海大众 力士香皂、美禄咖啡、耐克等国外产品	"海达女表，富丽华贵，更添女性美"④ "德国技术、上海制造，最适应中国之需要"⑤	追求产品美观；高科技办公产品出现，工作节奏加快；西方文化开始影响
1988—1989	女性：修眉、眼影、唇彩、带耳环。 男士：西装革履 单个宝宝开始出现	消费品：幸福摩托车、微波炉、高级组合音响、数码录像机 标致汽车、香港演唱会 建筑：建筑集团成立 国外品：博士伦、曼秀雷敦	"清凉爽快、无烟无火、省电快速的煮食乐趣"⑥ "马航与遨游万里，处处温情天地"⑦	西方着装习惯被看做工作中的必要着装；多种家庭科技产品出现；香港歌星流行

① 广州日报［N］. 1984-12-03.
② 广州日报［N］. 1985-12-06.
③ 汪海波．"软着陆"后的中国经济走势［J］．财经科学，1999（1）：1.
④ 广州日报［N］. 1986-10-22.
⑤ 广州日报［N］. 1987-05-02.
⑥ 广州日报［N］. 1988-08-24.
⑦ 广州日报［N］. 1989-09-12.

续表

时间（年）	广告中个人人物形象	典型消费现象/产品	典型广告语	分析
1990—1991	女性：职业女性形象，低胸、露臂，较开放 男士：正装、运动服并存 母亲加一个孩子的组合	卡拉 OK、摄像机、彩色电视机、奥迪汽车、现代化智能大厦 专栏广告：求职广场	"令您像明歌星一样……光彩照人"① "您施展才华的理想天地"②	独生子女的模糊表现；女性观念开始开放；人们追求事业的成功

3. 第三阶段：1992—2000 年

1992 年邓小平同志视察南方发表重要谈话，随后党的十四大确立了社会主义市场经济体制。从这以后，我国广告业进入了高速发展期。1996—2000 年，在经历经济过热状态之后，实行对宏观经济的调控，我国经济成功实现"软着陆"。其间物价涨幅显著回落，城乡物资交流活跃，市场货源充足。同时行业营销繁荣，生活用品丰富多彩，人们对消费的选择意识不断增强，详见表 3：

表 3　　1992—2000 年分析表

时间（年）	广告中个人人物形象	典型消费现象/产品	典型广告语	分析
1992—1995	女性：凹凸有致的身材、短裙、裸背、舞女形象 男士：成功人士或单身贵族 组合：一个孩子的组合与大家庭并存	电脑、电话、全自动洗衣机、奔腾 486；温泉高尔夫俱乐部、宝丽金唱片；麦当劳、VCD、XO、SONG WALK-MAN	"为了孩子的健康"③ "迟一步，你只能羡慕"④ "融入私人音乐领域"⑤	西方文化进一步渗透；家庭结构处于转变中，为小孩消费；消费者主体意识增强
1996—1997	女性：个性的、冷漠冷酷的形象开始出现，低胸、紧身衣、丰满的胸部 影星：刘德华、刘晓庆； 组合：一个孩子的组合、西方母亲与孩子的组合	手机、VCD、日本机器人、Intel Pentium、200MHz 奔腾处理器； 建行提供按揭服务； 香港四大天王； 丰富的国外旅游	"打开古今世界的大门让您见得更多看得更真"⑥ "头发关系到我们的面子　绿化关系到城市的面子"⑦	对女性美的判断标准异化；强调自我性格；倡导提前消费；环保观念显现；旅游市场前景良好

① 广州日报 [N]. 1990-10-01.
② 广州日报 [N]. 1991-10-04.
③ 广州日报 [N]. 1992-05-31.
④ 广州日报 [N]. 1994-01-13.
⑤ 广州日报 [N]. 1995-01-16.
⑥ 广州日报 [N]. 1996-05-10.
⑦ 广州日报 [N]. 1997-08-17.

续表

时间（年）	广告中个人人物形象	典型消费现象/产品	典型广告语	分析
1998—1999	女性：性感女性形象进一步发展 男士：工作与生活装并存 影星：李连杰、沈殿霞、布鲁斯南等	Intel 奔腾Ⅱ、Ⅲ处理器、笔记本电脑 电子商务网上探险、家居自动化、电子商务、私人汽车	“倡导健康、节能两大跨世纪生活主题”① “发扬与模仿是别人的事　创造才是我想做的事”②	因特网、电子商务对社会消费产生影响；自我个性表达；多种价值观并存；影视文化强烈
2000—	性感美女形象随处可见，人们轻松自然的生活形象增多	中国移动，手机移动通信发达；手机短信；触屏手写；房地产的多种异域风格	“想跟任贤齐拉近距离？快上中华网!”③ “驾驭信息”④	科技发展；网络加剧了消费的多元，对人类生活交往的深刻影响

4. 第四阶段：2001 年以后

1997 年东亚经济危机之后，2001 年我国加入世贸组织，经济形势发生了变化，经济增长 8%，投资、消费、物价情况都有了好转。⑤ 2001 年以来，在国家扩大内需的积极的财政政策与稳健的货币政策推动下，内需持续扩大，我国经济继续保持着稳定发展的势头。人们对消费持有的态度转向个性表达、自我价值的体现，品牌占据了产品选择的主要因素，人们对产品的消费更多的是品牌的个性含义，详见表 4：

表 4　　**2001—2008 年分析表**

时间（年）	广告中个人人物形象	典型消费现象/产品	典型广告语	分析
2001—2002	职业、休闲形象，东方与西方形象，个性形象与成熟形象，多种形象风格并存	WTO，“韩流”，网络办公，国际金融，都市寂寞心灵	“还没拆掉你的办公室吗?”⑥ “感到，只因感悟平凡”⑦	国际影响迅速渗透，网络信息时代，多种价值观
2003—2004	各种新奇形象出现，人物个性突出，香港、欧美巨星大幅广告	网络普及，汽车科技化，移动业务繁荣，全球化生产，银联	“源于人性的科技感动”⑧ “终极完美，向一个时代的致敬”⑨	全面全球化，中国制造大国时代；网络改变生活方式

① 广州日报［N］. 1999-05-03.
② 广州日报［N］. 1999-05-19.
③ 广州日报［N］. 2000-02-15.
④ 广州日报［N］. 2000-09-26.
⑤ 吴敬琏. 吴敬琏论当前中国经济走势［J］. 光彩，2001（8）：8-11.
⑥ 广州日报［N］. 2001-05-24.
⑦ 广州日报［N］. 2002-09-29.
⑧ 广州日报［N］. 2003-03-37.
⑨ 广州日报［N］. 2004-12-10.

续表

时间（年）	广告中个人人物形象	典型消费现象/产品	典型广告语	分析
2005—2006	形象多样化，平民个人价值一再被强调	创新科技，中国风重新流行，理财博览会	“我能”① “开启老百姓的财富之门，成就老百姓的财富学堂”②	产品更新换代，客户需求调查，个人多种财富增值手段
2007—2008	人物个性多元化：超动感、个性、平民、国际精英、尊贵	韩式整容，超轻薄笔记本，北京奥运会，手机电子化业务，环境保护	“停止创造绿色口号开始创造绿色能源”③ “2008，我们一起构想”④	奢侈化消费；资源消耗增大，空间缩小，环境问题突出

从对各个阶段所体现出的广告与现象分析中可以归纳出消费观念类型的变化轨迹：从改革开放初期一切以节俭为主的消费到不敢冒尖不敢表露的大众消费，到20世纪90年代从为个人工作投入消费到为追求物质享受而敢于消费，到新世纪人们为了下一代子女而无私消费，发展到现在为了个人精神层面的享受而心甘情愿消费。在当今时代，则处于为了个人、社会的未来可持续发展而理性消费的消费观念建构当中，最终可以得出阶段划分及特征表，详见表5：

表5 **阶段特点划分总表**

年份（年）	消费环境	消费重点	广告形式	广告观念	消费观念
1978—1985	贫困型消费向温饱型消费转型	食品、服装、基本医疗	社会广告	以生产者为中心的纯产品诉求	勤俭节约
1986—1991	温饱型消费巩固	基本耐用消费品	商业广告	以企业声誉为主的企业诉求	大众消费
1992—2000	温饱型消费向小康型消费转型	高级耐用消费品、招聘、教育、美容	大分类广告\专栏广告	以消费者为中心观念初步发展	工作消费，物质享受消费
2001—2008	小康型消费巩固	科技耐用消费品、汽车、房地产、金融、旅游	更专业、细致的专栏广告	以消费者需求为中心的品牌诉求初步发展	后代子女消费，精神消费
2008—	小康型消费向富裕型消费转型	个人价值、身心发展、社会和环保消费	更灵活、分众、直达的广告形式	绝对的品牌时代	未来可能的理性消费

① 广州日报［N］. 2005-03-16.
② 广州日报［N］. 2006-08-10.
③ 广州日报［N］. 2007-12-03.
④ 广州日报［N］. 2008-11-03.

这4个阶段呈现了每个阶段的主要特点：1978—1985年是以基本吃、穿为主的节俭时代；1986—1991年是以基本家庭耐用消费品的改善性消费、初步接触潮流的时代；1992—2000年是以工作和生活并重、注重产品综合性能的物质享受阶段；2001—2008年则是以为未来、子女和个人价值为主、注重产品个性的时代，而2008年以后则应当向更健康、更社会、更环保的时代发展。

基于以上分析，在未来的可持续发展的消费观念建构上，尚需要各个方面的共同努力，特别是大众媒体与广告行业，因而正确认识观念变化与发展的趋势，充分发挥社会引导作用，推动消费观念向科学、理性的方向发展成为当务之急。

【作者简介】

韩红星，女，华南理工大学新闻与传播学院品牌传播系主任，副教授，博士，硕士生导师，从事品牌传播、广告学研究。

陈柏羽，女，华南理工大学新闻与传播学院品牌传播方向研究生。

电视购物广告中信息不对称的成因与规避①

熊 蕾 黄惠萍

一、信息不对称：电视购物广告的信任危机

电视购物曾经盛极而衰，受电视购物行业丰厚利润的刺激，良莠不齐的从业机构进入市场，电视购物行业发展迅速、竞争激烈。不可否认，电视购物是将媒体公信力转化为企业商业信誉的信息传播平台，为人们提供了一个更具优势的信息搜寻方式。但是我们所观察到的事实是：电视媒介的应用在很大程度上改善了传统购物模式信息不对称的情况，但电视购物中的逆向选择却因为电视购物广告的信息选择性传播被强化了，消费者对电视购物广告的信任度普遍偏低。《中国电视购物发展报告2008—2009》② 印证了这一现实，调查显示观众对电视购物整体信心不足，仅有17.65%的人对电视购物有明显的信任。一方面由于电视购物广告长期占据着电视媒体的非黄金时段，被视为垃圾时间节目；另一方面由于夸大宣传产品功效、名人虚假代言和缺乏执行力的服务承诺，导致电视购物广告给观众留下的形象是善于打擦边球的低俗广告。行业公信力缺失影响和制约了电视购物的发展。

电视购物行业从衰落中恢复发展至今，有关电视购物的研究与探讨未有中断，简化梳理可分为几类研究取向：一是从运营的角度观照电视购物的频道运作与广告经营；二是从产业发展的视角，借鉴欧美、日韩等国家以及我国台湾地区电视购物发展的成功模式进行本土化的再造；三是以实证主义研究方法分析电视购物类节目收视和消费者的行为、心理与影响因素；四是以技术主义逻辑为主导，强调数字化环境下网络、互动技术和媒体融合对电视购物发展的机遇与挑战。从信息经济学的视角来探讨电视购物广告的发展与监管还是一个较为新兴的研究领域，尤其是基于逆向选择理论的信息不对称分析框架。

逆向选择理论也被称为“柠檬市场”理论，由经济学家Akerlof教授提出，指的是当消费者处于信息劣势的时候做出的选择。他揭示了许多市场都存在信息不对称现象，即市场信息在交易双方之间的不均匀分布，继而证明如果信息不对称现象非常严重将可能限制市场功能的发挥，产生“劣胜优汰”的结果。瑞典皇家科学院在新闻公报中对逆向选择的解释和描述是“在给定的价格下，卖者知道产品的真实质量，买者不知道，只知道产品的平均质量，因而只愿意根据平均质量支付价格，但这样做了，质量高于平均水平的卖者就会退出交易，只有质量低的卖者进入市场，也就是说只有低质量的产品出售，而没有高质量的产品交易，结果是低质量产品将高质量产品挤出交易市场。这样的一个过程就是逆向选择。”③ 可以说，逆向选择的实质来源于信息的差别，有信息不对称的市场都会存在逆向选择的可能，在电视购物的市场交易中也不例外。

---

① 本文为湖北省教育厅人文社会科学研究项目“电视购物中的逆向选择与发展策略研究”的阶段性成果，项目批准号：2010b160。

② 中国电视购物发展报告2008—2009年鉴［R］. 2008-06.

③ http://www.nobel.se/[EB/OL].

众多经济学家对信息不对称与逆向选择理论进行了扩展和深化，使得该理论对现实交易更具有解释力和说服力。电视购物广告中的信息不对称问题也引起了一些学者的注意。虽然电视购物作为一种新兴的无店铺零售业态，使得消费者购买商品跨越了空间的距离，但由于消费者不能完全通过电视广告检验出商品的质量，因而交易中依然存在严重的信息不对称性。学者 Minjeong Kim 和 Sharron J. Lennon 通过对美国电视购物广告的分析，从信息的角度论证了电视购物广告中信息量对消费者认知风险和购买意向有着显著的影响。① 我国台湾地区学者 Liu Naiyu 对电视购物广告中的信息不对称问题进行了分析，通过均衡模型的构建明确了信息不对称对电视购物消费者的影响因素。研究指出电视购物广告中越严重的信息不对称会带来消费者越低的忠诚度、越高的转移性、越低的支付意愿以及消费者对电视购物广告越负面的反应。恶性循环的结果是导致电视购物消费者的流失、整体市场逐渐萎缩。

二、电视购物广告中信息不对称的成因

反观国内的电视购物市场，部分急功近利的电视购物经营者为了获取短期内的利益，短线炒作产品，使得电视购物市场中低价低质品越来越多，粗糙低俗的电视购物广告充斥荧屏，存在严重的信息不对称问题。

首先，电视媒介的应用在很大程度上改善了传统购物模式信息不对称的情况，消费者可以通过电视直观地了解产品得到相关的信息，但电视购物中的逆向选择却因为电视购物广告传播被强化了。电视购物是一种把传播媒介集中于电视的营销模式，其优势在于最大限度地节约成本，架构起消费者与商家之间快捷的信息通道。虽然电视购物广告有着很高的信息效率，但并不意味着市场效率。其主要原因在于：一方面电视购物广告中提供的信息采取的是一种选择性信息战略，有些信息不能或者难以进行比较和证实，但通过电视媒介的传播演化，产品性能被夸大，反而加重了消费者的信息劣势；另一方面，电视购物广告中大量的经验产品只有通过消费者的实际使用来了解其质量，即使糅合大量的广告信息和证言信息也不足以使消费者产生信任。与实体购物和网络购物不同，电视购物的消费者无法了解其他消费者的真实体验和评价信息，而电视传播的消极外部性导致在一个消费者身上建立的信誉难以扩散到其他消费者身上，进而加剧了信息不对称问题的存在。

其次，电视购物的无店铺销售是一种绿色购物，价格是电视购物消费的重要参数。经济学理论认为，价格在消费者决策过程中至少扮演着两种角色：一是分配角色，二是信息角色。多数学者认为消费者对产品价格的感觉是质量的一个良好指标，高昂的价格有着标示优质的功能。然而“逆向选择”理论说明，在信息不对称的市场上，价格的高低是与传统经济学中质量决定价格相悖的。在电视购物领域，消费者都在搜寻着物美价廉的产品，强调低价策略一直是电视购物广告吸引消费者的法宝之一，强化“实时促销”与“限时限量”已成为通用手段。但由于消费者的普遍信任度不高，通过产品价格显示质量的作用会比较弱。在消费者对于电视购物广告的信任度和期待值越来越低的情况下，中低收入人群以求廉动机进入电视购物消费市场交易，那么真正高质高价的产品在电视购物市场难以赢利，不得不逐渐退出电视直销渠道，造成所谓的“柠檬市场”效应。

再次，消费者是否选择电视购物渠道取决于产品类型与消费潜在的风险，而消费潜在的风险是与电视购物产品的质量不确定性的大小联系在一起的，因此，产品类型与消费者电视购物过程中的信息不对称性是相互作用的。政策监管和媒体监督正在加快促使电视购物市场

① Minjeong Kim, Sharron J. Lennon. Television Shopping for Apparel in the United States: Effects of Perceived Amount of Information on Perceived Risks and Purchase Intentions [J]. *Family and Consumer Sciences Research Journal*, 2000, Vol. 28, No. 3: 301-331.

的产品结构转型，电视直销企业和媒体自办电视购物公司都在延伸着各自的产品线，发展自身的品牌。在禁播令的要求下，医药、美容、保健品等存在虚假宣传问题的产品一一被曝光，电视购物市场在不断调整中继续发展。与国外的电视购物频道相比，国内电视购物广告还停留在鼓吹性产品信息推介的层面，节目形式单一，以手机、数码产品、电脑和小家电为主的电子产品，以及各类收藏品正在成为电视购物消费投诉的新焦点。

三、规避电视购物广告信息不对称的途径

经济学者 Heal 认为只有当商家极端短视的情况下，也就是只看重眼前利益的时候，才会出现“劣胜优汰”的现象，否则市场参与者都愿意以高质量的产品进行交易。虽然市场参与者为避免逆向选择导致的不良后果，会产生所谓的合作博弈，但是这种情况必然有相应的制度保证。制度在解决逆向选择问题中起着至关重要的作用，可以说，尽管电视购物提供了一个减少交易成本的传播渠道，但它的发展将主要依赖制度层面而非技术层面的发展与完善。

第一，制造与传播市场信号。要降低电视购物市场交易中的逆向选择，除了提升消费者对电视购物模式的认知程度和接受程度以外，还需降低消费者选择电视购物的潜在风险，制造与传播市场信号是传统市场最为重要的手段，通过树立品牌、广告、口碑宣传等方法，来使消费者产生信任，降低交易的潜在风险。让消费者参与到信息传播中，使电视购物建立在一个消费者身上的信誉得以扩散并吸引其他潜在消费者。同时，电视购物广告本身是制造与传播市场信号的渠道之一，电视购物比其他购物模式更能详细地展示产品，带给消费者更直观的体验。随着娱乐化和互动性的电视节目越来越受到观众的欢迎，电视购物广告如何在实现信息告知功能的同时兼顾创意传播，也是其可持续发展的关键。

第二，声誉管理。国内的电视购物广告在目前的情况下是需要“声誉回归”的，而“声誉回归”必须依靠既有的强有力的品牌来支撑。信息经济学认为品牌可作为信息传递媒介来区分高质量和低质量产品经营者。由于电视购物不同于一般的零售商品形态的活动，它是依托电视媒体进行的商品销售，因此电视媒体机构自身的品牌和公信力对电视购物广告有着重要的影响。反之，电视购物的从业人员作为信息传播者和售后服务者，在一定程度上也影响着电视媒体机构的品牌形象和公信力。因此，制作播出高质量的电视购物广告不仅仅是出于消费信息传播的需要，也是媒体建构自身品牌的需要，电视购物从业者应具有自觉的媒体责任和社会责任意识，提升广大消费者对电视购物的信赖感。

第三，第三方介入策略。由于电视购物交易中信息不对称的存在，电视购物市场更加需要市场协调者的出现。在我国电视购物市场上使用质量中介运行模式对保证和提高电视购物市场的运行效率十分重要，例如建立电视购物行业的诚信联盟，发布诚信指数、处理消费投诉，通过建立权威、公正的第三方平台营造放心的消费环境，以信用担保的方式来解决观众对电视购物不信任的问题。第三方的介入对规范电视购物行业能产生一定的积极影响，有利于维护市场的长期发展。

【参考文献】

[1] Carla Ruiz Mafe, Silvia Sanz Blas. The Impact of Television Dependency on Tele-shopping Adoption[J]. *Direct Marketing: An International Journal*, 2008, Vol. 2: 5-19.

[2] Shu-Chu Sarrina Li. Examining the Factors that Influence the Intentions to Adopt Internet Shopping and Cable Television Shopping in Taiwan[J]. *New Media & Society*, 2004, Vol. 6: 173-193.

[3] David Gudelunas. Shopping With Friends: Audience Perspectives on Television Shopping

[J]. *Popular Communication*, 2006, Vol. 4: 229-252.

[4] Judi Puritz Cook. Consumer Culture and Television Home Shopping Programming: An Examination of the Sales Discourse [J]. *Mass Communication and Society*, 2000 January Vol. 3: 373-391.

[5] Sen-Kuei Liao, Kuei-Lun Chang. Selecting Key Capabilities of TV-shopping Companies Applying Analytic Network Process [J]. *Asia Pacific Journal of Marketing and Logistics*, 2009, Vol. 21: 161-173.

【作者简介】

熊蕾，武汉纺织大学传媒学院讲师，广告学博士，主要从事广告传播、广告运作与管理研究。

黄惠萍，武汉科技大学城市学院讲师，主要从事跨文化传播研究。

电视公益广告的公共物品属性及有效供给的路径选择

陈辉兴

20世纪80年代中期，电视公益广告在中国正式诞生。在政府、媒体、企业等各方力量的推动下，中国电视公益广告取得了一定程度的发展。但是，总体而言，中国电视公益广告的发展相对比较缓慢，在实际运行过程中还面临着诸多的困境，电视公益广告供给与需求的矛盾也是日益凸显。作为一种为公众利益服务的广告活动，电视公益广告从根本上说是为了满足公众的需要而面向公众提供。而就目前的中国电视公益广告而言，则存在比较明显的供给不足的问题，电视公益广告的供给无法满足公众对电视公益广告的需求。因此，这就给学界和业界提出了一个命题：如何实现中国电视公益广告的有效供给从而不断满足公众对电视公益广告的需求？对此，笔者拟从公共物品的视角对这一问题进行深入地探讨。

一、何谓公共物品

公共物品是公共经济学的一个重要概念。1954年，美国著名经济学家保罗·萨缪尔森在《公共支出的纯理论》一文中从消费者的角度对公共物品这一概念作了经典的表述。保罗·萨缪尔森认为，公共物品（也称为公共产品）指的是这样的物品或劳务，即每个人消费这种物品或劳务并不会导致别人对该种物品或劳务消费的减少。① 他在后来的著述中对这一定义又做了进一步的完善，在他看来，公共物品是一种“不论个人是否愿意购买，都能使整个社会每一成员获益的物品”，而私人物品则是指“那些可以分割、可以供不同人消费，并且对他人没有外部收益或成本的物品”。② 根据保罗·萨缪尔森的理解，公共物品具有两个特征：一是非竞争性，即增加一个人的消费并不减少其他人的消费的特性，一个人对公共物品的消费不会影响其他人从对公共物品的消费中获得的效用，增加额外一个人消费该公共物品不会引起物品成本的任何增加，边际成本为零；二是非排他性，公共物品一旦被提供出来，可以供一个以上的人联合消费，要排除其他人消费这种公共物品是不可能的或交易费用很高，无论这些人是否为这种公共物品支付了费用。

事实上，在现实社会中，保罗·萨缪尔森所提到的同时具有非竞争性和非排他性的纯公共物品是很少的，大量存在的是介于公共物品和私人物品之间的准公共物品，也称为混合物品。所谓准公共物品，是指“只具有非排他性或非竞争性，或者两个特征都不具备但却具有较大外部效应，兼有私人物品和公共物品性质的物品或服务”。准公共物品通常又可以分为两类：一是具有非竞争性和排他性的物品，也称为“俱乐部物品”；二是具有竞争性和非排他性的物品，也称为“公共池塘物品”。

---

① Samuelson, P. A.. The Pure Theory of Public Expenditure［J］. *The Review of Economics and Statistics*, V. 36, No. 4, November 1954: 387-389.

② ［美］保罗·A. 萨缪尔森，威廉·D. 诺德豪斯．经济学［M］．萧深，等译．北京：华夏出版社，1999：268.

二、电视公益广告的公共物品属性

对于电视媒介而言，产品可以是一个节目，也可以是一个栏目，甚至还可以是一个频道。一般认为，电视产品可以分为两大类，即内容产品和广告产品。其中，作为可供消费的完整的广告产品，是指占有了电视媒介空间和时间的广告。广告产品的形式有很多，既包括常规的广告形式，如栏目插播广告和时段插播广告，也包括一些特殊的广告形式，如栏目冠名或栏目特约、片尾 LOGO、主持台、演播室背景板、节目中的道具、角标以及奖品赞助等，除此之外，还包括专门的广告栏目，如公益广告栏目。

根据保罗·萨缪尔森对公共物品的理解，判断一个物品到底属不属于公共物品，主要是看该物品在消费上是否具有非竞争性和非排他性。公共物品与私人物品的主要区别并不在于生产方式的不同，而在于消费方式的不同。那么，作为广告产品的有机组成部分，电视公益广告到底是属于公共物品，还是属于私人物品呢？抑或是两者兼有？只有明确了电视公益广告的属性，才能有助于在此基础上探讨电视公益广告的有效供给问题。由于电视公益广告主要存在两类消费者，即受众和广告主，因此，接下来笔者将分别从受众对电视公益广告的消费和广告主对电视公益广告的消费这两个层面来具体地分析电视公益广告的属性。

（一）受众对电视公益广告的消费

从受众对电视公益广告的消费来看，电视公益广告具有如下特征：（1）非竞争性。某一受众收看某一电视公益广告并不会减少其他受众收看该电视公益广告的机会以及从中所获得的信息，而且也不会因为收看该电视公益广告的受众的增加而引起电视公益广告成本的任何增加。（2）非排他性。电视公益广告一旦播出，就很难限制和约束无线电波信号覆盖区域的受众收看该电视公益广告，所有的受众都可以受益，不论受众是否为该电视公益广告支付了费用。这是因为，无线电波信号是无法分割的，限制或阻碍无线电波信号覆盖区域的部分受众接收电波信号的技术需要付出相对较高的经济成本。

由于受众对电视公益广告的消费具有非竞争性和非排他性，因此，根据保罗·萨缪尔森对公共物品所作的界定，电视公益广告属于纯公共物品。在中国电视公益广告发展的初期，有相当一部分电视公益广告是属于纯公共物品。

但是，这里需要指出的是，公共物品的非竞争性和非排他性都具有相对性，都只是针对特定条件而言的。比如，就非排他性而言，许多物品之所以具有非排他性而成为公共物品，并不是因为这些物品的消费完全无法实现排他，而是因为排他的技术手段还不成熟，或者是排他的经济成本过高，抑或是基于公共利益不应当进行排他。正是因为非竞争性和非排他性都具有相对性，所以，当某些条件发生变化时，电视公益广告的公共物品属性也会随着发生变化。这正如有的学者所指出的："只要某些条件发生了变化，大多数媒介商品可以由公共品转为私人品，也可以由私人品转为公共品，或者同时具有私人品性质与公共品性质。"① 而前文所提到的电视公益广告的非排他性也只是相对于特定的媒介技术条件而言的。技术进步可以使电视公益广告具有排他性。戈尔丁认为，在公共物品的消费上存在着"平等进入"和"选择性进入"两种情况，其中，"平等进入"是指公共物品可以由任何人来消费，而"选择性进入"是指消费者只有在满足一定的约束条件后才可以进行消费②。显然，有线电视产品和数字电视产品的消费是属于"选择性进入"的情况。有线电视和数字电视加密技

---

① 邓向阳．媒介经济学［M］．长沙：湖南人民出版社，2006：19.

② Goldin，Kenneth D.．Equal Access VS Selective Access：A Critigque of Public Goods Theory［J］．*Public Choice*，1977（29）：53-79.

术的出现使得电视公益广告的消费可以具有排他性。因此，在这种情况下，电视公益广告的公共物品属性也就随着发生了变化，即由原来的纯公共物品转变为准公共物品。

（二）广告主对电视公益广告的消费

从广告主对电视公益广告的消费来看，电视公益广告具有如下特征：（1）竞争性。通常情况下，广告主需要支付一定的费用购买电视媒介的广告时段来发布公益广告。从表面上看，广告主购买的是电视媒介的广告时段，但实质上购买的是电视媒介受众的注意力，而注意力是一种广告主竞相争夺的稀缺资源，这就使得电视公益广告的消费具有了竞争性。即便是对于那些免费提供的广告时段，由于电视媒介在某一特定时期所能免费提供的用于播出公益广告的时段通常是很有限的，因此，要获得这些免费的广告时段不可避免地会存在竞争。在中国，自20世纪90年代中期以来，一些电视媒体通过公开竞标、公开拍卖等形式售卖公益广告，这也充分说明了电视公益广告消费具有竞争性。（2）排他性。当广告主出资购买或免费获得了电视媒介的某一广告时段用来发布公益广告，也就排除了广告主之外的其他消费者购买或免费获得同一广告时段的可能。由此可见，广告主对电视公益广告的消费具有排他性。

一般而言，同时具有竞争性和排他性的物品是属于私人物品。因此，从广告主对电视公益广告的消费来看，电视公益广告应当归属私人物品。

通过以上的分析可以发现，电视公益广告是一种比较特殊的广告产品，这种特殊性主要体现在电视公益广告兼有公共物品和私人物品的双重性质。所以，总体而言，电视公益广告属于准公共物品，而且是一种具有正外部效应的准公共物品。所谓外部效应，亦称之为外部性或外溢效应，是指“一项活动给当事人以外的其他人带来了某种影响”。由于这种影响可能是正面的，也可能是负面的，因此，外部效应具体地又可以分为正外部效应和负外部效应。作为一种带有公益性质的精神文化产品，电视公益广告具有很强的正外部效应。无论是受众对电视公益广告的消费，还是广告主对电视公益广告的消费，都会对电视公益广告的非消费者带来正面的影响，对他们的思想意识、行为方式和价值观念等起到一种正面的引导作用，从而也有利于提高整个社会的公民素质，促进社会的文明进步和健康发展，这也就是电视公益广告所具有的正外部效应。

三、电视公益广告有效供给的路径选择

根据公民社会理论中的三元分析模式，整个社会系统可以划分为三大领域，即国家（政府）、公民社会和企业（市场）。其中，公民社会是通过一定的组织形式得以实现的，而这种组织形式就是公民社会组织（第三部门）。因此，一个社会可供消费的物品的供给主体也可以相应地划分为以下三大主体：政府、第三部门（公民社会组织）和市场。一般认为，纯公共物品需要由政府来提供，而私人物品则可以完全通过市场来提供。那么，作为一种具有正外部效应的准公共物品，电视公益广告到底应该怎样供给才更加有效呢？事实上，由于每个国家的具体国情不同，因此，在电视公益广告的具体的供给方式上也会存在差异。基于此，接下来笔者将结合中国电视公益广告的具体实践来探讨中国电视公益广告有效供给的路径选择问题。

电视公益广告所具有的“外部效应”以及可能存在的“搭便车”现象①，使得理性的

① 如果公共物品的每个消费者支付的成本与他所享用的公共物品的数量之间并没有必然的联系，那么他会倾向于不付费或少付费，从而出现“搭便车”现象。而如果社会每一成员都“搭便车”，则可能会导致出现虽然对某一公共物品的需求很大，但是它的供给量却很小，甚至为零。

市场主体基于成本收益的考虑而不愿意介入或无力提供电视公益广告这一准公共物品。因此，对于并不能带来直接经济效益的电视公益广告，由市场来提供的动力不足。特别是在中国，由于作为市场主体之一的企业的社会责任意识普遍不强，企业以追求利润最大化为目标，主要供给私人物品，大多数企业还缺乏提供电视公益广告的意识，因此，要完全依靠市场来提供电视公益广告是不现实的。那么，在中国电视公益广告供给出现“市场失灵”的情况下，人们往往会想到由政府来提供电视公益广告以弥补“市场失灵”。

保罗·萨缪尔森认为，“公共物品有效率的供给通常需要政府行动”①，同时，他也曾经多次指出：“一种公共物品并不一定要由公共部门来提供，它也可以由私人部门来提供。”② 可见，公共物品既不是政府提供的充分条件也不是政府提供的必要条件。从中国电视公益广告的实践来看，在政府主导的电视公益广告运行模式下，政府无疑是中国电视公益广告最主要的供给主体之一。不可否认，这种依靠政府强制力来提供电视公益广告的模式在特定的历史条件下确实是起到了一定的作用，但是，随着中国电视公益广告的进一步发展，其弊端也是日益凸显，存在着多头管理、选择主题的受众导向意识不强、各实施主体被动参与、缺乏长远规划和连续性、不重视评估效果环节等诸多弊端。而且，单纯依靠政府并不能从根本上解决中国电视广告供给不足的问题，存在“政府失灵”的情况。这主要体现在以下几个方面：首先，电视公益广告属于高成本的准公共物品，需要投入大量的资金，而政府所能提供的财政拨款毕竟很有限，而且，通常情况下电视公益广告的供给并不会产生经济收益，这样就会造成资金的短缺，而资金短缺必然导致中国电视公益广告的供给不足；其次，政府所提供的电视公益广告往往是一些与各职能部门的主管事务相关的带全局性和普遍性的电视公益广告，不能很好地满足不同领域的公众对电视公益广告的特殊性、多元化的需求；最后，作为庞大的科层机构，政府难以摆脱官僚主义积弊的拖累，再加上政府体制本身的缺陷，使得政府在电视公益广告的供给上往往也是缺乏效率的。

近年来，伴随着第三部门的兴起，第三部门在参与社会管理、服务经济发展、维护社会稳定以及促进政府职能转变等方面发挥着重要的作用。作为政府系统和市场系统之外的“第三种力量”，第三部门能够弥补“市场失灵”和“政府失灵”。在市场无法做、政府不能为的“空白”领域，甚至在一些习惯上由政府提供公共物品的领域，都可以发现第三部门的“身影”，而且在这些领域的公共物品供给方面，第三部门往往比政府具有更高的效率。因此，在政府和市场提供电视公益广告这一准公共物品都存在“失灵”的情况下，为了实现中国电视公益广告的有效供给，宜选择通过第三部门来提供电视公益广告。相对于市场和政府，第三部门在电视公益广告的供给上具有以下几个方面的优势：

第一，相对于“以志愿求私益”的市场而言，第三部门更有动力提供电视公益广告这一准公共物品。这主要是因为，第三部门存在的根本目的就在于通过提供公共物品或准公共物品来满足公共需求，从而实现公共利益。

第二，由于第三部门是“以志愿求公益”，因此，相对于“以强制求公益”的政府而言，通过第三部门来提供电视公益广告，更能调动和整合社会各方力量参与电视公益广告活动的主动性和积极性，而且也更具活力。同时，在满足公众对电视公益广告的多元化需求方面，第三部门也是比政府更具优势。

第三，通过第三部门来提供电视公益广告，有助于减少“搭便车”的行为。第三部门不以营利为目的，志愿提供公共物品或准公共物品的事实使人们意识到，人们在消费公共物品或准公共物品的时候并不总是“搭便车”，在相互沟通、互惠心理以及利他主义的作用

---

① ［美］保罗·萨缪尔森．经济学［M］．北京：北京经济学院出版社，1996：571.

② ［美］A. 爱伦·斯密德．财产、权力和公共选择——对法和经济学的进一步思考［M］．上海：上海人民出版社，1999：119.

下，人们也会志愿提供公共物品。因此，通过第三部门来提供电视公益广告，有利于把社会各方力量参与电视公益广告活动的志愿性行为与第三部门的非营利性有机结合起来，从而有助于减少对电视公益广告消费的“搭便车”的行为。

第四，在电视公益广告的供给上，通过第三部门这个平台，可以实现政府、第三部门和企业之间的沟通与合作，从而有助于提高电视公益广告的供给效率。作为一项社会公益事业，电视公益广告的发展离不开政府、第三部门和企业的共同参与。而政府、第三部门和企业在电视公益广告的运行过程中能否形成各司其职、优势互补、密切沟通、相互协作的互动关系则显得尤为关键。对此，作为政府和企业之间的“桥梁”和“纽带”，第三部门无疑是具有独特的优势，可以很好地协调政府与企业之间的关系，从而也有利于三方的沟通与合作。

【参考文献】

[1] Samuelson, P. A.. The Pure Theory of Public Expenditure [J]. *The Review of Economics and Statistics*, Vol. 36, No. 4, November 1954.

[2] [美] 保罗·萨缪尔森，威廉·诺德豪斯. 经济学 [M]. 萧深，等译. 北京：华夏出版社，1999.

[3] 邓向阳. 媒介经济学 [M]. 长沙：湖南人民出版社，2006.

[4] Goldin, Kenneth D.. Equal Access VS Selective Access: A Critigque of Public Goods Theory [J]. *Public Choice*, 1977 (29).

[5] [美] 保罗·萨缪尔森. 经济学 [M]. 北京：北京经济学院出版社，1996.

[6] [美] A. 爱伦·斯密德. 财产、权力和公共选择——对法和经济学的进一步思考 [M]. 上海：上海人民出版社，1999.

【作者简介】

陈辉兴，华侨大学文学院新闻传播系讲师，博士，研究方向：广告传播、媒介经济。

我国男装广告中的女性形象研究

吴世文

广告不仅传递商品信息，同时还传递文化信息。戈公振早在20世纪20年代便指出："广告为商业发展之史乘，亦即文化进步之记录。"① 时至今日，随着科技的进步与经济的发展，人类社会进入了影像与图形主导的广告时代，广告越来越成为人们生活中不可或缺的组成部分，有论者指出："我们的空气是由氧气、氮气和广告所组成的。"在形形色色的广告中，女性从来就是出场最多的一个群体，女性形象在影像、图形中占据了最大比例。广告创意中流行一项"3B"黄金法则，也即最能够引起受众注意的三大法宝：Beauty、Baby、Beast（美女、小孩、动物），（Beauty）美女高居第一位。但是，诸多相关研究发现，广告在塑造女性形象的过程中存在将女性形象刻板化和歧视女性的现象。在男装广告这个专属于男人的世界里，是否也存在大量运用女性形象的情况？它如何再现女性？本文从男装广告这一特定的广告领域出发对此等问题展开探讨与阐释。

一、广告中女性形象问题的相关理论观照

人物形象是广告中最具吸引力的传播符号，相对于其他类型符号，人物形象更具平易性和亲和力，能有效拉近传播者与受众之间的距离。广告成功设计人物形象，可以引起消费者注意，诱发消费者兴趣，促使消费行为发生。② 女性作为审美对象，更是深受广告主与广告制作者的"偏爱"，在当下的消费社会大量运用女性形象和突出女性身体的性别特征是现代广告的一种基本策略，构成了现代社会最为重要的广告文化景观。多数广告即使不以女性形象为主题，也不放弃将女性形象作为背景或陪衬加以利用。在此背景下，人们既消费商品，也消费女性形象。女性形象在广告制作的过程中被消费主义悄无声息地符号化，与商品之间进行了符号互构而变成女性符号，间接地等同于作为创意表现符号，被"粗暴地"物化和异化了。但是，它跟商品之间却没有任何必然的联系。当然，任何必然的联系也是多余的，广告主和制作者也不过是需要一种符号。我们不难发现，女性符号被广泛应用于广告作品中，其出现频率大大高于男性或其他符号。

广告中大量使用的女性符号不止是物化女性的问题，还存在严重的女性性别歧视和女性形象刻板化问题。以下几种理论可以观照这一现象和问题。

社会变换过程理论。该理论由法国文化人类学者克劳德·列维-斯特劳斯（Claude Lévi-Strauss）提出，他认为"人类社会有三种交换过程：信息、女人和商品"。现代广告融合了这三种过程，其中运用女性形象是广告最重要的诉求手段之一，有人甚至赤裸裸地认为"广告=商品+女人"。这一理论可谓广告大肆运用女性形象"思想推手"，正是基于这种理论的思维方式，广告中女性形象的使用频率和数量远高于男性或其他符号，"泛滥成灾"。

社会性别理论。社会性别是社会文化形成的对男女差异的理解，与"自然性别"（生物

---

① 戈公振．中国报学史［M］．北京：中国新闻出版社，1985：180.

② 孙文清．论现代广告的人文品格［M］．当代传播，2005（6）：60-62.

性别）相对应。社会性别理论认为，女性形象不可避免地受到男权文化的调整，以表现男权文化对女性社会角色的期待，在广告中亦不例外，男权文化通过传媒参与并完成对女性形象的刻板化塑造。这一理论可用来批判地审视广告中的女性形象。

性别刻板印象。刻板印象指的是"以选择及建构未经发展的、概括化的符号，将社会族群或某群体中的个别成员予以类别化的做法"，① 它包含了一定的社会真实，是人们简化认识过程、迅速适应环境的手段。但是，这种固定的、高度概括的方式有可能是片面的和错误的。性别刻板印象是指人们对男性和女性在行为、个性特征等方面的归纳、概括和总结，它影响到男性和女性的知觉、归因、动机、行为等。心理学家发现，自古至今世界各国都普遍存在性别角色的刻板印象。性别刻板印象理论在分析媒介女性形象中应用广泛，它揭示出广告以其复杂和隐蔽的方式维护着男权文化和男权观念，加深了社会生活中的女性刻板印象，可用来反思和批判广告中的女性形象问题。

性别话语权力。这一理论致力于解析性别话语权力的分配。它秉承福柯（Michel Foucault）的"话语权力"理论，认为"话语即是权力，权力通过话语而在文化机制中起作用"，真正的权力是通过"话语"实现的。② 当前，男性话语仍然在大众传媒中占据主导地位，女性形象的塑造也仍然是从男性的角度出发，打上了男性话语的烙印，这也可以用来批判性地反思广告中的女性形象问题。

二、男装广告中女性刻板形象的类型

通过梳理和分析2000年至今我国本土典型的男装广告，笔者发现男装广告存在大量运用女性形象的情况，它们刻画的女性形象可归为以下四类：

1. 陪衬的配角

男装是男人的"专属世界"，在男装广告人物形象的展示和塑造过程中以男性为主体，强调和突出男性是广告的表现手法和宣传策略，无可厚非。但是，女性形象在男装广告中的再现不是侧重点和所占比重不同的问题，而是一类男装广告一直把女性作为男性的配角来处理，她们出现在广告中的唯一目的便是衬托男性。这类男装广告通过贬抑女性、放大女性群体的性别弱点来张扬和强化男性群体的存在价值和意义。因此，男性往往都被塑造成拥有较高的社会地位和权势的人物，女性则顺理成章地成了附属于这些男性领导的配角，处于次要地位，被边缘化、被遗忘、被建构。以入选《中国广告作品年鉴2006》的"生态色彩男装"——特色龙男装广告为例，该广告的第三幅画面（仅此一幅）展示了三位凑在一起的年轻女性，她们对穿着特色龙男装的男主角（赵文卓饰）品头论足，指手画脚，欣赏有加，显然她们是作为陪衬的配角出现的，这与她们在现实生活中的地位和身份不相符。

2. 柔弱无能的旁观者

男装广告中的男人或穿着笔挺名贵的西服，或穿着前卫时尚的休闲装，或穿着别具一格的男裤等不一而足，这种"服饰符号"本身就象征着男性的地位、名誉和身份，很容易使人联想到他们是成功人士、社会精英，甚至是英雄。广告中他们是精明能干、事业有成的典范——他们要么忙于事业，步履匆匆，要么功成名就，淡定自如，要么穿金戴银，尊贵尽显。仔细分析发现，这些广告中的"男人"大多身材魁梧，肩宽背阔，威风凛凛，一副铮

① ［美］利萨·泰勒，安德鲁·威利斯著．大众传播媒体新论［M］．简妙如，等译．台北：韦伯文化事业出版社，1999：53.

② 转引自罗伯特·C. 艾伦编．重组话语频道［M］．北京：中国社会科学出版社，2000：263.

铮铁骨的男子汉形象。但是跟他们一起出现的女性却是另外一番“风景”——她们要么小鸟依人，要么无所事事，要么无力欢笑，而且大多纤弱瘦小，柔弱无能的旁观者的形象呼之欲出。2006 年，中国商务男装第一品牌——利郎商务男装在其“不变应万变篇”广告中塑造了一个风度翩翩的男人（陈道明代言），他以成功者的姿态昂首阔步，一群盛装的女性欢呼雀跃地夹道欢迎他……广告暗含的“潜台词”指向女性的柔弱无能，她们大多一事无成，专司为男人鼓掌，成功的男人会且理应得到女性的掌声。再如，九牧王休闲西服之“掌声篇”中，风光无限的男主角在台上频频挥手致意，而一位被镜头特写的女性（妻子或女友的角色）则只能规规矩矩地坐在台下的观众席上为他欢呼鼓掌……固然，广告从一个侧面反映了男女之间的情谊，但是，男性在台上出尽风头，而女性就只能是作为“观众”在台下默默无闻，它塑造的柔弱无能的女性形象呼之欲出。

3. 依赖、附庸男性

与精心挑选和周密策划的多数男主角都是大名鼎鼎的明星不同，男装广告中的女人一般都是名不见经传的“无名小卒”，而且大多时候是以几个或者一群的“众者”出现的（当然她们都无一例外属于“美女”的行列）。在这类广告中，她们仰慕男性，赞赏男性（女友惊叹穿杉杉西服的男友“不要太潇洒”），为他们欢呼鼓掌（如上述利郎商务男装和九牧王休闲西服广告），为他们“心动”（“柒牌男装，让女人心动的男人”）。广告中的她们丧失了自己的主体性和独立性，依赖、附庸于男性。如柒牌男装李连杰版的台词“男人就应该对自己狠一点”，强调男性必须成为女性遮风挡雨的墙以保护女性。再如 2002 年世界杯期间，柒牌男装著名的广告片“心动篇”打出了“女人对男人的要求，就是男人对西服的要求”的广告语。从表象上看，它反映出女性对男性的评价非常感性和随意，把柒牌西服作为唯一的目标，但是，从更深的层次上讲，它间接表达出女性变成了西服包裹下的男性的附庸之物的意涵，甚至还使人联想到女人不过是男人的一件衣服，不仅低俗化倾向明显，对女性依赖、附庸于男性的形象的刻画更是“入木三分”。

4. 性感有魅力

男性与女性永远是历史的主角，而且历来就是广告诉求的永恒主题之一。其中，“性感”更是一种广泛应用的广告策略，已经成为广告创意人屡试不爽的“杀手锏”。男装广告中的女人无一例外都是“美女”，性感而富有魅力，如太子龙男装、步森男装、与狼共舞男装等广告中的女性。以柒牌西服的广告为例，镜头缓缓地摇过：西服男人，旗袍女人，西服的领、袖、前襟，一只手轻抚过西服，暧昧的眼神、手势，轻柔的女声旁白响起：“女人对男人的要求，就是男人对西服的要求。柒牌男装，让女人心动的男人。”从细节到文字，无不充斥着挑逗、暗示的性感元素。然而，正是这样一则广告令柒牌男装声名大作，成了响当当的男装名牌，性感策略的功效实在非同小可。但是，把女性的魅力和价值定位在对男性的吸引力即性感上，不仅有以女性作招徕的倾向，而且其本身就是对女性的贬低和歧视。

男装广告中的女性形象限于上述几种类型，不仅显得比较单调，而且与现实中的真实情况不符。同时，由于媒介描述具有的稳定功能，“通过反复表现已被人接受的符号含义，解释符号的规则便更加牢固地确立起来。这个过程可以称为媒介描述的‘稳定’功能。”① 男装广告通过不断地重复刺激进而引起认同、模仿，它所再现的女性形象最终在受众心目中固化成了刻板印象，产生了性别角色定型。

① ［美］梅尔文·L 德弗勒等著．大众传播通论［M］．颜建军，等译．北京：华夏出版社，1989：379.

三、女性形象“刻板化”原因透析

男装广告中女性的刻板形象作为一种促销手段符合了消费社会的要求，从广告效果上看不失为一种成功的广告策略。但是，本质上是一种典型的性别歧视。导致男装广告中女性形象被刻板化的原因是多方面的，本文主要从以下两个方面展开论述：

1. 经济利益的驱动

美国著名管理学家和社会科学家赫伯特·亚历山大·西蒙（Herbert Alexander Simon）曾指出：“随着信息的发展，有价值的不是信息，而是注意力。”在广告时代人们的注意力是稀缺资源，注意力经济态势明显，如何吸引受众的眼球是广告必须解决的首要问题。

女性是广告创作中的一个“永恒主题”，广告常常运用女性形象来吸引受众，男装广告也不例外。这是因为女性形象可以强化对观众的视觉冲击和感官刺激，增强观众对男装广告的记忆度，形成“选择性记忆”效果。同时，女性的形象美容易使人联想到男装的优良品质，最终达到刺激购买欲望，激发购买行为的目的。

因为受众潜意识里已经形成和存在女性角色定型即刻板印象，所以男装广告所运用的女性形象并不是随意创造和选取的，它必须传播符合受众接受习惯和审美情趣的女性刻板印象以激活受众潜在的心理需求，从而满足受众的期待以达到推销男装和推广品牌的目的。同时它的反复传播又强化了女性刻板印象，形成了恶性循环。至此，为了换取经济利益，男装广告不会理睬刻板形象是否与现实吻合，是否歪曲和扭曲女性形象，有时候它们甚至主动采取贬损女性形象的策略获取经济利益，造成了不良的社会和文化影响。当然，男装广告也可能自行打造一位“新女性”形象，但是这不过是创造流行符号、偶尔的短期行为。此外，播出男装广告的媒介组织出于经济成本和政治风险的考虑也会选择生产和传播女性的刻板形象。

2. 男权文化的统治

由于男女社会分工的差异，男性角色在一切已知的社会文化中总是获得更高的评价，在权力关系上形成了“男主女从”的模式。从现有的史料分析，早在西周初期，我国的父权制就在周礼中被明文确定了下来，一切相关的性别制度随之建立，“男女有别”的基本原则、“男主外，女主内”的社会分工和“男尊女卑”的观念也基本确立，我国的男权文化由此诞生。此后男性一直把持着文化符号体系的操作权、话语的创作权和语言意义的解释权，及至今日，男权文化的统治不仅没有削弱，反而有愈演愈烈之势，且越来越隐蔽。

男权文化的统治和男权霸权无处不在，男性意识在社会意识形态上居于统治地位，男权话语在社会各领域占据着主导地位。在男装广告中，女性形象是现行男权社会意识形态的再现，反映了深层文化对女性传统社会角色的定位、认同与确认，这是男装广告中女性形象“刻板化”最根本的原因。

第一，男装广告中的女性被对象化和物化了，女性被置于男性目光的审视之下，被装进“看”与“被看”的模式，她们的价值取决于男性的观赏和评价。英国艺术评论家约翰·伯格（John Berger）曾在《观看之道》中指出：“女性自身的观察者是男性，即被观察者是女性。这样她将自身转化为一个客体，尤其是转化为一个视觉的客体，即一种情景。”① 男权文化统治下的男性作为占优势地位的主体，不论是在广告中还是在广告外他们都在欣赏、凝视、评价女性，女性丧失了自身的主体性，她们存在的价值和意义取决于男性的凝视和评

① 转引自顾铮．我们的视觉表达——当代西方女摄影家的探索［J］．中国摄影，1999（2）．

价，这是性别歧视的典型表现之一。当然，在男装广告中女性也在观赏和评价男性，例如在杉杉西服广告中，一位女士目睹一位穿杉杉西服的男士停下轿车帮马路边的小男孩捡起足球后，发出了“好一个穿杉杉西服的男子”的赞叹。但这只是赞美和仰视地“看”，饱含对男人的依赖和附庸。

第二，男装广告中的女性形象是从男性的视角展示的，与男性心目中的理想女性形象相吻合，迎合了男性的审美期待和审美情趣。男权文化按照自己的思维逻辑塑造了女性形象，龚新琼（2007 年）认为电视广告把女性变成了“想象的她者”，社会存在主义女性主义的创始人西蒙娜·德·波伏瓦（Simone de Beauvoir）则认为女人不是天生的，而是被造成的，是社会文化——父权社会文化塑造着女性特征。男装广告生存的社会环境、制作商、投放的媒介以及观看者等无不侵淫于男权社会文化中，因而，男装广告中的女性很难抗拒这种无处不在的力量，难逃被刻板化的命运。

第三，在当下的大众传媒中男性话语仍然占据着主导地位，男装广告中女性形象的塑造打上了男性话语的烙印。而女性普遍缺乏社会性别意识，也加重和延续了男权话语的统治。

综上所述，对我国男装广告中女性形象的“刻板化”来说，经济利益是表象的、局部的原因，深层的和根本的原因还在于男权文化的统治，男权文化为获取经济利益提供了社会可能性，并使之表现得自然而然。

四、结　语

广告作为人类文明的组成部分与文化息息相关，它基于大众传播媒介而运行，其本质是一种大众文化。广告学者伯曼（Barry Berman）认为，在大众文化中，广告是最具支配性的社会机制。广告不仅影响与引导人们的消费，而且在潜移默化中影响人们的价值观念、生活方式乃至社会风气、社会文明等。服饰广告也概莫能外，“服饰广告不仅成为服装企业传播品牌文化、展示产品风格的工具，而且对消费者，对社会与文化的发展都起到重要的作用。”① 作为男装广告元素之一的女性形象的刻板化无疑造成了不良的社会和文化影响，最终也会扼杀男装广告的效果。因此，男装广告必须真实地展示现实生活中的女性，塑造多元、均衡、公正、动态的女性形象，这不仅有利于男装品牌自身的发展，亦有利于男女平等和社会进步。当然，在讨论女性形象被男装广告刻板化的同时，我们还应该注意到男性形象被刻板化的现象，秦旺锋（2007 年）认为，我国服装广告中刻画了四种定型化的男性形象：事业成功，家庭幸福，性格果敢、沉稳，性感有魅力，男装广告同样需要打造多样化的男性形象。

【参考文献】

[1] 刘立宾，丁俊杰，黄升民．中国广告作品年鉴 2006［M］．北京：中国传媒大学出版社，2006.

[2] 魏国英．女性学概论［M］．北京：北京大学出版社，2001.

[3] 吴静，张灏编著．服装广告［M］．北京：中国纺织出版社，2006.

[4] 赵树勤．女性文化学［M］．桂林：广西师范大学出版社，2006.

[5] 傅守祥．女性主义视角下的广告女性形象探析［J］．思想战线，2003（5）：54-58.

[6] 刘伯红，卜卫．我国电视广告中女性形象的研究报告［J］．青年研究，1997（10）：19-27.

① 吴静，张灏编著．服装广告［M］．北京：中国纺织出版社，2006：13-14.

[7] 龚新琼．想象的她者———电视广告中女性形象分析［J］．广西教育学院学报，2007（3）：134-137.

[8] 马中红．视觉文化：广告女性形象的看与被看［J］．深圳大学学报（人文社会科学版），2004（6）：105-110.

[9] 秦旺锋．我国服装广告中的男性形象探析［J］．南通职业大学学报，2007（2）：55-58.

[10] 张微．物质产品广告社会意义的特性探讨［J］．新闻与传播评论，2006—2007年卷，170-174.

[11] 中国十大男装品牌榜中榜/十大名牌男装［EB/OL］．［2007-03-05］．http：//www.ywbb.com/ 5128/viewspace-68652. html.

【作者简介】

吴世文，男，武汉大学新闻与传播学院2009级博士研究生，主要学习和研究传播理论。

产业转移背景下的区域中小型广告公司发展策略①

刘润峰　邓　敏

产业转移是社会经济发展中的必然现象，从金融危机爆发以来，我国正在经历以产业结构调整、扩展市场空间为主要驱动力的产业转移。与之相伴的有宏观经济增速放缓、企业广告投放意愿降低等不良影响，广告业作为一种依附性行业，在宏观经济环境发生剧烈变化的背景下，如何克服高度分散、高度弱小的行业困境，把握产业转移带来的发展机遇，依据不同的区域广告生态环境，制定出切实可行的发展策略，是当下非常实际的问题。

一、产业转移理论与国内产业转移的特征

国内外学者对于产业转移的研究，多以经济发达国家或经济欠发达国家为视角，运用产业发展理论等工具，针对产业转移的动因、模式、效应等问题，探索处于不同工业化水平国家或地区产业转移的现象及一般规律。

在产业转移动因层面，早期的理论研究大多以大卫·李嘉图的比较优势成本理论及H-O要素禀赋理论为依托，把产业转移的动因归结于不同国家或地区由于生产要素的优势区别而导致的效率差异，主张选择优势要素进行生产、贸易或海外投资，最终通过价格机制使双方获益。该动因的代表性结果有：日本学者小岛清（Kiyoshi Kojima，1972）、小泽辉智（Terutomo Ozawa，2002）就对外直接投资领域的研究②、美国学者刘易斯（W. Arthur Lewis，1984）就非熟练劳动密集型产业由发达国家转移至发展中国家的研究等。此外，还有学者从经济周期性出发，认为生产和投资的周期性变化是国际产业转移发生的经济动因。如弗农（R. Vernon，1966）提出的产品生产周期理论、邓宁（Dunning J. H，1988）提出的国际投资发展周期理论均为典型代表③。

在产业转移模式层面，日本学者赤松要（Akamatsu，1935）提出过雁行模式，即按照“进口——国内生产（进口替代）——出口”的模式相继更替发展，同时，从一般消费品到资本品或者是从低附加值产品到高附加值产品进行演进，产业结构不断升级④。美国经济学家汤姆森、胡佛提出了产业梯度转移理论，即根据按照产品生命周期理论，高梯度地区的产业与技术会向低梯度地区扩散与转移，实现区域经济优化的产业调整目标。同时，在产业转移的维度上还存在着“顺梯度”型模式和“逆梯度”型模式，欠发达地区要特别重视利用“逆梯度”模式来摆脱被动承接先进国家产业转移带来的不利局面。

在产业转移效应层面，一般认为，产业转移的发生无论对于转出地还是转入地都有一定的积极作用。对发达区域而言，虽然短期内可能出现经济总量下滑、就业机会减少等负面影响，但长期来看产业转移是区域产业竞争优势转换升级的重要方式；对欠发达区域而言，产

① 本文为湖北省教育厅人文社会科学研究项目（青年项目）成果。

② 邹积亮．产业转移理论及其发展趋向分析［J］．中南财经政法大学学报，2007（6）：78-80.

③ 王辉堂．产业转移理论述评及其发展趋向［J］．经济问题探索，2008（1）：45-47.

④ 汪斌．国际产业转移理论述评［J］．浙江社会科学，2003（6）：122-124.

业转移是区域经济启动和发展的良好契机，如随着外部投资的增加，会出现比较明显的生产要素注入效应；企业研发部分的转移和生产知识技能在区域内的传播会带来技术溢出效应；上游产业的进驻会对区域内的相关产业产生明显的带动效应；先进产能和市场化的资源配置方式会促进区域内产业结构合理化而出现结构优化效应。

此次国内正在经历的产业转移，有以下几个明显特征：（1）从地理区位上看，既有从东南沿海较发达地区向中西部欠发达地区的转移，也有从省内发达区域向省内欠发达地区的转移；（2）从转移动因上看，金融危机的爆发使得以海外为主要市场的出口外贸型企业的生存空间受到严重威胁，企业寻求经营成本洼地的需求极为迫切；同时，众多企业采用市场开拓性的产业转移战略，如将产业转移与行业产业升级、国内市场开拓联系在一起考虑，也是重要的动因之一；（3）从产业结构层面上看，发生转移的产业多为劳动密集型、资源密集型的制造型企业，生产服务型企业如金融、物流等企业而是以在转入地设立营销部门，以拓展新市场为目标，值得注意的是包括广告业在内的第三产业并没有出现明显的转出现象。

二、广告产业面临的发展机遇和挑战

对于广告经营主体的研究，国内学界往往倾向于选择大型综合性广告公司或集团。而对于占行业比重绝大多数的中小型广告公司的重视程度远不及前者。现阶段，国内学界对于中小型广告公司的研究体现出以下几个特征：第一，把研究背景放在国内社会经济快速发展和中国加入 WTO 后行业竞争格局发生重大变化下来考虑；第二，研究中的比照对象多是大型综合性广告公司或跨国广告集团。可以看出前期研究一方面在区位特征上略显缺乏针对性，另一方面没有体现出宏观经济环境变化对研究主体的影响。

与经济发达地区相比，特定区域内的广告生态环境较为特殊：经济总量较小、地区媒体不发达、消费者购买力不足、广告主意识不成熟、广告公司整体水平低下是其基本特征。但产业转移这一宏观经济环境变化必将对区域经济发展起到极大的推动作用，随之而来的是对广告产业服务需求的升级以及区域内竞争格局的重新划分。广告产业作为典型的服务业，向来是宏观经济运行的润滑剂，在国家经济增长方式向集约化转变，强调可持续的经济发展战略，特别是在产业转移发生后区域经济环境发生重大转变的背景下面临着一系列的发展机遇和挑战。

第一，产业转移对区域经济的带动效应为中小型广告公司提供了发展空间。

区域经济的发展程度向来是广告行业及经营主体进行市场布局的重要选择指标之一，如北京、上海、广州这些经济发达的中心城市是现阶段广告公司及行业的核心区域。但近年来，随着国家确定“区域经济协调发展”的战略目标，特别是本轮产业转移发生后，承接条件优越的区域面临着经济环境的改善。首先，区域内由于生产要素的注入，经济总量会上一个台阶，相关配套产业的发展开始提速；其次，企业的进驻会带动当地生产服务型行业和第三产业的增长，其中也包括对营销和广告服务的需求；最后，增加了当地的就业机会，以及由此带来当地消费状况的升级。这些客观情况都为区域中小型广告公司提供了广阔的发展空间。

第二，区域广告主对广告服务需求出现“区位下移、服务上移”的趋势。

大批劳动密集型、资源密集型的中小型企业实施产业转移的一个重要动因就是经济创新能力差、产品附加值低下、抵抗经济环境变化的能力差。在这个深刻的教训下，它们现今对于产品和企业品牌建设的渴求比以往要强烈得多，同时也开始注意把目标市场从国外重新拉回到国内，因此出现“区位下移、服务上移”的趋势，即从主攻国际市场和国内重点城市转而开始重视开发二三线市场和农村市场，同时对于营销手段的需求不再仅仅局限于以往简单原始的制作和发布，深入的广告调查、科学的广告策划、跨区域大规模的媒体投放、最终的广告效果测定等环节，对他们也开始变得重要。在区域经济的发展过程中，当地一些占得先机的企业在进行市场开拓时会对广告服务提出更高更苛刻的要求，甚至有些已经超出了广告行业的业务领域。比如，企业发展战略规划、企业管理咨询、品牌建设策略、公共关系咨询、营销人员培训等，这对区域中小型广告公司既是挑战也是机遇。

第三，区域中小型广告公司对本地资源的掌控为其生存和发展提供了一定的保障，但专业能力不强、缺乏规模效应成为发展瓶颈。

与国际4A相比，区域中小型广告公司往往掌握着当地丰富的客户资源和人脉关系，业务运作成本低，服务方式灵活，对于当地媒介资源的掌握更为牢固，因此很容易获得区域广告主的信任。但同时由于区域经济发展的长期滞后，当地广告主对于广告服务的需求数量少、质量低，在这种环境下，为了生存区域中小型广告公司在广告运作上长期处于较低水平，既没有业务层面的突破，也没有发展的动力源泉，更谈不上协助企业快速发展的经验，这些成为制约区域中小型广告公司发展的根本原因。

三、区域中小型广告公司的发展策略

厘清产业转移发生后区域经济发展的新态势，充分发挥地域优势，在行业、专业和规模三个层面上做文章，应是区域中小型广告公司发展的基本思路。

第一，把握产业转移发生后带来的行业性机会，实施行业聚焦策略，以满足区域广告主对广告服务质量提升的要求。

在服务行业上没有选择是区域中小型广告公司的一大通病。由于服务周期不稳定，往往缺乏相关知识经验的积累和沉淀，从而导致专业能力长期得不到提升。区域中小型广告公司应专注于某一有较强专业性或独特性的行业领域，在提升专业价值的同时，找到自己的目标生存空间。在产业转移带来区域经济发展的背景下，首先应把握住区域消费升级带来的行业性机会。如随着区域居民就业和收入的增加，城市化进程在二三线城市发生，房地产和汽车行业已成为区域经济的一大热点；区域居民在基本生活支出外，对于诸如教育、旅游、金融投资的支出比列会逐步提升，这些行业也值得关注。其次，应把握区域内重点或特色产业的广告需求，如电信业或在农副产品及工业加工领域的特色行业。最后，还应关注产业转移带来的政策宣传性项目的机会，如政府的招商引资宣传项目和城市形象推广项目等。

第二，把握区域广告主对于广告需求升级的趋势，突破传统广告行业的服务内容，向整个产业链的前端及纵深扩展。

“区位下移　服务上移”是区域广告主广告需求变化的趋势之一，即他们不再满足于简单的广告设计和发布，随着企业的发展和产品销售空间的开拓，他们会碰到更多的、除广告业务之外的营销和管理问题，这些问题往往集中在市场活动的前端或纵深，如企业战略规划、公共关系咨询、员工培训、技术和产品创新等，而在区域内相应的服务性行业往往很难满足企业的需求。在区域广告主快速发展的进程中，广告公司不应仅仅死抱住传统广告的价值链（市场活动的后端），而是要向整个产业链的前端及纵深扩展，为客户提供更多的附加服务。区域中小型广告公司介入新的业务领域，如市场前期的营销策划、终端的包装及活动，一方面获得了新的利润来源；另一方面，也获取了客户更多的信任，对其他原来的业务也能起到巩固的作用。

第三，区域外合作，区域内联盟，实施产业规模化策略。

区域中小型广告公司在产业规模方面可以选择的两种方式：一是选择区域外合适的合作伙伴。区域广告主在选择广告公司为自身服务时往往面临着这样的尴尬：一方面不满足于区域内广告公司的专业能力，当地的广告公司能拿单但做不下来；另一方面，区域外的广告公司，由于缺乏对当地资源的掌握，有专业性但拿不到单，同时也可能出现由于不了解市场情况而专业性大打折扣的情况。所以，互补性对于区域内外广告公司的合作显得特别重要，这种互补性体现在，区域内广告公司必须能够有效地掌握当地的资源，熟悉业务运作的流程和习惯；而区域外广告公司具备的声誉、实力必须是当地广告主看中的。双方各自在整个链条上进行各自擅长的专业操作，这样才能实现共赢的局面。更重要的是，区域中小型广告公司可以在合作中学习先进公司的业务运作技能和经验，使得自身也在专业性层面受益。

二是区域内规模化策略。区域中小型广告公司生存和发展的一个极大障碍就是规模问题。规模大并不意味着效率高，但在市场上广告主选择代理时往往看重的是广告公司的名气、经验、资本等因素。所以要克服这种小规模、经营分散的弊病，一个解决方案就是将专业化雷同的公司或不同公司雷同的业务环节联合起来，在区域内形成“集群”①。特别是在同一区域的同业组成联盟后，由于实力的增强和对本地区的了解，可以迅速形成优势的竞争区域，极大地提高对本地区广告主的吸引力。例如，现在区域中小型广告公司从业务类型上看大部分实际就是广告制作公司，在一个地区中，与其大家都不顾市场状况去引进新的制作设备，导致竞争的加剧、利润下降，还不如采取联盟的形式，有意加人的资本完全可以在联盟的控制下避免非理性的投资风险，从而提高整个联盟的效率。

四、一些值得注意的问题

广告作为知识密集型行业，这种特征最直接的体现就是广告公司人力资源的丰沛程度及专业人员的创造能力，缺兵少将可以说是区域中小型广告公司的致命伤。要改变这一窘迫的局面，必须建立以激励为中心的人力资本管理体系②。一方面，要充分利用当地相关的智力资源，在专业技能培训层面上加大力度；另一方面，要重视人力资本在公司运作中的关键作用，从薪酬制度、升迁制度和参与公司内部管理机制等层面来激发其创造性。

为了更好地承接产业转移，转入地的政府部门通常都会制定一系列优惠性的政策法规，并且其中有相当的内容与服务业有关。但由于部分地区的行业主管部门对于广告产业性质的误读，拘泥于国家早期的限制性行业规定，在学生自主创业等层面上把广告业排除在优惠政策之外，则的确是一种遗憾。

【参考文献】

[1] 陈秀山．张可云．区域经济理论［M］．北京：商务印书馆，2004.
[2] 张孝锋．蒋寒迪．产业转移与区域协调发展研究［M］．北京：华龄出版社，2006.
[3] 王全春．产业转移与中部地区产业结构研究［M］．北京：人民出版社，2008.
[4] 戚本超．景体华．中国区域经济发展报告（2007—2008）［M］．北京：社会科学文献出版社，2008.
[5] 蔡宁．吴结兵．产业集群与区域经济发展——基于“资源-结构”观的分析［M］．北京：科学出版社，2007.
[6] ［美］迈克尔·波特著．竞争战略［M］．陈小悦，译．北京：华夏出版社，2005.
[7] 杨宇时．知变：广告公司管理新思路［M］．北京：机械工业出版社，2005.

【作者简介】

刘润峰，男，武汉长江工商学院传播与设计学院讲师。

邓敏，女，中南林业科技大学环境艺术设计学院广告学讲师。

---

① 张金海，廖秉宜．中国广告产业集群化发展的战略选择与制度审视［J］．广告大观（理论版），2009（1）：63-65.

② 姚曦．中国广告公司创新与激励模式的建构［J］．现代传播，2009（6）：155-156.

新媒体与广告教育

新媒介环境下的广告观念变革与广告教育创新

姚 曦 黄 奎

1983年，厦门大学设立了国内第一个广告学专业，开始了真正意义上的中国现代广告教育。此后，众多高校应市场的需求纷纷开设了广告学专业，中国内地广告教育开始得到蓬勃发展，并经历了一个由开创期（1983—1992）到发展期（1993—1998）到扩张期（1999—2003）直至稳固期（2004年至今）的历史进程。① 应该说，中国高校广告教育经历近30年的发展，使广告教育无论是从数量还是质量方面都实现了突飞猛进的发展，办学模式也日趋科学化。广告教育研究从无到有、从有到精，也促使广告教育由速度向质量转型。但不可否认的是，快速膨胀起来的中国广告教育，仍然面临着一系列的问题。尤其在新媒体的传播背景下，传统广告观念及其运作模式都在发生变化，广告与广告教育的内涵也在不断革新，这都对当代广告教育提出了诸多挑战。因此，新媒介环境下的广告教育如何整合资源、改革创新，势必成为当今中国广告教育界面临的一个重大现实问题。本文重点分析在新媒介造就的新广告时代，中国广告教育所面临的主要挑战，从广告教育定位与模式创新两方面来探索新形势下的广告教育创新。

一、新媒介时代广告观念的变革——新广告时代的到来

新媒体是指随着数字技术的发展和传媒市场的细分而产生的新型传播媒体，是一个与传统媒体相对应的概念，其主要形态包括互联网、手机媒体、移动电视、数字电视、博客、RSS，SNS等。近年来，新媒体产业发展迅速，广阔的市场与日渐凸显的影响力使其营销价值不断提升，整体产业向纵深挺进。特别是自2008年北京奥运会将新媒体首次以独立传播机构列入奥运会传播体系以来，新媒体作为一种新型传播渠道的社会价值和商业价值更是引起了广泛的重视。新媒体以其交互性、即时性、信息的融合性等特性引发媒体业界的巨变已经是一个不可逆转的趋势，必将给媒介产业的生产、消费带来巨大的冲击，引起媒介产业形态的变化。其中，在整个媒介产业中最重要的形态——广告也会发生相应的变化。广告媒介、广告受众、广告传播过程以及广告的价值内涵等传统广告观念都将进入到一个全新的时代。

其一，从媒介的角度看，新媒介环境下的媒介融合正在逐步重塑传统的广告传播媒介，广告媒介的新时代正在到来。传统广告由于媒介属性的差别，各自拥有一定规模的稳定受众群体，广告传播可以通过媒介组合来最大程度地暴露广告信息。但在媒介融合的趋势下，单一的媒体传播形式未来将很难再具有竞争优势。近年来，传统媒体纷纷利用数字技术实现不同媒介的符号转换，最明显的信号莫过于2009年底中国网络电视台（CNTV）的成立。由央视独资组建的中国网络电视台是中国国家网络电视播出机构，融网络特色与电视特色于一体的多终端公共服务平台，也是央视顺应媒介融合时代、抓住庞大的网络受众群体、占据国内网络电视制高点的一个重大举措。这也将是电视媒体在新媒介时代下的发展趋势，如上海

---

① 郑苏晖，孔清溪．广告教育——变革期的反思［J］．现代传播，2010（2）．

文广计划推出以新闻视频为主攻方向的网络电视台。除此之外，报纸的网络化实现也是新媒体环境下传统媒体不可忽视的变革，从世界范围来看，网上发布网络报纸的实践起于 1994 年 78 家报纸网络版的发行，此后随着数字技术的普及而得到迅猛的发展，时至今日，各大主流报刊都已经实现了网络化的转型。因此，随着数字技术的进一步发展以及未来基于 3G 技术网络与手机的完美融合，使网络媒体的移动化传播成为可能，都将促使广告媒介发生巨变。因此，在数字媒体一体化的趋势下，单种的媒体虽然还保留自身的特色优势，但是却兼有了其他媒体的特征，并开始了在数字化基础上实现系统性的融合。而这样的一个数字媒体融合体，则必然获得广告主的青睐。①

其二，从广告受众的角度来看，规模化的受众正日益“碎片化”。消费者“碎片化”是在大众市场基础上，由不同分众市场板块不断撞击而形成。这种“碎片化”的影响体现在消费者的消费行为、品牌选择、媒介接触和生活方式等方面，展现出的是一个个立体、生动、高度同质化的消费者集合体。② 在广告信息数量急剧增长的今天，具有针对性的信息传播方式显得越来越重要，广告传播要根据差异化受众的需求进行分化、聚合，并形成差异化的定位，但传统的广告受众由于传播媒介属性的限制，是一种规模化的受众，无法做到分众传播。而随着新媒介环境下各种新兴媒介的不断涌现及其更新周期的缩短，媒介某种程度上开始从“大众”向“小众”回归，这客观上适应了信息爆炸时代对目标受众进行针对性传播的需要。所以，传统大众媒介所拥有的规模化受众正被精准型媒介所拥有的针对性受众所取代，受众逐步被区隔成一个个小规模的群体，并最终形成“碎片化”的形态就不可避免。“碎片化”的受众使得广告传播更为有效，同时可以避免广告费用的流失与浪费。

除此之外，新媒介之于广告受众观念的革新还体现在受众参与性的增强。传统媒体时代受制于技术条件以及广告传播主体对受众参与的忽略，基本上是一种单向性的传播方式。大众媒体统一发出信息，由受众进行选择性的接触、理解和记忆。而在新媒体环境下，受众不仅可以从信息的被动接受者向主动搜寻者的角色转变，还能通过网络等渠道传播信息，成为信息的传播者。网络媒体赋予了受众充分的表达参与权，他们可以通过与企业网站的在线互动、电子邮件等形式充分表达自己的看法，而不再是被动接收报刊、电视等传统媒介的单向信息，受众在广告信息接收过程中参与性得到了很大的提高。

其三，从广告传播过程来看，即时、沟通、“去中介化”成为新的主题。传统媒体中广告信息从发布到被受众接收存在着一个延迟的过程，这与传统媒介的运作方式密切相关。而在新媒体环境下，无论是数字电视、网络媒体以及手机媒体，其信息传播都具有迅速、即时的显著特点，再加上新媒体传播渠道的多样性，使得广告传播的滞后性减少到最小。另外，新媒介时代数字传播技术的革新，如直接回应电视、移动手机网络等都使得广告主与受众之间进行即时沟通成为可能。广告传播过程的即时沟通为广告主与受众之间进行深度沟通提供了重要的实现手段，广告主可以在与受众互动沟通的过程中，实现真正的个性化服务，使得广告不再是劝服式的、强制式的和“使人厌烦”的，而是交谈式的、对话式的，令人易于接受的，广告传播沟通的效率和效果因此会得到很大提高。③ 而“去中介化”则主要是指广告时空界限的模糊。传统媒体传播模式最大的桎梏在于线性传播与时间的冲突、静态接收与空间的冲突，信息的接收由此受到时空的限制，造成了非及时性和非便捷性。④ 而新媒介时代的数字技术以及传播方式的多样化则消解了广告传播时空上的界限，以搜索引擎为代表的技术让受众能够在任何时候、任何地点得到自己想要的内容。

---

① 舒咏平．数字传播环境下广告观念的变革［J］．新闻大学，2007（1）．

② 黄升民．碎片化背景下消费行为的新变化与发展趋势［J］．广告研究，2006（2）．

③ 梁华伟．数字传播时代的广告展望［J］．声屏世界，2008（10）．

④ 王菲．媒介融合中广告形态的变化［J］．国际新闻界，2007（9）．

其四，新媒介环境下广告价值的延伸与广告内涵的演进。尽管奥格威曾经提道："我们的目的是销售，否则便不会做广告。"但在传统媒介时代，广告的基本价值在于为企业传递广告信息，主要体现在企业市场营销活动的信息流环节，而始终达不到直接的销售。而在新媒介时代，由于数字技术与网络技术的发展以及由此而引发的传播媒介突变，广告的信息传播开始渗透至企业的物流、商流等环节中。与此同时，广告的价值也不再单纯是信息传播，而延伸为企业与消费者之间的信息传播、信息增值和信息开发三重价值。信息增值以体验、主动和互动为主要特点，而信息开发则是联系广告与商务活动之间的策略与手段，使得广告可以直接产生销售。① 如网络环境中的口碑传播则极易在短时间内引起信息的广泛暴露从而实现信息价值增值，如大地震时期"网友集体'封杀'王老吉"的口号，便是由网友的豪言"只要看到王老吉，见一罐买一罐，让王老吉断货"而引起的信息病毒式传播，最终促进其广告信息大幅增值。而直邮广告、电子商务、网上广告等则直接为广告转换为商务活动创造了条件。

在广告的内涵界定上，一般认为：广告是由可识别的出资人通过各种媒介进行的有关产品（商品、服务和观点）的、有偿的、有组织的、综合的、劝服的、非人员的信息传播活动。② 其中，广告主、媒介、广告受众是广告要素的核心所在。但在新媒介环境下，广告的互动传播、即时沟通、受众参与等观念逐步深入广告的内涵中，作为广告主的企业已经不单纯地将商业信息的发布寄托于如上界定的纯广告，却越来越多地付诸可自我掌控的、付费支出方式多元化的会展、活动、终端、新媒体、关系管理。"品牌传播"理念将作为"广告"内涵演进的主要取向，从而成为广义的、新生的"广告"。③ 因此，新媒介环境下的广告内涵对于传统广告"出资人"、"付费的信息传播"等观念正在逐步颠覆。

二、新广告时代对中国广告教育的挑战

毫无疑问，新媒介对广告方方面面的革新，都预示着一个新的广告时代即将到来。同时，在这一环境下，中国的广告教育也面临着各种各样的挑战。

1. 新媒介时代广告人才需求的变化

新媒体提供了一种全新的信息传播模式，改变了广告受众传统的思维方式、价值观念以及信息接收习惯，也创造了广告媒介运作的全新方式。新媒介广告无论是广告创意、广告制作还是广告传播，都与传统广告有显著差别，这就对广告人才提出了全新的要求。本文认为，新媒介理论素养与新媒介技能应用是新媒介时代广告人才培养的两大新课题。

新媒介的理论素养主要包含驾驭媒介融合的策略力、适应媒介发展的敏锐判断力以及国际化的视野。如上文所述，基于数字技术的媒介融合时代的到来，使各种媒体的资源整合能力将比以往更加强大，受众付费将逐渐取代广告主而成为媒介的资本来源，受众将拥有更多的自主权，这对于传统广告运作都是革命性的变化。同时，随着数字电视以及3G技术的逐渐普及，现代广告人立足的媒体不再是平面的、视频音频的甚至也不是数字的，而是融合的。这就需要现代广告教育正视这一现实，着眼于对广告专业学生进行媒体融合的策略力的培养。④ 而随着数字技术的不断发展，各种新型的分众媒介层出不穷。今天的新媒介，也许就是明天的传统媒体，这就需要未来广告人拥有一种专业的预判能力，专业思维能随着技术

① 刘千桂．广告大逆转——众媒介与新广告［M］．北京：清华大学出版社，2009：29.
② 阿伦斯．当代广告学［M］．北京：华夏出版社，2000：7.
③ 舒咏平．品牌传播——新媒体环境下广告内涵演进的取向［J］．中国广告，2009（10）．
④ 舒咏平．新媒体广告趋势下的广告教育革新［J］．广告研究，2008（4）．

的革新以及现实的变化而动态发展，同时保持一种开放化、国际化的视野，以开放的心态学习和吸取国外先进理念，以充实自身的素质。

而新媒介的技能应用则主要是要求学生具有一种高科技意识，了解并掌握新技术、新知识，以最新的创作手段来实现广告的视觉表现。因为新媒介对广告形态的种种改变如强烈的交互性、即时性、创新性等，最终还是基于技术的革新与创造，这就需要广告人拥有驾驭技术的能力。另一方面，新媒介环境下，广告的制作方式、发布渠道以及受众的接收平台，都将实现数字化操作。所以，新广告人必须适应这种潮流，掌握计算机软件及网络应用技术，并注意完善各项广告技能在新媒体广告中的适用性，甚至对技术拥有敏锐的反应力和洞察力，预判和掌握未来新技术在广告领域的适用性。

2. 广告教育滞后于广告实践

广告作为一门应用型与综合型的学科，具有很强的开放性与实践性。事实上，纵观广告教育的发展史，广告行业的发展一直以来都是广告教育发展的一大基本动因。因此，广告教育的进一步发展也需要注重将最新的行业动态、最新的实战案例、现代广告中的技术等运用作为鲜活的专业知识传授给学生。尤其在新广告时代，新媒介利用新技术对传统广告许多观念的革新更需要广告教育与广告实践紧密结合，以理性的眼光审视网络世界中的种种广告与传播奇迹，发掘其中蕴含的行业规律与发展趋势，并将其传授到课堂，使学生在最新的广告氛围下接收专业知识，这也是新媒介时代对广告实践教育提出的新课题。但现实的情况却是，目前的国内广告教育发展现状与广告实践对广告专业发展的内在要求并不成正比，由于课程设置不合理、学科建设不科学以及教师知识结构单一等原因，大多数院校的广告教育还停留在一种封闭保守的状态，对业界的动态把握不够，对新技术、新变化也缺乏应有的敏感，广告的动态演变以及广告观念诸多的变革并没有得到足够的重视，广告教育严重滞后于广告实践，而培养的人才的实际工作能力和社会适应能力也无法满足广告业界对于专业广告人才的需求。

3. 广告教育的同质化

中国的广告教育历经近30年的发展，设有该专业的各类高校已超过300所，也逐步形成了艺术型、经贸型和新闻传播型三种教育类型。对于广告教育来讲，虽然不同类型大学具体的广告教育内涵各不一样，但对于一般高校而言，造就宽口径、厚基础、具有多科知识背景和实际操作技能的“复合型”通才，而不是片面单一的专才型的“单面人”是比较一致的看法。① 尽管这种教育理念有其形成的客观现实条件，也在一定的时期内为高校广告教育的发展提供了总体的思路，但客观上造成了高校培养的广告人才严重同质化，多数流于理论空谈而在实际的广告操作中鲜有创见性的表现。新媒介时代媒介碎片化与受众碎片化的格局，将使受众群体细分更为精确，针对诸多受众群体属性各异的状况，更需要差异化的广告教育培养能力各异的广告专业人才满足小众化的广告操作需要，在知识的“广博”与“专业”之间找到一个合理的平衡点，将是广告教育同质化时代所必须树立的一个理念。

三、新媒介环境下的广告教育定位与模式创新

新媒介造就的新广告时代，为广告教育提出了新的命题，广告教育的改革不再单纯是课程设置等微观层面的变革，整体宏观教育思路的把握显得更为重要。本文将主要从定位与模式创新上探索新媒介环境下的广告教育创新。

---

① 祝兴平．全球化背景下中国广告教育面临的若干问题［J］．新闻界，2006（5）．

1. 为广告正名——新媒介环境下的广告教育定位

如同产品的同质化催生了市场营销领域的定位理论一样，在中国广告教育规模日益膨胀却又缺少差异化特色的今天，尤其在新媒介时代广告以及广告教育内涵的多重变革背景下，更需要对广告教育有一个明确的定位。所谓广告教育定位是指广告专业在整个高等广告教育中扮演什么角色，要向广告人才市场传达什么样的核心概念，树立什么样的专业品牌形象，以及通过广告专业教育发挥什么样的作用。① 广告教育定位是广告教育战略层面的思考，而教学内容、教学方法和教学管理等则是为顺利实现这一定位而进行的具体实施层面的活动。广告教育定位集中体现在广告学科的归属问题上。

从美国的广告教育来看，广告学的学科归属经历了一个从商学院到新闻传播学院的发展过程。正如美国广告教育之父 Charles H Sandage 所言："广告学科以心理学为父，以新闻学为母，而商业营销学则以养父的身份同新闻学一起在其成长期承担了抚养他的义务。"② 20世纪50年代以前，美国各个高校主要依据自身办学特点决定广告学科的归属，基本上是顺其自然发展。这一时期的广告学科在商学院与新闻学院的比例大致相当。随着"二战"后社会分工的进一步发展，美国的高等教育开始对传统学科进行分离，标志性事件是卡耐基报告和福特报告的发表，它们彻底改变了美国高校广告教育的发展趋势。两项报告一致指出，商学院的教育应该作为一个整体加强原理性的知识教育，而不应当分得过细，不应过多设置实践性过强的专业。因此，尽管没有直接针对广告，但类似于广告这样偏重于实践操作的学科在这之后的几年里，却陆续淡出了多所著名大学商学院的学科体系，广告课程开始向新闻传播学院集中，直至近年来90%的广告专业设置在新闻与大众传播学院。而从日本的广告教育来看，日本高等教育中没有设立广告学科，广告人才的培养一般有两条途径：一是由社会上的广告资深从业人员到大学开设专题性的广告讲座；二是大广告公司内部对职员的培训，其中包括对新人公司职员的培训和对公司不同阶段职员的职业再教育。③

从整体上看，无论是商学院的归属还是传播学的归属，美国的广告教育都十分注重原理和学生素质的培养，而日本高校甚至没有广告这一专业，但这都并不妨碍美、日两国成为世界上广告最为发达的国家，这是因为美国、日本的广告教育都结合本国高等教育和广告产业的发展特点找到了适合自身的发展模式。相反，广告专业的学科属性问题却一直是国内广告学界争论已久的一个话题，中国的广告教育在30年的发展过程中，其学科归属在艺术类、经贸类、新闻传播类等都有所涉及，但均不属于一级或二级学科，仅仅是以三级学科甚至以专业方向的形式存在。但调查却显示，80%的广告人都一致认为广告应有自己的学系，不应该放在新闻或商学类下。④ 另一方面，中国的广告教育很大程度上是伴随着中国广告产业的迅猛发展，以及广告市场对广告人才的迫切需求而成长起来的。因此，结合美国广告教育的发展历程以及日本广告教育的成功模式，我们认为，中国的广告教育同样需要结合中国广告产业发展以及高等广告教育的现实状况，在适当区分"原理"与"应用"的基础上，确立广告教育为社会培养具有高素质的应用型广告专业人才，促进中国广告产业未来整体发展的定位。正如中国传媒大学黄升民教授所说的：广告专业定位应当紧紧定在应用型学科，而应用型学科生存的三个重要问题即学科设计是不是与产业实践紧密相连？学科位置是不是置身产业发展的前沿？学科研究是不是回应产业的理论需求？⑤ 尤其新媒介环境下，广告教育更

---

① 张树庭. 广告教育定位与品牌塑造［M］. 北京：中国传媒大学出版社，2005：127.

② 乔均，程红. 美国广告教育的历史变迁及现状分析［J］. 中国广告，2007（12）.

③ 王润泽. 日本的广告教育［J］. 国际新闻界，2002（4）.

④ 哈筱盈，丁俊杰著，成卓译. 中美广告教育之比较［J］. 现代传播，1997（3）.

⑤ 黄升民. 关于学科建设的若干思考［J］. 广告研究，2008（2）.

需要在明确学科定位的前提下，在营销学与传播学的平台上，抓住加强新媒介的研究与运用培养这一契机，建设中国广告一流的应用学科，提升广告学科的整体专业地位，为广告进一步“正名”，进而树立广告的专业理想，为广告行业的发展和广告教育提供精神动力。①

2. 为广告而广告——新媒介环境下的广告教育模式创新

如上所述，中国的广告教育日益偏于单一与同质，亟需在模式上进行突破与创新，以扭转当今广告业界面对广告人才日益同质化，而一再唏嘘高校广告教育培养的人才不能满足业界实践需要的现实。广告教育的模式创新，需要各种类型的高校找到自身广告教育的差异化所在，并通过长期的积累，形成一种独特而创新的教育模式，逐步构筑各自的广告教育特色。当业界需要哪种类型的人才，就联想到哪类高校的广告专业毕业生能满足其要求时，就达到了一种为广告教育而“广告”的效应。应该说，广告教育的定位解决了中国广告教育相对于美、日广告教育整体模式上的差异，而对于中国高等院校来讲，还需要结合自身的办学特色进一步细分和创新广告教育模式，满足新媒介环境下分众广告人才的需要。这主要可以从广告教育的价值取向、人才培养观念的变革以及教学方法的创新三方面来操作。

在广告教育的价值取向上，中国较早开设广告专业的几大综合性院校都已经形成了自己的独有模式，也取得了广告教育的领先地位。例如，中国传媒大学即在长期的广告教育与实践中，逐步确立了坚持以教学科研为中心，将人才培养与科学研究结合起来，形成产业数据库平台，从基础研究入手，回应产业发展的动态问题，保持与产业双向互动的教育模式。②作为广告教育的开创者，厦门大学的广告教育也经历了一个从培养广告设计人才，到培养广告策划人才，再到培养具有科学决策能力的广告管理人才的递进取向。而武汉大学的广告教育也在十多年的建设和发展中，在广告传播理论、广告运作与管理以及广告策划与创意方面都形成了科学的体系。除此之外，诸如上海师大、深圳大学等在广告教育实践中，结合自身的办学特色，形成了自己独有的广告教育模式。当然，这一批院校作为广告教育的开创者，其长期以来形成的教育模式与教育品牌是否能够相应地复制到广告教育的后继者，还需要各个院校结合自身的办学特点、地方经济文化特色以及新媒介时代对人才需求的变化进行实践上的探索，以逐步形成独具特色的广告教育模式。

在广告的人才培养上，寻找“通才”与“专才”的平衡是一个不变的话题。现有的广告教育模式，从广告的跨学科、综合性、应用性等学科特点出发，已基本形成了对学生传播学、社会学、营销学、心理学等学科综合培养的“通才教育”培养体系。在此基础上如何实现“通才”与“专才”的协调发展将是新媒介环境下广告教育模式创新所面临的主要课题。我们认为，新媒介时代广告教育在人才培养上的模式应跳出固有的思维，建立以“素质”为核心的广告人才培养观。这种“素质”培养观，需要高校在广告教育的实施过程中，一方面注重对学生基本素养的熏陶与培育，尤其是培养新媒介时代广告人在整合营销传播、策略传播和媒体整合三个方向的素质；同时还要结合自身院校的办学特色，培育广告人才独有的素质，填补广告人才市场领域的空白之处，塑造高等院校在广告教育人才培养上各具特色的模式。例如，工科类的院校在广告人才培养上可以侧重于网络技术和新媒介技术原理等的教育，拥有新闻传播重点实验室的高校则可以利用这一平台培养学生在这一领域的独有素质。

而教学方法上的模式创新则主要涉及具体广告教学操作层面上的问题，这也是广告教育中非常重要的一环。因为长期以来中国的广告教育大多数停留在教师讲授与学生“选择性”听课的传统模式，新媒介环境下的广告教学模式必须打破这种格局。高校的广告教育必须将

---

① 倪宁，谭宇菲．试析“大广告”时代的我国广告教育［J］．国际新闻界，2009（5）．

② 郑欢．中国广告教育的价值向度［J］．广告研究，2008（4）．

“品牌传播”的双向沟通理念注入到广告教育中，使广告教育更符合新媒介时代即时、沟通、互动的业界广告运作现实。在这种教学理念的指引下，项目式教学、案例式教学、模拟式教学、研讨式教学、实践式教学等多种教学方法都可以进行探索与尝试，最终达到教师与学生、广告业界与学界的双向与互动。如武汉大学的模拟招标式教学方式，将学生分成若干团队，以业界的某一产品或品牌为主题进行的广告策划模拟招标的教学模式，就在于充分挖掘学生的自主学习能力与创新能力，使学生对广告实战有了深刻的体会，对广告原理有更深层次的理解，也实现了广告教学与广告业界的互动。经过几年的发展，这种教学方法也逐渐成为了武汉大学广告教育的一大品牌。当然，这只是武汉大学在广告教学方法上的一种探索和实践，大多数院校广告教育方法的创新与品牌的形成依然任重而道远。但正如舒咏平教授所言：“品牌传播之理念并不仅仅是一个单纯的概念创新，而是随着媒介环境的变化、广告产业存在的主体——企业、广告主——需求的变化而顺势提出的，将其注入“广告”之内涵，并体现于广告教育之中，也正是社会、时代赋予我们的历史使命。”①

【作者简介】

姚曦，武汉大学新闻与传播学院广告学系主任、教授、博士生导师。

黄奎，武汉大学新闻与传播学院广告学硕士研究生。

① 舒咏平．广告教育中品牌传播的理念导入［J］．广告研究，2009（5）．

媒介融合新趋势下的广告教育：应对与反思

韦 琳 韦向阳

媒介是广告发展的驱动性力量，媒介技术的发展与媒介形态的更替成为广告业前进的巨大推动力，媒介教育也成为广告教育的核心内容之一。媒介融合（media convergence，也译作媒体融合）自20世纪70年代后期开始崭露头角，进入21世纪，随着网络技术和数字技术的迅猛发展，在业界以不可阻挡之势遍及全球，在学界引起广泛关注。广告学是一门应用型学科，广告教育一方面要遵循高等教育规律，同时亦要直面业界发展，不断进行结构性调整，以适应不断变化的社会需求和广告专业人才需求。因此，广告教育不可避免地受到媒介融合新趋势的强烈影响。

一、透视媒介融合新趋势

1978年，美国学者尼葛洛庞蒂即指出行业融合的未来发展趋势。1983年，美国马萨诸塞州理工大学的伊契尔·索勒·普尔在《自由的科技》一书中首次提出“传播形态融合”（the convergence of modes）的概念，他认为，数码电子科技的发展是导致历来泾渭分明的传播形态聚合的原因，其本意指各种媒介呈现出多功能一体化的趋势。2003年，美国学者李奇·高登对不同传播语境下媒介融合所表达的不同涵义进行了分类释义，包括媒体技术融合（Convergence in Media Technology）、媒体所有权合并（Convergence of Ownership）、媒体战术性联合（Convergence of Media Tactics）、媒体组织结构性融合（Structural Convergence of Media Organization）、新闻采访技能融合（Convergence of Information Gathering）、新闻表达形式融合（Convergence of News Storytelling）。①目前，媒介融合主要表现为传统媒体+网络、传统媒体+网络+移动终端（手机为代表）、网络+移动终端（手机为代表）。

1. 媒介融合技术的新发展

云计算在媒体中的应用：由Google提出的云计算（Cloud Computing）指IT基础设施和服务的交付和使用模式，通过网络（被称作“云”）以按需、易扩展的方式获得所需资源（硬件、平台、软件）和服务。其特点为超大规模、虚拟化、高安全性、通用性、高可扩展性、按需服务、极其廉价。② 云计算模式如果在媒体中得以实现，将是媒介融合的理想境界，大型综合性媒介集团可将多种媒介简捷地联系在一起，将海量资源与定制服务相结合。

3D技术引入传统媒体：2010年初3D电影《阿凡达》让人们再次看到3D技术的魔力。2010年3月9日，比利时《最后一点钟报》的所有照片、广告、新闻图片都呈现3D效果；4月16日湖北省《十堰晚报》推出中国首份3D报纸；6月1日，《安徽商报》推出中国首份3D报纸广告。2011年3月亦有新闻爆出韩国发明了根据本国民间故事改编的3D书籍。

① Rich Gordon. *Digital Journalism: Emerging Media and the Changing Horizons of Journalism* [M]. New York: Rowman & Littlefield, 2003: 57-73.

② 互动百科 [EB/OL]. http://www.hudong.com/wiki/云计算.

新技术的应用给传统媒体注入新活力，赋予其更广阔的表现空间、更丰富的创意形式。

物联网在全球的实现：随着 Web2.0 逐渐向 3.0 发展，互联网将不仅仅只是“互动”、“分享”和“体验”，也将从价值重新分配中获得更多的荣誉与认同，包括财富和地位。基于物联网等技术的智慧地球的建设，将可以达到物质世界与人类社会的全方位信息交互，实现人与客观世界的全程智慧交流。

2. 媒介融合的新趋势

媒介融合催生出开放与分享的交流平台，超越地域限制与物理空间的新媒介实现了受众间的平等与互动，创新性与草根性成为媒介融合深入发展的动力与结果。在技术的推动下，媒介融合呈现出新的趋势和特征。

单一媒介向多元媒介过渡：媒介融合的初期特征是不同媒介相互嵌入、互为操作平台，如报纸网络版、电视节目上网，但随着深入发展，传统的单一媒介向多元化媒介过渡，不同的传播话语形态如语言、声音、画面从融合走向一体，形成新媒介。如电子杂志，除了传统杂志的精美外，更融合了网络的多媒体特性，不仅能看文字，还能看视频、听音乐，更在发行渠道上开辟新路，通过网络即可到达受众。

多媒介、自主媒介和个人媒介占主导：媒介融合最具有革新性的直接后果就是媒介资源不再仅为机构垄断。随着网络技术和通信技术的进步，媒介几乎成为人人可得、人人可用的工具和平台。多媒介（体）、自主性媒介和个人化媒介逐步占据主导地位。如手机本身即具有多功能性，再与网络融合，推进微博、推特的热潮，彰显出这种多媒体终端已从最基本的通信工具变为个人媒介，并成为最具自主性的媒介。

传统媒介特性融合，新型媒介特性集成：不同媒介特性不同一直是区分传统媒介的重要因素，如报纸杂志精于文字与深度，广播以声音取胜、电视以文字声音画面一体化吸引观众，而媒介融合则使传统媒介的特点杂糅、媒介边界模糊甚至消失，而不断生成的新型媒介特性集成。如电子书突破了传统书籍的物理限制，将便捷性与海量信息有效结合；网络电视企图摆脱传统电视机的束缚，将直播与点播融为一体。

二、媒介融合新趋势对广告教育的挑战

广告学科建立在传播学基础上而发展，媒介融合对广告传播造成冲击，从而对广告教育形成巨大挑战。

首先，从大众传播一枝独秀到各类传播百花齐放，需建立大传播观指导下的广告新内涵。传统广告传播更倾向于大众传播模式，其中传者拥有受众无法享有的传播资源，媒介只是信息到达受众的渠道，虽然重要，但并未起到主导性作用。受众既无条件即时反馈，其反馈的影响力也受传者控制、极其有限。在媒介融合新趋势下，传播形态多样化，传播手段多功能化，手机、个人电脑等媒介的易得性与易操作性使受众可以同时成为生产者和出版者，而网络的普及则扩大了传播容量与范围。因此，通过网络迅速集聚的生产消费者（prosumer）不仅革新了商品流通渠道，更颠覆了一向面对大众的广告传播模式，将人际传播与口碑传播推至广告传播的舞台中央。这种转变昭示广告教育要回归传播本质教育，既关注传播信息的过程及效果，也关注信息、文化中人（people-in-cultures）及“真实”之间发生的互动，使意义得以形成或理解得以完成，① 建立大传播观指导下的广告内涵。不仅仍要重视大众传播与组织传播对广告传播的指导作用，也要关注人际传播尤其是以网络和手机为

① ［美］约翰·费斯克等编撰．关键概念：传播与文化研究辞典（第 2 版）［M］．李彬，译著．北京：新华出版社，2004：45-46.

渠道的口碑传播及以媒介融合为介质的新型传播方式对广告传播的促进作用。

其次，媒介从分散到集聚再到融合，需建立大媒介观指导下的广告新策略。随着新技术应用及升级的加快，新媒介更新日益加速，媒介在受众中的主导性作用越来越明显。在中国，网络开始普及距今也就十五六年的时间，个人电脑和手机更是在十年之间从高端产品变成随处可见的大众化消费电子产品。而电脑与网络、手机与网络的连接，使网络这一新兴媒介从小众媒介变成名副其实的大众媒介，也使网络和手机这两种媒介载体的能量不断增强。据中国互联网络信息中心（CNNIC）发布的《第26次中国互联网络发展状况统计报告》显示，截至2010年6月，中国网民规模达到4.2亿人，较2009年底增加3 600万人；互联网普及率攀升至31.8%，较2009年底提高2.9个百分点。其中，宽带网民规模为36 381万人，手机网民规模达2.77亿人，而农村网民规模达到11508万人，占整体网民的27.4%。① 融合媒介更是给广告带来全新的传播渠道和创意表现空间。传统广告教育往往突出创意、策划的核心地位，仅将媒介视作广告链中广告作品与目标受众连接的节点。在媒介融合推动下，广告教育要回归技术本质教育，建立大媒介观指导下的广告新策略。认清技术是手段、是工具，其本身也是媒介如3D，它不仅使媒体种类增多、功能增强，也成为广告策略日益更新的关键性力量。

最后，从相对独立的产业环节到密不可分的自洽式系统，需建立大整体观指导下的广告新战略。从云计算在媒体中的应用，到物联网在全球的畅通，直至智慧地球的实现，媒介融合趋势的加强将越来越多的媒介联为一体，相互影响、相互作用，曾经相互独立、各自单兵作战的媒介紧密地融合在一起，尤其在各国传媒政策放松、媒介技术迅猛发展之时，电信网、计算机网和有线电视网的三网融合已初露端倪，这一涉及技术融合、业务融合、行业融合、终端融合及网络融合的整体融合领域，让传者和受众这两大分离的传播要素可以更快捷简便地互动和转化。媒介体系的整体性引导广告教育摒弃单一思考，建立整体观念，向更为系统、更为开阔的广告新战略迈进。传统广告教育多以广告业务流程为主线，将广告涉及的各部分肢解开来，分别教授。如广告调查、广告文案、广告创意、广告经营，但广告产业各部分相互关联，密不可分，与广告相关的产业也深刻影响其发展变化，因此，广告教育除涉及与业界直接联系的技能式教育外，更需重视与广告学科相关联的学科基础教育及前沿前景式发展教育，让广告教育除自成体系，亦从相关学科教育中汲取养分，最终整合成广告教育的新战略体系。

三、广告教育的应对

面对媒介融合新趋势形成的巨大挑战，广告教育要从多角度构建立体式教育体系，与产业接轨、与时代接轨，以应对变动不居的社会需求。

第一，广告教师队伍的学与术。教师是广告教育的中坚力量，广告师资力量的强弱直接决定了广告人才的培养效果。媒介融合不仅让学生对层出不穷的新媒介感到眼花缭乱，不知从哪里学起，更直接考验着广告专业教师的学习能力、教学能力与研究能力。广告教师一方面要有灵敏的专业意识，随时吸收新鲜资讯，及时应用于课堂教学，让学生掌握前沿知识与方法；另一方面也要将杂乱无章、种类繁多的产业发展运用于学术研究中。媒介融合新趋势是建立在技术基础上的新变化，而从我国广告教育发展来看，资历年长的教师大多由中文、新闻、美术等人文学科转向广告专业，资历较浅的教师则多从学校毕业后直接进入教师岗位。人文学科教师对于技术的敏感性和熟练使用程度相对较弱，而拥有实操经验的老师少之

① 中国互联网信息中心．http：//www.cnnic.net.cn/html/Dir/2010/07/15/5921.htm［EB/OL］．［2010-07-15］．

又少。这对应对媒介融合新趋势带来的冲击颇显“乏力”。因此，加强新型广告教师队伍的建设可谓重中之重。如鼓励广告教师多与业界沟通，了解甚至参与到广告实践；鼓励广告教师勇于打破文理之间的藩篱，尝试使用新技术，不需个个成为技术高手，但要关注、理解新技术带来的变化，正确认识技术在广告发展中的位置。更为重要的则是及时进行学术探索，真正从理论研究和学科建设上赋予广告学以科学性。

第二，广告教学体系的专与通。广告学科的交叉性特点迫使广告教育一直面临着通才教育与专业教育的双重压力。大多数高校根据广告实务运作而设置的课程体系虽然让学生了解了广告链全过程，但却难以在某一环节上深入，较难适应越来越细越来越专的人才需求现实。媒介细分及新型媒介的兴起使得大规模复制效果减弱，而小众定制越来越受欢迎。与此同时，媒介融合使得原本已涉及众多学科的知识领域扩张不断。如传播学、营销学、美术设计等基础学科自不待言，而社会学、心理学、统计学、经济学，加上新兴的数字技术广告（网络广告、手机广告）、整合营销传播，甚至动漫、网络游戏都在其中。专业基础课过于宽泛，让学生感到学不胜学，往往对许多学科知识一知半解，更不用说学科方法和学科思想精髓。而专业课则过于细化，注重对广告现象的表述和追捧，反而偏离了最基本的广告原理教育如写作、调研和沟通及大学本质教育如学习能力、批判意识和创造能力。这种教学体系既不利于学生整体观念的培养，也不利于专业能力的加强。媒介融合新趋势让广告教育者不得不重新思考怎样达到专才教育与通才教育的有机结合。面对综合化媒介平台的综合性要求，要重构专通式教学体系，不断提升专业素养的专业化水平，坚持基础教育的深厚基础。

第三，广告教学方法的教与学。众所周知，广告学科注重实际操作能力，在广告教学中，满堂灌的单向传播式教学方法已难奏效。长期以来，多样化和灵活性的教学方法逐渐进入课堂，如案例教学法、任务驱动法、PBL 教学法。课堂上老师与学生的互动式教授与学习更是成为广告教育的亮点与特色。但归根结底，高等教育是制度化教育，这些表面上看起来给予学生较大自由学习空间的教学方法仍然建立在以教师为核心的客观主义认识论基础之上，究竟能在多大程度上培养学生的认知能力和动手能力尚需考察。媒介融合新趋势所涉及的知识领域和专业方向越来越多地突显出学生的核心地位。如对新技术的掌握老师未必比学生更快、更熟练。因此，寻求新的教学论势在必行。兴起于美国的建构主义教学论自 20 世纪 90 年代中期以来，成为许多国家课程与教学改革的理论基础，也对新形势下的广告教学以很大启发。建构主义教学论强调学习依赖于情境，教学内容不应预先固定和过于结构化，提倡主题教学、通过交互式系统学习和合作学习，学习的评价不是简单的对与错，而是学习者对自己学习过程的评价。① 这一教学论将教与学置于同等地位，以“学习”为核心，充分发挥教师的引导性和学生的能动性。媒介融合将广告教学的分层次、分环节、分领域重新聚合起来，教师进行教学的同时也是不断学习的过程，学生在教学中不断掌握学习方法、提高学习能力。总之，无论哪一种教学方法，都应与新技术、新知识和产业发展密切相关的广告教学内容相匹配。

四、广告教育的反思

毋庸置疑，媒介融合新趋势对广告业和广告教育起到促进作用，但媒介融合大发展衍生出的内在矛盾如多样与统一，多元与一致，互动与规制，值得反思，而广告教育在应对挑战的同时，更需反思如何在这一趋势中保持独立性与学术性。

第一，是培训技术能手还是培养多元化思维？

广告学科的应用性特点使得广告教育一向视业界发展马首是瞻，广告业时刻涌现的新技术和新热点更让广告教育紧随实践脚步。从最初的与业界之间壁垒森严、自说自话到如今的

① 胡定荣．对建构主义教学论的历史、文化与实践的思考［J］．比较教育研究，2005（2）：24-25.

言必称广告实操、专业技能，加上媒介融合趋势建立在数字化技术基础上，一时间培训技术能手似乎成了广告教育的核心。无论是传统的平面设计软件、影视制作，还是新兴的网络广告设计、动漫制作、网络游戏，几乎都成为各类广告教学体系中的独立课程。但业界总是在不断向前发展，也许学生们在大学期间刚学会的技术，到毕业时或已升级换代，或已成明日黄花。更何况有些最新技术尚无法纳入教学体系。因此，掌握基本的技术固然重要，也是必要的，但广告教育绝不能忽视培养学生的多元化思维，以求让他们从多角度、多侧面思考问题，避免单一化思维，在培养创新能力的同时，也能在广告实践中更具包容性；既让他们正确认识技术教育的重要性，也能充分认识到技术融合表面下的经济融合与文化融合，赋予广告教育人文关怀和社会关照。

第二，专业教育是保持个性化还是大众化？

媒介融合新趋势造就了更加多样化的媒介种类和多元化的媒介空间，也将许多原本相对独立的媒介整合起来，成为一个整体。许多媒介集团旗下拥有各类媒介，既有平面媒介如报纸杂志，也有电子媒介如电台、电视台、网站，一定程度上形成了媒介垄断。本来相互竞争的多种媒介越来越趋同，不仅在内容上达成一致，甚至在表现形式上也越来越接近。这使得原本就差异不大的广告专业教育更加没有特色。虽然我国高等学校的广告专业达300多个，但广告专业个性缺乏一直是困扰广告教育的难题。如果在综合性大学，则基础知识扎实而专业性不足，如果在专业类大学，则偏重某一领域而整体性不足。但社会对广告人才的需求是多种多样的，因此，不同大学的广告教育需根据学校特点和地方特点设定最优化教育方案，只有差异才能形成个性、具有特色。

第三，是批判性思考还是盲从性跟风？

媒介融合不仅让手机和网络等互动式媒介成为新宠，更让社交网站（SNS）成为社会性网络，实现了虚拟与现实的联动，但这种多方互动的便利性也带来了规制的革新，如何对传播权力去中心化的媒介融合新趋势进行有效规制，不使其随意发展、杂乱无章，甚至变成伤害他人的工具，成为亟待解决的难题。广告学虽是应用型学科，高校广告人才培养效果一向重视业界评判标准，但高等教育毕竟具有相对独立性和学术性，广告教育也不能一味对业界迎合、亦步亦趋，而应在广告教育中培养批判性思维，对任何潮流与热点都不能不假思索地接受；此外，还应倡导自主性思维，避免盲从性跟风，加强学界与业界的沟通交流，建立相互信任机制，而非相互指责。也正因为广告的实践性特点，决定了广告教育“不应仅仅依靠学校教育来完成，也不可能是学校教育可以独立承担的，而应该建立相关政府部门、学校、用人单位和社会协同合作的教育结构和培养机制”。①

五、结　语

媒介融合新趋势的变革式发展推动广告教育进行变革期的思考。媒介融合所带来的媒介盛筵不仅是传播资源的丰富化，也带来了前所未有的挑战。但无论这种新趋势如何发展，都始终要把握广告专业教育的主旨：既受产业环境变化和社会需求的推动，也不能偏离高等教育的内在规律和机制约束。

【作者简介】

韦琳，中国科技大学科技传播与科技政策系讲师，传媒管理博士生，主要研究领域为广告传播、传媒管理。

韦向阳，安徽省阜阳师范学院经济与商业学院副教授，主要研究领域为经济学、管理学。

① 倪宁，谭宇菲．试析“大广告”时代的我们广告教育［J］．国际新闻界，2009（7）：13.

新媒体环境下广告经营业态变革与广告教育研究

刘星河

新媒体如日中天，各类新媒体终端越来越成为精准性广告媒体，如社交网站、手机、楼宇电视、地铁电视等。另一方面，三网融合方案已经通过国务院高层审核，成为国家战略，广播电视领域将随之变革；同时，中国广播电视制播分离即将全面推行，电台电视台将保留新闻、社教等舆论导向性节目，其他如娱乐、财经、资讯等节目将交由社会制作公司，电台电视台作为媒体机构和播出平台的色彩越来越明显。

这三个因素的综合作用，前者正在导致传统媒体尤其是广播电视媒体的媒介生态和经营环境发生巨大变化，后两者将导致广播电视经营管理体制发生重大转型。这些将给传统媒体的广告经营带来前所未有的挑战，促进中国广告业界的经营业态发生重大变化。进而，这些变化反映在中国广告教育上，要求广告教育培养适应这种发展变化趋势的复合型、专业型广告人。

一、新媒体形态与广告经营业态的变化

（一）新媒体各类终端形态功能多样与互异，媒体生态化倾向明显

对于新媒体的理解，至少有两种主要倾向：一是从时间纬度来理解新媒体。新媒体永远是一个相对的概念，一个不断发展的概念。相对于报刊，广播是新媒体；相对于广播，电视是新媒体；相对于报刊、广播和电视，网站、手机等是新媒体。① 二是从新媒体的具体特征出发来了解新媒体，认为“新媒体”是“数字化互动式新媒体”的通俗说法，“数字化”、“互动性”是新媒体的根本特征。同时这种观点具有整合性，认为从技术上看，“新媒体”是数字化的；从传播特征看，“新媒体”具有高度的互动性。②

新媒体技术是相对于传统媒体技术而言的，是依托数字技术、互联网络技术、移动通信技术等，以手机网络、Twitter 博客、即时通软件等为代表，向受众提供信息服务的新技术。在新媒体技术体系支撑下出现了新的媒体形态，如数字杂志、数字报纸、数字广播、手机短信、社交网络、桌面视窗、触摸媒体等，这些与论坛贴吧、搜索引擎、Web2.0 网站、博客播客、微博客、P2P 数据传播、网络电视、楼宇电视、移动电视、数字广播以及 MSN、QQ、飞信、网络电话等通信软件的技术和表现形式的融合，形成了互联网间的互动、手机与互联网的互动，构建了新的媒体环境和媒介生态。

（二）新媒体的不断创生带来传统媒体广告经营方式、手段与渠道的分散化、经营主体的多元化、市场占有份额的离散化

新技术驱动的广告模式也开始在互联网、手机媒体、移动设备和公共场所大型显示器中

---

① 曹春丽．论新媒体［J］．湖南社会科学，2007（5）．

② 匡文波．新媒体概念辨析［J］．国际新闻界，2008（6）．

应用。广告主投放在新媒体的广告比例占到20%左右。日渐增长的新媒体广告渠道多样而丰富，除了网络新媒体之外，主要有：（1）户外新媒体。如户外视频、户外投影、户外触摸等。户外新媒体都具有户外互动因素，以此达到聚集人气，提升媒体价值的目的。（2）移动新媒体。其中尤以移动电视、车载电视、地铁电视等为主要渠道。2009年，公交移动媒体整体广告收入增幅达到58%。随着“高铁时代”的到来，移动新媒体又增加了高铁传媒新伙伴。(3) 手机与移动网络新媒体。手机拥有者已占到国民人口的66%，手机媒体已经成为最具普及性、最快捷、最方便并具有一定强制性的平台。随着3G手机的逐渐推广和多类型联网移动终端的运用，“移动互联”媒体平台将展现极为诱人的前景。

新媒体的生态环境，使得传统媒体独霸与演绎广告神话的局面被解构，广告主拥有广告渠道，广告经营方式、手段与渠道的分散化、经营主体的多元化开始出现。

（三）正在增长的新媒体广告经营模式借鉴与超越传统媒体广告经营模式

第一，新媒体技术和新媒体环境的发展，打破了传统媒体广告广泛而集中式投放、不计效果的局面，强调精准、娱乐、互动等新广告特性和消费倾向。

传统媒体广告经营的模式（集中式、代理制、广告媒体资源购买与售卖制等），正在遭遇新型的媒体广告形式的冲击。极具冲击力的新型广告形式让新媒体获得了挑战老媒体的资格。LG KG90手机的推广口号是“I chocolate you”，在猫扑论坛“大杂烩”推广期间，所有显示“爱”、“love”字眼的位置，均被系统自动替换为此次活动推广口号：“I chocolate you”。这场病毒传播立即产生很大反响，用户在很短时间内就将KG90手机传达的产品特性牢记。这是猫扑网推出的一种全新营销方式——病毒式广告。这家国内最大的Web2.0社区式互联网公司还提出包括社群营销、宽频互动营销、创意营销等方式。①

又如具有强制性阅读特点的蓝牙广告打破传统广告媒体定价的行规，广告主定好自己的支出预算，定向定条发送给目标客户，“一对一”传递信息，以求精准锁定目标消费群。信息接收者可以采用不同方式回复信息源，及时方便地参考信息的反馈和再创造，其明快的互动性使得蓝牙广告具有越来越强的娱乐性。

以即时通信工具、SNS、博客、微博客为代表的社会化媒体正在颠覆传统的信息传递方式。这些来自网民自主创造和交叉扩散影响的平台改变了过去依托传统媒体“广而告之”的大营销传播模式以及一切选择正统权威媒体的营销逻辑。在社会化媒体平台上，“人人都是播音员，人人都是新媒体”，这种依靠个人力量推动的营销具有难以想象的影响力。

第二，新媒体给企业参与品牌传播以极大的便利和通道。企业在数字化背景下重新思考品牌的传播路径，正在越来越多地利用互联网的影响力达到品牌提升和新产品推广之目的。如2009年中粮集团将旗下的果汁品牌“悦活”植入“开心网”的种地游戏中，玩家可以将实体的“悦活”果汁通过线下配送体系送到朋友手中；北京各大商超“悦活”产品的展示也与网上遥相呼应。在互联网打造出悦活品牌在白领中的认知度并形成时尚之后，中粮集团才开始利用传统的广播、电视等媒体进行更大范围的传播，而其引爆点正是源于网络。

（四）传统媒体广告经营在新媒体环境下生存与发展的挑战

第一，三网融合与制播分离经营模式将形成对于广播电视媒体自身经营的“制度性保护”与新媒体的“解构性侵略”的矛盾运动。

显然，以互联网络、通信网和广播电视网为核心的“三网融合”态势，不仅是政策的驱动，更是技术和市场的驱动。三网融合的实体形态——“三屏（电脑显示屏、电视屏和手机屏）合一”，无疑给了消费者的媒体信息“快餐选择”与“饕餮盛宴”，但也给广播电

---

① 新媒体需要什么样的广告形式来挑战传统媒体［N］. 第一财经日报，2006-12-22.

视机构转型发展的机遇和挑战。一方面，三网融合与制播分离带来了新媒体的融合和经营主体多元化；另一方面，三网融合的整体方案也在制度性保护广播电视自身，需要广播电视体制变革；而制播分离的内部分化模式和外部公司结合模式给了占据媒体资源主导地位的广播电视媒体自身经营以保护。这两方面的"有利因素"，都动态地存在于和新媒体的融合与互动过程之中。因为新媒体的创生与"全民使用"的特征，消解了广播电视媒体过去"资源霸权"的地位和主导优势；人人都可以发布、人人都可以掌握话语权的格局，使得企业、单位，甚至个人，都可以拥有媒体渠道。这种情况下，必将对广播电视媒体过去单纯依赖广告经营这条"腿"的模式和现状，造成"解构性侵略"，受到极大冲击。这需要广播电视机构寻找转型发展的新机遇。

第二，在新媒体环境中寻求新的生机与活力。

世界上的事物总是辩证地运动的。新的产业带来新的机遇。2010年中国网络广告将会突破300亿元。通信系统去年仅手机短信一项已突破200亿元。面对巨大的市场潜力和机遇，新媒体一步步勾画着发展蓝图，甚至对传统媒体的吞噬，其发展的迅速性不容小觑。然而伴随着新媒体的出现，新的就业岗位随之产生，新型的机构以及娱乐、生活等资讯广告的出现，为传统媒体融入新媒体注入了新的生机和活力。

第三，建构全媒体的战略格局。

我们可以看到，传统媒体在融入新媒体的广告业务合作上开始"全员化"。上海文广传媒与中国移动的联姻为新媒体拓宽了业务发展的渠道，由此移动传媒步入寻常百姓的视野。在全世界范围内，各大报业集团纷纷与各大网站合作，通过物联网技术、3G技术、跨媒体运作等方式，如火如荼地互动起来。这种互动不仅仅是企业和企业间的单纯业务合作，更是即将形成全媒体的战略格局。

二、传统广告教育模式的问题与思考

（一）传统广告教育在新媒体环境下的人才培养问题日益凸显

上述广告经营业态的变化和传统媒体努力建构全媒体战略格局的趋势，使得新媒体环境下的广告人才需求也随之变化；新媒体人才短缺已成为行业发展的软肋。曾有人预计，我国数字媒体人才的缺口达60万人之多。① 新媒体的发展及其对于广告业界和广告教育的冲击不是一朝一夕的事实。审视我国高校广告教育存在的问题，主要表现在：

（1）与广告行业发展趋势相脱节。我国各大院校纷纷开设相关专业，而广告企业认为，广告专业的毕业生专业经验不足、实践能力不强，他们更愿意聘用有工作经验的社会人。这表明了我国广告学学科课程和现代广告业发展及其人才需求脱节。

（2）广告教育与广告业界的供求不均衡。广告公司的用人取向是"急功近利"的，要求一进公司"上手就能用"，具有广泛的知识积淀和较强的创意实践能力。

（3）广告教育呼应国际广告对于国内广告越来越激烈的竞争压力不明显。全球经济一体化的社会环境和趋势，对高校广告教育和广告人才提出了更高的要求。但是，高校广告专业课程却忽视国际经济、国际广告管理法规、国际广告运行机制对中国广告的长远影响及其应对措施等全球化专业内容，意识不强烈，准备不足。

张发松认为，国内广告教育与广告产业发展之间存在着"两大矛盾"（广告教育人才供

① 赵婀娜．南开：填补我国数字媒体产业人才缺口［EB/OL］．人民网，2006-02-16.

应缓慢与市场需求迫切急促的矛盾，广告教育人才片面单一与市场要求全面综合的矛盾）①，导致中国高等教育培养的广告人才严重“畸形”——用主观去实践广告，而不是用市场与客观去验证广告。

（二）对于广告教育与人才培养的思考

综观我国高校广告教育界对于如何改革广告教育的思考，不外这样一些良策：一是从广告教育内部来创新，如杜永利提出广告课程的观念转变，即从“认同性”课程向“创造性”课程的观念转变；从“专业化”课程向“综合化”课程的观念转变；实现广告课程内容的实践创新。②

二是从广告业界需求角度提出广告教育的改革策略，如张发松提出解决广告教育两大矛盾的“良方”——建立泛广告教育理念，实现广告教育的社会分工，由大专院校发挥理论研发优势，重点完成广告教育的理论部分功能，由广告公司与企业发挥实践环境优势，重点完成广告教育的应用部分功能，相辅相成，实现理论与应用的全面深入，把广告教育的理论与应用融为一体，真正实现广告教育的社会目的。③

广告教育如何面对新媒体环境？学界也提出了很多建设性意见。舒咏平提出，以数字化为核心的新媒体广告发展不断加速，从三个方面向广告教育提出挑战，即内涵全新的广告观确立、媒介融合的策略力培养、数字化操作表现力形成。④ 陈红艳提出广告人的新技能应该掌握基本的计算机技术、软件及网络应用技术，并注意完善各项广告技能在新媒体广告中的适用性。对管理人才的技术理解能力、市场触角的敏锐度、商业模式的创新能力等方面也提出了更高的要求。⑤

显然，在世界经济一体化和新媒体技术快速进化的今天，广告——这个最具有前沿眼光和思想的行业，应当培养能够在国内外从事整合营销、广告信息传播与公关活动、具有多学科知识、不断追求创新、迎接新媒体技术挑战的复合型人才。

三、新媒体环境下广告人才培养的探索与实践

中国传媒大学南广学院是一所新型的独立学院。广告专业教育在创办之初，课程和教师都是本部移植、派遣来的，课程体系基本照搬。经过了两三年的过程，发现这种模式不适应独立学院的情况，也不适应学生的情况。为此，从2009年开始，南广广告教育在新版培养方案制定过程中，广泛调研，大胆设计，融合了多种因素，在新媒体环境下的广告人才培养方面做了一些探索。

（1）增设新媒体广告课程，补充学生的技能。

在教学时间里，开设了新媒体广告理论及技能课。利用南广传媒类院校资源，开设新媒体原理课程，让学生对媒体特性有充分的理解。另外，加入计算机软件应用、网络技术基础、设计软件应用等类相关课程。开设了网络广告、视频广告等选修课。

（2）与新媒体广告公司合作，加强行业认识。

---

① 张发松．中国广告教育批判与泛广告教育．中华品牌管理网，http://www.cnbm.net.cn/article/lw43795519.html 2006-02-18.

② 杜永利．高校广告教育的课程观念转变和课程内容实践创新［J］．吉林广播电视大学学报，2007（5）．

③ 张发松．中国广告教育批判与泛广告教育．中华品牌管理网，http://www.cnbm.net.cn/article/lw43795519.html 2006-02-18.

④ 舒咏平．新媒体广告趋势下的广告教育革新［J］．广告大观（理论版），2008（4）．

⑤ 陈红艳．新媒体环境下广告人才培养的思考［J］．教育与职业，2010（5）．

广告专业在师资缺乏、条件有限的情况下，按照“走出去、请进来”的办学思路，一方面聘请新媒体行业的资深人士和广告人担任客座教授，定期来校与学生座谈、开设新媒体广告专题讲座。影视广告实验室加装与新媒体相关的设计软件，邀请业界专家来辅导和讲座，满足学生实践操作的需要。另一方面，学校与新媒体广告公司、新媒体传播部门等确立长远的合作关系，不定期地组织学生到新媒体相关广告公司、作业现场参观、学习，增加对行业的感性认识。同时，利用寒暑假，送学生到新媒体行业相关企业学习，参与实际案例的操作。

（3）建构新媒体环境下广告人才的实践教学体系。

通过强化实践教学来培养学生的动手能力，提高学生新媒体广告的业务技能与技巧。

一是结合专业特色，开展综合实训。2006 年开设了一门综合实训课。专业实训把学生操作与教师指导讲评同时进行，如新媒体广告制作；模拟广告公司的相关业务，以小组为单位进行集体作业，如新媒体广告创意头脑风暴；布置新媒体相关主题的作业由学生课外完成课堂讲评，如新媒体广告调查。充分利用各专业课程教学中的实训环节，让学生熟悉新媒体广告业务。综合实训课程的成果，是一本很有分量的作品集。

二是开展专题实践。以广告学科的专题为主题，进行实践；老师到媒体公司或广告公司，找到项目，然后进行实训。设计以新媒体广告为对象的系列专题实践实习，帮助学生较为全面地了解新媒体广告在某个方面的宏观特征，全面提升实务操作技能。如斯巴迪克广告公司的新媒体获得率调查，就是由学生进行调研、分析，最终完成了报告。

三是改进毕业设计。在毕业设计中，很多学生撰写了与新媒体广告相关的论文和设计，研究新媒体广告属性、经营运作模式、受众特征、广告效果测评系统以及政策法律层面的相关课题和热点问题。

目前存在的问题是培养师资。广告教育要适应新媒体环境，一个新问题是，广告师资需要不断跟进新媒体发展和广告行业的经营变革趋势。我们鼓励广告专业教师加入当地的广告社团机构、参加进修或实习。广告专业的教师参加广告商业活动，不应该视为“不务正业”。当然，广告专业教师的课堂教学内容应当设法与广告公司、企业运用新媒体的品牌传播实践结合起来，这样才能为学生创造一个不断更新的新媒体广告实践的环境。

【作者简介】

刘星河，中国传媒大学南广学院广告与媒创教研室主任、副教授，香港浸会大学工商管理硕士。

媒体格局的变化与广告教育的创新

陈正辉

随着新技术的迅猛发展，新兴媒体日新月异，过去那种传统媒体一统天下的局面已经被打破。今天，在世界各地不管发生了什么事件，只要有传播价值，我们都能感知到，并有身临其境的感觉。这种感知主要来自于媒体，分散在世界各地的媒体记者用他们敏锐的目光和专业化的设备，随时为我们传输着有价值的文字、声音和图像，分享着事件的过程和背景。不仅如此，即使一个普通民众，用手中非专业化的工具，如手机，PDA 等，借助于通信和互联网络也可以迅速把身边的突发事件传播出去。至此，人类真正进入了一个互联互通的世界。也因此，我们失去了往昔安静的生活，我们时刻被各类信息包围着。这就是一个新传播时代，它正在改变着我们的思维方式、行为方式、工作方式和生活方式，当然也在改变着与媒体如影随形的广告的方式。无孔不入的广告，可以随时随地地出现在我们面前，过去习以为常的生活用具冷不丁地变成了广告媒体。媒体在变，广告在变，依附于广告产业的广告教育，当然也必须做出调整和改变。

一、新媒体带来的媒体格局变化

新媒体的概念我不在此细说，其实也说不清楚，学者们有很多的说法，比较被认可的是：在新技术支撑体系下出现的媒体形态，如数字杂志、数字报纸、数字广播、数字电视、数字电影、手机短信、移动电视、网络、桌面视窗、触摸媒体等。这个说法肯定也有缺陷，划分得越细，遗漏的可能性就越大。我们都知道，媒体是人体的延伸①，不同媒体的出现，其实就是人感知世界的形式在发展与扩张。在数字技术和互联网出现之前，媒体在本质上都侧重于某一种感知形式的延伸与拓展，出现的媒体在本质上也是互补的，是一种自然需求的发展结果。人类感知世界的形式是有限的，所以其相应的媒体也是有限的。其实早在互联网出现之前，作为媒体发现的阶段就已经结束了。那么，数字技术和网络是什么？新媒体又是什么？实际上，数字技术的运用和网络的出现是对传统媒体的升级，是以往单一媒体的融合，以及表现形式的创新。网络的强大在于它将其他媒体全部纳入其中，剩下的就是受众的选择。在这个庞大的受众群体中，有许多人会坚持他们原有的习惯，坚持读报、看电视、听广播，把自己喜欢的杂志收藏起来。当然也有更多的人会选择上网，会用手机看报，会在汽车里看电视。只是他们上的网页，看的手机报，接收的移动电视，或许还是出于某个传统媒体机构。从这个意义上来看，新媒体不可能取代旧媒体，但旧媒体却在不断新媒体化。

二、全媒体造就的传播方式革命

对于什么是全媒体好像还没有在学界被正式提出。据百度百科的解释，全媒体是指综合运用文、图、声、光、电等各种表现形式，来全方位地、立体地展示传播内容，同时通过文

① ［加拿大］麦克卢汉．理解媒介：论人的延伸［M］．何道宽，译．北京：商务印书馆，2000.

字、声像、网络、通信等传播手段来传输信息的一种新的传播形态。① 这个解释仅仅是对信息传播的方式或形态做了些说明，其实全媒体的概念更是一个应用层面的归纳，是上述的媒体拓展、融合以后，出现的一个涵盖面更广阔的词语，它也包含了那种现在流行的说法“人人皆传播”、“人人皆媒体”的意思。较之传统的单一媒体，全媒体的“全”是载体形式、内容形式以及技术平台的集大成者，它包容了各种媒体的特性，但并不排斥任何一种单一表现形式的媒体，在整合运用全媒体价值优势的同时，仍然很看重各种单一媒体的核心价值特性和优势；全媒体的“全”还体现在对受众的全面覆盖，通过各种媒体的整合，填充着人们行为的各个注意力空间；同时，全媒体的“全”还表现在以受众需求为导向的超细分服务，可以针对受众的不同需求类型，选择最适合的媒体形式和渠道，实现最佳效果。由此看来，全媒体是无处不在，无所不能的媒体形态，最为重要的是，我们每个人都成为了全媒体中的一部分。新媒体给我们的便利，使我们把“受”和“传”融为了一体。也正是因为这样一种改变，造就了一场“新传播革命”，过去那种自上而下、话语权完全由媒体方控制的新闻发布、舆论引导和社会监督方式，得到了极大的改变。这种双向的、互动的、多元化的传播方式，使普通民众有更多的机会参与公共事务讨论，对现实生活和社会上的各种现象、问题表达自己的情绪、态度和观点。而这样一种表达又到了随时随地的程度，当然有时也表现出随便的缺陷。我们能否这样说，全媒体造就的传播革命最关键的是开创了一个全传播时代。

三、全传播引发的广告媒体大战

媒体大战归根结底是广告争夺战，全传播的概念就是媒体的分化和广告的分流。以网络为代表的新媒体的出现打破了以往报纸、广播、电视“三分天下”的传统媒体格局，形成了新兴媒体不断争夺传统媒体的受众，传统媒体不断进军新媒体空间的新局面。从广告的角度看，传统媒体由于进军新媒体空间而拓展了广告领域；新兴媒体因为对受众的获取而提升了广告价值；而那些原本与媒体、广告无关的事物，由于对目标资源的占有而成为广告新秀。

（一）传统媒体的内容之战

内容既是传统媒体之间的竞争主体，也是传统媒体对网络媒体的竞争优势。这几年，事件频发，大事件不断，大媒体更具权威，也更有受众，当然就更受广告主青睐。电视仍然扮演着媒体老大的角色，而央视则傲视群雄。一个没有中国队的南非世界杯，让具有独家转播权的中央电视台赚得钵满盆满，保守估计在10亿～15亿元。省级卫视以娱乐取悦观众，相亲节目如火如荼，走火入魔。江苏卫视凭借一档“非诚勿扰”，一跃成为全国相关节目收视冠军，还弄得风生水起，成为关注焦点。更为重要的是这档节目差不多成为江苏电视台的印钞机、摇钱树，排队等着上广告的客户和排队等着上节目的男女嘉宾大有一拼。与网络媒体和其他新媒体相比较，内容仍然是传统媒体的优势，这种内容的优势，来自于传统媒体几十年来积累的公信力和国家政策对网络媒体的限制，尤其是新闻记者方面的限制。随着传统媒体的新媒体化以及网络媒体的“马太效应”，强势网络媒体将逐步形成。

（二）网络媒体的价值展现

互联网的发展已经超过了10年的时间，网络的价值从发 E-mail，到发布新闻和各类信息，再到社区、论坛、即时聊天、网游、博客、搜索引擎等，基本上是工具性呈现，那时有

① 百度百科．百科名片：全媒体［EB/OL］．http：//baike. baidu. com/view/1491255. htm.

许多人担心，这么多网站靠什么维持，他们为什么要这么坚持？明白人知道，大家都想把流量做上去，然后卖广告挣钱。可10年下来，能卖掉广告的网站着实不算多，而纷纷死掉的网站却不计其数。当然有死亡也有新生，网站的总数量还是与日俱增，一句话，看谁能笑到最后。Web2.0开启了网络新时代，让很多人从内心深处笑了。作为广告媒体的新贵，网络广告的巨大开发价值已经引起广告主和广告公司的极大关注。多项调查表明：广告主日益看重网络媒体的传播力，特别是一些高端广告主，网络广告的比重正在加大；网络广告的形式变化多端，与网民的接近性不断提高；搜索引擎的发展，使得主动关注广告的群体在增加；电子商务，特别是网上购物的逐渐普及，网络广告正在发挥着类似POP广告的购买功效；IPTV的快速推进，使电视广告落户网络媒体等，所有这些，都充分展现出网络媒体的巨大广告价值。

（三）三网融合的媒体变局

三网融合是我们说了很多年，也想了很多年的事情，从哪个方面看都是一件好事。一根线进户，打电话、上网、看电视、听广播悉数搞定，并且这三个网之间相互渗透、相互兼容，并逐步整合成为统一的信息通信网络。各种各样的网络形态将被统一在IP的大旗之下。这当然是一件大好事，既节约了资源，防止了低水平的重复建设，同时也打破了行业之间的垄断，用户能真正享受到互联互通的网络资源。这么好的事情，却迟迟办不了，原因是分属于不同行政职能机构管辖的行业，面临着利益的重新瓜分和调整。直到2010年6月30日国务院办公厅发出了《关于印发第一批三网融合试点地区（城市）名单的通知》，三网融合的工作才算真正启动。三网融合过程中有许多利益上的纷争，实际上在没融合之前，已经有了许多的相互渗透。比如广电网络开放的固话业务，电信机构推出的IPTV等，现在真的要融合了，牌照之争，播控权之争就被提到桌面。工信部和广电总局一直僵持不下的“IPTV内容播控权”问题，在三网融合的试点方案中，明确独归广电。作为受众我们对这些权利的归属不感兴趣，我们感兴趣的是融合所带来的改变：对着电视打电话，就可以在屏幕上看到对方；足不出户就可以参加电视节目大联欢，成千上万的人在不同的地方挤进同一个屏幕；而在手机上上网、看电视、玩游戏等，将成为人们的日常行为。从广告的角度看，手机这个原本跟媒体和广告无关的通信工具，变成了一个极具竞争力的广告媒体。所以有学者早就预言过，中央电视台的最大竞争对手不是各省级卫视的联播体，而是3G时代的手机媒体。当然，一些新的问题正在出现，信息数字化的结果把选择权交给了受众，强制式广告将被淘汰，而强制正是大众媒体广告发展的基础；还有手机是一个更加私人化的工具，如何让广告进入而不使用户愤怒？3G手机的电视内容、广告发布由谁去操控，可能还需要等待，也可能多种模式并行。

（四）精准营销的广告新秀

所谓精准营销是通过定量和定性相结合的方法对目标市场的不同消费者进行细致分析，根据他们不同的消费心理和行为特征，企业采用有针对性的现代技术、方法和指向明确的策略，实现对目标市场不同消费者群体强有效的、高投资回报的营销沟通。① 精准营销是一种创新观念的营销，从理念上讲是关心客户的长久利益和终身价值；从技术上讲是把传统的定性营销转变成定量营销；从理论上讲是个性沟通和新型顾客增值理论的体现。在广告界的那句“水漂”名言，是针对大众媒体广告提出的，以前也没有什么好办法能使每一分钱广告费都具有价值，毕竟大众媒体广告基本上是“天女散花”，是粗略地面对所有受众，造成广告资源的浪费实在预料之中。现代营销越来越注重沟通，终端与消费者的沟通能力是企业越

① 时炼波，张俐华．论精准营销的内涵与实施策略［J］．企业经济，2009（8）．

来越关注的焦点。广告正在经历从粗放式投放进入精准传播的过渡，客户数据库成为精准营销的有力工具。在这个过程中，作为以数据库为基础的直邮广告，近年来在中国崭露头角。直邮广告即 DM 广告，把企业希望表达的相关信息通过信件的方式传递到目标顾客手中，具有目标明确，互动性强，成本低廉，灵活保密，容易评估等特点，其精髓在于以诱人的信息，在合适的时刻，送到正确的地点，交给对路的人。直邮广告在中国可以说才刚刚起步，但根据欧美和日本等发达国家的情况来看，直邮广告将成为一匹广告黑马，受到越来越多的企业青睐。

全传播时代还使得个性化媒体受到关注，个人博客、播客、社区网站等都具有了广告价值，而口碑营销也成为网络时代的有效传播手段，正在被许多企业悄然使用。综上所述，全媒体时代的来临，引发了广告的媒体大战，造成了媒体的新一轮洗牌，也开创出一个新广告时代。

四、新广告推动的广告教育创新

中国广告教育的发展，满打满算也只有 20 来年时间，而真正形成规模仅仅 10 年左右。在这个过程中，广告教育一直追赶着行业步伐走，但紧赶慢赶还是有些跟不上趟。这两年的中国广告环境，除了上述媒体格局的变化外，更重要的就是广告行业的整体地位在不断提高。虽然广告业很早就被定位为“知识密集、技术密集、人才密集的高新技术产业”，但却从未享受过高新技术企业待遇，而是被视为传统服务行业。在国家相关统计目录中，广告业作为特种服务业与娱乐、洗浴等行业并列。即使这样，在过去的 30 年中，广告业一直以高于 GDP 增长的速度在高速发展，对国民经济发展的推动作用有目共睹。随着国家工商总局和国家发改委《关于促进广告业发展的指导意见》的发布，广告业的“三个密集”的现代服务业定位被再次明确，广告业被确定为创意经济中的重要产业，在服务生产、引导消费、推动经济增长和社会文化发展等方面，发挥着十分重要的作用，其发展水平直接反映一个国家或地区的市场经济发育程度、科技进步水平、综合经济实力和社会文化质量。① 目前全国广告年经营额已接近 2000 亿元人民币，已经进入世界大国行列。但是，和西方发达国家相比，我国的人均广告额还很低，广告市场的空间还很大，加之各级领导的重视和各类政策的扶持，可以说，中国广告进入了一个新的冲锋期。这就给中国广告教育腾出了巨大的发展空间，给各类广告人才提供了更为广阔的展示空间。这也就给广告教育提出了一些新的课题。

（一）培养适应新广告环境的高端人才

对于新广告环境，我们在以上已做了比较多的阐述。但什么才叫高端人才，这有个人才定位的问题。广告学科是一个应用型学科，培养的主要是应用型人才，这是比较明确的。应用型人才也有很多种，操作实践型，经营管理型，策划创意型，公关决策型等。这种分类不一定科学，但能看出其中的差异。传统广告教育沿袭的是“宽口径、厚基础、专策划、多技能”的培养模式，这没有错，但培养出来的人没有特色，放到哪里都能用，在哪里都不得力。其实广告的那点专业知识没什么深奥，一个没沾过广告教育边的人，在一个业务量还比较充足的广告公司摸爬滚打一两年，可能比我们一个本科生还管用。其实这种状况在哪个行业都有，问题是后劲和潜能。教育是分层次的，可是中国的教育严重缺乏中间层，高等教育有时就替代了职业教育，广告教育也不例外。我们也一直在探讨，各校如何根据自己的情况定位，做到术业有专攻。一些基础比较薄弱，区位优势不明显，学科特色不强烈的学校，

① 关于促进广告业发展的指导意见［R］．国家工商行政管理总局、国家发展和改革委员会文件，工商广字［2008］85 号。

多走一些技术性路线，以实用型人才培养为主；而一些条件好的学校，要为培养广告高端人才而努力。这种高端广告人才首先是适应新广告环境的复合型人才。所谓新广告环境包括传统媒体、网络媒体、手机媒体和其他各类媒体的环境空间，以及它们融合后的空间。所谓复合应该是多学科知识的交叉复合，知识和能力的复合，学识修养和社会责任的复合，严谨作风和创新思维的复合等。到底应该怎样把这样的人才培养出来，没有现成模式，尤其是在现有的社会大环境下开展的素质教育，经常是流于形式，很难有所作为；中学教育方式与大学教育方式的巨大差异，使许多学生甚至在4年里都找不着北，走上社会还处在懵懂和幼稚状态，这让我们有时候显得很无能为力。我们能做的就是在课程体系上，贴近时代脉搏不断做一些调整。

（二）制定适应新广告环境的课程体系

我校的广告学专业办了10余年，培养方案修订了七八次，基本上每届都有改变，但我还是觉得跟不上业界的要求。广告环境变化太快，媒体形式层出不穷，新知识新理念不断呈现，要想跟上这个节奏还真有些困难。有时我们也知道某门课程应该开设，但老师常常是个问题。老师们在自己的研究领域跟着前沿走可能还行，但要不断转换新领域就不是那么容易，而那些新知识常常又不成体系。现在的新媒体环境是一个完全开放的体系，学生接收新知识的能力可能比老师还快，那当然也只是少数人，这也就给了我们很大的压力。目前各校广告课程体系大都是由公共基础课、专业基础课、专业课和实践课四大部分组成，每一部分的课程承担着不同的培养目标和职责。课程之间有些互相联结和照应，但由于缺乏内在理念的支持和调控，因而难免有一定的盲目性和随意性。更为重要的是，各高校的课程设置普遍缺乏创造性，过多地受制于学校的教学计划和教学大纲，安排的课程就比较死板，常常忽略学生创造性心理的培养和激发，不利于挖掘、启发学生的创新潜力。而原有的课程内容本身缺乏创造性，教材更新速度又比较慢，老师也不愿意轻易更换教材，这些不断新鲜出炉的前沿理论就难以纳入教学体系之中。同时，在课程体系内也缺少启迪学生创造性，激发学生创新能力的相关课程。为此，要以培养学生的创造性为核心理念，进行课程体系的调整。在保持传统理论教学体系的基础上，增设一些互动教学课程、教学探讨课程、综合演练课程、模拟操作课程等。把一些新的知识、业界动态、行业规范等纳入其中，课程形式不一定固定，教师也不一定固定，学生的参与方式灵活，以课题小组准备一些专题比较合适。能请到业界的人员，尤其是某些方面的专家最好。不能让这样的课程流于形式，一定要精心策划。同时，目前我们大多数学校都是泛广告教育，什么都学一点，又什么都不会。应该尽可能把专业方向分细一点，或在教师的指导下给学生做一些不同的定位，形成有特色的核心竞争力。

（三）建立适应新广告环境的培养模式

根据教育部关于广告专业人才培养的总体要求，借鉴国外广告专业课程体系设置的成功做法，我国高校广告专业应确立知识、能力、素质为一体的专业培养目标和培养规格。创新型人才的培养是核心目标。现代教育理论强调教育应该依据学生的学习过程规律来设计教学环节。一般来说，学习过程有三种类型：第一种是“孤独之旅”（自我学习），通过沉思和反省获得；第二种是“结伴之旅”（合作学习），形成一支合作梯队，通过讨论、交流获得；第三种是“开放之旅”，这是更大规模的合作学习，由一支大规模队伍构成，通过实际操作，实现感性经验向理性经验的飞跃。① 就广告人才的培养而言，它是以上三种学习过程的融合。我们要围绕着三种过程，给学生引导和创造条件。目前学生的自我学习能力普遍不强，合作意识也比较差，开放学习的空间有限。所以要在这几点上有所突破和打通各环节，

① 杨立川．创新与和谐［M］．西安：西北大学出版社，2007．

还真要做出较大的努力。比如，提供教学资源丰富的阅读场所；建立硬件条件具备的实验场所；设立实战项目丰富的教学实习基地；组织以市场调研和活动策划为主的实战演练；通过请进来、走出去等多种教学手段，把学生的培养放到一个更为开放的空间，让他们在大学阶段能逐步完成社会化的过程。也有老师把这种培养模式归纳为“一条主线、三个层次、两种平台”。“一条主线”是指“培养既熟练掌握传统广告技能与技巧，又善于在新媒体环境下进行广告实战的高素质创新型应用型人才”的指导路线；“三个层次”是指实践教学的三个重要层次，即专业课程实训、专题实践实习和毕业设计；“两种平台”是指校内专业实验室平台和校外专业实训基地。① 这样的归纳记忆起来比较容易，实际运作起来还是有相当的难度。

（四）打造适应新广告环境的教学团队

新广告环境的变化对广告学教师队伍提出了更为尖锐和严峻的要求。目前，广告专业教师多由包含中文、新闻等人文学科转来，同时由美术专业、营销学专业等背景教师共同组成，绝大多数教师并没有实际操作的经历与经验。这对于实用性要求很强的专业教育来说，无疑有些“师资乏力”之感。对于一些办学时间长、师资队伍结构较好的院校，情况应该好一些，但大多数院校师资队伍仍然是目前广告教育的一个软肋，必须有目标地打造。我觉得，每个学校不管专业教师人多人少，都要有专业课程分工和师资培养规划，每个老师应该承担3～4门专业课程，这样才能保证教师有合适的工作量和各门课程不会只担在一个人身上。每个老师要有一门核心课程，这门课要追逐前沿知识。目前师资培训的渠道还比较多，有条件时要让大家轮流到不同的地方进修提高。其次，一些年轻的教师必须掌握基本的计算机技术、软件及网络应用技术，并注意完善各项广告技能在新媒体广告中的适用性。再次，要加强科研工作。广告学本身的学科地位不高，大学是以科研论成败的地方，要想方设法承担纵向课题，有课题压力就会写文章，出成果。同时，要积极争取横向课题，这阶段广告特别受到像发改委、文化厅、宣传部等方面的重视，他们也急于想做一些广告方面的规划，手上有些经费，要弄出点成果来。我过去也没在意，这次在一个会上一谈，觉得有点戏，可以沟通。还有一些大企业要做市场分析等，都可以作为横向课题合作；另外，青年教师要尽可能到广告公司、新媒体机构、广告企业进行挂职锻炼或做一些兼职工作，经验必须到实践中摸索。已经建立的一些教学实习基地可以进行双向深层次合作，包括请公司的老总或精英人物担任兼职教师或教授，他们大都会比较热情友好，认真对待。随着感情加深，对学生分配也极为有益。最后一点就是团队意识，广告是合作的产物，只有精诚合作，才能做大事，成大器。

【作者简介】

陈正辉，南京师范大学新闻与传播学院广告学系主任，教授；南京师范大学现代广告研究所所长。

① 陈红艳．新媒体环境下广告人才培养的思考［EB/OL］．本文来源于 http：//www. 14edu. com（论文网），原文链接：http：//www. 14edu. com/jiaoxue/jiaoyu/jiaoxue/zjlw/040Q29C2010. html.

媒介融合时代的广告教育初探

徐莉莉

"媒介融合"（Media Convergence）这一提法最早由美国马萨诸塞州理工大学的普尔教授（Robert Poor）提出。在他看来，其本意是各种媒介呈现出多功能一体化的趋势。言下之意，就是将电视、报刊等传统媒介融为一体。但信息技术的进步超越人们想象，因特网、手机、阅读器等新媒体接踵而至，媒介融合也呈现出种种新的特质。

密苏里大学章于炎博士（Ernest Zhang）被誉为"全美最懂媒介融合的人"，他对"媒介融合"有一个较为全面的定义："媒介融合，是一种合适的和较长期的媒体战略，它将具有同一或不同所属权的纸媒、广电、电子媒体平台融合在一起，对一定量的新闻和咨询内容在二次或多次利用的基础上进行最大限度的增值散发，其目的是在数字时代提供优质新闻和咨询，创造更多的利润、保持媒体的竞争优势①。"

截至目前，媒介融合主要战场在网络和"掌媒"。网络作为媒体，号称"海量存储，轻松检索"，受众在网络上可以阅读信息，搜索信息，又可通过博客、微博、BBS 等发布信息，充满开放性、交互性、共享性，呈现出与传统媒体截然不同的面貌，受众地位大大增强。

所谓"掌媒"，即手持媒体，主要包括智能手机，比如 Iphone 手机、Blackberry 手机、LePhone 手机。此外，美国苹果公司还推出了电子阅读器，其外形类似于汉王电子书，但可以接收专门的杂志。可折叠电子报纸也在研制之中。

越来越多的年轻人远离电视，远离报纸，选择网络和"掌媒"来寻找有用信息，观看各类视频。

一、媒介融合的特点

1. 传受双方互转

手机短信、即时通信、博客等传播形态，让更多受众可以及时发布信息，甚至可以说，在媒介融合的时代，人人都能当记者，传播者和受众的区分日益淡化。比如在伦敦地铁爆炸案中，唯一的影像资料，是一名乘客用手机拍摄的图片，尽管模糊不清，采光不佳，但因其唯一性，所以被各大媒体所采纳。此外，在弗吉尼亚理工大学的枪击案中，一名学生凑巧用手机拍下了枪击的录像，而后出现在全球的荧幕和网络上。新媒体使得人人都可以传播信息，成为传播者，人人也会作为受众得到别人传播的信息。

2. 传受双方互动

传统媒体往往是单向线性传播，一方传播，一方接受，缺乏互动。而媒介融合的出现，则实现了传受双方的互动，使信息传播更加及时、流畅，增强了传播效果。而传统媒体也不

---

① 引自章于炎在华南理工大学新闻与传播学院的讲座，2010 年 6 月 16 日。

甘落后，在技术和新传播形态的作用下，传统媒体在某些方面也实现了互动，如受众可以通过短信参与电视节目，手机报、电子杂志、播客等的出现，使受众不再是被动地接收信息，也可以搜索信息，传播信息。由此，互动逐渐成为传播过程中普遍现象，这一特点使传播者和受众的地位发生了深刻的变化。

二、媒介融合的发展趋势

1. 技术创新促进媒介形态融合加速

经济基础和技术条件是决定媒介形态的物质基础和演变前提。随着媒介技术的不断创新，数字化、多媒体平台等技术层面的兼容性成为推动媒介形态融合的前提条件，使得新闻媒介的技术实力不断增强，运行方式也发生变化。不仅产生了以网络为代表的新媒体，也使媒体间的界限愈发模糊，提升了不同媒介间的依存关系，媒介功能的边界日益模糊化，推动新闻信息产业与其他行业的界限发生交融。例如，新闻集团的数字化、多媒体平台建设使集团水平的信息平台成为标准组织形式，对外部信息源的依赖进一步降低。这改变了通讯社的存在方式以及信息市场的供求机制。一方面，多信源和自媒体的出现等削弱了通讯社的不可替代性；另一方面，信息竞争也给予了通讯社发挥专业优势进入新领域的机会与条件。

2. 政策与机制创新推动产业结构调整

随着传媒产业改革的深化以及参与国际竞争步伐的加快，新闻改革正在进入一个新阶段。能否抓住时机，及早适应政策进行机制创新，成为决定新闻媒介未来5年发展的关键性因素。例如，国家推进传媒产业改革的重要方向之一是推进集团化建设，组建传媒集团可以使媒体在经营主业的同时横跨传媒的几个领域，形成较强的抵御市场风险的能力，也能够与国外传媒集团在某些领域和地域相抗衡。当前，我国传媒产业集团化建设是在以党报为核心建立报业集团、以省级广播电视台为核心建立广电集团的基础上，以3年左右的时间，组建一批具有活力和实力，综合性、多功能的新闻集团。

3. 经济、科技及娱乐类信息产品成为竞争焦点

现代传媒产业的竞争日趋激烈，在这样的竞争中能否适应受众需求变化，占领信息高地，是提升传媒产业核心竞争力的关键。当前，政治宣传类信息让位于经济、科技、娱乐类新闻信息需求，这是传媒信息产品构成正在发生的重要变化。经济、科技、娱乐类信息也成为中国新闻集团与国外传媒集团竞争的焦点，对经济、科技新闻的分析、判断能力甚至成为决定新闻媒介核心竞争力的重要因素；无论是对财经信息的及时披露与系统分析，还是对娱乐新闻的敏锐捕捉，都成为新闻媒介发挥专业化的信息服务功能，提供深度的引导和文化服务职能愈发重视的关键目标。

4. 媒介融合与广告联动性日益增强

对媒介生存来说，能否吸引足够的广告注意力是重要保证。“通过媒介内容产生出大量注意力经济，是媒介经营者的最终目标。随着媒体市场细分化、小众化，无论是受众的广告接受习惯还是媒体的广告环境都发生了深刻变化，所以必须对媒介融合后如何革新广告传播方式进行探讨。”受众接受习惯的改变表现在人们面对众多信源时，不再像以往那样相对专注地处理信息，媒介数量上的扩张和质量上的细化导致广告受众的破碎，广告传统传播方式面临巨大挑战。因此，在媒介融合背景下，媒介市场的受众原本高度细分化和碎片化的情况需要重新整合，在理论研究层面可从媒介素养教育、使用与满足理论、培养理论、信息处理

的概略理论等视角考察这种变化，提供改革广告传播实践操作的有效指引，这也将成为未来研究的突破点。

三、媒介融合对广告的影响

在传统媒体中，除非有特定需求，人们接触广告都是被动的、无意识的。而且在陈培爱看来，目前广告业缺乏社会公信力，其原因在于："第一，媒体未能抵制不良广告；第二，广告主的虚夸与虚假；第三，广告公司唯利是图①。"既然传统媒体缺乏公信力，受众对广告自然会选择回避心态。但因为传统媒体的传递单向性，人们只能被动接收信息，无意中接受了广告。那么在媒介融合时代，新媒体"冲破以往大众传媒单向话语权的壁垒，取消传受之间的分界。你可以上传自己的视频或者音频，也可以分享别人制作的节目，还可以将个人的意见及时反馈给传者"。②"在这种情况下，受众可以轻松地回避无聊的广告，直取自己所要的信息，面对这种新情况，广告业应该如何应对呢？

1. 增加视频广告

尤其在类似 PPS 等网络电视上，可以在影片开播前插入广告，并且打上倒计时，为时不宜超过 20 秒钟。由于网络电视的特殊性——广告阶段不能跳跃观看，加上广告时间较短，据相关调查发现，受众对于这种广告，回避率低于电视广告。

2. 广告增加互动性

传统广告中，电视广告之所以比广播广告或印刷广告更有吸引力，就在于它能同时为消费者提供视觉和听觉方面的刺激和享受。如果受众能够控制广告，比如汽车广告，如果随着受众手中鼠标的滑动，汽车也随之展现各个侧面，甚至对车内装置也能看个究竟，包括座位、仪器表、音响，甚至发动机等，从而能让受众直观地、兴致盎然地、全方位地了解汽车的品质，肯定能提供更生动的视觉和听觉刺激，再结合互动功能带来的控制感和在场感，并且记忆深刻。

3. 投放精确，迎合受众心理

传统媒体中的广告，往往是粗放型的，即通过大众媒体发布广告信息，再从大众媒体的受众中筛选目标受众，这无形中造成了大量广告费用的浪费。而且，在信息爆炸的今天，人们接收到的信息超过了负荷。大众媒体刊播的大量与自己无关的广告信息，人们唯恐避之不及，更谈不上接收或接受。在媒介融合时代，广告主可以研究目标受众心理，并将广告放置在目标受众时常关注的位置。

四、对广告教育的要求

媒介融合是对传统媒体的一次重大革命，即将迎来新的信息传播时代，这也意味着对媒介从业人员的素质有了更高的要求。对此，世界成立最早的新闻学院——美国密苏里大学新闻学院布莱恩·布鲁克斯（Brain Brooks）教授认为："我们将会看见，随着媒体企业之间的合作、电视、广播和网络的资源都会被集中起来，新闻工作者必须具备跨媒介的新闻工作能

① 陈培爱. 中国广告教育的社会危机及对策 [J]. 中国广告，2008 (1).
② 李幸，欧慧玲. 视听传播史论 [M]. 北京：中国社会科学出版社，2010：302.

力，现在，98%的新闻工作与媒体融合无关，但这个情况将会在未来几年内出现极大改变。”

这一席话是在2006年说的，时隔4年，一切尽如布鲁克斯所说，越来越多的新闻工作者具备了跨媒介的新闻工作能力，在密苏里大学专门开设了“媒介融合”专业，培养多面手的新闻记者。而广告从业人员也需要具备这样的能力。这也给现在的广告教育提出了新的要求。

1. 更新课程设置

传统的广告专业课程设置，一般包括学科基础必修课、学科基础选修课、专业特色课、专业特色选修课。其中专业课的实践类课程中，包括平面广告制作、影视广告制作、三维动漫制作、广告文案写作等。在媒介融合时代，广告学教育要与时俱进，必须在传统课程体系中更新内容。

有研究者认为，由于新媒体具有较强的技术性，因此，“应考虑在学科基础课中加设信息学、计算机软件应用、网络技术基础、新媒体概论等相关课程。专业特色课中除传统的广告创意策划、广告设计制作、广告文案写作等以外，可以围绕‘新媒体广告’加设相关的特色课，如网络广告、视频广告、流媒体广告、游戏广告、新媒体广告实务，等等。”①

当然，广告学专业课程已经很多，若是加入大量新媒体或媒介融合的课程，会让学生负担过重。在笔者看来，可以在广告创意、广告文案写作、平面影视广告制作等课程中渗透新媒体、媒介融合的相关内容，形成全新的教学体系和教学大纲。

同时，在专题实践实习课上，可以加入新媒体广告策划创意、新媒体广告设计制作、新媒体广告媒介计划制订、新媒体广告受众调查、广告创意思维等内容，可以帮助学生较为全面地了解新媒体广告在某个方面的宏观特征，全面提升实务操作技能。

2. 产学研结合

《中国广告高等教育现状调查》中指出：“广告教育的一个显著特点就是从理论到理论，很少有老师真正涉足于广告业而具备实际操作的经验，甚至是从其他专业转过来从事教学的。教学方法也是从书本理论到书本理论，导致的结果就是学生也无多少实践经验，实践的课程过少，也非常单一。而广告是实际操作性很强的行业，面对的是活生生的客户、鲜活的市场，必须具有丰富的实际操作能力和客户经验。”②

在媒介融合时代，这个问题更加严峻。因为广告学为一门应用型极强的学科，广告教育的既定目标一直是培养应用型人才。目前广告业发展日新月异，业界人士在亲身实践中尚且容易落伍，学界人士（尤其是高校教师）身处校园，若是不能参与实际操作，对于学生培养非常不利。

为了解决这个问题，要从师资建设和学生实践两方面着手。

在师资队伍方面，一是锻炼内功，为现有教师提供进修培训，开阔视野，把握媒介融合发展脉搏，熟悉新媒体应用策略的机会。二是开门办学，定期组织媒介融合方面的研究专家、学者、业界资深人士对学生进行系统的教学培训。同时，也邀请业界具备充分实践经验的专业人士参与编写实用的教材。

在学生实践方面，一是建立实习基地，发挥公司、媒体、企业用人平台的联合互动作用，可把教学课堂搬到公司或者媒体中去，让产、学充分结合，让学生在实践中发现媒介融合，提升专业能力，引导学生正确认识广告界真正需要什么样的人才，以促进他们日后的就

① 陈红艳．新媒体环境下广告人才培养的思考［J］．教育与职业，2010（5）．

② 中国广告高等教育现状调查［J］．现代广告，2007（3）．

业。二是参加广告大赛，金犊奖、学院奖、中广协广院奖、One Show、白金创意和大学生广告设计大赛等，是高校学生参加的主要广告赛事，通过比赛，了解广告发展前沿知识，也是很好的举措。

3. 加大实验室的投入

媒介融合中充满了新媒体的广告实践，其教学的开展，依托于良好的设备条件和实践平台的搭建。因此，应加大投入，建立广告教学实验室，在传统的影视广告实验室、平面广告实验室、数量统计与分析实验室等基础上，增加网络广告实验室、游戏广告实验室、多媒体广告实验室等新媒体广告实验室，以满足学生实践操作的需要。

综上所述，媒介融合的出现是传媒业的一次大变革，同时也是广告业发展的新契机。只有根据传媒市场变化与广告人才需求方向，及时调整人才培养思路，探索以市场与社会需求为导向、理论教学与实践教学相结合的培养模式，建设拥有跨学科知识、跨文化思维、跨媒体技能的师资队伍，创建宽口径、厚基础、跨媒体、精专业的课程体系，以及可扩展的教学平台，联络广告业界等多方力量，才能提高广告教育办学水平，真正为社会输送有用之才。

【作者简介】

徐莉莉，中国计量学院艺术与传播学院广告学系副教授，系主任，武汉大学新闻与传播学院博士研究生。

新媒介环境下广告学专业本科生媒介素养及技能教育实践研究

祝玉华　张合斌　康初莹

一、引言

随着媒介技术的发展，在20世纪末出现了大量使用网络或相关电子媒介进行广告传播的现象。在此基础上，在媒体领域出现了新媒体的提法，狭义的新媒体是指20世纪中后期以计算机的发明和网络技术的应用为支撑体系出现的媒体形态，如数字杂志、网络、桌面视窗、数字电视、触摸媒体等。而广义的新媒体是指相对于报刊、杂志、广播、电视四大传统媒体以外的所有传播媒介。因此，新媒体被形象地称为"第五媒体"。

目前，按照相对通用的分类，新媒体的种类有五种，分别为：传统媒体的延伸，如数字电视；融合媒体，从通信工具到新媒体，如手机媒体；交叉媒体，从网络到新媒体，如网络电视；群体移动载体媒体，如车载电视；户外新媒体，如楼宇电视等各种特定场所内的新媒体。

本文所界定的新媒介环境主要包含前四种类型的新媒体所构建的媒介环境。在广告教育教学实践中以上四种类型的新媒体比较容易融入教学视野，便于进行教学化改造，同时也便于为广告专业学生所掌握，进而提高学生的新媒介素养与技能。

二、可能性分析与可行性分析

从信息化社会大环境的角度可以看出，广告学专业本科生媒介素养及技能教育是信息化时代人才培养的必然要求，也是完全可以实施的。2010年1月15日，中国互联网络信息中心（CNNIC）在北京发布了《第25次中国互联网络发展状况统计报告》，数据显示：截至2009年12月，我国网民规模已达3.84亿人，互联网普及率进一步提升，达到28.9%。

从高等院校专业教育教学改革的方向可以看出围绕新媒介进行专业教育是必然趋势，也是时代的使命，更是高等教育顺应时代发展、服务社会的重要表现之一。

从广告学教育教学师资队伍及其素养变化情况可以看出：在广告教育先贤的指引下，广大从事广告教育的中青年教师已经适应人才培养的要求，而且具有对新媒体的探索愿望，无论在日常生活中或专业教育教学中已经深深地植入新媒体的烙印。

从广告专业学生的角度可以看出：80后乃至90后的大学生是和网络等新媒介一起成长起来的"新新人类"，对新媒介的体验和认知比较早地进入，并将在其一生中与各种各样的新媒介保持最新时间的接触。

因此，综合以上四点，可以看出新媒介环境下的广告人才培养的不但是可能的，而且完全可行。在本文后续的部分将结合河南工业大学的新媒介环境广告专业本科生媒介素养及技能教育实践进行探索研究。

三、新媒介环境的构建

新媒介环境可以从多个层次来构建，既有简单的新媒介环境，也有相对复杂的新媒介环境。对本文来说，基于专业教育教学的角度的需要，简化很多环节，构建简单的新媒介环境。

首先，构建学院门户网站为主体的网络教学环境。在此环境下，不但有一般形态的动态网站，而且具有较强新媒介特征的 WAP 形态网站，还有 RSS 订阅服务、实时访问监测等，完全构建起了一个拟态化的媒介网站。

其次，构建以专业教育教学课程网站和教师教学博客为两翼的辅助网络教学环境和新媒介实训环境。广告专业的课程授课中有多门课程具有课程网站和教师教学博客，全天候辅导学生的专业学习，而且部分课程网站可以提供网络广告的投放平台、网络广告访问情况实时监测、网络广告效果评价等功能，为学生新媒介环境下的广告实训提供支撑。

再次，引导与组织学生构建网络群组，搭建基于网络群体传播层次的传播场域。例如，组建专业学生 QQ 群、组建专业学生邮件列表、组建专业学生 SNS 社区群、组建专业学生百度贴吧等。在以上的网络群组中，学生可以充分体验新媒介环境广告的多样化和广告传播的社会效应。

最后，搭建基于网络大众传播层次的传播场域。例如，依托大型门户网站博客组建学院平面广告展示平台，依托土豆网或优酷网等视频网站组建学院或专业网络视频广告展示平台，依托有声文字网站组建学院或专业网络音频广告展示平台，在网络大众传播层次传播作品，提高影响力。

四、三个方面的实践探索

在所构建的新媒介环境下，我们主要从课程教学、毕业论文（设计）、专业比赛三个方面进行探索实践。

在课程教学方面，主要围绕专业主干课程进行新媒介教学环境搭建、网络教学组织与实施、学生初步尝试在新媒介环境下进行广告传播等。在广告学专业的“广告学概论”、“电脑广告设计”、“网络与传播”、“网络广告”等主干课程中提高学生在网络教学环境的参与度，如“网络与传播”（2009 年省级精品课程立项建设）课程搭建了校园 EyouCT 网、课程网站、院系级教学支持平台、课程资讯网、课程博客、教师博客六大平台进行课程教育教学，在院系级教学支持平台、课程资讯网中学生按照要求设计制作网络 banner 广告，并设置广告和监测广告的浏览情况等，而且可以适当投放手机的文字广告。

在毕业论文（设计）方面主要围绕培养学生对新媒介的关注与应用情况的调查研究能力，有少量学生在毕业设计中围绕实际业务进行了网络广告的策划设计制作等。如在 2010 届毕业论文中有较多关注新媒介的论文：手机广告的效能评价体系研究、手机广告的发布模式研究、大学生移动互联网应用状况调查研究、大学生 SNS 网站应用状况调查研究、大学生网络购物与网络广告关联度研究等。

在专业比赛方面主要围绕培养学生对新媒介形态广告的策划设计制作能力。我们组织相关教师集中对学生新媒介技能提高着力培训，在金犊奖、全国大学生广告艺术大赛、中国大学生广告艺术节学院奖等专业赛事中频频在新媒介形态类广告中获得较大奖项。如第七届中国大学生广告艺术节学院奖网络广告类铜奖、第三届全国大学生广告艺术大赛全国决赛网络广告作品一等奖、第十九届时报广告金犊奖大陆地区金奖。

五、结束语

笔者所在的学校为工科院校，学校以培养应用型人才为培养目标，在对广告学专业学生的培养上亦以此为目标，因此自创设专业以来就充分把新媒介的技术与理念应用在对广告人才培养过程中。由于目前融合新媒介的广告专业教育教学的研究不够深入具体，没有成熟的模式可供借鉴，因此文中所述仅限于三个层次的简略的探索实践。在今后的实践中笔者将更进一步努力完善和丰富新媒介环境下广告学专业本科生媒介素养及技能教育体系。

【参考文献】

[1] 刘芳．广告学专业开设影视制作课程的教学研究与实践［J］．新闻界，2008（2）．
[2] 刘树奎，王祥翠．谈广告学教学中案例教学法的作用［J］．中国电力教育，2008（22）．
[3] 于馨燕．基于信息理论的广告学教学研究［J］．中国轻工教育，2007（2）．
[4] 朱书双．基于建构主义学习观的动态生成式课堂教学策略的构建［J］．新课程研究（下旬刊），2009（8）．
[5] 谭敬德，陈清，张艳丽．维特罗克生成学习理论认识论特征分析及其对教学设计的指导意义［J］．电化教育研究，2009（8）．

【作者简介】

祝玉华，河南工业大学新闻与传播学院院长，教授，博士，硕士生导师，研究方向为广告教育教学及网络广告。

张合斌，河南工业大学新闻与传播学院讲师，硕士，研究方向为网络媒体经营管理与网络广告。

康初莹，武汉大学新闻与传播学院广告学博士生，河南工业大学新闻与传播学院广告教研室主任，讲师，主要研究方向为广告传播。

广告学专业实践能力培养目标与途径探析[①]

——基于新媒介环境下的思考

崔 磊 舒咏平

我国高校广告学专业实践能力教育与广告公司实际发展相脱离，学生不了解广告公司实际运作情况，缺乏实践能力的问题由来已久。在新媒介对广告行业影响日益凸显的今天，高校广告学专业学生的实践能力与社会需求的矛盾势必将扩大，尤其是学生的新媒介相关能力。究其原因：一是实践教学的目标和要求不明确，在目前教学计划中缺乏明确、规范的新媒介实践能力培养目标和要求；二是实践教学本身也缺乏系统性和完整性，实践教学依附于理论教学，实践能力培养缺乏有效的途径，尤其是新媒介的教学途径匮乏。因此，在新媒介环境下，应创新专业实践能力培养的思路，从明确新媒介环境下的培养目标、建立有效的培养途径入手，以此完善高校广告学专业实践能力的培养。

一、新媒介环境下广告学专业实践能力培养观念的创新

（一）新媒介环境下广告观念遭遇挑战危机

在新媒介环境下，目前的广告观念遭遇前所未有的挑战危机，广告要树立内涵全新的观念，舒咏平教授指出，传统的广告观念已经发生变化，数字传播环境下，广告应取向品牌传播。例如，传统广告中的诸如“可以识别”、“付费”界定的广告内涵在新媒介时代已发生了变化，很多“广告”并没有明显的广告主，而网络上的口碑传播也已不需要广告主付费。[②]

同时，由目前的数字化进程规划可以推测，未来人们享受高品质的媒体服务，大部分是需要付费的，媒体的生存资本提供者将由广告主向传播受众发生转移，受众对媒体的控制作用将远远超过目前的水平。数字媒体传播对象在享受高质量服务的同时，不希望再像以前那样时时刻刻被广告“骚扰”。

在数字媒体上，广告所体现在时间和空间上的形式不再明晰可辨，而是消融近无，即数字广告很难再有明确形式，几乎等同于电子商务、数字传播的所有形式，一改传统传播模式中的“单向传播”，并转化为广告主与广告受众之间相互作用、相互影响的“双向互动”，让本来分离的广告接受过程和实际咨询消费过程合二为一。如此，新媒体时代广告观念已全然颠覆了原有的诸如“可以识别”、“付费”界定的广告内涵，而需进行全新的内涵确定。

（二）广告学专业实践能力培养环境日趋复杂

首先，广告专业实践面对的媒介环境日趋复杂。

---

① 本文为湖北师范学院教学研究项目“广告学专业课程体系建设研究”的研究成果，项目编号：200803；也是湖北师范学院研究生启动项目“新媒体广告传播研究”的研究成果之一，项目编号：2008D01。

② 舒咏平．数字传播环境下广告观念的变革［J］．新闻大学，2007（1）．

随着数字媒体越来越普及，使消费者原有的媒介接触时间、接触习惯完全打破，这就是媒介“碎片化”。媒体的“碎片化”特征将继续加剧，大众品牌影响力的下降和大众媒体接触的减少是大众市场“碎片化”的两大特征，传统媒体的优势在“碎片化”时代遇到挑战，互联网等新媒体将在“碎片化”加剧的背景下迎来发展机遇与挑战。

由上可见，无论是以互联网为代表的“碎片化”时代的到来，还是以手机为主导的3G时代的来临，广告学专业的实践能力也将以数字化为主导，加大对学生的数字化观念、数字化技术等的培养。

其次，新媒介影响巨大，在广告投放中将占主导地位。

数字化时代，互联网的发展及其广泛应用正深刻影响和改变着各行各业，对广告业的影响也日趋突出。① 近年来搜索引擎的异军突起，使得“用户可以根据自己的需要搜索自己想要的东西”。互联网正在成为广告主与消费者沟通的最廉价的工具，也成为广告主推介产品、宣传自己的有效平台。从目前来看，各类网络广告的发展蒸蒸日上，其载体基本上是多媒体、超文本格式文件，广告受众可以对其感兴趣的产品信息进行更详细的了解，使消费者能亲身体验产品、服务与品牌。这种图片、文字、声音、影像相结合的广告形式，大大增强网络广告的实效，颇受企业主的青睐。② 据In-Stat的调查研究，目前年龄在15岁到25岁之间的年轻一族，他们花费在互联网上的时间是70%，而花费在传统媒体上的时间则是30%。由此可见，面对新一代，企业为了更好地销售产品和树立品牌形象，新媒体广告在未来将主导企业的广告投放。

最后，从学生角度来看，一是学生缺乏新媒介的观念和技术，甚至由于新媒介技术突飞猛进，教师的思维和能力都跟不上新媒介的发展。因此学生和教师的新媒介能力都亟需提高；二是学生普遍对以手机、互联网为代表的新媒介兴趣很大，愿意接触和掌握相关的知识和技能。

二、新媒介环境下广告学专业学生实践能力培养目标设定

在新媒介环境下，设定广告学专业学生实践能力培养目标时要把传统的广告教学中的基本能力要求与专业能力要求与新媒介环境有机结合起来，具体是：传统基本能力融入新媒介感知能力；加强业务能力，重视新媒介运用能力；完善创新能力，注重新媒介思维能力的培养目标。具体而言，新媒介环境下广告学专业学生必须具备的实践能力包括以下三个方面：

第一，传统基本能力融入新媒介感知能力。

传统的广告学专业要使学生具备多种基本能力，具体而言应有较强的语言、文字表达能力，能准确处理与客户人际交往中的交谈技巧，规范地书写各种专业文本；同时学生也应具备较强的社交、公关能力，能沟通和协调消费者、政府部门、新闻媒介等各方面的关系；有较强的合作能力，善于接纳和尊重他人，人际关系和谐。③

而在新媒介环境下，更要使学生在传统基本能力基础上融入新媒介感知能力。具体体现在以下两个方面：一是培养学生的新媒介素养，明确目前广告业面对的环境已复杂多变，各种层出不穷的新媒介已在广告业中占主导地位；二是使学生在3G时代具备较强的网络、计算机、手机等移动媒体的感悟能力。只有通过以上能力的培养，才能使学生对新媒介具备完善的感知能力。

第二，加强业务能力，重视新媒介运用能力。

---

① 马赫兹．世界传播概览：媒体与新技术的挑战［J］．北京：中国对外翻译出版公司，1999（1）．
② 舒咏平．广告互动传播的实现［J］．国际新闻界，2004（5）．
③ 钟静．关于加强广告教育中实战教学的研究与思考［J］．北京联合大学学报，2006（9）．

除了以上传统基本能力，广告学专业学生还应具备市场调查、预测与分析、广告策划、销售管理、公关关系、商务洽谈、客户管理等广告学专业特有的业务能力；与此同时也包括充分了解广告公司生产经营所涉及的各种专业知识，特别是对广告公司与客户工作流程，甚至广告学专业学生还要提高渠道通路方面的能力。

然而在新媒介环境下，学生如要具备以上专业能力都要进行创新，尤其是要加强业务能力，重视新媒介运用能力。具体表现在：首先要注重各种新媒介在以上专业技能中的运用，掌握各种新媒介的运用技巧，进而达到熟练操作各种新媒介的能力，同时也要掌握新媒介投放的具体策略；其次要了解各种新媒介的材料组成，因为新媒介诸如户外大型 LED 显示屏对于材质的要求非常苛刻，要使学生能够知晓在不同广告环境中使用不同的新媒介技术材料。

第三，完善创新能力注重新媒介思维能力。

传统广告学的教学使命之一就是不断培养学生的创造性思维能力，使学生的实践创意能力有显著的提高，因此，它要求广告学专业学生具备较强的创新能力。① 传统创新能力不仅表现为对知识的摄取、改组和运用，更表现为追求创新的意识，一种发现问题、积极探求的心理取向，一种对新思想、新技术、新市场机会的敏锐性，一种积极改变自己并改变环境的应变能力。

在新媒介环境下，更应完善学生创新能力，尤其注重新媒介思维能力。舒咏平教授指出，数字传播环境下，广告核心由创意转到策划。可以说，新媒介环境下，学生的思维能力愈发重要。本文认为，新媒介的思维策划能力具体应从以下两个方面去培养：第一，在广告策略中，要有新媒介的视角，例如传统媒介要与新媒介配合去完成品牌的媒介计划；第二，要摒弃传统媒介的思维方式，运用新媒介特有的思维方式去完善品牌的传播计划，例如新媒介和传统媒介最大的区别在于互动性，因此要结合新媒介互动的特点去实施品牌营销计划。

三、新媒介环境下广告学专业学生实践能力培养途径

在以上三种培养目标的指导下，新媒介环境下广告专业学生实践能力培养要依托以下三种途径：

第一，新媒介为核心的品牌传播实践教学体系。

在新媒介环境下，企业的传播行为不仅仅局限于利用广告手段，取而代之的是品牌传播为主导的全方位的聚合传播。根据广告学专业学生实践能力培养目标，实践教学体系应体现企业品牌传播众多能力培养的要求，具体可包括新媒介课内实践、新媒介专业基础技能训练、新媒介专业单项技能训练、新媒介专业综合技能训练、新媒介岗位就业实训和新媒介相关的社会实践活动等内容。

增开一批技能性、专业性较强的新媒介课程，可以通过课内实践提高学生的新媒介能力。根据新媒介素质培养的需要，其他相关课程也应适当增加新媒介的相关内容，改编实践教学计划，明确每个实训环节的内容、要求和目标，采取案例分析、课堂模拟、角色扮演、项目研究等形式进行，尤其增加各种新媒介的实训案例。

新媒介专业基础技能训练应加大对网络、计算机等新媒介技术应用能力的训练，鼓励学生参加学校社团活动和演讲会、辩论会、各类网络广告大赛等，培养学生的社会交往能力。② 同时学校也可以定期举行网络营销沙龙活动，如邀请网络营销专家进行学术讲座、召开广告公司网络营销实践座谈会等，拓展学生的新媒介知识面，增强学生利用现代传媒技术

① 郑政，赵明泉．高校培养广告专业人才的模式探讨［J］．学术交流，1997（2）．

② 江根源．广告比赛对创新人才培养的价值与实践探索［J］．新闻界，2006（3）．

获得知识和搜索、吸取信息的能力。

新媒介专业单项技能训练主要包括网络调查与预测、网络推销、网络广告公司推广、网络广告策划等能力的训练。这些训练可以采取校外实训基地与校内模拟形式同时进行，每一个单项技能训练都应该有实习任务书、实习指导书，指定专门的校内外实习指导教师进行指导，并安排专门的实践活动时间，以培养学生的新媒介专业素质和专业技能。

新媒介专业综合技能训练是综合运用所学到的营销理论知识，锻炼培养学生“能推销、能沟通、能策划、能管理、能决策”的综合能力。新媒介专业综合技能训练可以通过校内实践教学环节，例如网络案例分析、网络营销模拟实验、网络模拟广告公司管理等形式进行，也可以通过参观网络广告公司、顶岗实习、毕业实习等形式，让学生参与到网络广告公司的日常活动中去，熟悉网络广告公司的业务及其管理。

新媒介岗位就业实训也是实践教学中的综合技能训练内容，通过学生在各新媒介公司的顶岗实习、毕业实习，实现实习与择业、就业相结合，通过岗位实训，使学生具备从事相关岗位工作的能力。

新媒介社会实践活动是实践教学中理论联系实际的重要形式，通过新媒介市场调查、网络推销、社区服务等使学生接触社会、了解社会。

第二，围绕品牌传播目标，提升新媒介校内实践教学质量。

实践教学体系由校内实践教学和校外实践教学两部分组成，要使实践教学达到预期的效果首先要确保校内实践教学的质量。① 同时在新媒介环境下，实践教学质量高低的标准就在于是否达到了品牌传播的目标。

首先，要积极编写新媒介相关教材。实训教材不同于纯理论教材，编写实训教材不能闭门造车，应根据实践教学计划，广泛开展调查研究，充实新媒介业界的现实状况。

其次，要注重培养教师的新媒介实践能力。一是要选派一些理论扎实、业务水平高的教学骨干到新媒介公司任职，具体从事新媒介实践活动；二是可以从优秀新媒介公司聘任既有丰富的实践背景，又有深厚的理论积淀的优秀管理人员充实教师队伍；三是要改进当前高校人才评价体系，在注重教师学历、职称的同时，引进一批具有新媒介思维和能力的教师。

再次，要注重教学方式的多样化。除传统的课堂教学外，可以采取提案、讨论、案例分析、课堂模拟、项目研究等多种方法。在教学过程中，鼓励学生发表见解，提高学生的思维能力、表达能力和沟通能力，激发学生的内在潜质。

最后，应该加大新媒介实践教学的投入，建立和健全各种新媒介、媒介融合实验室。实验是校内实践教学的主要方式之一，对于广告学专业，可以通过建立校内网络营销模拟实验室，通过营销模拟实验，培养学生的实践能力。

第三，多角度地为学生提供新媒介及相关广告公司实践机会。

学生实践能力的培养离不开新媒介公司以及相关广告公司的支持，提升高等院校与广告公司的合作是为学生提供一个既稳定又贴近现实社会需求的实践平台的重要途径。② 学生可以在新媒介公司获得更多的实习和实际上岗操作机会，使学生更加全面地了解一个产品和广告公司，包括新媒介概况、新媒介广告公司概况、新媒介行业市场环境、新媒介业务工作规范等，培养学生新媒介市场调查能力、新媒介营销能力、网络沟通能力、与人共事能力和社会适应能力等，并为学生未来的就业和成才开拓现实途径。

校外实习基地是校企合作的桥梁，是师生接触实践的载体。实习基地的建设是一个长期的、持续的过程，学校要关注新媒介基地公司的管理与营销发展，积极开展业务交流与合作，善于从理论视角为新媒介广告公司把脉，为新媒介广告公司解决营销难题。学生实习内

① 杨晓明．广告学专业的培养导向亟待改变［J］．广告大观，2007（4）．

② 李黎明．大学生实践能力的培养离不开企业［J］．现代企业教育，2006（10）下．

容要精心准备，根据学生专业方向，安排助理岗位，通过扎实的新媒介营销实践培养兴趣、深化专业知识的学习。

高校内服务性机构，也可以适当开展新媒介业务，例如，招待所、学生食堂、印刷厂等也可以成为锻炼学生新媒介实践能力的场所。在社会实践基地有限的情况下，这些服务性机构完全可以通过整合、提升，成为专业教师和学生的实习公司、开展的新媒介业务可以让教师和学生共同生产经营，这样，不但学生的职业能力得到了全面锻炼，而且培养了新媒介环境下学生的责任心、独立能力、执行能力和团队合作能力。

新媒介对未来广告教育的影响巨大，尤其是广告学专业实践能力培养方面，目前，广告业界对学生的实践能力尤其是新媒介能力备加关注，如果广告专业实践教育的主导方式还只停留在传统的实践能力的培养上，那么，学校的毕业生将无法应对社会的竞争和挑战。因此，高校广告教育必须在新媒介环境下顺应信息社会的需要，将培养学生的新媒介实践能力作为教学改革的重点。

【作者简介】

崔磊，湖北师范学院文学院广告学专业教师，华中科技大学新闻与信息传播学院2009级博士研究生。

舒咏平，华中科技大学新闻与信息传播学院副院长、教授、博士生导师。

广告人才培养

品牌传播的专业定位与学科创新

段淳林　高　辉

华南理工大学是工程师与企业家的摇篮，培养了一大批著名的企业家，其中中国“四大家电巨子”格力电器的朱江虹、TCL 的李东生、创维的黄宏生及康佳的陈伟荣都毕业于华南理工。珠江三角洲的独特地域优势与华南理工大学的务实、创新精神的结合，使华南理工大学培养的学生不仅具有很强的动手能力，备受社会的好评，而且适应社会的发展需求，不断走在学科创新的前列。2004 年 9 月国家教委在华南理工大学设置了全国第一个品牌传播本科专业方向，开创了品牌传播学科建设和学术研究的先河。对这个刚刚兴起、学术研究成果极度缺乏的新型学科，专业定位与学科的建设和发展，就成为品牌传播专业方向能否立足、能否提升专业地位和学术影响力的重要前提。

一、品牌传播专业随时代发展的需要应运而生

1. 品牌化——社会发展的新趋势

中国已经进入了品牌化时代。国家战略的转型、市场环境的变化、企业的发展和消费者的消费理念都呈现出品牌化的新趋势。国家战略出现了从国际贸易到国际营销向国际品牌的战略化转型，中国产品受到了世界前所未有的关注。中国已经建立了高度发展的外向型经济体系，中国经济的活力所在，就是不断向外发展，走向世界。而创建自主品牌无疑成为中国经济的突破口，在全球经济一体化的今天，品牌已不仅仅是具体产品或服务的识别标志，更成为一个国家身份的象征，成为企业关键性的竞争工具。创建自主品牌，就是构建国家形象。

21 世纪的市场将从产品主导型日益向服务主导型转变，中国大部分企业还处在国际分工的加工制造环节，研发、物流、营销、服务等高增长值环节还参与得很少，关键领域的核心技术还受制于人。中国企业必须面对这一变化转变增长方式。同时，当今世界的市场环境还处在一个极度竞争的时代，而所有的市场竞争最终都集中在品牌的较量上。围绕品牌的发展，中国本土企业面临着产品品牌化与品牌国际化的双重挑战，企业必须在发展中求生存，在激烈的市场竞争中以品牌化增加自己的核心竞争力和无形资产，提升企业的竞争力，真正实现从“中国制造”到“中国品牌”的转变。

品质意识、消费理念的转型是社会品牌化趋势的又一表现。人们的基本需要得到满足之后，开始追求高层次的需求。在消费者的意识中，品牌不仅代表了成功人士的学识和气质，而且已经把高端品牌与高档消费理念和美好生活联系在一起，作为人生的追求与精神享受。从某种层面上讲，品牌已不仅仅是人生追求的一种目标，而且转变成了一种社会交往的工具，一种特殊心理感受和推动人们消费理念升华的强劲动力。反过来，品牌化观念的转变又促进了消费意识与消费理念的发展。

总之，21 世纪是中国的世纪，这是一个品牌化生存与发展的社会，只有拥有强势品牌，中国才会真正拥有未来。

2. 超越广告的品牌整合传播趋势的凸显

“21 世纪品牌管理的关键所在：重要的不是品牌在哪个地方销售，而是品牌在哪个地方为人所知以及该品牌为什么而出名、知名度达到何种程度。”（舒尔茨语）品牌化时代的品牌传播是决定品牌影响力最重要、最具决定性意义的因素。品牌传播的特点就是超越广告的整合营销传播。它实现的是从传统的市场营销传播到品牌营销传播的转变，即从以物为主体到以人（消费者）为主体的转变。品牌传播首先要整合与顾客及相关利益者的一切接触点的传播渠道，而不单单是以大众传播媒体为媒介的传播如影响力营销、公共关系、新媒体、环境媒体、活动、病毒式营销等，阿尔·里斯甚至认为，“公共关系正在取代广告成为主要的品牌塑造工具”。其次，从战略的高度整合所有的营销传播活动即统一形象（包括标志等有形形象和商誉等无形形象）、一致声音、统一的价值主张等。最后，品牌在现代营销概念中是一种非常复杂的现象，在宏观社会大系统中品牌既是一种经济现象，又是一种社会、文化和心理现象，在微观现代营销体系中品牌几乎覆盖营销要素的所有环节。作为策略和战术的广告传播已无法适应复杂的品牌传播的发展。

3. 品牌传播的理论研究和高端复合型人才的培养迫在眉睫

品牌传播虽然有很长的发展历史和商业运作的实践，但其真正意义上的学科建设和学术研究却只是近十几年的事情，而中国品牌传播的理论研究和实践运作更是严重滞后。品牌传播理论的研究迫切需要专业学科的支撑。以学科体系作支撑的品牌传播专业方向就随时代发展的需要应运而生了。

市场的发展需要高端复合型人才，但由于学科建设和学科发展起步较晚，人才培养严重不足。品牌传播的专业人才更是严重匮乏，这与蓬勃兴起的品牌经济的发展要求严重脱节，极不适应，因此，培养一批专门从事品牌传播研究的高层次人才和一批专业基础好、综合素质高并具有实战经验的复合型的“品牌经理人”专业人才，不仅是市场发展的需要，更是时代发展的要求。

二、品牌传播的专业定位与专业特色

1. 专业定位：从传播学的高度认识和研究品牌

我国广告学教育的发展适应了方兴未艾的中国广告业的迅猛发展，为广告业培养造就了一大批懂得理论、精通技术的专业广告人才；同时也促进了广告从“术”到“学”的转变，促使广告学学科体系的逐步形成并日渐趋于完备，并对我国广告行业的发展产生了深远的影响。但我国的广告业正处在调整、整合或转型的阶段，对广告专业人才提出了更高的要求，传统广告学专业设置过多的发展困境以及广告学学科自身发展延伸的局限性，超越广告的品牌整合传播趋势的凸显，培养市场发展需要的懂传播、懂营销、懂管理的复合型人才等，都必须重新思考在传统广告学的基础上设置适应社会发展的新的专业定位的问题，学科的创新也必须建立在差异化定位的基础上。

品牌传播专业设置的独特定位是从传播学的高度认识和研究品牌。一般的品牌研究是以设计学、广告学、管理学、营销学等理论为基础的，而品牌传播作为一个崭新的研究领域和研究方向，则是以传播学的理论为基础的，把品牌研究定位于传播学，选取“传播”这一品牌建设的关键要素，在传播学的视野中进行专门化的研究，这一全新的视角不仅丰富了品牌传播学的内涵，也为品牌传播学这一崭新学科的建立和发展提供了强有力的理论支撑。把品牌研究定位于传播学这一独特视角和全新的学科发展方向，凸显了学科建设和学科研究的优势。

2. 专业特色：传播学与管理学交叉，创意策划与营销实务相融

品牌传播学的四大理论基础为传播学、管理学、广告学、市场营销学。具体应包括品牌传播的理论研究与品牌战略、品牌资产管理的理论与实务研究，如对品牌标志论、品牌形象论、品牌个性论、品牌关系论、品牌价值论等理论的探讨。品牌传播运作实务的研究，包括广告与整合品牌传播的研究、对消费者心理和消费者行为的系统研究以及市场与测评方法的研究等，品牌传播具有很强的实践操作性。对品牌传播操作实务方向的研究，不仅为我国企业采取标准化的品牌传播战略，提供理论依据、相关的决策参考和具有可操作性的品牌传播模式，而且能够提高品牌传播的效益，实现超低成本品牌传播的战略目标，从而推动中国成为真正实力强劲的品牌大国，促进中国社会经济的发展。

把品牌作为一个系统，把传播作为支点，在学科架构和课程设置上就形成了“传播学与管理学交叉，创意策划与营销实务相融”的专业特色。第一个层面是市场营销学中的消费者行为和消费者心理学；第二个层面是以管理学为核心的品牌战略规划、品牌管理学、品牌资产管理及企业文化与跨文化管理等；第三个层面是学广告、传播学基础上的广告设计与制作、广告策划与创意、广告摄影和广告文案以及整合品牌传播等。目标是培养面向社会、面向世界、面向未来，能够掌握现代品牌传播的基本理论，具有现代品牌传播的创意理念，熟悉品牌传播的运作流程，熟悉现代品牌传播、推广、经营、管理方法的复合型人才。

三、品牌传播专业的发展前景

1. 办学特色与就业前景

2004 年 9 月是华工品牌传播系面向全国的第一次招生，品牌传播专业独特的定位，吸引了大批考生，在被录取的 82 名考生中，第一志愿的考生占到了录取人数的 70%，以平均 679 分的高分名列学院前茅，良好的生源为品牌传播本科专业的发展奠定了坚实的基础。目前，本专业的在校本科生有 340 人，硕士研究生有 20 人。

在本科培育计划中特别突出教学实践这一环节，将第六学期作为教育实习的时间，加大学生接触社会的机会和力度，为学生提供学有所用的场所。2006 年与《南方日报》、网易、21CN、美的、欧普照明、深宝实业、艺之卉等共建 21 家实习基地。

第一届品牌传播专业毕业的学生目前已与 WPP 旗下的奥美、李奥贝纳及全球最大的媒介购买集团群邑、广东省广告公司以及宝洁、中信通信、璧桂园、立白、艺之卉等著名品牌企业签约。这些成绩足以说明以品牌传播这一专业方向准确的专业定位，适应了市场对复合型人才的需求，也适应了时代发展的需要，并恰逢其时地迎合了社会发展品牌化的新趋势。

2. 学科建设

在短短的四年时间里，品牌传播系承担和完成了多项品牌传播与管理的研究项目，如香港生产力促进局委托项目“粤港企业品牌竞争力与国际化研究”、广东省外经贸厅项目“政府在出口品牌建设中的作用研究”、广东丝绸集团品牌战略规划、广东华建集团品牌战略规划、广东企业品牌的知识产权核心竞争力研究、广东花都狮岭皮具皮革区域品牌的传播与推广策略、“阳江刀剪”区域国际品牌战略规划、广东省软科学项目“广东企业自主品牌创新研究”、“广东中小企业品牌传播策略研究”等，同时组织编写出版了《品牌传播学》、《品牌学概论》、《品牌战略》等全国第一套品牌传播与管理系列教材，为品牌传播的学科建设奠定了良好的基础。2006 年传播学硕士点品牌传播方向正式向全国招生，2008 年在新闻与传播学一级学科下，单列品牌传播硕士研究生的招生，进一步使品牌传播建立在本科生、研究生教育发展的学科体系上，从而开创了品牌传播在全国无可替代的学科发展地位。

3. 品牌传播专业方向的学术地位和社会影响力

逐步确立品牌传播专业方向的学术地位，主办 2008 年广东哲学社会科学年会，中国教育部日本电通第一届大学生广告人才培养项目，协办 2009 年第八届广告教育学术年会，美国斯坦福大学新媒体研讨会及香港理工大学品牌论坛等。

从品牌传播专业设立以来，连续成功举办三届"中国南方品牌高层论坛"和广东最具品牌影响力论坛，论坛云集了南方航空、南方电网、《南方日报》、TCL、格力电器等知名企业以及武汉大学、上海交大等院校的专家学者。同时，参加各类国际、国内的高层次品牌论坛，南方报业集团主办的"中国品牌英雄南方峰会"，"2007 年亚洲营销品牌论坛香港峰会"，"三亚中国商标年会国际论坛"，"2007 年上海国际智能化品牌峰会"等。这些足以说明品牌传播专业已经具有了一定的社会影响力，这一年轻的学科发展前景十分美好并将拥有不可估量的能量！

在学科发展和学科的创新中，华南理工大学将承担发展品牌传播的新思想、新概念、新理论和新实践的责任和使命。

【作者简介】

段淳林，华南理工大学新闻与传播学院副院长，品牌传播系主任，教授、博士。研究方向：品牌传播与管理。

高辉，华南理工大学新闻与传播学院品牌传播系讲师、博士。研究方向：品牌传播与管理。

美国"大学式"广告教育模式概述

查灿长

高等教育一向是各国培养高级人才的摇篮，而世界上最成功的高等教育模式应该算是美国的"大学式"广告教育模式（也被称为"学院式"教育模式），因为美国几乎垄断了当今全球公认教育质量最好的一流大学，并且在最能体现大学教育水平和创新能力的各项诺贝尔奖（除和平奖外）中，美国大学培养出来的科学家几乎占据了世界全部已获诺贝尔奖的一半以上，同时它还为全美国几乎所有的人提供了接受高等教育的最好机会，美国的大学也是世界各国留学生最心仪的学习殿堂……美国高等教育的成功并非单靠充足的金钱，而是与其成熟的办学理念和先进的教学模式分不开的。

美国长期形成的培养高级人才的成功教育模式，自然也使美国广告人才的培养方式基本采用其传统的"大学式"教育模式，如图1。

需要指出的是，美国各大学的广告教育模式框架基本相同，但在具体内容上则不尽相同，比如，美国130多所大学的广告专业所在的院系就不相同（有的设在新闻/传播学院，有的设在商学/市场学院等），广告专业设置的方向也不一样（有的为广告学方向，有的为广告与公关方向等），教学理念与目标亦有差异（有的侧重于实践应用性，有的侧重于理论创新性等），教学内容更是各具特色（大多数学校都有自己的个性指向）……

为此，本文选择"密苏里大学"、"田纳西大学"和"德克萨斯大学"这三所在广告教育中的诸多方面都各具代表性和典型性的大学来作为解读美国"大学式"广告教育模式的个案范例，并通过对这些个案的梳理和简述，以期能够提炼和归纳其内在的基本规律和特点。

一、密苏里大学广告教育模式

密苏里大学不仅是全美最早（1908年）开设广告课程的大学之一，也是世界上最早（1913年）单独成立广告专业的高校之一，① 它由此而奠定并影响了美国甚至世界早期广告专业的基本范式和发展方向。因此，选择密苏里大学的广告教育作为解读美国广告教育的模式之一，对我们理解20世纪初期这一时间节点的美国广告教育模式具有一定说服力。

密苏里大学广告专业教育的全过程可综合为美国典型的"大学式"广告教育模式，一百年来，这一教育模式基本没有大的改变，它具有下列特点：

第一，密苏里大学是美国"大学式"广告教育的肇始者。

早在1898年时，密苏里大学就在其商学与市场学的课程中开始教授广告学的知识。1908年，瓦尔特·威廉姆斯（Walter Williams）任密苏里大学新闻系主任之后，在其新创立的世界上第一所新闻学院里开设了它的第一门广告课程——"广告与发布"（Advertising and

① BillI. Ross. *AdvertisingEducation*：*Yesterday-Today-Tomorrow*［M］，Advertising Education Publications POB68232-Lubbock，TX79414：16.

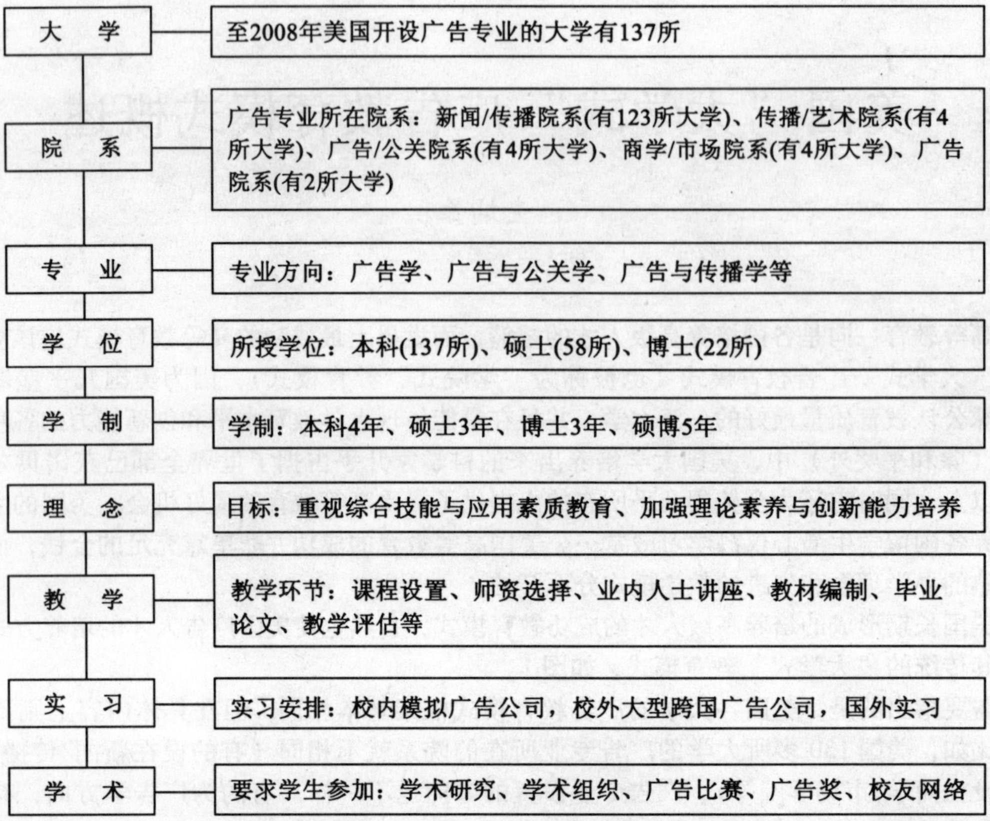

图1 美国“大学式”广告教育模式示意图①

Publishing)，由 Charles G. Ross（后来成为杜鲁门总统的新闻秘书）主讲。1913 年密苏里大学新闻学院又正式单独设置了美国的第一个广告专业。从此广告学开始成为美国大学里的一个新兴专业，密苏里大学也因此而成了美国“大学式”广告教育的鼻祖，成为 20 世纪初叶美国高校广告教育的一个参照范本。

第二，密苏里大学也是将广告专业学科归属于新闻/传播类的始作俑者。

密苏里大学广告专业从成立伊始就设置在新闻学院，这与当时纽约大学、西北大学将广告专业设置在商学院截然不同。因此，当今天美国 137 所开设广告专业的大学中有 123 所将广告专业设置在新闻/传播学院（系）时②，我们不能不说密苏里大学是今天广告专业学科归属于新闻/传播类的始作俑者。如今密苏里大学的广告专业隶属于新闻学院，专业名称为广告/策略传播（AD/Strategic Communication），这也是目前美国高校中广告专业的一个新名称。③

第三，密苏里大学广告专业的课程体系对美国其他高校的广告专业课程设置具有重要的影响和指导作用。

---

① 本表资料来源：Bill I. Ross，Jef I.. Richards. *Where Shall I go to Study Advertising and Public Relations*? [M]. Advertising Education Publications P. O. Box68232，Lubbock，2008：79414-8232.

② 根据 2008 年 Bill I. Ross，Jef I. Richards. *Where shall I Go to Study Advertising and Public Relations*? [M]. Advertising Education Publications P. O. Box68232，Lubbock，TX79414-8232，所列并统计，美国当时有 137 所大学设有广告专业。

③ 密苏里大学新闻学院广告/策略传播（AD/Strategic Communication）的网址 http://journalism.missouri.edu/strategic/［EB/OL］.

密苏里大学是美国最早正式设立广告专业的大学，其初创的广告专业课程体系偏重于新闻/传播学，而当时的纽约大学和西北大学广告专业的课程设置则倾向于商学学科。因此，当20世纪30年代许多大学新设广告专业并将其设置在新闻/传播学院系后，密苏里大学广告专业的课程体系自然成为这些大学的参考范本。特别是密苏里大学广告本科专业的“共同课注重理论，必修课注重实践，选修课注重媒体与创新”的教学理念，也成为20世纪50年代广告专业归属于新闻/传播学科后美国各高校广告专业制定课程规划时的参考模本。

密苏里大学早在1934年就开始招收广告学方向的博士研究生（授“新闻哲学博士”学位），而硕士与博士研究生的培养又分为两年制（硕士）和五年制（硕士与博士连读）两种，在研究生授课上也分为实用性和研究性两种不同的培养方向。这种“双规制”的研究生教育体制也成为许多大学广告专业培养研究生的模仿对象。

第四，密苏里大学广告专业的培养目标具有前瞻性。

密苏里大学在1913年初创广告专业时就提出：“根据学习新闻传播学的基本原则，广告专业教学的重点应放在训练学生具有清晰的思路、良好的写作能力和有效的沟通传播上。因此，除了培养学生的专业技能外，还必须注重学生的品质及后续发展潜力的培养。”① 密苏里大学广告专业的教学理念还进一步指出：“无论是新闻、通讯还是广告专业，我们都需要提供大量的实习机会……需要设置新闻是新闻广泛的学术科目：如政治学、心理学、文学、计算机科学、美学和商学等课程……要创造一个对学生、教师、管理和工作人都具有挑战性的环境，并保护学术自由，鼓励创新活动和研究。”②

第五，密苏里大学的广告教学模式获得社会与业界的承认和好评。

由于密苏里大学的教学模式为学生在新媒体环境和多元传播活动中提供了实际操作锻炼，密苏里大学广告专业的教学质量在学生毕业后受到了社会与业界的普遍好评，资深广告业者说：“密苏里大学的生源是万事俱备的毕业生，加入广告公司的第一天，他们就可上手操作!”③ 其结果是该校毕业生在美国乃至世界各主流媒体表现得十分活跃，成绩突出，每年就业率和起点薪资都在美国高校中名列前茅。今天，美国许多最优秀的广告工作者中有相当一部分是毕业于密苏里大学的，其中有不少人先后获得过克里奥广告奖、莫比广告奖和纽约广告奖——这是美国的三项关于广告设计、制作与创意大赛的最高荣誉奖。

二、田纳西大学广告教育模式

成立于1794年的田纳西大学（University of Tennessee）是田纳西州最古老的学府，也是美国南部大型公立高校之一。虽然田纳西大学是一所以农科和工程专业闻名的学府，但它的广告专业并不逊色。其深厚的文化积淀、独特的人文气息和别具一格的学术氛围是田纳西大学得以跻身美国一流大学的主要因素。

田纳西大学的广告专业隶属于传播与信息学院（College of Communication and Information），下设广告与公共关系系、传播研究系、信息科学系和新闻与电子媒介系。而广告与公共关系系又设有两个专业：广告专业、公关专业。广告专业成立于1947年，广告硕士学位设置于1968年，广告博士学位授予权始于1974年。

田纳西大学广告专业是20世纪50—60年代美国的广告学科从商学转向新闻/传播学时期的重要代表之一，也是该时期美国“大学式”广告教育模式的典型代表之一。半个世纪以来，田纳西大学广告专业的教育模式已成为美国许多大学广告教育的一个范式缩影，其广

---

① 详见 http://journalism.missouri.edu/strategic/ [EB/OL].
② 详见 http://journalism.missouri.edu/strategic/ [EB/OL].
③ 详见 http://journalism.missouri.edu/strategic/ [EB/OL].

告教育模式具有下列特征：

（1）它是20世纪50—60年代美国广告教育事业蓬勃发展时期的一个范例缩影。

至1950年，美国已有61所大学开设了广告学课程，其中有43所大学设置了广告专业，而成立于1947年的田纳西大学广告专业就是这43所大学中的一所。①

1968年田纳西大学广告专业开设了硕士课程，并于1974年设置了博士学位课程。成为20世纪50—60年代美国蓬勃发展的广告教育事业中一所拥有最高学历的大学。

今天，田纳西大学广告与公共关系系的广告专业和公共关系专业“是田纳西大学中最受学生欢迎的两个专业”②，传播与信息学院有大约350名毕业生平均分布于这两个专业，另外还有不少于30名的硕士生和博士生。③ 广告与公共关系系共有13名全职教师。因其教学和研究上的卓越成绩，该专业在国际上享有良好的声誉。

（2）它的系名为“广告与公共关系系”，具有非常强烈的开拓性与前瞻性。

田纳西大学在20世纪60年代美国许多大学的广告专业纷纷从商学/市场学院转向新闻/传播学院、同时纷纷上马广告或公共关系专业之际，适时地组建和成立了“广告与公共关系系”（school of advertising and public relations），即将广告与公共关系这两个新兴的学理相近的专业同设于一个系内，用今天的眼光看，这无疑是颇具前沿性与战略性的举措。因为当今的美国，广告专业与公共关系专业的互动与融合已是美国广告教育中的一大趋势，如2008年美国137所大学开设的广告专业中，有44所大学的广告与公共关系合为一个专业——“广告与公关”（AD/PR）专业，另外有3所大学（佛罗里达国际大学，波士顿大学、宾夕法尼亚州立大学）直接设立“广告与公关”系④，还有80所大学的广告专业与公共关系专业分别平行地共处于一个院系。

（3）它的教育理念与培养目标是当时美国大学广告专业的普遍主旨取向。

田纳西大学广告专业（包括公关专业）的教育理念是：①极力培养学生具有“创新”意识，使学生具有“好奇心和批判性思维”、“发明创新与创造力”；②大力塑造学生的个人品质，使学生具有“全球意识和文化多样性、诚实和正直、综合知识和社会责任、参与和领导、卓越与严谨”的优良素质；③全力拓展学生的新知识视界，使学生真正获得“完整的理论与实践及多学科”的知识。而广告专业对学生的具体培养目标是旨在培养学生成为具备广告学理论与技能、宽广的文化与科学知识，能在广告部门、广告公司、市场调查及信息咨询行业以及企事业单位从事广告经营管理、广告策划创意和设计制作、市场营销策划及市场调查分析工作的广告学高级专门人才。⑤

田纳西大学广告专业的教育理念与培养目标实际上代表了20世纪60年代以来美国高校广告专业教育的普遍价值取向——“重视综合技能与应用素质教育、加强理论素养与创新能力培养”。

---

① Bill I. Ross：Advertising Education：Yesterday-Today-Tomorrow［R］. POB68232-Lubbock，TX79414：16.

② 引自“田纳西大学广告与公共关系网页 http：//www. cci. utk. edu/advpr”上的专业介绍［EB/OL］. “The School of Advertising and Public Relations represents two of the most popular majors on campus.”

③ Bill I. Ross，Jef I. Richards. *Where shall I Go to Study Advertising and Public Relations*？［M］. Advertising Education Publications P. O. Box68232，Lubbock，2008：TX79414-8232：34.

④ 详见 Bill I. Ross，Jef I. Richards. *Where Shall I go to Study Advertising and Public Relations*？［M］. Advertising Education Publications P. O. Box68232，Lubbock，2008：TX79414-8232.

⑤ 关于田纳西大学广告专业（包括公关专业）的教育理念，请参见2004年 Bill I. Ross，Keit F. Johnson. *Where Shall I go to Study Advertising and Public Relations*？［M］. Advertising Education Publications P. O. Box68232，Lubbock，TX79414-8232：47.

三、德克萨斯大学奥斯汀分校广告教育模式

德克萨斯大学奥斯汀分校（University of Texas at Austin）的广告学系设在传播学院，该学院同时还设有传播学系、新闻系、广播电视和电影系。

1948年该校在商学院（1947年招收广告方向硕士）和新闻学院（1953年招收广告方向硕士）都建立了广告专业；1960年后，广告专业从商学院撤出归置在新闻学院。1974年秋，德克萨斯大学奥斯汀分校组建了传播学院，广告专业又归属于传播学院，并成立了广告学系。德克萨斯大学奥斯汀分校的广告学系是美国大学中为数不多的专为广告专业单独列系的大学之一，也是目前全美广告教育规模最大的高校之一，同时它还是美国高校中唯一一所授予“广告学”博士学位的大学（其他大学广告专业提供的是新闻传播学博士学位）。因此，德克萨斯大学奥斯汀分校的“大学式”广告教育模式具有“正宗”性，其广告教育模式具有下列特征：

（1）它是美国大学广告学专业从商学与传播学这两个学科归并于传播学科这一变化过程的典型代表之一。

德克萨斯大学奥斯汀分校自1914年起就在其大学讲坛上开设了广告课程，并于1948年在其商学院和新闻学院分别建立了广告专业，当时学生就读广告专业，可以选择商学院，也可以选择新闻学院。区别在于这两个学院的广告专业侧重点不同：商学院市场营销系的广告专业侧重于商学，提供的是工商管理学学士学位，而新闻学院的广告专业侧重于传播学，提供的是新闻学学士学位。1962年，受福特基金会和卡耐基基金会分别发表的两份研究报告的影响，德克萨斯大学奥斯汀分校从它的商学院撤出了广告专业，并将其转归到新闻学院。1974年秋，该校组建了传播学院，广告专业又直接归属于传播学院，并成立了广告学系。由此，它是美国大学广告学专业从商学与新闻学这两学科归并于传播学科这一变化过程的典型代表之一。

（2）它是美国大学中为数不多的为广告专业单独列系的大学之一。

美国大学的广告专业一般都是属于新闻/传播学院或新闻/传播学系下的一个专业，而将广告专业单独列为“广告系”（Department of Advertising）的，全美目前只有4所大学，即除了德克萨斯大学奥斯汀分校以外，还有伊利诺伊大学、密歇根州立大学、内布拉斯加大学三所大学为广告专业单独列系（田纳西大学为“广告与公共关系系”）。①

（3）它的广告学博士学位在美国首屈一指。

美国2008年有22所大学的广告专业设有博士学位点，但其中只有德克萨斯大学奥斯汀分校一所大学能够提供广告学博士学位，纽约城市大学提供的是商业/营销学广告方向博士学位，其他20所大学的广告博士学位都是设在一个宽泛的广告专业方向中，被授予新闻/大众传播学广告方向博士学位。因此，德克萨斯大学奥斯汀分校的博士学位课程具有独特的个案意义。②

（4）它的教育培养目标在美国学界具有指导意义。

德克萨斯大学奥斯汀分校广告专业的教育哲学是“理论加上实践”，其目的是可以真正促进本科生及研究生跨学科、跨平台的发展。为了更好地将学术界和产业界衔接起来，其广告教育的理念与目标具体分为三项内容：①创新思维。广告专业的课程内容要有“品牌构

① 根据Bill I. Ross，Jef I. Richards. *Where Shall I go to Study Advertising and Public Relations*？［M］．(Advertising Education Publications P. O. Box68232，Lubbock，2008：TX79414-8232）统计。

② 关于德克萨斯大学奥斯汀分校广告专业课程的具体内容，请参见查灿长著．国外高校广告教育研究［M］．上海三联书店，2010：138-140.

想”、“概念思维”的创新理论内涵，并通过一系列的培训班和研讨会来为学生提供丰富的实践活动和实战经验，这非常有利于学生毕业后的职业发展。②运用新媒体。帮助学生对广告媒体的制定、购买、销售等作出正确判断。因为广告业是一个飞速发展的行业，根据现实需要，学校设置各种课程，让学生集中学习新媒体，以适应行业发展。③拓宽新知识。学生需要更好地了解广告、直销及其他传播形式的互动交流，积极鼓励学生探索与数字媒体相关的基础性课题，拓展学生的创造性和批判思维能力，为以后在实际工作中发挥自己的领导作用打下基础。

(5) 它的师资力量雄厚，学术成果突出。

德克萨斯大学奥斯汀分校广告专业的师资力量十分雄厚，有近20名教师，其中约有2/3的教师拥有博士学位。教师们在学术研究中的个人兴趣与表现也各异而多向，涉及许多领域和主题，如消费者行为研究，广告创意研究，网络广告研究，媒介经济研究，市场与网络研究，广告规制与管理研究，以及整合营销传播研究等。近年来，该校广告专业的学术成果丰硕，具有重要影响的学术研究成果如：1995 年的广告白皮书“About the Future of Advertising”、2000 年的广告白皮书“Thoughts about the future of Advertising Education”、由 Billy I. Ross 和 Senior Author 合作撰写的《广告教育的昨天、今天与明天》等先后由德克萨斯大学出版。而由该校广告专业主办的杂志——《互动广告》(Journal of Interactive Advertising) 也成为享誉国际广告业界和广告学界的重要杂志。

【作者简介】

查灿长，上海大学影视学院广告学系教授，博士生导师；主要从事“西方传媒与中国现代化”、“国际广告与跨文化传播”的教学与研究。

试论我国民族高校广告教育之现状与发展对策①

黄迎新　谢　丹

我国高校广告教育始于1983年，是年厦门大学创办我国首个广告学专业。“截至2007年9月31日我国（港澳台地区除外）设有广告专业的高等院校有322所”②。在这些开办了广告专业的高校中，许多隶属于民族高等教育之列。民族高等教育的范畴目前尚存争议，但均同意高校校名中含有“民族”二字的高校是民族高等教育的主力。因此本文把含有“民族”二字的13所民族高校作为研究对象，考察它们是否开办了广告学专业、专业建设和学科建设的现状以及存在的问题。从以往我国广告高等教育的研究资料来看，除了张树庭（2005）的《广告教育定位与品牌塑造》③和崔银河（2007）的《广告学高等教育发展现状与专业设置调查报告》④的研究在调查样本中涉及了民族院校外，众多研究都忽视了民族高校广告教育的存在。事实上，少数民族高等教育是我国高等教育体系的重要组成部分，研究我国民族高校广告教育的现状，不仅能够完善我国广告高等教育研究体系，而且对于民族高校如何培养广告人才具有指导意义。

一、我国民族高校广告教育发展的基本现状

目前我国总共有13所民族高校，其中包括6所国家民族事务委员会直属高校（中央民族大学、中南民族大学、西北民族大学、西南民族大学、北方民族大学、大连民族学院）和7所地方政府所属民族高校⑤（云南民族大学、广西民族大学、内蒙古民族大学、青海民族大学、贵州民族学院、湖北民族学院和西藏民族学院）。本文以上述13所民族高校为样本，采用第二手资料收集法、邮寄问卷调查法和访谈法，于2009年1月至2010年6月对我国民族高校广告教育的发展状况进行了调查。

1. 我国民族高校广告学专业开办情况

1995年贵州民族学院开办广告学专业（专科），成为首个开办广告学专业的民族高校。1996年中南民族大学开办了广告学专业（专科），随后西北民族大学、青海民族大学、西藏民族学院、中央民族大学、云南民族大学、北方民族大学相继开办广告学专科或本科专业。至2010年8月31日，13所民族院校中有8所开办了广告学专业，占民族院校总数的61.5%。从专业归属来看，隶属于“新闻传播学院”的有2所、隶属于“文学与新闻传播学院”的有4所，其余归属于“人文”或“文史”学院，表明民族高校广告学专业与中文

---

① 本文系黄迎新主持的湖北省教研课题“‘多元一体化’背景下民族院校广告教学特色及案例教学创新研究”的阶段性成果，项目编号为：2008161。

② 广东民族学院因已经改名为广东技术师范学院，不在本文研究之列。

③ 黄合水，等．中国广告教育状况研究报告［J］．广告大观（理论版），2008（6）．

④ 张树庭．广告教育定位与品牌塑造［M］．北京：中国传媒大学出版社，2005.

⑤ 崔银河．广告学高等教育发展现状与专业设置调查报告［J］．中国广告，2007（6）．

等文科类学科有较深的渊源，学科地位普遍不高。从办学层次上看，中南民族大学最早开办广告本科教育，也是目前唯一发展了广告学（方向）硕士教育的民族高校（表1）。

表1　民族院校广告学专业开办情况一览表

高校名称	直属单位	广告学专业开办年份	广告学本科招生年份	广告学方向研究生招生年份	所属院系
中央民族大学	国家民族事务委员会	2003（本科）	2003	无	文学与新闻传播学院
中南民族大学	国家民族事务委员会	1996（专科）	1999	2007	文学与新闻传播学院
西北民族大学	国家民族事务委员会	1999（专科）	2000	无	新闻传播学院
北方民族大学	国家民族事务委员会	2006（本科）	2006	无	文史学院
云南民族大学	云南省政府	2005（本科）	2005	无	人文学院
青海民族大学	青海省政府	2000（本科）	2000	无	文学与新闻传播学院
贵州民族学院	贵州省政府	1995（专科）	2001	无	文学与传播学院
西藏民族学院	西藏自治区政府	2001（专科）	2005	无	新闻传播学院

2. 我国民族高校广告学专业师资情况及其他办学条件

我国8所开办广告学专业的民族高校共有专业教师65人，人数最多的高校是中南民族大学（12人），人数最少的高校是中央民族大学（5人），平均每所高校有师资8人。8校共有教授4名，其中青海民族大学2名、中南民族大学1名、贵州民族大学1名。从职称结构来看，教授4人（6.15%）、副教授16人（24.62%）、讲师41人（63.08%）、助教4人（6.15%）。与黄合水等人（2008）的《中国广告教育状况研究报告》① 中全国广告师资职称平均比例的11.93%、27.68%、35.35%、24.85%相比，民族高校中副教授比例与全国水平相当，讲师比例远远高于全国水平，而教授比例和助教比例要远远小于全国平均指标。从学历结构看，民族高校广告师资的博士、硕士、学士的比例为18.46%、58.46%、23.08%，与《中国广告教育状况研究报告》中学历结构的10.93%、47.99%、41.08%相比，民族高校师资学历结构更为合理。从性别结构看，男女比例为52.31%：47.69%。从年龄结构看，50岁以上者占总数的4.62%、40～49岁者占总数的24.62%、30～39岁者占总数的52.31%、30岁以下者占总数的18.46%。民族高校师资的性别结构、年龄结构与全国广告教育工作者的平均水平比较一致。总的来说，民族高校师资的学历结构、性别结构、年龄结构都比较合理，只是高职称比例偏少。

8所民族高校都有自己的广告学教研室、专业实习基地以及相关实验室，除1所高校没有资料室外，其余民族高校均有，这些表明民族院校具备开办广告学专业的办学条件。在相关的研究机构方面，除了中南民族大学、青海民族大学、贵州民族学院外，其他院校都缺乏相关研究所，说明科研条件还有待加强。

---

① 黄合水，等．中国广告教育状况研究报告［J］．广告大观（理论版），2008（6）．

3. 我国民族高校广告学专业在校生和毕业生情况

8所民族院校广告学专业的在校人数共有1400人左右，平均每校每届在45人左右。除了中南民族大学实行大类招生（即按照新闻传播大类招生，学满3学期后再分广告、新闻、广电等专业），其余高校都是按照专业计划招收学生。从学生民族成分看，8所高校少数民族生源占相当比重，除了云南民族大学和青海民族大学的汉族比例较高外，其余高校少数民族学生比例超过50%，说明民族院校人才培养目标仍然以“双少”（少数民族和少数民族地区）为主。

从学生毕业情况来看，8所高校已经毕业的广告专业学生大约1500人左右，从毕业生去向看，中央民族大学、中南民族大学、西北民族大学的学生主要到沿海城市的企业、广告公司和媒体发展。而其他高校毕业生主要到省城及中小城市发展，工作单位遍及企业、广告公司、媒体或政府部门。

二、我国民族高校广告教育发展的问题与对策

我国民族高校广告教育发展至今已有15年历史了，向社会输送了广告学毕业生1500人左右，其中至少一半来自于少数民族地区的少数民族学生。7所民族院校基本上位于内陆和西部地区，它们克服了重重困难，致力于广告学专业建设，为我国高校广告教育添上了浓墨重彩的一笔。不过，也应该清晰认识到，民族高校广告教育由于起步晚、起点低，存在众多先天局限，因此还存在许多问题，需要我们认真应对。

（一）我国民族高校广告教育目前存在的主要问题

1. 人才培养定位模糊

多数民族院校把培养“具有广告创意设计、广告策划、广告经营管理等能力的复合型高级专门人才”作为人才培养目标。这个目标与全国所有高校广告学专业人才培养目标雷同，那么民族高校广告人才培养是否应该具有自己的特色呢？在对8所民族高校广告专业负责人访谈中，笔者发现多数广告专业负责人对此回答“说不清”。对于“民族院校广告学专业人才培养目标是为少数民族地区还是为发达地区输送专业人才”这个问题，有2人主张为发达地区输送专业人才外，有4人主张为少数民族地区输送专业人才，还有2人认为均可。对于“民族院校广告学专业人才培养是应该三个‘面向’（面向现代化、面向世界、面向未来）还是应该两个‘面向’（面向少数民族地区、面向少数民族）”，除了有1人旗帜鲜明地主张“三个面向”，1人旗帜鲜明地主张“两个面向”外，其余6人对“三个面向”和“两个面向”均选择回答“比较同意”。实际上，人才培养目标是定位为“发达地区”还是“民族地区”服务，是基于三个“面向”还是两个“面向”，目标指向是有差异的，由此而来的在课程设置、教学内容、教学方法、师资配备、科研方向等方面也应该有所差异。目前，8所民族高校广告学专业负责人显然对于人才培养目标缺乏清晰的定位，由此导致民族高校与普通高校的广告学专业在课程设置、教学手段上没有什么差异。换句话说，民族院校广告学专业建设缺乏自己的特色。

2. 科研水平薄弱

从调查情况看，各民族高校广告学教育重心放在专业建设上，学科建设意识还相当滞后。在“民族高校广告专业教师已经出版专著、主编教材和参编教材的情况调查”中，情况最好的一所高校填写的数字分别是2、3、6，情况最差的一所高校填写的数字是0、0、0。

从在核心期刊发表的论文来看，有2所高校在CSSCI期刊发表论文超过20篇，多数高校有5～9篇，还有2所高校为0篇。科研项目的情况也不容乐观，8所民族高校在国家社科基金项目上是空白，教育部人文社科基金项目3项（中央民族大学、中南民族大学、西藏民族学院），国家民委基金项目3项，省（自治区）教育厅基金项目9项，校级项目20项。有2所高校连校级项目也为0。广告学学科的发展有待于专业师资科研能力的提高，反过来学科的发展将为专业教师的发展提供更高的平台。

3. 实践教学滞后

从调查的结果看，专业实习基地数量最多的是中南民族大学，有7个，多数民族高校广告专业实习基地数量只有2～3个，显然无法满足专业实践教学的要求。多数民族高校实验室条件有限，条件最好的是中南民族大学，与新闻、广电专业共同拥有电子排版、非线性编辑、广告摄影、广播、演播室、广告设计等6个实验室，多数高校只有2～3个实验室，且人均拥有机器指标仍然很低。从学生对教学方式的反应看，近一半学生认为教学方式单一，认为专业实践不充分。由于受高校人事制度的限制，高校广告学师资主要来自于学界而非业界，这也导致广告学教学理论与实践的脱离现象比较严重。从能够反映学生专业能力的“全国大学生广告艺术大赛”获奖情况来看，有4所民族高校在已举办的三届全国大学生广告艺术大赛的获奖数为0，说明学生的实践能力有待提高。

（二）我国民族高校广告教育的发展对策

民族高等教育对于民族地区人才培养、社会经济发展、民族安定团结和整体素质提高等方面有着重要的战略意义。60%以上的民族院校开设了广告学专业，说明民族地区对广告人才的巨大需求。解决民族广告教育存在的问题，促进我国的广告高等教育发展，是民族高校广告教育工作者应尽的义务。

1. 加强特色与创新

与“985”院校和“211”院校相比，民族院校在师资、设备、生源和教学科研等诸多方面存在先天弱势。但民族高校也有自己的优势，即立足于少数民族地区和少数民族。我国有55个少数民族，有5个少数民族自治区、30个少数民族自治州、120个少数民族自治县（旗）。在国家民族政策和西部大开发宏观背景下，民族地区的经济和社会发展成为一个国家战略。因此，民族高校在发展广告教育时必须按照自己的特点进行合理定位，彰显自身特色，创新教学机制，才能在高校广告人才培养的竞争中脱颖而出。

民族院校可以根据自身实际情况，对人才培养目标合理定位。例如中央民族大学、中南民族大学由于地理优势，可以实行“外向型定位”，即服从于“三个面向”，主要向发达地区输送广告人才。西北民族大学、北方民族大学、青海民族大学、云南民族大学、贵州民族学院、西藏民族学院由于所处西部，可以实行“内向型定位”，即服从于“两个面向”，主要向少数民族地区输送广告人才、营销人才和经济建设人才。由于定位不同，各民族高校在课程设置、教学方式和师资配置上应有所差异。外向型定位的高校可以设置更多的国际营销、国际广告、跨文化传播等方面的课程，教学上采用4A公司和国际广告案例，在师资上引进有海外教育经历和跨国公司工作经验的教师。而内向型定位的高校，可以开设民族文化旅游策划、民族工艺营销、民间习俗与传播、民族文化产业等课程，教学采用民族田野调查案例和民族地区自身案例，在师资上以内部培养和提高为主。

民族院校应根据广告专业特点大胆创新教学模式。广告专业是实践性很强的应用型专业，高校应该在实验设备、图书资料、实习基地等方面予以政策倾斜，以保证学生能力培养的必要条件。在课程教学上，丰富教学手段，例如采用虚拟广告公司比稿、市场调研提案、广告设计大赛、广告策划比赛等形式，让学生在真刀真枪的实战环境里成长。与之相应的是改革课堂管理机制和考试机制，使学生和教师的主观能动性得以发挥。中南民族大学广告学专业提出“实战型案例教学”模式①，得到学校教学管理部门的支持。例如，“市场调研”、“广告策划”、“电视广告实务”等众多课程实行课程教学与社会实践相结合的教学方式，要求实践教学必须配置50%以上的比例，期末考试无需出卷，只需学生提交真实案例作品。在已经举办的三届全国大学生广告艺术大赛上共获得国家等级奖21项、优秀奖34项，证明此教学模式的有效性。

2. 平衡专业建设和学科建设的关系

专业建设与学科建设是一对相互支持、相互制约的范畴，二者互为基础，缺一不可。从民族高校广告教育的发展现状来看，目前广告专业建设的成绩好于学科建设的成绩。从专业师资队伍、专业办学条件以及专业招生就业等几个指标来看，8所民族高校广告学专业建设情况良好。但从学科影响力、学科科研水平等指标来看，8所民族高校广告学科建设情况还不能令人满意。

为了改善目前专业建设强于学科建设的不均衡状况，民族高校广告教育应该向学科建设倾斜。第一，在本科广告教育已经走上正轨的情况下应该大力发展研究生教育。目前8所民族高校中只有中南民族大学招收新闻与传播大类研究生，说明广告研究生教育还未起步。根据高等教育发展形势，大力发展广告学专业学位硕士研究生人才培养符合时代发展潮流。民族高校应该抓住机遇，制订切实可行的计划，争取在3～5年内申报专业学位成功。第二，改善科研奖励制度，加大广告学科研奖励力度。由于广告学的学科弱势，在国家社科基金项目以及其他各级社科项目申报时，广告学方向项目申报十分艰难，近几年的国家社科项目“新闻与传播”大类每年多达40余项，但广告学方向的每年只有1～2项，有些年份甚至空白。这极大地打击了广告学教师的申报热情，许多教师在申报项目时避开“广告”而改弦易辙，导致出现“强者恒强，弱者越弱”的马太效应。这需要高校改革科研奖励制度，鼓励弱势学科的建设，在课题申报、著作出版、论文发表上制订更符合学科发展规律的奖励制度，改变目前教师“重教学轻科研”的现状。

专业建设和学科建设是民族高校广告教育的“双翼”，折其一翼则飞不久远。如果能够做到平衡发展、比翼齐飞，则民族高校广告教育能够展翅翱翔、飞得更高更远。

【作者简介】

黄迎新，中南民族大学文学与新闻传播学院广告学教研室主任，广告学博士，副教授。

谢丹，江汉大学人文学院副教授，博士，主要研究传播史。

① 黄迎新，汪前军．实战型案例教学初探［J］．高等教育与学术研究，2009（10）．

基于建构主义视角的广告学专业教学模式创新研究

徐　豪　陈宏军

现代广告业是一个集知识、技术、人才和资金为一体的服务产业，而广告学也是一门具有多学科、综合性等特点的应用性学科。因此，在对现代广告专业人才进行培养的过程中，单靠传统课堂灌输的教学模式已难以满足经济、社会发展对现代广告专业人才的需求。特别是在我国经济转型的过程中，广告产业的发展迫切需要我们更新教育理念，培养出具有独立思考、勇于创新、善于沟通、勤于实践的应用型、复合型的广告专业人才。基于建构主义理论视角建构的“立体交互”式教学模式及其应用，已经在广告学专业教学实践中初见成效。

一、建构主义的理论基础及其“立体交互”式教学模式的建构

（一）建构主义的主要内容

建构主义（Constructivism）是认知心理学派的一个分支。在理论上，建构主义强调要充分发挥学习的主动建构性、社会互动性和情境性的作用；在知识观、学生观和学习观上，提出了新理念；在教学实践上，提倡以学习者为中心构建教学模式。

20 世纪 80 年代末，建构主义逐渐形成了一股世界性的潮流。建构主义认为，学习是学习者内部的认知过程，知识的获得是学习者在一定的情境下，借助教师和其他人的帮助，利用必要的学习资料，通过自己理解意义的方式建构获得的过程。因此，建构主义在教学应用中非常重视教学情境的设计，引导学生尽可能地从不同维度去理解学科的内容，注重提升学生发现问题、分析问题、解决问题、发展问题的能力。建构主义学习理论的基本观点主要包含三个方面：一是建构主义的知识观，强调知识的动态性，认为教学应该让学生以自身的经验为背景，去理解、分析和鉴别，由他们自己来建构完成，而不是把知识作为预先决定了的东西和结论灌输给学生；二是建构主义的学生观，强调学生经验世界的丰富性和差异性，而这种差异本身便是一种宝贵的学习资源，因此建构主义虽然非常重视个体的自我发展，但同时也认可教师的外部引导作用；三是建构主义的学习观，强调学习的主动构建和学习的社会互动性及情境性。

（二）“立体交互”式教学模式的建构

改革开放以来，我国的广告教育突飞猛进。目前，全国已有 300 多所高校开设广告学专业，在校广告专业学生规模近 10 万人，形成了艺术型、经贸型、新闻传播型三种教育模式，构建了专科、本科、硕士到博士的系统的人才培养体系。与此同时，我国广告市场年营业总额的规模已超过 GDP 的 1%。2009 年，国内广告公司已达 15 万家，从业人员已经突破 150 万人。

面对旺盛的市场需求，我国高等学校广告专业的人才培养明显滞后。受高等教育体制和传统教育教学观念的影响，广告学专业的教育教学仍然沿袭传统的人才培养模式，即教师关注的是学生对已有学科概念、命题、事实、方法等方面的接受和理解，满堂灌输式的教学模

式依然掌控着广告课堂教学，实践教学则沦为课堂灌输的附庸，致使社会经济的发展和人才培养之间产生巨大的脱节。这种现状也迫切需要我们在新的教育理论指导下进行教学模式的创新。

从建构主义的视角来看，广告教育及其人才培养过程，是一种基于受教育者基础上的由内而外的发展过程，必须考虑到学生的客观条件，必须根据学生的兴趣、能力等方面的实际情况，为他们的发展提供更多的机会。也就是说，学生的知识获得必须是在一定的情境下，借助他人的帮助①，基于自身的经验通过有意义的建构来获得。以建构主义理论为视角，我们对广告学专业的教学模式进行了反思，在实践探索中，建构了“立体交互式”的教学模式。

乔伊斯和韦尔在《教学模式》一书中指出：“教学模式是构成课程和作业、选择教材、提示教师活动的一种范式或计划。”据此，我们认为教学模式是在一定的教育理论或教学理论指导下形成的教学活动的基本结构框架，具体表现为教学过程的程序性策略体系。“立体交互”式教学模式，就是在教师的主导作用下，在学生个人自主学习的基础上，形成小组合作学习、课上课下交互学习、理论实践立体学习的动态组合。其中的立体交叉的网络结构，形成了师生之间、学生之间、学习小组之间，往复的、多渠道的、多层次的信息交流，构成了一种教学“多边活动”的具体教学过程的程序性策略体系。初步的教学实践表明：这种立体学习、专业交互、个性发挥、体验理解的教学模式，符合现代广告学专业培养具有知识、技术、多学科、综合性、应用性广告人才的学科特点。

二、“立体交互式”教学模式运用及效果分析

（一）广告学专业“立体交互”式教学模式的运用

根据建构主义的理论，我们结合广告学专业教育的特点和我们拥有的资源情况，建构了立体交互式教学模式。广告学专业“立体交互”式教学模式，是一种教学“多边活动”的具体的程序性策略教学体系，在实际运用过程中可以归纳为以下几个方面：

一是理论教学。理论教学是广告学专业教学的基础。我们根据广告学课程的特点、学生的实际情况、学校的资源配置情况和社会需要，将明确目标与方法得当作为教学的主要环节。明确目标就是在每次课堂理论教学开始时，就把明确、具体而又应该达到的学习目标告诉学生。在实际的理论教学过程中，主要采取双向交流教学法②、广告案例教学法③、多媒体教学法④、让学生带着问题自学⑤等教学方法。

二是采风基地的户外教学。建构主义的教学观强调学习的主动性、社会性和情境性，认为由于事物的意义并非完全独立于我们而存在，而是源于我们的建构。因此，采风基地的户外教学，则是满足社会性和情境性的需要，为学生呈现一个精彩的校外课堂。采风基地的户外教学，不仅能够充分利用校外采风基地资源，培养学生的艺术实践能力和创新精神，而且能加深学生对中国传统文化的理解和热爱，获取对中国传统建筑造型、色彩、风土人物和自然风景的直观感受和第一手资料，提升学生的美学修养；同时，还能锻炼学生的意志力、培养协作精神。广告作为视觉信息的传递媒介，要求广告人才具有独特的艺术构思和强烈的视

---

① 如人与人之间的协作、交流、必要的信息整合等。

② 就是发挥教师课堂教学的主导作用和学生学习的主体作用。

③ 就是将所学知识以广告案例的方式贯穿起来，将理论知识变为系统的应用知识。

④ 就是将所学知识以广告案例的方式贯穿起来，将理论知识变为系统的应用知识。

⑤ 教师给予适当的指导，指导要做到明确时间、内容、方法、要求，绝对不能实行放羊式的自学。

觉效果。室外采风可以培养学生的审美、造型、想象、观察能力，以及对我国传统文化的认知能力，培养学生敏锐的视角及寻求美、把握美的能力；同时还能使学生掌握影视广告、广告摄影的拍摄技巧，以弥补课堂教学的不足。

三是广告专题教学。在建构主义教育思想和学以致用的原则指导下，我们在广告调研与预测、市场营销、广告经营管理等课程的教学中，针对学术界和广告业的热点和前沿问题，从广告学知识体系归纳整理出部分对初学者最重要、最实用的知识，分阶段、有针对性地进行广告专题的讲解。在方法上，我们更注重通过案例、多媒体向学生展示讲解，尽可能通过校外课堂示范教学，使学生能够更直观地学习，从而真正达到提高学生应用能力的目的。例如，学生在外出采风的同时，我们会配合当地相关部门指导，安排学生进行“基地旅游开发广告宣传调研”，要求学生在走访调查后，完成5000字的调研计划报告，以培养学生的经济管理理念、体验市场动态、领会消费心理的综合素质。

四是实习基地专业体验训练。实践是学生理解和掌握理论知识的重要途径，因此，我们科学、合理地安排了实践教学内容，革新实践教学方式和方法。在传统实践教学的基础上，提出了实习基地专业体验训练，力求为学生提供综合性、全方位的训练，凸显主体发展性、自由发展性、共同参与性和情感互动性的特点。具体来说，实习基地专业的体验训练老师将组织学生参与实践或感受场景，以学生为主体，并由此生成教学的行动策略和方式，刻意培养学生创新能力和实践能力，进而体现教学目标中的知识和能力、过程和方法，以及情感等方面。我校广告学专业先后与安徽金鹃国际广告公司、佳宝传媒、安徽电视台等十几家单位签署了教学实习合同，为广告学专业的体验教学和学生就业搭建了良好的平台。

五是广告专业大赛引入教学。在教学中，我们把全国大学生广告艺术大赛、中国广告节作品赛、大学生广告节学院奖等3个全国性权威大赛活动纳入专业教学过程中，配备专业教师讲授辅导，每个大赛设置两个必修学分，让学生通过参与这些活动率先接触广告专业实践，促进我校师生与全国其他高校之间的交流和学习，增进了学生的团队合作和顽强拼搏的精神，进一步培养了学生的创新、策划能力和职业素养，提高学生的实战能力。

（二）广告学专业“立体交互”式教学模式的作用与效果分析

第一，我校广告学专业办学的现状。我校从2002年开始招收广告学专业学生，现有广告经营与策划、广告创意设计两个方向的在校生350余人。为适应现代市场对现代广告人才的需求，近年来我们致力于培养复合型、应用型广告人才的实践和研究探索。从2005年起，我们在广告学专业课程的教学中实施“立体交互式”教学模式。例如，在课堂教学上摒弃以往的以“教”为主的单一授课方式，增加学生与老师、学生与学生的互动，开拓学生思维，激发学生自主学习的主动性；通过分小组讨论课程作业的制作，培养学生的团队合作能力；同时，学校还组织安排学生到相关公司部门进行调研，培养学生的经济管理理念、体验市场动态、领会消费心理的综合素质，亲身体会到所学专业在实践中的运用。

第二，“立体交互式”教学模式成为培养学生综合能力的途径。在广告教育中，最重要的就是能力的培养，一是创新能力，二是沟通能力，三是对市场的感悟能力，四是学习能力。“立体交互式”的教学模式找到了培养学生相关能力的有效途径。多维的课堂理论教学，能够让学生通晓市场中广告运作规则，掌握整合营销、广告传播、广告策划的技巧及理论知识；实习基地专业体验训练，能够培养学生较强的沟通能力和团队协作能力；广告专题教学，能够训练学生敏锐的洞察力和驾驭市场的能力；广告专业大赛纳入课堂的教学方式，能够直接让学生具备独立创作和设计的能力。

第三，“立体交互式”教学模式基本解决了教学与实践相脱节的矛盾。“立体交互式”教学模式的培养核心理念就是培养学生的实践能力。完善学生学习、就业实践基地，建立良好的系统化专业教学平台，是现代广告学人才培养的有效途径。目前，我校已在安徽省宏村、江西省婺源、山东省、湖南省、江苏省、上海等地建立外出采风、专业调研教学实习基地16个，同时与金鹏国际广告、佳宝传媒、黑白广告、安徽公交广告公司、安徽不夜城广告公司、江苏大贺广告公司、安徽电视台、芜湖电视台等13家大型广告公司、媒体签订了实践教学协议，这为我们专业课程实践环节的体验式教学提供了广泛的平台，解决了广告设计基础、广告创意与策划、广告摄影、市场调研等相关专业课程的教学时段、教学内容、教学方式上存在的问题。

第四，“立体交互式”教学模式的“立体”空间理念，有益于学生个性化张扬。广告业作为创意型产业，其核心成分是思维，所以广告教学应以培养创新思维为核心。交互式教学模式的“立体”空间理念，正确引导学生的创意思路，培养学生的逻辑思维方式，启发学生运用发散性思维思考问题。

第五，“立体交互式”教学模式在我校广告学专业应用的效果。通过运用“立体交互式”教学模式，我们解决了现代广告人才培养教学中的实际问题，找到了学生能力培养的综合途径，大大提高了我校广告学专业的人才培养能力，取得显著的教学效果。具体表现在几个方面：一是我校广告学专业办学的整体水平居安徽省高校同类专业前列。广告学专业学生在连续参加3届“全国大学生广告艺术大赛”活动中，荣获多项全国奖项，获奖数量排在安徽省第一位。从2004年始，广告学专业学生在中国广告节“长城奖”、全国大学生“学院奖”、“华东设计大奖”、“全国大学生展演”、“全国公益广告大赛”等国家级比赛中频频获奖。二是就业率的提升。我校2009年广告学专业的毕业生一次性就业率达92%，学生就业后能快速进入角色，受到用人单位广泛好评。三是这一教学模式的研究获得2008年安徽省教研专项课题立项。四是该教学模式适应了国内目前广告行业对广告人才需求的实际意义，真正把学生带入专业人才的大门里。

综上所述，“立体交互式”教学模式是在贯彻实施现代高校课堂教学精神的过程中改革课堂教学方法，它体现了现代课堂教学中的应用性和体验性，强调合作学习，注重学生价值取向的个体性，改变了传统教学中的讲授关系，实现了现代课堂教学的交叉、互补以及立体网络化；同时使广告专业教学能够从高等教育的发展趋势和人才成长的基本规律出发，以培养创新型专门人才为目标，不断完善人才培养方案，优化人才培养“配方”，为社会培养有价值的、高素质的创新型广告人才。

【参考文献】

[1] 袁振国．当代教育学［M］．北京：教育科学出版社，2004.

[2] 皮亚杰著．发生认识论原理［M］．王宪钿，译．北京：商务印书馆，1996.

[3] 陈琦．刘儒德：教育心理学［M］．北京：高等教育出版社，2005.

[4] 陈宏军．徐豪．广告学概论［M］．合肥：合肥工业大学出版社，2005.

[5] 郑金洲．教育通论［M］．上海：华东师范大学出版社，2000.

[6] 张华．课程与教学论［M］．上海：上海教育出版社，2000.

[7] 戴维·H. 乔纳森主编．学习环境的理论基础［M］．郑太年，任友群，译．上海：华东师范大学出版社，2002.

[8] 石中英．知识转型与教育改革［M］．北京：教育科学出版社，2001.

[9] 李子建．宋萑．建构主义·理论的反思［R］//第五次全国课程学术研讨会论文集．

[10] 高文．情境学习与情境认知［J］．教育发展研究，2001（8）．

[11] 何克抗．建构主义——革新传统教学的理论基础（上）［J］．电化教育研究，1997（3）．

[12] 李三虎．当代西方建构主义研究述评［J］．国外社会科学，1997（5）．

[13] 段塔丽．略论维科对近代西方历史哲学的贡献［J］．宁夏社会科学，1998（4）．
[14] 陈琦．张建伟．建构主义学习观要义评析［J］．华东师范大学学报（教育科学版），1998（1）．
[15] 王文静．贾斯珀系列概览——建构主义教学模式案例分析［J］．全球教育展望，2001（1）．
[16] 高文．建构主义研究的哲学和心理学基础［J］．全球教育展望，2001（3）．
[17] 刘儒德．论建构主义学习迁移观［J］．北京师范大学学报（人文社会科学版），2001（4）．
[18] 丁邦平．建构主义与面向21世纪的科学教育改革［J］．比较教育研究，2001（8）．
[19] 孙喜亭．从“实践”观点对“教学活动”的解读［J］．教育科学研究，2002（11）．
[20] 崔景贵．建构主义教育观述评［J］．当代教育科学，2003（1）．
[21] 徐豪．现代广告公司与现代广告人才［J］．现代广告，2007（12）．
[22] 徐豪．安徽省广告生态现状分析［J］．中国广告，2008（8）．

【作者简介】

徐豪，安徽财经大学文学与艺术传媒学院广告系主任、副教授。

陈宏军，安徽财经大学高等教育研究所所长、教授。

试论以"学"为本，以"术"为翼的广告教育理念

祝胜军

广告突出的实践性往往令人忽视其深厚的理论基础。严峻的就业形势，更使得广告教育在广告是"学"还是"术"的问题上举棋不定。关于广告学是"术"还是"学"的问题，美国高校将广告教育重点集中于媒体和传播方面，使广告脱离了"术"（推销）而走上"学"（传播）的道路，最终通过对广告课程科学性和原理性的加强，使这一专业得以顺理成章地出现在高等教育体系中。20世纪下半期，美国高校广告课程的重点已经基本完成了从"技巧"为主向"理论"为主的转变，尤其是1959年卡内基报告和福特报告发布以后，广告专业的"科学"定位问题已经完全覆盖了由"门类归属"问题引发的争论和分歧。这不仅解决了广告教育的学科归属问题，也使得广告专业出现在美国高等教育体系中的"合理性"问题得到了相应证明。① 美国广告学学科定位的转变是美国广告理论完善和实践发展的必然结果。

广告学专业究竟要培养什么样的学生？各个高校又如何立足自身实际设计培养目标呢？部分高校对此并没有清醒的认识，甚至业界也存在片面认知。1997年，丁俊杰教授开展的一项调查研究显示：中国的答卷人把广告看成一种技能而非一种营销职能，他们中的许多人不把营销管理看得很重要或必不可少，他们认为广告管理足以涵盖广告的管理方面内容。② 根据2009年一份针对江西省用人单位的调查结果显示，用人单位认为江西高校广告学专业学生的问题，主要表现在实践能力的训练、策划创新能力的训练、沟通能力训练和学生的知识面与视野存在缺陷。③ 当然，实践能力是牵一发而动全身的复合性问题，实践能力的高低当然和学生知识面和理论基础相关，也反映了广告业人员流动相对频繁，广告经营者不愿意培养广告人的无奈现实。但是，上述调查结果都指向了一个事实：用人单位对雇员实践操作能力的高预期。由此，导致广告学专业学生在求学过程中缺乏专业指导，迷失学习方向，丧失学习兴趣。许多高校在开设广告学专业之初就把培养的重点向广告设计等实务方向倾斜，致使许多广告学专业的学生把理论知识抛诸脑后，纷纷躲进各种画室恶补美术和电脑设计。此举诚然有取巧的成分，因为这种实践性强的课程往往能帮助学生在毕业之初提高就业率，但从学生的成长和广告业的健康发展角度看，这种做法无疑是短视的。

"术"是具体的、显现的、可变的、易复制的，而"学"则是抽象的、内在的、稳定的、具有广泛的适应性，需要长期积淀具有支配作用的力量。现代广告公司需要的大多是综合性、多元化的人才，更需要由一批才能出众、各有专长的人才组成团队，其知识结构、工作经验的积累相当重要，对市场学、传播学、消费学、心理学乃至一切与广告相关的学科都要有所涉猎并有一定的研究，涉及的知识面之广，恐怕是任何行业都无法相比的。……真正

① 刘悦坦．"广告学"专业在高等教育体系中的定位——美国高校广告学教育的启示［J］．新闻传播教育，2007（2）．

② 哈筱盈，丁俊杰著．中美广告教育之比较［J］．成卓，译．现代传播（北京广播学院学报），1997（3）．

③ 殷娟娟，万燕．经济欠发达地区高校广告教育办学现状、困境及对策研究——来自江西广告专业高等教育的报告（现状篇）［J］．中国广告，2009（2）．

意义上的广告人应当是具有多方面的才能的复合型的高素质人才，绝不仅仅是一两个只会画画图稿的创意人。① 因此，广告教育应当以“学”为本，结合业界动态，前瞻广告发展方向，根据自身条件及周边环境，制定中长期发展规划，把提高学生广告理论素养作为首要任务，并在此基础上，以“术”为翼，两者相辅相成，不可偏废。只有这样，才能培养出能够适应将来环境变化，有利于社会发展和个人自我价值实现的高水平广告专业人才。若经过大学学习，学生只是掌握了一些动手的技巧，广告教学也就成了单纯的职业教育了。

我国广告教育的发展过程也是一个摸索前进的过程。经过广告先驱和后来者的不懈努力，我国广告教育事业取得了骄人的成绩，广告教育水平也有了明显提高，广告教育环境得到进一步改善。这为广告教育完善广告理论基础，提高广告实践教学水平创造了条件。

1. 广告理论从舶来品到自主创新

20 世纪 80 年代中期以前的广告理论书籍大多从国外引进，奉行拿来主义，广告理论自主创新不足。然而，随着我国广告教学队伍的壮大，师资层次的提高，广告理论研究日益深入。尤其是新兴媒体的出现，更为我国广告理论研究提供了前所未有的机遇。80 年代中后期，出版了广告理论研究方面较有影响的早期一批著作。90 年代以后，广告理论研究则向更科学化、系统化、多元化的方向发展，出现了一批在销售上长盛不衰的系列丛书，推动了广告理论研究不断走向成熟，受到广告行业庞大从业人员及院校师生的欢迎。② 进入 21 世纪，我国广告理论呈现出百花齐放、百家争鸣的局面，在向国际化看齐的同时，也已形成了各具特色的广告理论体系。

2. 广告教学环境的改善

我国经济的持续快速发展为广告学专业教学向国际化看齐提供了物质保障；广告理念、设计和制作水平的提高为广告理论体系的建立提供了实践素材；广告经营者与高校的交往日益密切，两者形成了良性互动，广告经营者为高校提供培训、实习和就业机会，而高校又为企业人才储备提供了源泉，各项广告专业赛事也为学生体验实践过程、积累实践经验提供了良好的平台；广告业作为智力密集型行业，创新是其灵魂，人才是其最宝贵的财富，因此广告人凭借自身的聪明才智赢得了社会的尊重，反过来也激发了广告人的职业自豪感，增强了从业自信心。这些对我国广告学的教育发展乃至整个广告行业的繁荣尤为重要，培养广告的行业的尊崇感，把广告当成一种具有较高精神价值和高度认同的行业来从事。③

3. 广告教学硬件设施的完善

广告教学涉及多项实践环节，需要大量的硬件支持，比如编辑机、摄像机、照相机、平面设计室、演播大厅等。这些实验设备现在已陆续装备在各个高校，有效缓解了广告教学硬件不足的难题，为学生参与实践教学创造了条件。许多高校的硬件水平甚至达到了行业专业水平，依托硬件条件设置的不同方向的广告实践课程接近甚至达到了行业专业水平，具有高度模拟实战的效果。对学生提高动脑和动手能力具有十分重要的意义。

总体来说，经过多年积累，我国广告教学成果显著，效果明显。但是，这并不意味着当前广告教育的问题，都已经充分暴露出来并受到高度关注，仍然有一些迫切的问题需要探讨，尤其是经济欠发达地区的问题尤为突出。

重要的是，现阶段如何充分利用既有条件，转变广告教学理念，全面提升广告“学”

---

① 万辉．广告业遭遇人才瓶颈［J］．传媒观察．2004（4）．

② 陈培爱．中国广告教育二十年的发展与基本经验初探［J］．江西财经大学学报，2000（2）．

③ 丁俊杰．培养广告的专业境界［J］．大市场（广告导报），2006（4）．

与“术”的整体水平，并发挥它们的协同作用，主要表现在以下几个方面：

第一，在课程设置上，应突出“精”并兼顾“博”。

许多广告教育工作者认为，广告学学得太杂，是各门学科的大杂烩。从学习方法的角度看，“从精于一开始”确实是学习的不二法则，广告学应该学得精，学得透，有自身的核心竞争优势。广告学应该在核心及相关课程上浓墨重彩，高度重视、创新教学方法、让学生在市场中经历充分的磨砺和摔打。许多高校在培养学生专才上做了大胆的尝试，提出了导师制、研究所、兴趣小组或工作室等多种方式，对学生的兴趣发展和专业技能的提高有很大帮助。

然而，广告学是一门边缘学科，与其他相关学科关系密切。虽然它有相对独立的主干课程，但更多的是需要其他学科知识的滋养。其中传播学、社会学、市场营销学、文学、新闻学、心理学等学科对广告学影响深远，甚至地理学、经济学、管理学等学科也十分重要。广告学为广告运作实物提供了思路和方法，但是广告运作的内容还需要其他相关学科予以充实，即使是停留在方法层面，其他学科可以借鉴。要夯实广告学专业学生的专业基础，就需要开阔学生眼界，沉积文化内涵，提供审时度势的多维视角。因此，学生学得杂一些看来也不无必要，只要牢牢把握住广告学的主干，结合本校实际和业界动态，开设乃至多开设一些充满文学的浪漫和经济学的深层次内容课程对学生是大有裨益的。

第二，实现广告运作实务向整合营销的过渡。

广告策划课程或者广告实务课程是广告学专业的核心课程之一，该课程既体现了遵循原理，反映科学的原则，又融合了多门学科的知识点，是对诸多理论的综合运用，同时也强调了创造性和艺术性。然而，部分教师却紧扣住广告范畴，缺乏对策划活动本身的整合思维和全局观念。有些广告策划课成了创意课或者策划模式课，学生在学习完这门课程后缺乏对该课程各个知识点的融会贯通，知其然却不知其所以然。这其中的原因是多方面的，既在于任课教师缺乏实践经历无法深入地阐释策划活动的前因后果，执行细节及相关理路支持，又在于没有为该课程做足理论准备，使得课程内容流于形式，只能从干涩的策划模式中寻求所谓的广告策划范式。

为应对实践的需要，笔者认为广告运作实务已经不能仅仅停留在广告范畴之内了，更多的时候，需要用整合营销的视角，从宏观上构思推广活动，无论是新产品上市，还是开发新的市场，都需要运用整合营销手段进行市场布局。因此，广告实务课程应该立足各相关学科的基础知识，拓宽执行视野，综合运用多种营销手段，巧妙构思和编排，赢得市场先机，而不仅仅纠结于某则具体广告的得失。广告创意在广告运作中固然重要，一则优秀的广告或许也能凭借其出色的创意和别出心裁的执行广受世人关注，但是，如果将个别广告置入产品推广和市场开发的整个过程中来看，广告创意则显得微不足道。目前，广告主对广告经营者的期望越来越高，多数广告主要求广告经营者在产品广告代理中能发挥更大作用，担负更多责任，这就要求广告教学也要适应这一形势需要，既要培养专才，更要训练多面手，以提高学生适应当前社会实践的要求。

第三，创新广告实践模式，任务驱动型的广告教学模式改革。

广告主为什么求助于广告经营者？难道是因为广告经营者比广告主更熟悉广告主所从事的行业吗？古云：隔行如隔山，除非是长期专注于某个行业的广告经营者。在业界比稿中，我们会发现即使是4A公司，对市场的判断都有可能发生仓促且缺乏依据，甚至对市场的研判完全与市场实际背离的情况，在这种基础上执行后果可想而知。当然，他们可以通过诸如调阅资料、市场调研，购买数据等技术手段进行弥补，但是相对于沉浸在该行业的广告主而言，这些准备显然是不足的。正所谓术业有专攻，要保障广告人对市场反应灵敏、分析深入要害、对产品洞悉无遗，需要广告人长时间的行业知识积累。由此看来，广告教育同样需要在教学过程中，鼓励学生与行业接触，甚至为学生涉足行业创造条件。

目前，许多高校都加强了与业界的联系，建立了学生实习基地，使得学生有条件参与实践。各种形式的广告专业竞赛也增加了学生学习和交流的机会。但是，仅仅依靠这些是不够的，因为这里有许多因素并非可控，比如创作时间节点、参与范围、运作内容、参与程度等。要想使学生实践成为长效机制，最好还是由学校牵头，采用独立运作或与业界合作的方式，成立公司制的实训基地，通过业务实战，以任务驱动型的方式引导学生熟悉行业，掌握实际操作技能。此举一方面加强了教师与业界的沟通，丰富了教学内容，同时有计划地安排学生实践，有利于教师对学生进行富有针对性的指导；另一方面，也为学科建设补充了资金来源。当然，这一做法也会面临一些困难，比如学校的管理机制；教师的沟通、实践与领导能力；时间保障等。笔者建议缺乏条件的学校可以采用与业界联合创建实训基地的方式来实现这一目标。

综上所述，广告教育关切广告行业的稳步发展，思考如何推进广告教育是每一位教育者的神圣使命。更新广告教育观念，改革广告教育方法，开辟广告教育新领域是广告教育永恒的话题。本文从广告教育规划、课程设置、教学观念和实践模式四个方面对广告教育进行了粗线条的探讨，然而许多细节问题还有待进一步深化，比如，不同地区、不同高校如何切合自身实际联系广告环境制定适合本校的广告教育规划问题；广告教育理念既要体现国际化又要突出本土文化问题；广告课程设置应如何规范问题；如何开展与业界等多形式的合作问题，等等。对这些问题的正确解释，将有利于各高校明确广告教育战略定位和长期发展。

【作者简介】

祝胜军，男，江西师范大学传播学院讲师、硕士。

"一体两翼"开放式广告写作教学模式探索与实践①

张　龙

一、问题的提出

《中国教育改革和发展纲要》中明确指出：教育思想观念的改革是前提，教育体制改革是关键，教学改革是核心。课堂教学是教学的主要形式，是教学过程中的中心环节，是学生汲取知识、发展智力、增长能力的主要途径。从教学的时空说，课堂教学活动是学校中占用时间最多，教学因素容量最大，功能最全、最可控、最有效、最广泛的活动，所以课堂教学的改革是现代教育的一项重要内容，是素质教育进入学科领域的一个引人关注的热点问题，因此有必要作一番理性的思考和实践的探索。

"广告文案写作"是西北大学新闻传播学院广告学专业的专业核心课程，是为培养适应社会主义市场经济条件下广告行业发展需要的应用型广告专业本科层次人才服务的。"广告文案写作"课程的教学目标是使学生掌握广告文案写作的一般规律和基本原理，为进一步学习和应用打下基础，本课题主要依托西北大学精品课程建设项目"广告策划与创意"和西北大学教学项目"开放式广告写作教学模式与教学体系创建"而展开。在广告专业教学体系中策划和创意是专业核心内容，广告写作教学的具体开展和实施必须在策划与创意的指导和规范下进行，课题组成员也希望借此打通广告专业教学中的壁垒，通过全方位广告思维观的建立使学生对广告专业写作的认识得以提升。

广告学是应用性、实践性极强的学科，学科特点决定了对广告专业人才的培养应坚持以理论为基础、以实践为核心、以创新应用为目标的基本教育思想。而在广告专业教学体系中"广告文案写作"课程是最能体现广告学专业应用性、实践性特点的，因此要注重把握课程性质、加强学生创新能力和应用写作能力的培养，在课程教学实践过程中，课题组提出了"一体两翼"开放式的广告写作教学模式。

二、课题设想

（一）"一体两翼"概念的界定

19 世纪末 20 世纪初叶，美国实用主义教育家杜威对传统教育模式的"教师中心论"进行了挑战，提出进步主义的教育模式。教育专家布鲁纳说过："知识的获得是一个主动的过程，学习者不应是信息的被动接收者，而应该是知识获得过程的主动参与者。"叶圣陶也曾说："教师当然须教，而尤宜致力于'导'。导者，多方设法，使学生能逐渐自求得之，卒底于不待教师教授之谓也。"这说明教学过程实质上是教师主导下的学生个体的认识过程和发展过程。在教学过程中，学生不仅是教育的对象，更是学习的主体；学习任务不仅是接受

---

① 本文系 2010 年西北大学教学项目"开放式广告写作教学模式与教学体系创建"的课题成果。

科学文化的知识，更重要的是在接受科学文化知识的同时，发展自己的智能。教师不可能通过机械的讲解把知识填塞到学生的头脑中去，也不可能越俎代庖。

"一体两翼"课堂教学，即以全面发展学生为主体，以教师创造性的教与学生探索性的学为两翼。教师在课堂中为全体学生提供观察、操作、试验以及独立思考等有效参与的机会，培养创造意识和创造精神，鼓励分组合作学习，注重集体学习效应，促进学生生动、活泼、主动地发展。教师的主要角色是学生学习的组织者、引导者与合作者。在以学生为主体，以教法与学法为两翼的素质教育课堂模式中，可分别运用诸如范例、创造、掌握学习、合作学习、发现法、接受法、问题性等课堂教学方法进行改革。

（二）"一体两翼"教学模式对广告专业教学的适应性

广告人才培养目标适应"一体两翼"教学模式。在"广告文案写作"课程教学中，教学目标非常明确，即使学生掌握广告文案写作的一般规律和基本原理，为进一步学习和应用打下基础。以应用为目标，培养具有创造性思想的创新型人才在本门课程的教学当中一直作为重要的教育理念和基本的指导思想。在人才培养方向上，我院广告学专业主要以培养适应业界需要的"策划、创意、文案"类人才为主。因此作为专业基础课的"广告文案写作"主要围绕这一人才培养目标展开教学工作，希望学生经过系统的"广告文案写作"课程的训练，能适应广告行业对人才的要求，从而顺利走上工作岗位。

广告写作学科特点决定了"一体两翼"教学模式的应用。广告文案写作是一门研究广告写作规律及其应用的课程。广告写作有其自身特点：综合性和交叉性、实践性和应用性。结合广告文案写作课程自身特点，我们在实际教学中对"一体两翼"教学模式进行了探索和实践，取得了一定经验。

（1）综合性和交叉性。广告学专业具有高度的交叉性和边缘性的特点，课程以传播学、广告学、市场营销学等为基础，更需要涉及相关的社会学、文学、新闻学、历史、哲学等学科。广告文案写作是在广告策划和广告创意两大领域的交叉点上建立起来的一门应用型课程，所以在授课过程中，鼓励学生有目的性地选修相关课程，并要求学生在课余时间大量阅读，以增强自身的文学修养和相关学科的知识，这是学好本门课程的基本要求，对于提高学生素质也很有意义。通过搭建知识平台，完善知识储备使学生比较容易进入写作环节。作为综合类高校，西北大学的学科设置比较完备，图书馆藏书比较丰富，这都对学生学习本门课程起到了最基本的辅助性作用。

（2）实践性和应用性。在实际教学当中，"实践"一直是课题组贯彻的基本教学指导思想。在教学过程中，实践教学主要体现在课堂上和课堂下两个方面，重点突出课堂实践。通过课堂实践激发学生专业学习的积极性和主动性，提高学生创作的能力、学习的能力、总结的能力和交流的能力，在课堂中完成学生综合素质和综合能力的培养。服从了这一原则，在教学方法上做了以下改进：

第一，课堂下的实践重视学生对广告作品的赏析，培养学生对广告作品的直观感受和体验，并且在课堂中通过对大量广告作品的案例分析，全面解析作品的成败优劣。要求学生通过对作品的分析、理解，从而树立自身对广告作品及广告创作的认识。

第二，课堂中的实践重视师生互动与师生交流。明确学生在教学中的主体地位，摆脱过去一言堂、满堂灌的教学方法，请学生作为课堂教学的主角，让学生主动参与，发挥学生在学习中的主体作用，教师主要担当引导者和组织者的角色。这样的实践教学极大提高了学生的学习积极性，改变了传统课堂教学沉闷、枯燥、被动的现象。在教学过程中学生发言踊跃、互动性强，达到了很好的教学效果。

第三，在课堂教学中，适应广告专业的特点进行形式丰富的与创意有关的文字训练，如进行"十分钟创意比赛"、"创意点对点"等课堂活动，这样既丰富了教学内容，又使老师和学生在轻松愉快的氛围中完成教学工作。广告专业教学拥有的案例资源非常丰富而且非常新鲜，教学中能随时将最有代表性的案例资源拿来供学生讨论、学习并总结经验。比如对当下老百姓关注的名人广告现象、“庸俗”广告现象、问题广告现象，这些都是我们在课堂上随时讨论的话题，通过这种方式使学生学会独立思考，使学生认识到广告创作并非创意那么简单，它涉及伦理、道德、法律法规等一系列问题。学生既从理论上获得滋养，也从实际的广告案例中获得了广告创作的方法。

第四，有针对性地对学生进行培养，发挥学生自身的优势和特点，在教学中根据学生的特点在教学内容上有所侧重。在教学中扬长避短，发挥综合类高校的资源优势，着重培养在平面媒体中对广告语言文字能熟练运用的广告专业人才，并且根据学生不同的素质和特点，在教学中有针对性地进行训练和培养。

三、实践探索

以学生为主体的课堂教学模式，教师的自身素质是一个十分重要的因素。因此在教学过程中，我们从教师的实际出发，加强教师的自我学习，本课题依托西北大学校级精品课程项目“广告策划与创意”和西北大学教学项目“开放式广告写作教学模式与教学体系创建”而进行研究，通过参与精品课程建设使教师能力得以提升。同时坚持开展教育交流活动，鼓励教师参加学术交流活动，通过和同行的交流拓宽自己的视野，提高自身对教学的认识。在丰富多彩的学习和活动中，教师树立了新的教育思想与理念，提高了教师的教学能力。走科研治教之路，把经验型教师逐渐进行转化，并形成一个数量众多的参与教育科研的素质较高的研究型教师群体。积极进行教研性学校之间的交流研讨，争取得到理论指导，进行思想交流，以充实我们的理论与实践，促进教学科研风气的形成。创新能力的培养是高等教育的重要环节，而参加高水平科学研究活动，是提高教师与学生创新能力的关键。课题组在承担教学工作的同时，积极申报高水平的科学研究项目，几年来课题组负责人及成员分别主持和本课题相关的各级科研项目主要有陕西省社科规划课题、陕西省教育厅课题和西安市社科规划课题等6项。

使学生在课堂教学中真正进入主体角色，注重引导学生对专业学科知识的融会贯通。“广告文案写作”虽然是一门独立的课程，但在整个广告专业教学体系当中，与广告设计、广告创意、广告策划等课程有着相当密切的联系。所以孤立地谈文案写作不利于学生全面理解广告作品的构成，也不利于学生的全面发展。在课堂教学中，要求学生从策划、创意的高度来理解文案写作，在写作练习中，要求学生除了具体的文案写作外还必须提供创意说明、设计说明。这样避免了学生孤立地看待文案写作，对形成良好的创意习惯具有十分重要的意义。经过长时间的锻炼学生自然会形成广告策略-创意策略-文案写作这样正确的创意思考模式。在“一体两翼”课堂教学模式的影响下教师运用多种教学方法，进行教学实践，使各种教学方法成为一个有机的整体。经过几年的教学探索和教学实践，“广告文案写作”在教学中已形成特色，具体表现在：

（1）课程教学的“三步走”模式。以全面提高学生的基本知识与实际应用能力为目标，创立了以学生为教学主体的课前准备、课堂分析讨论、课后练习的“三步走”教学模式。

（2）实施“大纲、教材、多媒体”三位一体的教育模式。尤其是教学辅助设备的使用对改善教学条件、提高教学成果、激发学生的学习兴趣都起到了显著的作用。

（3）写作中心论。形成以理论指导写作、以练习促进写作、以案例分析写作、以讨论带动写作的教学氛围。毕竟学生想写、爱写、会写、能写才是教学要达到的终极目标。

（4）注重对学生的启发式教育。在课堂讨论的环节中积极引导学生，培养学生提出问题、思考问题和解决问题的能力。

（5）注重案例教学。增加案例教学的比重，文字教材、多媒体教材中要突出对典型案例的剖析。把案例教学纳入到教学体系中，摆脱文案写作仅就文字说文字、就语言说语言的缺陷，让学生在充分理解整个作品创意的基础上了解文案的写作要求。案例教学是应用型教学的重要方法，在“广告文案写作”中引入案例教学不仅仅是案例欣赏，更注重学生“说案例”即分析思考案例的过程，这样和课后的课程练习结合起来就能做到看作品、说作品、写作品三个过程的完整结合，有利于学生整体思维的建立和培养。

四、实践效果

广告文案写作有其特殊性，广告业界对文案写作人员的要求比较高，所以强化学生的实战能力使学生能较快较好地适应现代广告公司的要求是广告专业教学的基本要求，由于我们在教学中认识到实践和应用对广告专业人才培养的重要价值，并且在课堂教学当中不断将这一理念付诸实施，所以几年来，培养出来的学生在全国各类广告奖的评比中都取得了很好的成绩。在教育部主办的全国大学生广告艺术大赛等国内、国际广告奖项中，我们的学生都取得了优异的成绩。

此外，通过实践形成了课题阶段性成果《广告原理与实务》(主编)，2008 年 1 月由中国科学技术出版社出版，目前在省内外一些高校投入使用，教师学生反应良好。在西北大学承办的中国传播文化与中国广告学术交流活动中，本人提交了教学研究论文《广告语言对广告传播效果影响研究》、课题组成员张庆梅老师提交了教学论文《关于广告学专业课程多媒体课件教学的思考与实践》、杨立川教授提交了《传播习俗与广告传播习俗》，均在大会上进行了主题发言。

五、问题探讨

在“一体两翼”教学模式中如何处理好有关课堂中学生“主体”与教师“主导”的关系是值得重视的问题，因为强调学生“主体”与教师“主导”的关键在于以什么为“主”和如何去“导”。在开展教学活动过程中学生“主体”与教师“主导”之间的时间要合理分配。教师“导”的时间过多会影响学生主体性的发挥，过于呆板的课堂教学形式不利于学生动手操作能力、实践能力的提高。片面地认为发挥学生“主体性”就是把时间全部给学生，也会造成学生知识有缺陷，自控力和自制力相对较差，活动的随意性很大，所以协调好两者之间的时间分配问题是非常有必要的。

另外，在发挥学生主体性的过程中，应照顾不同学生的需求，有些学生性格活跃，在教学过程中能够与教师积极配合，教学效果良好，但教师也应有意识、有目的地针对性格内向、放不开的学生合理引导，使每个学生都能公平享受到教育的权利、学习的乐趣。

【作者简介】

张龙，西北大学新闻学院广告学专业讲师，主要从事广告学研究。

21世纪广告教育与研究的转型

——兼说广告表现的“三点三层论”

赖积船

中国的广告事业历经了30个年头，广告教育也有了25年的历史，中国的广告从业人员4年前就突破了87万①。按理，中国的广告人在21世纪应当大有所为，然而，刚刚步入21世纪不久，中国的广告人就面临了一个尴尬的局面：在文化创意创业面前裹足徘徊。这究竟是为什么？以笔者看来，这与中国广告教育没有充分认识广告的本质，把广告教育建立在“信息传播”而非“意义生产”的基础上有着必然的联系。要想扭转这一局面，一方面要更新广告从业人员对广告本质的认识，另一方面也要更新广告管理部门对广告本质的认识，同时更要重视广告教育的历史转型：由传播型的理论支撑下的广告教育转换为意义生产型理论支撑下的广告教育。

一、广告人在文化创意产业前的尴尬：对广告本质认识的不足

据国家统计局2004年发布的《文化产业及其相关分类》和《文化及相关产业指标体系框架》中的划分，广告业隶属于文化创意产业，其定性依据就在于广告的意义生产之本质。然而，目前广告人却徘徊在创意产业的门外，这固然源于广告人的“封闭”②与“不屑”③，更深层次的原因则在于对广告本质认识不足以及与之相关的有关广告研究与教育的学科背景狭隘。

虽然人人都知道“广告是一门多学科交叉的新兴学科”，涉及美学、心理学、营销学、传播学、管理学、历史学、文化学、艺术学、语言文学等诸多学科，然而对于广告学的综合性仍然没有充分的认识，其研究与教育还囿于“心理学、营销学和传播学三大学科理论基础之上进行”④。据张树庭的归纳，“广告学是研究成功组织广告活动的方法和策略的学科，是对广告发生、发展的规律以及相关广告理论的揭示”⑤，而对广告活动的研究中有关“说什么”部分虽有广告本体的研究，但其中的“广告设计制作”只被当作技术而谈不上研究，如果认识到位的话应该在“说什么”后增加一个部分“怎么说”而把“广告设计制作”纳入“怎么说”下。

据杨海军的归纳，我国广告学学科体系的轮廓为：一是广告学的基本原理，包括广告的概念、性质、功能、类别、结构关系以及广告原则等；二是广告发展演变的历史，包括广告的起源、国内外不同时期的广告表现形式、广告的作用与地位、各国广告发展概况与特点及广告发展趋势及发展方向等；三是广告运作实务，包括广告技术、广告战略、广告战术等偏

① 李秀玲．我国广告从业人员超过87万［N］．工人日报，2004（9）．

② 陆斌．广告人应走出封闭小圈子［J］．现代广告，2007（3）．

③ 易钟林．广告人必须融合到创意产业中去［J］．现代广告，2007（3）．

④ 张树庭．广告教育定位与品牌塑造［M］．北京：中国传媒大学出版社，2005．

⑤ 张树庭．广告教育定位与品牌塑造［M］．北京：中国传媒大学出版社，2005．

重实战的相关内容①。在这一学科体系下，广告表现及其“广告设计”在广告学的学科体系之中只是“术”而非“学”。

在这么一些基本认识下，是很难真正地融合多学科的理论知识而成就严密的广告学理论体系的；在这一些基本认识下，广告的本质属性被看作是“传播信息”而非“意义生产”（至少可以说没有充分认识广告的“生产意义”的属性）。因而广告人徘徊于创意产业的门外也就是一种历史的必然了，因为他们缺少学科支撑，缺少进入的理论准备与心理认同。

我们认为，正确地认识广告“意义生产”的本质属性是建立严密的广告学理论体系与学科体系的基础，必须站在符号学的高度重视广告表现、研究广告表现，而不能把广告表现仅仅当作是一种“术”。

在文化创意产业的大势所趋之下，广告的教育与研究必须要有所转向：依据广告“意义生产”的属性去研究广告、构建广告学的学科体系、从事广告教育；从符号学的角度整合多学科的理论知识，充分重视、研究广告表现。

二、广告教育与研究的转型

要摆脱目前的尴尬，从近期来看，首先是要改变广告主管部门对广告本质的认识，不然，高层管理者总是会把广告看作是一种“术”而非“学”，这是全体广告人的当务之急；其次是要改变当前广告从业人员对广告本质的认识，举办相应的培训班以改变目前的认知状态。从长远来看，必须实施广告教育与研究的转型，否则新的从业人员一出校门就无法融入文化创意产业当中去。广告教育与研究的转型至少有下列两个方面的工作要先行展开：

（一）由诉求研究与教育转型为创意研究与教育

广告作为一种重要的销售促进方法，作为一种重要的营销推广手段，其实务与理论的发展，总是与社会的经济和相关的市场学理论相关联的。由于市场学的兴起是以管理科学进入企业与销售为基础的，再加上消费品市场已成为买方市场从而形成卖主之间的激烈竞争的格局，促使建立于这种背景下的广告理论由最初的“推销术”发展演变为 USP 理论。但这种种的理论仍然是以传播学为基础的理论，其教育也是以传播学为基础的教育。其基本的理论就是传播学的“传送带理论”，其建立的基本模型就是所谓的“五 W 传播模式”：who→say what→to who→in which channel→with what effects。这种基础上的广告研究及教育关注的焦点是广告有效诉求的探寻即“say what”。

广告创意包含广告诉求内容的确立及其表现两个方面，即通俗所说的“说什么”与“怎么说”。广告诉求内容的确立从来就是广告创意中必须解决的一个核心问题，奥格威的创意观就尤其重视诉求部分，如奥格威认为：“在广告中，最重要的必然是创意。”②“除非你的广告中有了不起的大创意，不然它就会像黑夜中行驶的船只一样，无声无息，不留痕迹。”③ 然而他又坚决主张广告是科学而非艺术，注重调查研究，这本身并没有错。但从他的主张与实践可以看出他重视的是“说什么”。

“说什么”固然重要，然而“怎么说”也是非常重要的。这在西方的广告教育与研究中已经是早已解决了的问题，如伯恩巴克力主广告是艺术，他的 ROI 理论力主“用你的创造

① 杨海军. 2002 中国广告年鉴 · 论广告学的学科体系［M］. 北京：新华出版社，2002.
② 大卫 · 奥格威著，麦慧芬译. 大卫 · 奥格威传［M］. 海口：海南出版社，1998.
③ 大卫 · 奥格威著，麦慧芬译. 大卫 · 奥格威传［M］. 海口：海南出版社，1998.

力，你的吸引力，以及你的聪明才智来促进你的商品的优点，并使其易于记忆”。① 伯恩巴克注重广告表现意义生产的意义建构过程；李奥·贝纳则注重广告表现的意义生产的意义挖掘过程，他突出强调产品“本身与年俱来的戏剧性”，广告创意“最重要的任务是把它挖掘出来并加以利用，而不是投机取巧，或依靠雕琢的技巧及牵强的联想”。②

然而，我国的广告教育依然没有解决好科学性与艺术性的问题，依然把重点放在诉求教育上，只要看一看高校广告学专业的培养方案就可以看出这一严重的不足：或建立于新闻传播基础上而重视传播宣传；或建立于经济管理基础上而重视商品营销；或建立于艺术设计基础上而重视视觉传达：不管是偏向于诉求，还是偏向于设计，都是建立在传播学格局之上，对创意的本质之“意义生产”属性缺少深入了解。

（二）由传播研究与教育转型为符号研究与教育

广告的成功与否，固然与传播过程有关，只要任一环节出了问题，广告就不能有效地达成目的；然而，一则不成功的广告，很多时候在传播环节是找不到毛病的，那么问题出在何处呢？首先，传播不只是信息的传递与交换，同时也是意义的生产与交换过程，“误解”不一定是传播过程造成的，可以是“选择”造成的，也可以是文化造成的；其次，视觉传播除技术、技巧外，与表达及内容的价值取向、人生的态度都有很大的关系。为解决这些问题，广告的教育与实践都必须从信息传播转向到意义生产与建构方面，这唯有符号学才能高屋建瓴，集中解决科学与艺术的融合问题，解决意义生产与建构问题，也就是说必须从传播研究与教育转型为符号研究与教育。

目前的广告研究已开始注意到了必须这种转型，已经在广告表现的“本土元素”方面、“文化风骨”方面有所动作，然而这一种动作还只是初级的，还没有上升到符号学的层面，更没有在符号学的指导下深入意义的生产与建构的过程。

目前的广告教育则更不容乐观，很少有学校注意到了符号的教育，整个学科体系仍然是自信传播型的。

为了顺利地实现广告研究与教育的历史性转型，从事研究与教育的同志任务非常艰巨，还有很多问题等待我们去探索与研究。为此我们不揣浅陋，将近几年来从事广告符号与表现之教育及研究的一点看法贡献出来，以作引玉之砖。

三、广告表现“三点三层”理论

（一）广告表现“三点三层”论的基本内容

1.“三点”的主要内容

“三点”指的是“诉求点”、“兴趣点”、“联系点”，分别涉及产品（服务）、受众、设计创作者三个方面。

“诉求点”指的是广告经由调研、创意过程所确定的产品（或服务）的特定的“卖点”。

“兴趣点”指的是特定受众的兴趣所在。广告表现与纯粹的艺术表现不同，后者只要设法把创作者特定的情感、观点、经验等表达出来即可，没有必要太在意读者的兴趣爱好，因为它的目的不在于要圈定特定的读者一定要去读其作品，读与不读，爱与不爱，全部交由读

① 丹·海金斯著，刘毅志译．广告写作艺术［M］．北京：中国友谊出版社，1991.

② 汤·狄龙著，刘毅志译，怎样创作广告［M］．北京：中国友谊出版社，1991.

者选择，读者不选择、不喜欢，作者也不会有太多的失望，可以说纯粹的艺术作品面向的是爱好者，而非特定的大众（当然以商业为目标的文学创作与艺术创作与这有所不同而更接近广告创作）。前者必须受制于两个方面，其一是诉求点，表现的主题不能由创作者定；其二是接受者有特定的范围与统计学特征，并且要把握这些特征设法让特定受众都阅读创作者的作品，更为严酷的是，目前的受众大多不愿意去“读”广告作品，对广告作品下意识地不愿接受，这种情况下的广告创作就必须设法把握特定受众的兴趣点，让对方在不自觉的情况下接受所建构的意义、所传递的信息。

“联系点”，即将诉求点与兴趣点联系在一起的“关联之处”，是意义建构的关键所在。联系得好，“三点”之间可以水乳交融；联系不好，就会显得斧凿粗陋。

三点交融统一，即构成了“三层”的第一层“全局把握层”。

2. “三层”的主要内容

创作一个具有表现力的、能切合受众需求与心理的、在下意识中让受众悄然接受的广告，必须要具有全局把握的能力，这体现在能有效地处理好“三点”统一。但这还只是广告表现所必须注意的第一层“全局把握层”，第二层是“整体构成层”，第三层则是“符号选择层”。

“整体构成层”有三个方面的内容，分别是“静态构成”、“动态构成”、“构成原则”。

静态构成主要针对平面广告、立体造型广告等静态型的，其构成的规律在设计学中的平面构成、立体构成、色彩构成中有详细的阐述，此处不多说。

动态构成主要针对影视广告、动画广告等动态型的，主要涉及动作的分解与组合、匹配构成、景别构成、运动构成等方面，这在影视剪辑学中有详细的阐述，此处不多说。

构成原则主要是指整体构成时必须要注意的几个原则。其一为韵律原则，最终的构成应当形成一定的节奏，有一定的韵律，这样才能富有生机与活力；其二为焦点原则，最终的构成必须都是围绕诉求点而进行的，否则喧宾夺主；其三为简约原则，广告表现因其经济原因、受众原因，必须讲究简约，能用两个符号表明信息的，绝不用三个符号去表现，当然简略也是与产品的状态、广告的系列性有关的，有关此点，可参考颜伯勒《国际性广告表现新演变》① 一文。

“符号选择层”指的是在广告创作过程中要注意选择“合适”的符号。同样的构成，同样的全局，符号选择的不同，会导致最终建构的意义与意境有高下之别。

（二）广告表现“三点三层”论的学科价值、实践意义

广告涉及市场调研、策划、创意、设计制作、发布、反馈诸多环节，其学科体系也围绕这几个环节而建构。其中策划创意、设计制作是其中心环节。市场调研是策划创意的基础，广告的科学性主要建立于这一环节上；策划是寻求创意的手段，也是实现创意的规划；创意是广告本质之所在，是意义生产的关键环节；设计制作则是第二次的创意与创作，如果说“创意”是广告“意义生产”的关键环节，那么，可以说“设计”是广告“意义建构”的关键环节：把创意环节生产出来的意义，运用合适的承载媒介，使用适当的符号建构成可以通过视觉、听觉甚或是触觉、味觉等感知手段而感知把握的意义，广告的艺术性主要建构于这一环节上。广告表现“三点三层”理论的意义主要体现在“意义建构”过程中，也体现在对意义生产的补充与扩充方面。

具体而言，广告表现“三点三层”理论的学科价值与实践意义体现在如下几个方面：

---

① 颜伯勒．国际性广告表现新演变［EB/OL］．http://tech.163.com/05/0921/16/1U6HE61A00091589.html.

其一，有利于广告学学科体系的完善；其二，有利于从符号哲学层面阐述广告的生存依据与价值；其三，有利于从意义生产角度回应广告本质的探讨；其四，有利于整合碎片化的消费欲求，激活市场，不断满足消费需求。

【作者简介】

赖积船，湖南科技大学商学院广告系博士，教授。

中部地区高校广告人才需求与培养定位研究

康初莹

中部崛起战略的提出，给中部地区（山西、江西、河南、湖北、湖南和安徽六省）的快速发展带来了新的机遇与挑战。而教育的发展既是中部崛起战略规划的重要任务目标，也是其逐步推进的有力保障。中部是连接东部沿海与西部内陆的重要地区，疏通南方与北方的枢纽要道，与我国其他区域相比，在具有地理位置、文化底蕴、学术氛围等优势的同时，也存在经济发展水平、经济结构、人才培养等层面的诸多制约因素。

作为国民经济发展的重要支柱，中部地区的广告业近年来取得了飞速的发展，与此同时，市场对广告人才的需求成为高校开办广告专业的内在驱动力。在此背景下，中部地区的高校迫切需要面对自身所处的内外环境，探寻广告人才培养的发展之路。

一、中部地区广告业与广告人才需求概况

教育归根结底是为特定的行业服务，输送合格的专业人才，因而要研究高校广告人才培养，就必须从广告业发展现状着手。

（一）广告业发展现状

中部地区总面积103万平方公里，占全国10.7%，总人口3.6亿人，占全国28.1，GDP约占全国的20%。从经济联系上看，它是连接东西、畅通南北经济的枢纽；从产业链条上看，它是全国的能源及原材料的供应基地，发展条件得天独厚。

早在20世纪末，中部地区的广告业进入了快速发展时期。各种报刊、电台、广播等传统媒体纷纷崭露头角，广告公司和从业人员急剧增加，广告市场的发展形势喜人。

然而，飞速发展的背后却隐藏着盲目和无序，于是在政府主管部门和行业自律部门的规范下，中部各省的广告行业逐步走向了调整阶段，广告行业走向良性发展的轨道。一方面出现了几家一流的广告企业和一批专业性的广告公司，报业和电视传媒集团发展壮大，广告公司的专业性也越来越强；另一方面伴随着新媒体的诞生和发展，以及楼宇电视、车载电视、行业DM、SP广告、网络广告、手机广告在广告业的出现，宣告了新型媒体将在传统媒体尚未发展成熟之时就产生了强有力的冲击。与此同时，跨国广告公司也纷至沓来，抢战市场空白和先机。

中部地区广告业的整体发展水平虽与西部地区相比基础较好，但与发达城市相比，差距还是不容乐观。以本土传统媒体以及广告公司为主导、外地入驻广告公司和中小型广告公司为辅的局面构成了中部地区广告行业的总体局势。综观中部六省广告业，不难发现以下几大显著问题：第一，广告行业成员及广告企业等普遍存在核心竞争力不明确、定位缺失的问题；第二，行业的不文明竞争态势严重阻碍了中部广告行业的健康有序发展；第三，广告行业从业人员总体素质较低，行业服务水平有待提高；第四，违规广告普遍存在，新的广告领域在监管上出现空白，广告管理和规范不力。

（二）广告人才需求状况

广告市场的现状对广告人才的综合素质提出了更高的要求，就中部地区广告市场而言，其独特的区域文化特征所成就的经济基础有别于异地。

1. 广告专业人才类型的需求状况

根据中部六省广告业的总体情况，采取分群抽样和分级抽样相结合的方式抽出60个样本（每个省区抽取10家，包括6家综合性广告代理公司和四家专业性广告代理公司，兼顾不同规模的公司）进行调查，统计数据显示，目前广告行业最急缺的人才是擅长用文字、声音和画面来打动消费者的广告创意人员和与客户进行有效沟通的AE人员，其次是市场公关人员、美工人员、文案人员和媒介人员。广告公司不同的定位对人才的需求类型以及对专门人才的需求程度有所区别：大型的综合性广告代理公司对媒介人员、客户AE人员以及策划AP人员的需求程度远远高于专业性广告代理公司。

此外，由于广告行业分工的细化，专业技能型广告人才的缺口很大。从广告流程来看，调研、策划、设计、制作、执行等方面都需要动手能力强的广告人才；从广告服务的领域来看，既了解房地产、汽车、医药、教育、体育等行业规律又具备相关广告知识的人才成为热门。另一方面，随着新兴广告市场的形成，如新媒体、创意产业、文化产业、电子商务等相关领域也加大了对广告人才的需求。

2. 广告专业人才素质的需求状况

从广告人才自身层面来看，需兼具以下四种基本素质，才能适应广告市场需求，提升竞争力。

第一，敏锐的创新思维与创新能力。

创新思维和创新能力是广告业对人才要求的特殊性所在。作为一名合格的广告人，首先应该具备超常的创意和与众不同的想法。广告不仅要吸引眼球，更需诠释品牌，提升产品的影响力，这离不开完美的创意，而创意只能来自于创意者敏锐的观察、思维和超强的创新能力。

第二，良好的知识结构与能力结构。

广告具有较强的应用性、兼容性和开放性特点，涉及诸多领域。作为本土广告人才，拥有良好的知识结构，才能了解中部文化的特质及本土经济的发展状况，知晓如何利用优势媒介资源服务于企业和品牌。能力结构是指广告人运用知识和技能去解决问题的能力，包括观察力、分析力、创造力、沟通与表达的能力等。优秀的创意来自团队的协调运作，团队又是多个个体构成，而个体间的能力良莠不齐，只有通过相互信任、共同学习、充分沟通、不断创新，才能创作出高水平的广告创意。

第三，高度的职业操守与团队精神。

毋庸置疑，优秀的专业广告人才是广告公司生存与发展的智力资本，而塑造一个良好的团队可谓是广告公司创意动力的源泉。团队中的每个人都要有高度的职业操守，勇于面对困难，只有这样，才能使整个团队增强战斗力。广告人要有强烈的团队精神、敬业精神和集体荣誉感，不仅要善于打造精干的小团队，而且要使团队性质多元化，形成融学习、协作、创新、竞争为一体的优秀团队，才能在激烈的广告市场大战中取胜。

第四，强烈的文化使命感与责任感。

中部地区文化源远流长，地域文化对地域经济、社会发展的影响体现了经济与文化的互动关系。然而，就现状而言，无论是“吴文化”、“楚文化”、还是“三晋文化”、“中原文化”，并没有带来太多的商业价值。一个优秀的广告人，应当同时是一个优秀的文化人。在中部崛起战略的前提下，如何对抗国际品牌和全国品牌，是中部本土广告人才必须思考的一大问题。那么，身为本土的广告人才就必须深谙本土文化，本着强烈的文化使命感与责任感，挖掘本土文化的深厚底蕴，传承、发扬、创新中部文化。

二、中部地区高校广告人才培养中的问题分析

在广告发展整体看好的形势下，不得不承认广告专业人才的培养还存在诸多问题，如教育环境独立于市场之外，师资力量薄弱且整体水平不高，培养模式落后等，由此造成广告专业毕业生与市场需求脱节。中部地区本土广告人才的培养如何应对困扰，冲破难关，在中部崛起的战略形势中崭露头角，从而提升中部六省的整体经济实力，这是问题的关键。

（一）广告人才培养观念僵化，定位不清晰

无论是依托在新闻传播院系，还是依托在营销管理院系，或是依托在艺术设计院系的广告人才培养，都难免出现固步自封、观念僵化的现象，不能在市场对人才的实际需求中找到合适的培养定位，在实践和理论之间左右摇摆，在“通才”和“专才”之间举棋不定，使广告人才培养成为“大杂烩”。

（二）广告人才培养模式单一，广告业界急功近利

广告人才培养模式沿袭了高等教育的一般模式，单纯依靠高校课堂教学，使学生通过系统地学习广告知识，掌握一定的理论与专业技能，远远不能适应广告业多元性、开放性、实践性特点对人才的需求。而在广告人才培养的过程中，广告企业功利性过强，要求学生具有工作经验，能够快速上手，为公司创造价值，拒绝或忽视对广告人才的专业培养。

（三）课程体系的构建与广告人才素质需求存在矛盾

广告学是一门综合性很强的交叉学科，由于缺乏成熟的教学体系，多数高校围绕各自的院系特色设置课程，因人设课现象普遍存在，使广告人才培养陷入片面和狭隘。一些高校教学内容封闭，难以满足广告产业升级对于复合型广告人才的素质需求。

（四）广告人才的创造意识开发不够

由于当前广告人才培养的教学手段、教学模式及考试模式等缺乏创新，没有充分发挥实践性教学在培养创新精神、提高创新能力中的作用。单一的考试模式压制了学生学习的主动性和创造性，扼杀了专业兴趣和学习热情，并最终束缚了学生的创造性思维。

（五）与地方需求脱节，与广告实践脱节

从以往的就业现状来看，中部地区高校主要承担着为地方输送人才的重任，而广告人才培养往往照搬国内一流高校的广告教育模式，培养出的广告人才不能适应地方经济发展需要，一段时间内也不能与发达地区的需求相适应。正在从事广告业的多为非广告专业的毕业生，而广告专业的毕业生却纷纷转行，广告教育陷入怪圈。

三、中部地区高校广告人才培养定位

广告市场的竞争，归根结底是广告人才的竞争，而高等教育是人才培养的主要方式，广告人才培养的对象和目的是为社会培养具有较高专业水准的广告人才，并使其服务于社会。要培养当前和未来综合素质全面的广告人才，广告教育的培养定位是关键。

广告行业迅速发展，对广告人才培养提出了更高的要求，像广告要求市场细分一样，作为中部地区高校的广告教育，不能盲目跟从，而要细分出自己的培养定位，并努力探索适合这一定位的教学方法，才能在有差别的教育层次中找到自己合适的位置，适应广告就业市场的需求。

（一）广告人才培养定位要围绕本校学科背景

鉴于中部地区广告教育和广告业发展现状，其高校广告人才培养必须走多元并存的发展道路。每一个设立广告类专业的学校，基本都是根据各自学校原有的学科教育资源确定专业培养方向，具体来说，大致有新闻传播学背景、经济学背景、艺术设计背景三大类，另外还有少数是中文等其他背景。地方本科院校由于各方面条件的限制，难以培养出具有国际视野的复合型人才，更需要根据学科背景有重点地培养学生某些方面的能力。一方面可以根据所在院系的学科背景设置课程，培养具有一到两个专长的特色人才；另一方面可以根据所在学校的学科背景设置不同的选修课模块，避免培养的学生同质化。例如我校的粮油食品学科在国内处于领先地位，利用该优势开设相关选修课，成为我校广告专业人才培养的一大特色。

围绕广告专业所在学校和所在院系的学科背景培养学生，既可以使不同学校培养的学生形成优势互补，满足广告业界的需要，解决目前广告专业培养的学生看似过剩实则不够用的现象，又可以发挥本校优势，使地方院校培养的学生相对有特点，提高学生的就业竞争力，获得广告业界和学校的双赢。

（二）广告人才培养定位要凸显理论加应用

实践教学对于广告这一实践性极强的应用型学科，特别是中部地区高校的广告人才培养来说尤为重要。但是目前高校广告专业的实践教学质量堪忧，其中最重要的原因则是实践教学条件的欠缺和实践教学环节的零散化，致使实践教学的层次性和系统性没有充分体现出来。

笔者认为，应从以下三种课堂来分层次进行实践教学，培养有一定理论基础的、动手能力较强的应用型人才。

首先，合理设置理论教学与实践教学的学时比，找准第一课堂的实践度。中部地区大多数高校介于重点院校和高职院校之间，生源质量和培养目标低于重点院校但高于高职院校，故其广告专业应该培养学生的技术技能，但又不能完全停留在这一层面上，既要传授给学生一定的理论知识，又要培养学生的应用能力。因此，要特别注重理论教学与实践教学的学时比，不同高校的广告专业，可根据学校定位设置不同的学时比。

其次，积极举办与组织学生参加各类课外活动，充分发挥第二课堂的实践作用。积极举办与组织学生参加广告比赛、摄影比赛、演讲比赛、创业比赛等各类课外活动，全面提高学生的实践运用能力，并采取有力措施给予保障与鼓励，如对在全国性广告比赛中获奖的学生和指导教师给予重奖，获奖学生可以把获奖成果作为创新学分计人总学分中。

最后，充分利用企业、校友等校外资源，构建实践教学的“第三课堂”。目前，由于中部地区高校广告专业普遍存在实践教学基地的缺乏和教师实战经验的不足等现象，学生往往难以接触到广告运作的关键环节，这一弊端到四年级专业实习时更为明显。专业实习是广告专业学生理论联系实际的良好时机，很多学校广告专业的实习只能采取学生自主实习方式，实习管理与指导都难以到位。要改变这种状况，应进一步开辟实践教学课堂，把广告公司、企业等作为实践教学的第三课堂。一方面可聘请有丰富广告实践经验的往届毕业生担任兼职教师，弥补在校教师对学生实践指导的不足；另一方面挑选具备一定培训或教学条件的企业作为学生实践教学的基地，有条件的高校还可选派有实践经验的老师全程跟踪指导，使实践教学的第三课堂与第一课堂、第二课堂形成良性互动，培养出既有一定理论知识又有较强实际动手能力的高级专门广告人才。

（三）广告人才培养定位要依托资源整合

许多中部地区高校办学条件相对较差，广告专业作为新专业，办学资源更加有限，严重制约了其发展。鉴于此，应将校内外资源实施有机整合。

一方面，可以整合利用校内师资资源。广告专业涉及的学科较多，如经济学、传播学、社会学、心理学、公共关系学、管理学、文学、艺术、美术等，是一门边缘性的、综合性的应用型学科，需要多方面的师资，处于中部地区高校中的年轻的广告专业是难以把这些人才都聚集起来的，明智之举是整合利用。可在全校范围内打通使用，采取组建教学团队的方式整合本校师资资源。另外，像画室、电脑机房、摄影棚等实验室资源也可通过校内共享的方式加以利用。

另一方面，可以依靠重点大学资源。中部高校广告专业一般缺少有影响的学术带头人，可依托重点大学办学，获得指导与帮助。通过签订合作办学协议、聘请名誉教授等途径，来促进自身的发展。

（四）广告人才培养定位要体现地方特色

从办学定位的角度来看，中部地区高校主要是为地方培养应用型高层次人才，为地方的经济建设服务，具有鲜明的地方特色，因此，中部地区高校广告专业应以服务地方经济为己任，充分利用独特的地方资源优势，走特色发展之路，以广告专业人才的培养作为专业发展的立足点。

在广告专业人才培养方案中应充分体现地方特色，在课程设置上体现地域性，充分考虑地域特色和地方市场的实际需要，不断推陈出新，使培养的学生能够及时和全面地掌握地方市场行情，为毕业后进行广告传播打好基础。如我校广告学专业在深入研究河南经济和房地产广告案例的基础上增开广告实务专题，使本专业培养出来的学生能成为河南房地产广告行业发展所需要的人才。

四、结　语

在中部崛起的大背景下，中部地区高校广告人才培养的目标应立足为地方培养应用型高层次人才，服务地方经济建设，形成鲜明的地方特色。中部地区高校广告专业应找准适合自己的人才培养目标的定位，培养出有一定特色、能持续发展的人才，这既是广告市场的需要，更是中部地区高校广告专业自身发展的需要。

【参考文献】

[1] 陈培爱. 对于中国缺乏广告人才的评说 [J]. 广告大观（综合版），2007（4）.
[2] 彭爱萍. 论广告专业人才的培养 [J]. 新闻爱好者，2008（5）.
[3] 胡雪松. 湖南本土广告人才培养启示录 [J]. 湖南大众传媒职业技术学院学报，2007（3）.

【作者简介】

康初莹，武汉大学新闻与传播学院广告学博士生，河南工业大学新闻与传播学院广告教研室主任，讲师，主要研究方向为广告传播。

复合型广告人才培养模式初窥①

——以安徽师范大学广告学专业“点、线、面”教学模式为例

胡　靖　黎泽潮　王玉洁

安徽师范大学（以下简称安师大）的广告学科隶属于安徽师范大学文学院，文学院是安徽高校历史上最悠久的院系。在文学院浓厚的文化气息中，安师大广告学科积极探索以营销传播为核心的“一专多元”式教育，逐渐形成和完善了一套既注重全面知识技能的培养，又注重培养学生广告文化意识；既有基础课程，又有特色课程；既重理论教育，又重实践操作，由“点”、“线”至全“面”发展的人才教育模式。

一、点：开设精品课程，突出特色定位

本科教育是要在一个集中的时空里，在一种学术氛围的渲染里，给予学生更宽广的视野、更自由的发挥以及信手拈来的灵感。四年时间里，安师大为广告学专业学生精心设置了艺术、文学和外语三大类特色课程。这些非广告专业课程的开设丰富了学生的学科背景，也使得学生的思维更加活跃。

1. 艺术课程——视觉文化

在前两个学年中，每学期都有素描色彩与设计课程的开设，均由美术专业硕士生担任教师，同时学校还在皖南建立了写生基地。新闻传播型与经贸型广告专业招收的学生通常都是没有美术基础的，对于视觉传达的表现与鉴赏也成为学生发展的瓶颈。艺术类课程的开设，能激发学生的专业兴趣，丰富学习内容，提高欣赏能力与对美的感受能力。

2. 文学课程——经典文化

安师大的广告学专业依托文学院，积极进行课程整合，与中文专业携手开设文学作品选读与赏析课。此类课程一直持续五个学期，从骈文到新诗，从楚辞汉赋到唐诗宋词，再到明清小说，可以说文学经典陪伴着学生经历入学的青涩与即将展翅的不安。

3. 外语课程——商业文化

安师大广告专业在大二英语公共课结束之后，为学生开设商贸英语课程，重点学习在国际贸易中的英语使用，比如了解国际贸易的流程，如何询盘、回复询盘以及各种提单的使用等。这既能贴合专业特征，又能提升英语水平。另外，在进行广告策划及其他作业时，教师会有意识地让学生使用双语作业，锻炼学生以英语进行思考的能力；口语课上，教师会有意地模拟商务环境，让学生发挥想像力，想象各种方法去解决遇到的问题，比如怎样面试、怎样面对客户的刁难、怎么面对提案被否决等；课堂下，教师还鼓励学生在课余多看一些发生

① 本文为安徽省省级教学研究项目“国际化的复合型广告人才培养模式研究”阶段性成果，项目编号：2007JYXM2003。

在广告公司或者相关题材的美剧或电影，在期末会任意选取其中的片段进行英语话剧表演。在这种浓厚的英语氛围中，经过有针对性的强化训练，我校广告专业的学生基本能够在广告公司日常经营活动中流利地使用英语。

二、线：三条理论轴线，汇聚知识能量

从大一进校开始，广告专业学生在三年的课堂学习中需要系统地学习三十多门专业必修课与选修课，这些课程分别从三条线索上构建起广告学专业学生的学科知识体系，让学生既能打下扎实的理论基础，能增长实际操作能力：

1. 广告学、经济学、传播学——夯实专业理论基础

广告是一种传播方式，也是一种经济活动。进入整合营销传播时代，在传播学与经济学的范畴内了解学习广告，加深对广告作为传播手段与营销手段的学习是认识广告学的最大前提。将传播学与经济学自始至终贯穿于四年本科教学当中，既能指导学生按照经济规律、传播规律进行广告实务活动，也能为学生进入研究性学习阶段打下基础。

2. 新闻学、管理学、心理学——丰富学科背景知识

新闻学、管理学、心理学这条由特色课程的“点”串起的“线”包含了广告专业课程以外的众多相关学科，学生的知识储存量能够得到显著提升，也能使学生看待广告的角度多元化。这些从社会政策、公司管理、消费者心理等层面开设的课程，能使学生慢慢培养起记者的新闻敏感度、管理者的全局观、心理学家的观察力……告别单一的广告专业课程教育，学生离复合型人才的距离也将渐渐缩短。

3. 美术设计、摄影、作品赏析——强化广告执行能力

广告教育不仅要重视理论，也需要培养学生对于广告实务的操作能力。安师大学本科广告专业开设的广告文案写作、广告策划与创意、电脑图文设计、广告摄影、经典广告作品赏析、素描与广告设计、色彩与广告设计等课程，从制作和赏析两方面对广告实务进行教学，有利于拓展学生的实际操作能力。在每学期，都设置这类课程，有利于学生长期处于广告实务的刺激之下，接触最新鲜的广告信息，提升对广告的敏感度，及时把握当下广告创意执行中的新趋势。

三、面：延展教学空间，拓宽专业视野

广告业是个千变万化的行业，广告教学如果盲目地按照业界需求，对学生进行大量技术性的教育，就会使教育成为行业的附庸，使教育跟在行业背后亦步亦趋。然而，脱离实践又会让学生在学习过程中无所适从。市场的变化，让广告策划创意人才与经营管理人才逐渐成为被追逐的对象，这也进一步促使高校在广告教育中积极创造条件与业界合作，全方位完善自己的课程体系。

1. 形式上的延伸——转换课堂形态

广告业是讲求创意的行业，其行业属性要求从业人员需要具备活跃的思维，因此广告专业的教学在传授知识的同时，更要注意能力的培养。在广告学科的专业教学形式上，有分组讨论、亲自动手制作包装，还有外出写生、走上街头分发问卷、与业界联合模拟开设广告公司等多种形式可供选择。以广告策划为例，在课堂上，站在讲台上的更多是学生而非老师，

学生投票选出8个目标行业，并自主划分为8个小组，分别成立小型广告公司，按照组内成员特点分别担任总经理、创意总监、媒体总监、客户总监等；接下来就是三轮课堂讨论，第一轮介绍行业特点、现状、不足等，第二轮介绍公司定位、理念、组织架构、成员情况、标志等等，第三轮开始选取行业中的某一品牌进行有针对性的策划推广。然后开始撰写策划书，进行市场分析，产品调研，开始考虑广告媒介组合、文案创作、影视脚本写作等，在这个过程中学生对广告公司的流程越来越清晰。这样的小组讨论将学到的知识活化，也是一次研究性学习的过程，同时为实习做了充分的准备。

同时，课堂外的另一个课堂则被学生们开到了社会里。从2005级开始，学生们便成立了“广告堂”这样一个专业的学习与交流的沙龙。在广告堂组织下，学校先后举办过“大创意”——安师大广告学生获奖专项展出、制作了广告杂志《职场》和《广告行》、承办广告相关活动策划宣传、成立模拟广告公司，同时广告堂也积极申报了校级课题——“未来广告人”培养计划。学生们怀着浓厚的兴趣参加广告堂的沙龙活动，学生会主动联系相关企事业单位参与到活动中。广告堂不仅成为联系业界与学生的桥梁，给学生提供了更多参加实践的机会，也扩大了安师大广告学专业的影响力。

2. 内容上的拓展——广泛参与比赛、实践

课程的设置是广告人才教育的核心内容，新型广告人才的培养更要求对学校对广告专业的课程设置进行重新洗牌。作为一门应用型学科，如果继续使用传统基础学科的教育模式，只能培养出脱离市场的死板学生，而若一味跟随业界，广告教育也将陷入“速食教育”的尴尬境地。由特色课程的“点”到理论体系的“线”，再到多方位发展的“面”，安师大广告专业的这种培养模式已经得到了实践的认可。从2002年的本科招生到2007年的硕士点成立，从白手起家到苹果机房、新闻广告综合实验室、新闻广告摄影实验室、电视演播厅、电视编辑与制作实验室、办公自动化实验室的建立，在校领导的支持下，安师大整合广告、摄影、播音主持、新闻等6个专业打造全新模式的传媒学院。

作为广告人，我们深知任重道远，开拓与反哺同肩；作为安师大广告人，更深知前路漫漫，机遇与挑战并存。广告专业的学生在很多广告比赛中都取得了很好的成绩，在参加过的第十四届、第十五届、第十六届时报广告金犊奖，第一、二届全国大学生广告艺术大赛，2005年中国大学生广告艺术节，以及“航天杯”首届中国大学生职业规划设计大赛、“脑赢家”2007世界名校零售营销模拟赛等比赛中，获得过全国十佳“职业规划之星”、“脑赢家”2007世界名校零售营销模拟赛全球总决赛亚军、创业大赛冠军以及广告比赛的国家级、省级奖励。学生取得如此的成绩与广告专业实施的层层筛选的制度紧密相关。在比赛初期，由专业教师到广告堂进行推广与动员，并请专家进校作专题讲座；在参赛的过程中，学生们针对自己的不足，对作品进行多次修改。在小组共同制作的过程中，不仅集体感与团队精神得到增强，学生的素质和能力也得到了提升。最后，由广告堂组织教师及业界对同学们经过讨论及创作出的稿件进行校内评审，从而确保选送精良的作品参赛。经过几年的努力，安师大广告学专业建立了一批实习基地，其中包括安徽唯一的4A广告公司金鹃国际广告有限公司，以及安徽电视台、安徽日报社和其他众多省市级媒体与知名广告公司。每年暑假期间，学校都安排学生进行小实习，在第六学期结束后安排大实习。通俗地说，就是3+1的模式，三年的在校学习，第四年进行实习与再学习。大实习延续整个下半年，学生实习可以服从学校分配，也可自主联系实习单位。在实习过程中，学生需要撰写实习报告和实习日志，对实习生活加以记录和反思，这能使学生及时掌握业界的新趋势、新变化，许多学生在实习结束重返校园后能够更有针对性地充实自己。

中国广告教育爆发式发展带来的局限，也存在于安师大广告学科之中，如何对高等广告教育普遍面临的问题进行思考与解决，将是新型广告人才教育模式能否实现的关键。在广告行业全面对外开放，市场不断变化的情况下，需要学界与业界的共同努力。我们将利用新成立的传媒学院的整合优势，依靠学校特色，从独特定位、自办广告公司等方面切入，秉承自信不自满、昂扬不张扬的精神，在创意的道路上风雨兼程，在设计的天空中自由翱翔，在策划的领域内天马行空，一路开创、一路奋斗、一路挥汗、一路收获，一步步地摸索出国际化、复合型、创新型广告人才的培养模式，最终为中国广告迈上国际化的轨道作出应有的贡献。

【作者简介】

胡靖，安徽师范大学传媒学院党委书记，博士生。

黎泽潮，安徽师范大学新闻传播学教授，博士生，传媒学院副院长。

王玉洁，安徽师范大学传播学2008级硕士研究生。

会展传播：广告教育的必要视角

张军锐

2010年上海世博会的成功举办，不仅是我国对现代会展经济产生重大影响力的一次实力展示，也是国人对现代会展传播模式的一次开拓与探索。总体来看，中国会展业的行业经济效益正在逐步攀升，同时随着会展经济模式在全球的不断成熟与推广，会展传播的理念模式也正在被越来越多的业界人士所重视，并将其置于新的学术视野而对传统的品牌营销及广告运作模式进行定位思考。

一、会展传播的实质是信息沟通

现代会展是一种集中于一定时间和地点的、具有特定主题的信息与物流的展示与交流活动。其基本要素有三：组织者、参展方和观众。在整合营销传播理论的背景下，沟通体现的是一种营销哲学，它视消费者为核心，同时承认买方与卖方之间的平等关系，存在着进行资源交换与分享共同价值的需要。"会展活动本身就是人类一种特殊的传播活动。这种传播活动以会展为信息交流的媒介，通过综合运用各种传播手段，进行信息的组织与传播。它的本质是信息交流，它的首要功能是信息传播，它运作的首要手段是信息技术，它的运作过程始终伴以高密度的信息运动，它的活动结果就是信息传播的效果。"① 从这个意义上讲，会展传播便是对三者关系的集中，通过各个要素相互制约，相得益彰，形成了人们在特定的公共活动场所进行物质交往与精神交往的有效途径，形成以会展活动为基础，通过对会展各要素的协调处理，形成现代经济生活中投资与融资、供给与需求、企业与公众、生产与消费等诸多力量的效益最大化的信息沟通系统。"会展传播简单定义为运用传播策略扩大会展影响力。"②

从传播学的角度来分析，观众无疑是会展的核心因素。正如国际博览会联盟（UFI）主席安格斯曾经指出的："展览会如没有观众，它的促销功能以及对相关行业的拉动作用发挥不出来，那么展览业存在的意义就将消失。"③ 可见，会展传播策略之实质，便在于如何能使会展以最好的方式完成"中介"功能。在特定的时空内，实现三要素之间的"集中"和"有效"沟通。作为一种营销传播策略，品牌是沟通的载体，社会责任是沟通的核心，以企业价值与消费者价值统一为一体的价值体系是沟通的主要内容。沟通的直接指向是消费者的认知结构，其中包括文化价值和需求期望等。从传播目标来说，沟通就是要达到营销组织和消费者之间深度的认同，从而与消费者建立长期的、双向的、稳固的关系。从广告传播的角度来说，沟通是具有整合意义的广告功能体系或创意策略体系。从会展活动的形式来看，

---

① 王春燕．会展传播探析［D］．沈阳：辽宁大学，2004.

② 韩福文．会展营销［M］．北京：机械工业出版社，2006（16）．

③ 国际展览联盟（Union of international Fairs，UFI），1925年成立于米兰2003年10月更名为全球展览业协会（The Global Association of the Exhibition industry），仍简称UFI，为止世界展览业最重要的国际性组织。

“现场”成为信息沟通的基本平台，主题信息的集中性为高质量的传播效果提供了充分的保障。而且，由于会展现场信息沟通的便利性，任何有利于增强信息沟通效果的内容与形式，都可以被容纳进会展传播的策划实施过程当中。

通过以上分析，我们可以看出，会展传播的首要功能是信息沟通，是现代整合营销体系中的一种特殊媒介形式。通过综合运用诸如对信息的采集、加工整理、分析和传输等各种传播手段，形成有组织、高效率的主题信息集散体系。

二、会展传播要求广告人才应具备的素质

作为现代经济体系的有机组成部分，会展产业已经延伸到社会经济生活的各个领域，遍布于建筑、金融、交通、运输、农业、旅游、航运、通信、娱乐等各行业。会展与广告深层次、多方位的整合，必然会对传统广告产业的经营带来影响与冲击，这就必然要求广告人同时具备策划举办会展的能力，并及时适应这一发展趋势所带来的整体行业运作理念的变革，具体应该从以下几个方面予以注意：

首先是对会展策划的投入与适应。如前所述，会展传播是为了实现传播效果的最大化，是为了实现信息交流、资源共享与广告沟通功能的整合。这就需要我们从一开始便减少会展传播的盲目性，提高会展传播的效率，通过科学、周密的会展策划来充分利用一切可以利用的资源。这些策划通常与广告策划具有很强的关联性和一致性。具体包括：（1）主题策划，会展主题策划，是确定会展主题并围绕主题策划会展活动的过程，它是策划者所要传达的中心信息，用以指导参与者的行为，通过创意、构成、方案、形象等各个环节，贯穿于整个会展策划之中，并把各种因素紧密地结合起来；①（2）媒体策划，包括媒体的选择、媒体的发布时间以及会展各阶段的媒体宣传计划等方面；（3）主体策划，主要体现在如何通过科学规划来协调会展各要素之间的关系，实现各方的完美共享，策划者往往需要多渠道搜集多方信息，并针对各自的特点制定相应的传播策略；（4）品牌策划，运用现代品牌理念，强化对会展活动的品牌意识，注重从每一细节上来体现品牌策略，推动会展品牌化的发展。同时也应该认识到会展品牌的建立是一个长期的过程，会展的经营管理者要制定长期的发展规划，确立会展的品牌发展战略。因此，适合会展品牌传播的广告策略必然要发挥专业优势，有所规划，明确品牌的标志语言和沟通的范畴。

其次是对整合传播模式的投入与适应。一方面，会展传播是一项庞大的系统工程，所涉及的传播渠道很多。与广告运作一样，良好的媒体关系和恰当的媒体策略，不但可以提升会展的沟通效果，而且可以扩大会展活动的社会影响。因此，要求广告人通过专业的媒体策划来完成与大众传播媒介的沟通合作，充分利用传媒资源为会展活动服务，同时也要求广告从业人员充分动用各类非大众传媒工具，根据各类目标受众的兴趣和不同媒体的特点，选择具体的、专门的媒介形式（分众化），以扩大信息影响，提升沟通效果。另一方面，为了避免滥用传播渠道，必须根据传播目的和不同媒体的特点来进行整合，使公关策略、商务活动、媒体事件、营销宣传等都能以合理的节奏协同完成，发挥最大的品牌传播效应。

综合以上两个方面的阐述，说明在会展产业方兴未艾之际，广告与会展的“联姻”，既对传统广告业的运作和经营提出了挑战，也使广告从业者获得了难得的发展机遇。如何及时跟进并适应这一竞争格局的变化，也为我们的高等广告教育提出了要求。

① 毛金凤．会展营销［M］．北京：机械工业出版社，2006.

三、广告学在会展专业教育上的缺失

相对于20世纪90年代以来我国会展业的迅速发展，当前的会展人力资源教育和人才培养则明显滞后于产业发展。就目前中国会展专业的教育现状来看，据不完全统计，截至2008年底，在开展会展教育的184所高等院校中，教育部只备案或批准了38所院校开设会展教育本科专业。在没有会展本科专业的院校中，会展专业多是依托旅游设计和艺术设计等学科开设。另外，调研数据还显示，不同类型的院校在会展专业下开设的199门课程中，其中10所以上本专科院校开设相同或类似的课程仅有14门，主要集中在会展策划与管理、财务会计类、营销类、会展概论等课程上，其余185门课程都是各校从不同院校背景和优势出发所开设的。①

就目前的我国会展传播专业建设来看，由于多种原因，仍然表现出几个方面的问题：

（1）专业定位不够清晰，学科的主体框架有待确立。从总体来看，由于目前设置会展专业以及相关课程的高校不多，且会展专业的学历、学位体系不健全，高校在会展教育中的主体地位尚未确立。

（2）师资和教材建设滞后。

（3）培养体系不合理。众多院校在没有明确的培养目标的情况下盲目办学、攀比办学。由此不仅使会展人才的培养质量大打折扣，而且在专业设置、课程设置等方面都存在一定的问题。

（4）理论与实践脱节。会展专业的应用性强，目前我国的会展教育虽然受到了空前的重视，但鉴于其理论性太强，与实践脱节的问题非常严重，很多院校陷入传统教育的模式中，过分重视理论性的讲解而忽略实务性操作。②

笔者认为任何一种社会技能和产业部门都不是孤立存在的，会展产业发展同样要求有各种社会力量的专业化投入。归根结底，会展业的竞争实际上是人才的竞争。如前所述，既然会展传播无论从核心理念还是从运作模式，尤其是在会展管理与会展策划等领域都与现代广告有着千丝万缕的联系，如何利用会展传播的这些特征，及时适应市场需求，充分的整合学科与教育资源，明确会展传播的专业定位和主体架构，着力提高会展人才的综合素质，发挥课程体系和培养途径的已有优势，建立会展业复合型创新人才的培养模式，广告学都理所当然地具有得天独厚的学科优势，更具有义不容辞的责任。

但事实上，通过分析当前会展专业教育的基本状况，我们却不难发现会展传播在广告学学科体系中的普遍缺失。在众多大专院校已意识到会展专业的广阔前景并开始努力建设其学科体系的背景下，这对于广告学不能不说是一个遗憾。

四、会展型广告人才建设的几点设想

会展型广告人才，就是在会展传播中既能熟练掌握会展管理与策划的各项技能，又熟悉现代广告运作模式及规律的专业广告人才。这类人才占据了专业技术领域及管理领域的高端，需要具备丰厚的文化艺术素养，需要具备较强的创意策划、组织管理和沟通合作能力，需要对会展活动从宏观到微观层面都能开展规划与管理。正因为会展业具有广泛的产业关联度，其人才需求必然表现为多领域、复合型的方向发展。随着时代进步、学科发展和行业人才标准的提高，会展业对广告型专业人才的需求也必然会不断升温。

---

① 杨丽霞．我国会展人才培养问题研究［J］．世界政治与经济论坛，2009（5）．

② 孟铁鑫．会展人才培养现状及发展战略［J］．中国人才，2008（2）．

今天的广告学高等教育必须不断适应市场需求，密切把握业界动态，不断与时俱进。广告学本身便具有多学科交叉的复合优势，在培养会展型广告人才方面，通过培养学生的创造性思维，建构以创新为核心的专业能力系统，改进现有的教学体系，变革传统的教学模式，既可以多方面拓展学生的知识面、提升技能水平，也可以紧紧围绕培养复合型创新人才这一主题，以战略性的眼光来布局会展传播领域，以便为会展产业输送合格的广告专门人才。

1. 通过课程整合，将会展传播纳入广告学课程体系

“为了培养广告学专业学生的能力系统，我们必须改进现有的教学体系，变革传统的教学模式，建立以能力结构为主，知识结构为辅，建构科学、合理的广告学课程体系……为适应广告人才市场对复合型人才的需求，增设一些具有知识综合性和智能整合性的选修课程。”① 鉴于会展产业快速发展及其与广告密切关联的现实，笔者认为，应该尽快将会展传播类课程纳入传统的广告学课程体系中。对此问题，笔者有两点构想：一是以坚持知识的系统性和针对性为原则，将“会展传播概论”作为基础类课程设置在大一阶段的大平台教学中。作为概论性质的学科必修课之一，通过对会展传播的概念内涵、功能价值及主体形式等方面知识的讲授，让学生在广告专业入门阶段就确立对会展传播的总体认识，使学生较全面、系统地了解会展业界发展的动态，了解会展的基本知识，明确现代广告与现代会展之间的密切关系，为以后自己选择是否成为会展型广告人才提供参考。二是在大二、大三阶段相继开设会展传播类的专业课程，如“会展策划”、“会展创意与营销”、“会展广告”等。这些课有的可以列为专业必修，有的可以列为专业选修。开设这些课程的目的在于，在大一通识教育的基础上，能够较为细致地注重对会展的专业知识、专业技能及相关理论的整合贯通，提升学生在这一阶段学习中针对具体问题的分析能力和理性思维能力，加深对自己的专业能力的认识，在更系统化的知识结构中明确自身的职业定位，为培养具有创新精神的高素质会展型广告人才奠定基础。

2. 通过实践教学改革，将会展传播列入教学实习体系

首先，为配合会展类课程的纳入，针对会展实践性强、要求复合型广告技能这一特点，我们必须对现有的教学实习模式进行整合。在保证一些实践性较强的主干课程如广告策划、广告摄影等充分的教学实习比例的基础上，在会展类课程的教学过程中也应将其实习部分与理论教学的比例进行科学分配，至少保证能达到 1 : 1，甚至可以要求选修会展传播类专业课程的学生在修读期间必须进行一次会展调研实习（现在各地各类规模的会展很多，这一要求应当不难完成）。对于个别对会展特别感兴趣的学生，则可以允许并鼓励他们利用寒暑假到有会展业务的广告公司或媒体去实习，并将其成果作为毕业实习成绩考核的参考，可适当提高其在总评成绩中的比例。

其次，应根据学生实际，将会展实习与现有的毕业实习和毕业设计模式进行整合，并纳入同等的成绩考核体系。现在的广告专业学生一般都将第七学期作为毕业实习和创作毕业设计的时间。目前，学校原则上也是要求学生在这 4 个多月的时间中选择或联系去各类广告公司、企业公关部门或媒体广告部进行实习，并以学生在实习期间发表的作品和综合性的实习报告作为主要评分标准。笔者认为，在增加了会展传播类课程后，学校不仅要鼓励学生在这段时间选择去一些优秀的会展传播机构实习，而且还要鼓励学生在广告行业实习的同时，大胆涉足会展业务。对参与会展实习的学生，学校应该明确对其毕业实习和毕业设计的成绩考核标准，不应一味要求实习期间的作品数量，而应以学生在实习期间的策划统筹能力、对会展活动各环节的沟通能力和效果评估等作为主要评分标准。这样做，不仅拓宽了广告学子们

① 杨先顺．建构我国广告创新型教育模式的思路［J］．当代传播，2008（5）．

学习培养阶段的应用性领域，更拓宽了学生的就业渠道和施展才华的途径。

3. 通过校企合作等方式服务会展经济

毫无疑问，广告学与会展传播的关联是高校各专业中最为紧密的。两者的融会贯通是广告学发展的必然方向，会展产业也是广告产业提供服务、创造社会财富的重要领地。在国际上，有很多开设会展专业的院校都与行业协会或企业紧密合作。目前，国家职业资格培训和鉴定机构已列出6类会展广告类证书，包括会展经营策划师、会展设计师、舞美制作师、广告设计师、包装设计师、三维广告制作技术员。这6个职业领域主要集中在会展和广告两大行业。以上海为例，目前，在沪的各类展览公司已近万家，诸如汉诺威展览公司、米兰展览公司、法兰克福展览公司等著名国际会展品牌均已在上海设立了分支机构。根据权威人士的预计，上海世博会为会展行业及相关行业将增加10万多个就业岗位。

为适应迅速成长的中国会展业，广告教育责无旁贷。因此，如同现在很多高校在校外建立广告实习基地一样，各院系利用已有资源，在校外建立相应的会展实习基地，也已显得很有必要。笔者认为，我们的广告学教育必须因势利导，紧扣时代与市场的脉搏，改变传统的人才培养模式，充分发挥高校、社会和企业三方面的资源优势。同时，广告学在高校策划和创意类专业中可谓一枝独秀，是真正的输送会展型人才的生力军。这为吸引校外各类专业会展机构，建立校企业合作的长远发展模式奠定了基础。社会专业机构需要学校的丰厚的理论熏陶，高校的学子们需要到业界进行实战演练，掌握实际操作知识。因此，高校的广告教育通过走产学研一体化的道路，必然会大大缓解这类供需之间的矛盾。

【作者简介】

张军锐，暨南大学人文学院传播教研室讲师，主要从事传播学、广告学及新媒体广告等领域的教学和研究。

广告教育与广告产业互动形式批评

徐玉红

厦门大学1983年最早开设广告专业实施广告教育，已经引领出中国300多所高校形形色色的广告人才培养基地，每年向大广告产业界输送专业人才数以万计。①“广告教育”和“广告产业”越来越相对独立为“学界”和“业界”两大领域。本文所谓“广告教育”，是指在高校中开设广告学专业，以培养广告专业人才为目标的高等教育。“广告产业”是指包含广告主、广告公司和各种下游公司、广告媒介和受众群体在内的、庞杂而复合的具有一定专业化分工的社会组织。程明、姜帆认为大广告产业是指“基于营销传播领域的产业融合所形成的跨越传统广告产业边界的产业形态”。② 广告人才向广告产业百川归海的宿命式流向，如流动性长桥在广告“学界”与“业界”两大领域建立起千丝万缕的联系，于是，各种互动性渗透融合形式不断萌生，对这些互动形式进行理性审视，将有助于建构广告“学界”的相对独立性和解构传统广告产业观念的狭隘性。

一、广告教育与广告产业常见互动形式

广告教育与广告产业常见互动形式包括教师参与广告运营、学生观摩实习、教授进入企业培训和企业家进课堂、校企合作定向培养、建立模拟广告公司以及企业命题征集方案式的各种广告竞赛活动等。这些互动形式的共性，是广告学界与业界找到某种形式的开放通道，进行资源共享与优势互补，使高校广告学专业以其实践性追求洞穿传统“象牙塔”的封闭壁垒，也使广告业界领军人物频繁客串学界成为真正广告领域的权威发言人，他们出版著作、发表演讲、参与课题、科研、评审、颁奖，与广告界学者一起，最终融合为广告领域中学者型广告人和广告人型学者。然而，这些互动形式又有自身特性：

1. 教师参与广告运营

广告专业教师参与广告运营有多种形式，有资源有实力的教师，自己直接创办公司，兼有高校教师和企业老总的双重身份，一边从事广告教学，一边对外开展广告服务；部分教师从事社会兼职，在高校教学之外，兼有某某公司策划师、设计师、培训师等角色；高校自身在专业建设方面也极为重视教师实践能力和经验获得，部分高校鼓励教师到企业挂职锻炼；如果没有实践经验、未参加广告运营的教师，在学校尤其广告专业中的角色，似乎“缺”点什么，有某些不足。

2. 学生观摩实习

高校在重视教师实践经验同时尤为注重学生专业实践能力培养，各大高校广告学专业人

① 吴红．从广告产业发展趋势看当前高校广告教育存在的问题［J］．广告大观（理论版），2009（6）．

② 程明，姜帆．整合营销传播背景下广告产业形态的重构［J］．武汉大学学报（人文科学版），2009（7）．

才培养方案注重实践教学体系建构，实习教学几乎贯穿本科四年各阶段。实习要求也从认知实习的观摩开始逐层提高，而学生实践能力大体包括基础技能训练、专业技能训练和综合能力训练，这种实习要求学生亲身进入企业，写实习日志、上交由企业盖章确认的实习鉴定表，有的高校还开展实习汇报会等训练形式。为了满足这一实习需要，不少高校广告学专业大量联系广告产业界，建有多个专业实习基地。

3. 教授进入企业培训和企业家进课堂

在广告“学界”与“业界”相互渗透的整体语境下，拥有一定知名度的高校广告学教授和业界的知名企业家，成为相互领域资源互补的“形象大使”，以其权威性“他者”身份给密切关联的领域带来大量新理念新信息，使教授成为业界红人，也成就了企业家在大学生仰视目光中的尊者地位。

4. 校企合作定向培养

基于广告教育中对人才实践能力的强调与广告界对人才应用能力的需求，部分校企间在相互磋商前提下达成一致进行部分广告人才定向培养，由企业给予相应锻炼职位进行长期稳定训练，广告专业学生从事的实习角色相对固定，毕业也以留在相应企业成为正式员工为主要目标，在满足企业可见需求的基础上，以高校专业为载体，校企共同培养补充企业人力资源。

5. 建立模拟广告公司或学生工作坊

在广告教育为满足实践能力培养、挖掘社会资源的背景下，高校广告专业大多建有自身实验室、工作室等校内实践基地，或建立“新公关广告社”、“传播坊”等工作室①，以模拟广告公司运作方式训练学生专业技能，并开设相应实验、上机课程，以给定实践任务方式让学生在校内借助实验仪器、电脑等设备完成广告实践操作。

6. 企业命题式广告赛事

广告教育与广告产业互动，还表现在企业对广告专业大赛的命题式渗透，让广告创意最终如业界运作般成为有所指向、有所束缚、创新的策略性产物，而不是天马行空式的创意乌托邦。使广告赛事成为广告专业学生参与企业广告创意比稿的一种变体。但由于评审专家包括业界与学界两大组成部分，能够帮助学生创意得到更广阔视野的评判而不是狭窄的企业单方面评定，给予广告专业学生创新、表现、制作能力锻炼契机也形成一种综合衡量。

广告教育与广告产业上述互动形式不仅得到高校自上而下的鼓励，也得到广告产业界的普遍认同，但并未有效满足广告产业对专业人才的需求。

二、广告教育批评视角：基于理论建构的广告技能培养

广告教育与广告产业互动本质是让学生在校期间提早与社会接轨，了解市场实际操作的案例，获取一点直接、间接经验和基本常识，以补充书本经验“纸上得来终觉浅”的遗憾。高校为开拓学生接触实践的蹊径，也常进行广告产业界市场调查，了解用人单位市场人才需求，乃至用人感受、建议及意见等。这类做法本身积极可取，但在具体实施中，高校从广告教育视角而言，需要理性处理此类互动行为，在完善学生专业知识系统、建构专业理论、具备专业视野及理论高度前提下借助此类互动形式对欠缺之处适当弥补，具体而言有以

① 阳翼，万木春．大陆和港台地区的广告教育之比较［J］．东南传播．2009（8）．

下几点：

1. 不限于少数案例经验

广告专业大学生在高校接触案例分为两部分：一部分是书本、课堂案例，提供部分间接经验，同时也有可能案例存在不完整、不生动、无细节、粗浅概泛等问题；另一部分为企业老总进课堂讲解所得，这类案例部分包含书本上缺少的生动性、现场感、细节感，但其核心操作部分，例如如何商讨、如何谈判、如何获取认同、如何进行行业潜规则操作、保持商业秘密等内容，通常不会涉及；其他例如模拟广告公司运作的项目训练、参与某特定广告主提供策略单的广告竞赛、进到某家特定企业进行的短期实习观摩等实践训练，包括教师布置引导完成具有特定指向和针对性的实践作业，难免出现学生接触案例零散、操作有限、案例不具典型性、易于就事论事、停留于案例经验、割裂广告知识结构系统性、肤浅理解广告实践、对广告理解停留于经验性误解、不能真正有效拓开视野等方面的弊端。

2. 不囿于特定企业岗位

定向培养对于熟悉某特定企业文化、获取企业文化认同、熟悉工作流程和角色、和谐同事关系等方面，具有明显优势。但高校广告专业人才，在定向培养模式中，企业更多注重该角色是否适应未来工作岗位，是否能够在自我公司现有基础上顺应市场机会，为公司获取更多业务或利润，成为一位对企业有所贡献的人才。广告教育单位通常也极为看重这一目标，而这一特定企业的定岗定员性培养，其局限性就需要广告专业的学生来付出代价予以承担。在未来社会就业和人生角色中，他们的知识结构如果不能体系性建构，其选择空间也必狭小而局限，一旦企业经营出现问题，能否触类旁通地顺应其他相关企业的工作，关键在于定向培养时其自身知识体系完善程度和高校广告教育预先防范性教育措施是否到位。

3. 不限于现有科技水平

科技发展速度总是在部分企业中率先崭露头角，其系统性总结介绍、理论建构和普及，一般滞后于尖端探索。在广告专业实践中，无论学生在具体实习单位中接触到的现有科技或学校实验室中购置的模拟实践性设备，其先进或落伍程度相对于科技不断更新程度而言，都属于不断遭受淘汰的产品之列，现代尖端科技发展，包括不断更新的科技趋势，如3G手机媒体、手机报纸、三网合一等技术，尤其是通过数字化交互性的固定或移动多媒体终端向用户提供信息和服务的传播形态发展变革趋势，对未来广告产业的影响必将巨大而深刻，高校广告专业学生在实践中接触现有设备科技水平只是未来科技发展的基础和阶梯，而不是它的终结，广告教育在人才培养中及时提醒不断与时俱进意识，学生不局限于眼下媒体形式、技术水平和操作手段，在未来进入市场其滞后性和失落感也能得到有效消除。

4. 突破少数几个企业视野局限

高校无论聘请多少企业家进入课堂，无论建设多少校外实习实践基地，这些数量对于广告产业整体而言微不足道的，这一局限性在高校实践自身也许显得并不是那么不尽如人意，但对于真正培养广告专业人才而言，仅几个企业带来的信息和提供的经验显然不能满足真正专业人才经验结构和知识结构的需求。况且企业不同经验各异，学生大体属于开拓眼界常识性参与等表层实践，不能真正上升为专业实践专业经验，更遑论专业人才的高度。

5. 不仅 KNOW HOW 更 KNOW WHY

我们对知识如果简单分类为 KNOW WHAT，KNOW HOW，KNOW WHY，KNOW WHO 四类，其中实践类技能类知识则集中在 KNOW HOW——知道怎么做的层面，广告则主要表现在动手制作能力上，知道如何把一个脚本拍摄成一则电视广告、如何把一个创意画面素材变成一则平面广告、如何把几个画面组合成变动的 gif 动画或 flash 动画等，这类技术操作层面属于具体动手技能性的实践能力，如果广告专业的学生停留于这类能力而不能从内在高度提升到 KNOW WHY——知道为什么这样做，明白这样做的背后策略和理念，未来人生将在一个小小的低端徘徊，很难摆脱其工具性命运。当然，KNOW HOW 是一个层次，KNOW HOW，KNOW WHY 是另一个层次，在不同层次人才培养目标中，瞄准目标，知得知失，无论广告教育还是广告产业，都不会陷入人才的迷途。

三、产业批评视角：利益驱动下的广告实践能力与策略思维

高校广告教育不能仅局限于接触到的几个企业的具体需求，在建构学生专业知识理论体系前提下，不能忽视其实践能力。

广告产业作为复杂多层的综合性社会组织，使广告作为经济行为而非学术探讨的本质尽显无遗。而广告业务领域的专业化要求越来越高，在激烈市场竞争中生存发展的广告业，不再满足于张金海教授指出的“高度分散弱小”和“泛专业化”① 层次，更多广告产业机构在人才需求方面，深陷人才不足、人力有余的尴尬境地，他们清醒认识到企业真正专业人才资源的匮乏，这也变相向广告教育提出一种启示：广告人才需要高出企业现有实践水平和操作经验，而不是对其现有高度亦步亦趋一鳞半爪地学习模仿。

1. 服务专门化需求人才高度专业化

广告产业中服务越分越细，不断涌现出管理咨询公司、公关公司、促销公司、媒介购买公司、市场调查公司、事件营销公司、网络营销公司、互动营销公司、影视广告制作公司、品牌包装公司、户外媒体公司、数字艺术公司等，而这些多样性、专门化的服务机构，必须在整合营销传播理念下制定并执行客户的营销和广告需求，并不是突发性、间断性、临时性的零散项目，这就需要不仅仅停留在低层次的操作阶段，更需要具有完整专业知识体系的专业高级人才来担任。

可见，广告教育进行的各种形式实践探索及与广告产业的上述互动形式，只是高级广告专业人才实践能力的基础。而相应人才内在储备丰厚的专业知识、策略和系统思维才是广告产业真正发展壮大的有力推手。

2. 重能力轻学历，能动手更能策略思维

上述需求在广告产业界由于利益驱动，普遍呈现出另一种明确方式进行表述：重能力，轻学历。能力是立身发展之本，学历属锦上添花加彩。

重能力在广告产业人才招聘中，主要通过对实践经验的限定得到体现，在一项针对业界广告营销类人才招聘的专业调查中，我们发现企业人才需求跟高校人才培养理念有较大差距，体现在：

（1）高校的理论培养，对于企业来说，未作特别要求提出，但并不意味着他们的理论已经绰绰有余；

（2）每个岗位招聘都强调经验，基本上要求有 1～5 年工作或相关工作经验。基于此，高校教学的实践性强调和训练远远不够，各专业的实践、实习、动手能力都需要渗透到培养方案之中。

（3）高校人才学历层次对企业现实需求已经足够，一般企业提出需要研究生以上极少，

---

① 张金海，廖秉宜．中国广告产业发展的危机及产业创新的对策［J］．新闻与传播评论，2008.

学历要求大体在高中——本科这个段落中。

（4）尤其强调人才形象、健康、组织能力、沟通能力、策划能力、责任感、团队精神和吃苦耐劳精神。

（5）专业实践能力，核心技能动手能力尤其强调，例如美工需要精通 CDR、Photoshop、CAD，Adobe Indesign、Adobe Illustrator、dream Weaver 等相关软件的操作和运用。

（6）更强调人才内在能力。如青岛某单位招聘市场营销/拓展专员，岗位资质描述如下："男女不限，形象好、气质佳；精通市场和企业策划、市场营销、广告宣传等媒体业务流程；具有较强的品牌推广能力和丰富的想像力和创意能力；具备较强的文字功底，能撰写推广方案、公关、广告文稿；有较强的组织、协调能力。"①

这种人才需求，提炼一下可知，形象要求是岗位对外接触的特性所致。精通媒体等业务流程是基础，属于知识基础层面要求；撰写推广方案、广告文稿属实践能力要求；较强的品牌推广能力和想像力、创意能力则属于策略思维能力需求；这些需求虽杂糅在一起，看起来层次感并不清晰，而其覆盖的层面，显然单方面的"熟悉流程"或"撰写文稿"已经满足不了广告产业界对人才的饕餮。

广告产业这一需求实质上是对应并要求广告教育培养人才时做到 KNOW HOW 更 KNOW WHY，在理论课教学中培养广告专业学生明白为何如此操作，其背后理念、策略、依据、效果预期等，这就需要实践教学和理论知识建构相互补充、互动互推，而不是追求实践形式自身和个别操作经验。

四、广告教育与产业：定位探索中的跨学科综合交叉互动性

基于广告学科自身的学科综合性和广告界人才素质的专业复合性要求，广告教育与产业注定是一种定位探索中的跨学科综合交叉互动过程。

目前高校广告教育大体可以划分为三类：商学院的营销类广告专业、新闻或人文学院的传播类广告专业以及艺术院校的设计类广告专业。② 不同人才的各自优劣势已经比较清楚，广告产业界在用人时自身需要一个系统的人才定位，清晰定位才能完成更好的人才组合，正如整合营销传播理论一样，如何让这些人才像不同媒体发出同一个声音一样来控制、组合、凝聚，发挥不同类型人才的互补优势，是国内广告界不少公司忽视的策略。它们期望一个广告人既能策划又善文案，同时还要有视觉经验和审美能力，既擅长口头交流又擅长文字表达，既懂传播又善营销……这种业界普遍存在的奢望不能不说在某种程度上给广告教育带来一定程度的干扰性压力，考察众多高校广告教育人才培养方案，不难看出，其课程设置跨学科、综合、分散、无所不包似乎又无所专长的现象极为普遍，广告专业培养的专业人才难免出现专才不专、通才不通的尴尬。

高校广告教育有自身的高等教育传统，在面对广告这一实践能力要求强、与市场联系密切的专业，在人才培养中仍要有高等教育特定的坚守。考虑到广告产业界优胜劣汰的天然法则及在利益驱动下生存发展的复杂性，广告人才培养的定位改观，仍必须从高校广告教育自身定位的调整入手，使培养人才有其清晰独擅的一面，在保证专业方向教育的系统性和专长训练的反复实践、与广告产业有效互动的基础上，适当补充通才教育类辅助课程，使广告产业界明其所长知其所短，在未来广告人才培养的结构性调整和人才类型的合理构成方面，才能真正实现更加合理的人力资源建构。

---

① 58 同城青岛［EB/OL］http：//qd. 58. com/shichangzhuanyuan/

② 吴红．从广告产业发展趋势看当前高校广告教育存在的问题［J］．广告大观（理论版）．2009（6）．

五、结　论

广告教育与广告产业通过教师参与广告运营、学生观摩实习、教授进入企业培训和企业家进课堂、校企合作定向培养、建立模拟广告公司或学生工作坊、企业命题式广告赛事等互动形式，实现广告专业教育突破封闭式高等教育思维，实现广告人才在教育过程中与市场信息的互通与某种对接，为专业人才进入社会就业提供了不少洞悉市场需求的有效契机，但从广告教育和产业需求不同视角来审视，这些形式背后隐藏的可能性漏洞就需要敏锐前瞻的“学界”与“业界”共同发现弥补，广告教育不能放弃建构学生专业强大的知识系统与思维能力，而津津乐道并满足于与业界各种实践尝试形式的轰烈热闹，广告产业部分企业也不宜满足于当前规模、市场、实力、利益的局限，而对广告人才提出混合型奢望，干扰广告教育的专业人才定位与能力培养认知。正如广告产业中任何机构都有其自身组织结构一样，广告人才自身结构系统，需要学界业界前瞻性相互清晰认知与互补性建构，广告教育结合当地经济发展需求，在自身资源能力和校外有效资源相互支撑下，在广告人才层次性结构中找到一种既适合市场又适合自身的广告专业人才类型，进行系统性培养训练，在保证学生专业性的基础上适当注重融通性，使其成为具有特定擅长的真正广告专才。

【参考文献】

[1] 刘传红．广告产业的内涵及研究意义［J］．商业研究，2008（4）．

[2] 罗子明．我国广告产业定位与复合型广告人才需求［J］．北京工商大学学报（社会科学版），2008（6）．

[3] 倪宁、谭宇菲．试析“大广告”时代的我国广告教育［J］．国际新闻界，2009（5）．

[4] 李翠莲，范志国．美国广告教育的启示［J］．广告人，2009（1）．

[5] 张金海，刘芳．广告产业发展模式的创新和发展路径的选择［J］．广告大观（综合版），2008（3）．

[6] 廖秉宜．中国广告产业的战略转型与产业核心竞争力的提升［J］．广告大观（理论版），2009（2）．

[7] 张伟博．我国广告教育的调研报告［J］．江苏经贸职业技术学院学报，2009（3）．

[8] 寇紫遐．新环境视角下我国广告产业传播形态探析［J］．新闻界，2009（3）．

【作者简介】

徐玉红，浙江工业大学之江学院人文科学分院广告系主任，讲师，中国美术学院美术学博士，主要从事广告文案、符号传播研究。

图书在版编目(CIP)数据

中国媒体发展研究报告.2011年.广告卷/武汉大学媒体发展研究中心,武汉大学新闻与传播学院,武汉大学"社会转型与中国大众传媒改革"创新基地主办.—武汉:武汉大学出版社,2012.6

ISBN 978-7-307-09776-6

Ⅰ.中… Ⅱ.①武… ②武… ③武… Ⅲ.传播媒介—发展—研究报告—中国—2011 Ⅳ.G219.2

中国版本图书馆CIP数据核字(2012)第089523号

责任编辑:詹 蜜 高 璐 责任校对:刘 欣 版式设计:支 笛

出版发行:武汉大学出版社 (430072 武昌 珞珈山)

(电子邮件:cbs22@whu.edu.cn 网址:www.wdp.com.cn)

印刷:湖北金海印务有限公司

开本:880×1230 1/16 印张:20.5 字数:574千字 插页:3

版次:2012年6月第1版 2012年6月第1次印刷

ISBN 978-7-307-09776-6/G·2510 定价:38.00元